Nelson Pereira da Costa

Antologia do EMPREENDEDOR

Uma Coletânea de Ensinamentos Úteis do Mundo Empresarial

EDITORA CIÊNCIA MODERNA

Editor: Paulo André P. Marques
Produção Editorial: Dilene Sandes Pessanha
Capa: Daniel Jara
Diagramação: Daniel Jara
Copidesque: Equipe Ciência Moderna

FICHA CATALOGRAFICA

COSTA, Nelson Pereira da.

Antologia do Empreendedor – Uma Coletânea de Ensinamentos Úteis do Mundo

Rio de Janeiro: Editora Ciência Moderna Ltda., 2019.

1. Empreendedorismo - Liderança
I — Título

ISBN: 978-85-399-1026-7 CDD 658.42

Editora Ciência Moderna Ltda.
R. Alice Figueiredo, 46 – Riachuelo
Rio de Janeiro, RJ – Brasil CEP: 20.950-150
Tel: (21) 2201-6662/ Fax: (21) 2201-6896
E-MAIL: LCM@LCM.COM.BR
WWW.LCM.COM.BR

01/19

A
Alexandre e Anderson
Meus filhos que sempre me apoiaram na vontade
de realização do sonho de ser lembrado
como alguém útil à sociedade.

Prefácio

Após ter escrito, durante meu período de vida como professor, apostilas, artigos e livros didáticos, como também ter dado palestras sobre Temas do Mundo Empresarial, resolvi selecionar alguns textos para serem editados numa obra, cuja finalidade é ser uma coletânea de assuntos úteis do mundo corporativo e de seus aspectos administrativo, político, econômico, financeiro e educacional que nos cercam, pois acredito que refletir, sobre aquilo que se lê, é mais importante do que a combinação de palavras.

Uma releitura de tais textos me levou a acreditar que poderia adaptá-los ao cenário do início do Século XXI, embora, a bem da verdade, muito pouca coisa tenha mudado realmente. Assim, passei, em seguida, a construí-los de maneira mais pedagógica, reunindo-os na forma de um livro. As opiniões colocadas ao longo da obra são minhas, mas as fontes dos conceitos são de livros e revistas que fundamentam este projeto.

A leitura constitui-se em fator decisivo de ampliação do conhecimento. Analisar um texto significa estudar, decompor, dissecar, interpretar as partes e elementos chaves. Esta análise tem como objetivo levar o leitor a: aprender a ver o mais importante; reconhecer a organização e estrutura do texto; interpretar ideias e estilos; separar o relevante do secundário; distinguir fatos, hipóteses, variáveis e problemas; perceber a relação entre ideias.

A validade do que lemos (conteúdo e forma), o seu valor (significado social), os limites e amplitudes da mensagem, como instrumentos de compreensão da realidade, são aspectos fundamentais a serem levados em conta numa leitura crítica e analítica.

Tal ferramenta dará ao leitor um grande conhecimento do funcionamento das organizações, o poder de organizar as ideias, a velocidade de entendimento dos assuntos que cercam o mundo corporativo e, o que é melhor, a capacidade de reproduzir informações apreendidas, que influenciarão, com certeza, superiores, pares e subordinados.

Administração eficiente, eficaz e efetiva depende, fundamentalmente, do funcionamento acurado e preciso dos planos de trabalho e sistemas operacionais. A produtividade, qualidade, volume de vendas e lucratividade se incluem entre as medidas de um bom planejamento estratégico. Sem a coordenação das funções administrativas e organizacionais, relações humanas, estratégias, estruturas, políticas, processos, recursos, metas, procedimentos e regras, os resultados serão frustrantes, no desempenho empresarial.

Em nossa época de inovações e incertezas, estimuladas pelo incremento e expansão de todas as áreas tecnológicas e com as modificações resultantes na produção e no mercado, tornou-se extremamente difícil entender todas as etapas operacionais de uma empresa. Daí, a necessidade de fazer com que o empreendedor esteja sempre questionando sobre si e sobre sua organização, tomando, para tal, a seguinte orientação: A empresa cumpre a sua finalidade? Está havendo uma subordinação dos fins aos meios? As atribuições são bem definidas? A estrutura organizacional é aquela que melhor corresponde à missão da organização?

Acreditamos que lendo textos que versam sobre o mundo corporativo, de maneira gradual, constante e bem orientada, os dirigentes das empresas obterão o apoio cognitivo de que lhes falta, na maioria das vezes. Também conseguirão falar uma linguagem mais técnica e, inevitavelmente, atingirão propósitos a que se dispuseram realizar. Nunca é demais lembrar que o desempenho esperado de um empreendedor deve ser o reflexo das expectativas de bons resultados, contribuições e êxitos do negócio.

Este livro, por meio de 281 textos, pretende melhorar o conhecimento gerencial, em todos os níveis; buscar uma noção exata dos recursos aplicados no empreendimento; medir, avaliar e otimizar resultados; minimizar custos para maximizar lucros; treinar e reciclar pessoas; confrontar a empresa com os modelos de sucesso encontrados no mercado; fazer com que o leitor reflita e questione sobre os temas da vida e da organização em que trabalha; ajudar o executivo a ter conhecimentos que facilitem a exposição de temas do mundo corporativo, em suas palestras e encontros.

Porém, para podermos alcançar tal objetivo é fundamental que empresários, executivos, trabalhadores, dirigentes, estudantes, professores, administradores, empreendedores, gerentes, chefes, líderes e governantes continuem voltados para o aprendizado e o aprimoramento contínuo, a fim de termos uma atmosfera favorável à inovação, à criatividade, ao progresso da sociedade, ao desenvolvimento humano, à conquista e à produção de bens, serviços e ideias.

E, muito especialmente, que consigamos idealizar e implementar o verdadeiro papel social da livre iniciativa e do lucro, como geradores de crescimento econômico, de emprego, de riqueza, de maior qualidade de vida e de bem-estar da sociedade.

Este projeto tem textos, escritos de maneira simples, clara e objetiva, que, além de ter um caráter didático-pedagógico, aponta as mazelas das organizações e das instituições governamentais, em linguagem direta, de fácil compreensão e sem rodeios. Outros aspectos a ressaltar são: o leque de opções e a abrangência dos assuntos abordados, tendo em vista a variedade dos temas apresentados.

Gostaria de manifestar meus agradecimentos a todos os autores que li, como também a todos os jornais, revistas e canais de televisão por assinatura, pois foram eles que fundamentaram esta obra. Agradecer também aos chefes e mestres exigentes que passaram pela minha vida e que me forçaram a ler, estudar e escrever, sem os quais, com certeza, eu não teria a capacidade para trazer temas tão importantes, do Mundo dos Negócios.

Nelson Pereira da Costa

Sumário

Introdução

O que se entende por leitura? Leitura é um ato simples, inteligente e reflexivo, é um feito de compreensão do mundo e do ambiente que nos cerca. Ao nos referirmos à leitura, estamos sempre fazendo referência a um processo realizável em uma dupla dimensão. A primeira, é a de ler a própria realidade, as circunstâncias do mundo em que vivemos, as suas solicitações, provocações e valores, numa linha de reflexão e crítica.

A segunda, é a de decodificação da palavra escrita, que nada mais é do que a comunicação e transmissão desta primeira leitura. Sem leitura não haverá progresso, acumulação de conhecimento, transmissão e evolução do saber.

A leitura é um processo que compreende as seguintes fases:

O reconhecimento dos vocábulos e dos fatos.
A interpretação do pensamento do autor e dos fenômenos.
A associação e a retenção de ideias.
A capacidade de reprodução.

Não é a falta de leitura que tem prejudicado tanto os desejosos de expandir o horizonte dos seus conhecimentos, mas, antes, o "modo" pelo qual essa leitura é processada. A leitura constitui-se em fator decisivo de estudo, pois propicia a ampliação de conhecimentos, a obtenção de informações básicas ou específicas. Na busca do material adequado para a leitura, há que se identificar o texto e o contexto.

A leitura pode ser classificada quanto à finalidade e quanto ao processo. Quanto à finalidade a leitura pode ser: Formativa, Informativa e Recreativa. Quanto ao processo a leitura pode ser de: Varredura (Quais as palavras-chaves?); Tendência (Qual o objetivo do autor?); Significado (O que é relevante marcar?); Estudo (Qual o significado da obra? Para que serve?); Análise (Como comparar declarações do autor com pontos de vista do leitor?).

Analisar um texto significa estudar, decompor, dissecar, interpretar as partes e elementos chaves. Esta análise tem como objetivo levar o leitor a aprender a: ver o mais importante; reconhecer a organização e estrutura da obra; interpretar ideias, estilos e vocabulário; separar o relevante do secundário; distinguir fatos, hipóteses, variáveis e problemas; perceber a relação entre ideias; identificar as bases que sustentam a obra.

A validade do que lemos (o conteúdo e a forma), o seu valor (significado social), os limites e amplitudes da mensagem como instrumentos de compreensão da realidade são aspectos fundamentais a serem levados em conta.

A arte da leitura conduz à arte da escrita. Aquele, que quer escrever bem, precisa ler cada vez mais, e vice-versa. Hoje, infelizmente, a grande imprensa acredita na quantidade de informação em detrimento do espaço dedicado a reflexões. Com sorte, em meio a anúncios, é possível encontrar cadernos especializados que fazem verdadeiros malabarismos em suas linhas.

Mas, cabe ressaltar que depois do "boom" da Internet, a mídia impressa tem feito certo esforço para retomar o debate, a reflexão e o pensamento. O espaço para resenhas de livros e ensaios de peso diminuiu consideravelmente. Parece que uma anomia tomou conta da imprensa e do mercado editorial.

A cultura e a literatura em particular deixaram de ter qualquer ambição de intervir na realidade. Triunfou o pragmatismo da Era da Informação. Mas, atenção leitor, o que importa não é a leitura em si, mas sim o mecanismo reflexivo de entendimento do mundo, das organizações, dos governos, das sociedades e das pessoas. Senão, qual a graça?!

Muito se tem discutido sobre o valor da leitura e de sua contribuição, para o progresso do ser humano. Mas, sem uma preparação profissional, a pessoas nunca conseguirá conquistar uma posição de relevo.

Não basta termos descoberto a existência de uma verdade ou constatado a beleza de um ensinamento, para nos julgarmos aptos a tirar proveito dos mesmos. Todo ensinamento que não tiver aprofundado não poderá impor-se de maneira definitiva.

Todos os que triunfaram, no mundo dos negócios, foram obrigados a sobrepujar dificuldades, resolver problemas que exigiram muita inteligência, muito espírito de sacrifício, muita coragem, muito estudo, muita persistência e muita fé. O que importa é o indivíduo não se deixar dominado pelo medo.

Quase todos os vencedores consideraram seus empreendimentos acima das suas forças e muitas vezes se julgaram vencidos. O triunfo só aparece quando o indivíduo esquece as palavras: impossível, não posso, não via mais, já não há recursos, a sorte não ajuda, não tenho idade para isso. Homens que se salientaram na História, foram precisamente os que tiveram menos facilidades e encontraram mais tropeços em seu caminho.

A compreensão dos textos que serão exibidos, nesse livro, exigirá do leitor um razoável conhecimento de administração, para que o mesmo tenha elementos para avaliar e julgar aquilo que está sendo lido. Executivos, sejam de onde forem, constantemente enfrentam problemas para os quais existe premente necessidade de informações, a fim de que possam gerar caminhos alternativos e buscar soluções factíveis de realização.

Significativas mudanças ocorreram no meio empresarial nos últimos anos, o que levou as funções administrativas a ganharem um novo sentido nas organizações. À medida que o comércio e a indústria se desenvolveram de forma globalizada, o volume de dados cresceu exponencialmente, atingindo uma situação que exigirá novas ferramentas para que o empreendedor (externo e interno) desempenhe satisfatoriamente suas atividades.

A Eterna Instabilidade

Quando falamos que estamos numa época de mudanças e instabilidades pode parecer prosaico e é, pois sempre houve mudança e instabilidade desde que o mundo é mundo. Contudo, na aldeia, cada vez mais globalizada, em que vivemos, as soluções devem ser efetivas, isto é, eficientes, eficazes e velozes. Para tal, precisamos de opções diferentes.

À medida que os empreendedores se orientam para o campo do diagnóstico e da decisão, maior a necessidade de se fundamentar em ideias, conceitos, leis, princípios, teorias e valores, que lhes permitam orientar e balizar seu comportamento e que, obviamente, influenciará todo o resto do grupo.

Temos presenciado transformações econômicas, financeiras, políticas e sociais decorrentes da utilização de recursos informáticos, em nível mundial. A partir da década de 1970, temos observado o deslocamento da hegemonia do paradigma industrial para o paradigma tecnológico, baseado no conhecimento.

Simultaneamente, há uma diminuição do custo dos equipamentos de processamento de dados e a sua disseminação no âmbito da sociedade tem crescido o interesse dos usuários, não só pelos aplicativos, mas também pela tecnologia, tornando-os mais exigentes. O novo paradigma propõe uma sociedade automatizada e informatizada, com fundamento nos avanços da microeletrônica, robótica, laser, fibra ótica, meio denso. Tal modelo impõe, por exemplo, problemas administrativos, gestoriais e sociais.

Não são as escolas de administração, por exemplo, que estão liquidando com a Administração. São os próprios administradores. E o que pode estar agravando, consideravelmente, o problema é a ausência de uma perspectiva mais ampla e a inexistência dos chamados gestores profissionais. O sistema produz, certamente, uma verdadeira horda de empreendedores com indiscutíveis talentos, mas são talentos que não se integram ao clima organizacional.

Esses profissionais estão sempre dispostos a estudar, a analisar e a solucionar problemas. Estão sempre imersos numa atmosfera de especialização, racionalidade, padronização, otimização, produtividade, eficiência e qualidade total. São altamente lógicos. Estão sempre insistindo em projetos, metas e objetivos. Eles poderão ter sucesso, em algumas organizações, se forem bons em simplesmente redigir planos organizacionais.

A tragédia é que esses talentos, em geral, carecem de visão estratégica. Procuram cobertura para decisões menos transparentes e, com frequência, falham, miseravelmente, quando precisam ser eficazes. Quer dizer: Dar lucro ao negócio.

A Leitura do Cenário

Tanto para se chegar à tranquilidade e aconchego do porto quanto para se sair dele, demandando outras terras, elevavam os romanos suas preces e ofereciam um sacrifício a Portunus, o deus dos portos, a ver se obtinham suas graças. O termo oportunidade (do latim "*op portus*", em frente ao porto) é usado com certa indefinição e amplitude.

A identificação e aproveitamento de uma oportunidade transcendem o conhecimento comum de um mortal, porque este precisa ler o cenário (ambiente e mercado), por meio de alguns fatores, tais como:

- Uma mudança no "status quo" (interno e externo) da empresa.
- Uma nova necessidade detectada no mercado, diferente em quantidade ou qualidade, provocada, ou não, por uma mudança.
- A existência de recursos reais ou potenciais da empresa para inovar, atendendo assim às necessidades emergentes.
- Um benefício, ou vantagem potencial da empresa, que permite atender uma nova necessidade.
- Um fator motivacional que catalise uma ação empreendedora ou uma iniciativa criadora.

Alerta o vigia do "mastrus-magnum" e que fique ele atento às luzes do porto, às vozes das aves, ao rugido das ondas de encontro aos perigosos rochedos. Bem, hoje isso se chamaria de varredura de um cenário empresarial. Assim, como o vigia da gávea ficava atento aos menores indícios da proximidade do porto, desde um pedaço de madeira boiando até a mudança da cor das águas, porque próximo à terra a temperatura sobe e a cor muda, também nós devemos ficar atentos para os sinais de oportunidade. Entre outros, a ocorrência de uma mudança externa, por exemplo, uma modificação sustentada da distribuição populacional, em: quantidade, qualidade, faixa etária, formação, educação, renda, saúde, expectativa de vida.

"Procuramos profissional que tenha ideias inovadoras, que saiba transformar estas ideias em negócios lucrativos, que tenha garra e motivação na busca por resultados; que saiba conviver com riscos moderados. Oferecemos salário razoável e possibilidade concreta de carreira à medida que o negócio prospere". O anúncio é fictício, mas este é o tipo de profissional necessário. Por que o interesse tão intenso por inovação e por transformar gerentes, pelo menos alguns, em empreendedores?

O mercado pede inovações, o consumidor é cada vez mais exigente, a empresa precisa de flexibilidade, velocidade e capacitação gerencial. O empregado necessita de maior qualidade de vida. A sociedade exige trabalho e novos empregos. O espírito empreendedor não é privilégio do empresário. O sucesso de um novo empreendimento depende de ideias, recursos, legislações, riscos calculados e ações.

Para que a inovação se torne sistemática, a empresa deve designar recursos e possibilitar que executivos se desenvolvam e se transformem em empreendedores internos. Para isto, deve seguir algumas diretrizes: dar valor explicitamente à inovação e ao estratégico; recompensar as inovações mesmo que não deem certo; criar um *staff* para analisar novos projetos; desenvolver ou participar de seminários e palestras voltados para a criatividade.

Transformar estruturas, recursos, comportamentos para uma atuação inovadora e empreendedora é um processo difícil, mas fundamental, pois significa mudar os pontos que foram críticos ao sucesso da empresa e que, hoje, são obstáculos para a sobrevivência e o crescimento da empresa.

É preciso que o empresário empreendedor descubra, a tempo, que cabe, fundamentalmente, a ele abrir este espaço e esta oportunidade para sua empresa. E não esperar milagrosamente por um anjo salvador que apareça a partir de anúncios de emprego.

As organizações precisam saber ler os cenários e buscar alternativas de enquadramento, por meio de novas estratégias e táticas. Quando uma organização não consegue mais ler o cenário, é porque ela está em declínio.

As Exigências Ambientais

Mas, afinal, o que é ambiente? Ambiente é todo um contexto que envolve externamente uma entidade de forma direta e indireta, isto é, pessoas, famílias, grupos, empresas, organizações, governos, enfim, a sociedade. A brecha da melhoria ambiental não acontecerá automaticamente, pois exigirá uma alta dose de compreensão e de liderança da parte do governo e do empresariado. Os brados, geralmente estridentes, erguidos pelos ambientalistas deram origem a um questionamento que envolve a livre iniciativa, o governo e a sociedade.

Perguntas como as formuladas, a seguir, constituem preocupações básicas para todos:

- É possível, em uma sociedade livre, conseguir, ao mesmo tempo, um alto padrão de riqueza individual e um ambiente limpo?
- O sistema de livre empresa é capaz de fornecer esses elementos propiciadores de melhor qualidade de vida, essa que retrata exigências mais públicas do que particulares?
- A nossa indústria é capaz de satisfazer as exigências referentes ao meio e, ainda assim, conservar sua capacidade de competição?

É bom que fique claro o seguinte: Ecologia é a área das ciências biológicas que estuda os seres vivos em relação ao ambiente. A maior unidade ecológica é a biosfera, que abrange todos os ambientes onde habitam os seres vivos e que pode ser dividida em subunidades ecológicas menores, os ecossistemas. Estes ecossistemas são mantidos pelo equilíbrio entre organismos e ambientes.

Talvez os empreendedores precisem introduzir alterações cruciais no tocante a sua gestão e aos controles de direção para dar o ímpeto necessário aos programas referentes aos mercados do setor público. Os esforços empregados, para conduzir os novos produtos em direção ao melhoramento ambiental, podem precisar de reconhecimento e apoio especiais, em nível empresarial.

Pode ser necessário ajustar tanto os padrões de lucro, como os de retornos sobre os investimentos, para permitirem a consecução de: programas, políticas, projetos, pesquisas, estratégias e planos de relações públicas. Portanto, atividades que visam auxiliar a formação de novos mercados. As empresas que procuram fomentar mercados no setor público deverão aceitar e mesmo estimular o controle ambiental sobre suas próprias operações.

O público não removerá os depósitos de lixo, se as indústrias não controlarem os seus próprios despejos. As campanhas de despoluição da água e do ar estão completamente entrelaçadas com outras exigências, tais como: uma elevação da qualidade de vida; oportunidades de melhor assistência à saúde pública; maiores níveis de recreação e de educação.

Essas exigências não podem ser separadas das exigências relativas ao transporte, ao espaço e à habitação, as quais, por sua vez, se relacionam com o trânsito, o ensino e a demografia. Em resumo, esses gigantescos mercados interligam-se e crescem juntos, transformando-se em oportunidades, ou ameaças, em função das reações do empresariado e do governo.

Toda nova exigência popular relativa à melhoria do ambiente representa um mercado inexplorado. Mas, desenvolvido de forma inadequada, ele pode tornar-se sugador de impostos, pesadelos em forma de regulamentos e caldeirões burocráticos a consumirem os recursos de toda a sociedade e do seu bolso.

Construa o Futuro

O momento por demais turbulento que se vive tem levado muitas organizações a se concentrarem no presente, deixando de construir o futuro. São tantas as questões imediatas e tão incertas as condições que não é estranho prevalecer a orientação dos esforços para a simples sobrevivência das organizações. Infelizmente, no entanto, essa orientação se mostra estrategicamente equivocada. Sendo verdade que não haverá futuro para quem não assegure o presente, também é verdade que o futuro apenas existirá, para as organizações que o construam agora.

A administração é fator-chave neste momento. A ordem de reduzir e cortar, tão característica dos esforços de sobrevivência, no hoje, frequentemente cobra um alto preço em termos futuros. Quem desenvolveu uma equipe gerencial sabe o que custa. Além disso, o que garantirá à empresa uma real capacidade de ajustar-se ao hoje e desenvolver o futuro senão executivos capazes? Que posição assumir em relação a esta questão é o desafio estratégico a enfrentar hoje, sem prejuízo do amanhã.

Portanto, a administração é necessária em todas as organizações modernas. De fato, logo percebemos que ela é até mais necessária em empresas que não são privadas, não lucrativas ou não governamentais (terceiro setor), agências governamentais. Essas organizações precisam de administração, mais exatamente, porque não dispõem da disciplina do resultado financeiro sob o qual a empresa opera.

O fato de que a administração não se confina à empresa privada foi reconhecido primeiro nos Estados Unidos. Mas, agora está se tornando aceito em todo país desenvolvido.

Conhecer realmente Administração é tarefa urgente que se coloca para todo administrador, seja público ou privado. Desafio para cujo enfrentamento não faltam tecnologias adequadas, mas que fracassam se os dirigentes a ele não dirigirem o melhor de seus esforços, sabendo que é preciso construir o futuro e sobreviver no presente.

Os dirigentes do Brasil, país sem crescimento significativo, nos últimos anos, precisa começar a dar valor à Administração para poder voltar a crescer. Um país não vive somente de: Política, Finanças e Economia. Outros segmentos do conhecimento humano são importantes para ajudar a sociedade a progredir e sair deste buraco em que se meteu.

Globalização

O novo século se apresenta, para as pessoas, com desconfiança e incerteza. Livros recentes preconizam o fim do trabalho e da abundância, promovendo, desta forma, ameaças como desemprego e deterioração do poder de compra. As transformações nas economias nacional e internacional são rápidas demais e frequentemente violentas.

Hoje, nenhum país pode permanecer isolado do resto do mundo. Se fechar seus mercados à concorrência estrangeira, os consumidores pagarão mais por bens e serviços de qualidade inferior. Mas, se abrir totalmente seus mercados, enfrentará concorrência selvagem e predatória, porque muitas empresas (mesmo conglomerados) nacionais não aguentarão o tranco e irão à falência. A isto chamamos globalização.

Não confundir globalização com globalismo e globalidade. A globalização se refere a ambientes, cada vez mais amplos, devido à integração econômica, política, populacional e tecnológica. O globalismo é uma característica de um sistema que reage como um todo quando uma de suas partes é atingida.

A globalidade é o nome que se dá ao foco de uma visão holística, onde há a necessidade de encarar tudo e todos inseridos num mesmo contexto.

Globalização significa a internacionalização dos negócios e do sistema produtivo e financeiro, fazendo com que o ambiente organizacional se torne imenso, complexo, mutável e incerto. Paradoxalmente a globalização e os avanços tecnológicos abrem muitas oportunidades em detrimento de empresas consolidadas que não conseguem promover as mudanças de adequação.

Empresas nascem e morrem. As empresas operam num mercado altamente seletivo, onde os mais capacitados vencem. O sucesso é conquistado pelas empresas mais ajustadas aos imperativos ambiental e tecnológico.

O mercado globalizado, baseado na economia de rede, passou a ser um negócio que se expande muito rapidamente, e a comunicação com consumidores será mais bem dirigida, tendo maior interação, melhor integração, menos desperdício e menor perda de consumidores cativos. Todas as empresas sofrerão pressões enormes para transmitir: mais valor, mais competição global e maior manutenção dos consumidores "desejáveis".

Administrar uma empresa, no mercado globalizado e altamente competitivo dos dias de hoje, é arriscado e imprevisível. Os consumidores do mundo todo estão se acostumando com níveis impressionantes de qualidade a preços acessíveis. Países globalizados de verdade têm um intenso fluxo de comércio.

No processo de globalização, as empresas crescem, ganham escala, baixam custos e aumentam a competitividade ou desaparecem. A globalização é um jogo de comparação de todos com todos, e os perdedores costumam ser duramente castigados. Ela promove uma espécie de seleção natural, na qual só os melhores sobrevivem, exatamente como na Teoria das Espécies, de Charles Darwin.

Neste jogo, nenhum país se destacou tanto nos últimos anos quanto a China (o maior crescimento entre os emergentes). Ainda que presa a um regime autoritário e de base comunista, e com sérios problemas de desrespeito aos direitos humanos e ao meio ambiente, já que dois dos seus grandes rios não chegam mais ao mar, de maneira perene.

A China mostra altos níveis de crescimento econômico, trilhando um caminho perigoso que destrói a natureza. Mas, qual caminho adotar para tirar milhões de chineses da miséria?

Melhoria Ambiental: Um Nicho de Mercado

Todos estão fadados a viver em ambientes e sob condições não determinadas e, por esta razão, acontece o conflito acomodação x transigência. As organizações modernas são vistas como sistemas abertos que precisam responder de forma efetiva às pressões externas ou ao que se chama de imperativo ambiental para que tenham sucesso.

Apesar de se poder afirmar que essas pressões ambientais sempre existiram em todas as organizações e em todas as épocas, é preciso, hoje, prestar maior atenção à transação ambiente-organização. Isto se deve a dois fatores cada vez mais claros: velocidade e descontinuidade das mudanças ambientais; nível de complexidade interna atingido pelas organizações.

Água limpa, ar puro, belezas naturais e outras necessidades ambientais surgem como grande preocupação. Até aqui, entretanto, as atenções têm-se concentrado no custo do melhoramento ecológico. Daí, ser encarado de forma um tanto negativo. Uma necessidade, sim, mas muito dispendiosa, constituindo um entrave no desenvolvimento.

A melhoria ambiental pode abrir à indústria, em geral, uma série de mercados dinâmicos e lucrativos, representando gastos que no final se pagarão por si mesmos. Essa lacuna tem criado diversos nichos de mercado, como: reciclagem de materiais, despoluição do que já está poluído, desenvolvimento de filtros, a fim de evitar contaminação do ambiente, educação das pessoas para a necessidade de preservação dos ecossistemas, desenvolvimento de embalagens biodegradáveis, coleta seletiva de lixo, usinas e biodigestores para aproveitamento de dejetos e materiais diversos.

Os processos de melhoria ambiental necessários e as mudanças institucionais só surgirão se um influente segmento do empresariado agir com vigor e uniformidade em seu próprio interesse, em longo prazo. As iniciativas essenciais precisam provir das mais altas cúpulas das organizações. Se tomadas em tempo, tais iniciativas podem mostrar-se eficazes.

Como disse Peter F. Drucker: "Sempre que os líderes empresariais previram um impacto sobre as empresas e imaginaram uma forma de preveni-lo ou de tratá-lo, suas propostas foram aceitas. Sempre que eles esperaram até que surgisse um escândalo e um clamor público, eles se viram debaixo de uma violenta carga de regulamentos punitivos, os quais, na maior parte dos casos, só agravaram o problema".

Para isso, porém, precisamos de algumas reformulações básicas no tocante ao modo de encarar o problema ambiental como um todo. Para tal, as seguintes premissas são fundamentais:

- A exigência de melhoria ambiental oferece, para quase todos os tipos de empresa, oportunidades de participação em mercados primários inexplorados.
- Uma vez desenvolvidos, esses mercados gerarão riquezas capazes de pagar o preço de muitos dos melhoramentos ambientais almejados.
- Grande parte daquilo que se apresenta como o custo nacional dos melhoramentos ambientais representa, na verdade, novos mercados, que serão gerados pelas exigências públicas não satisfeitas.
- A atenção popular e empresarial deve concentrar-se em desenvolver tais mercados de forma racional e reduzir ao mínimo as despesas reais do melhoramento ambiental, isto é, evitar as burocracias improdutivas.
- Não basta encarar a melhoria do ambiente como uma responsabilidade empresarial.

Serão essenciais também regulamentos e leis, em âmbito nacional, que sejam equânimes e postos em vigor, com firmeza, mecanismos de mercado no setor público, desenvolvidos com sensatez e diretrizes fiscais que apoiem a expansão e o padrão de investimento almejado.

O Advento da Nova Economia

A Revolução Digital é assunto de todas as manchetes de jornais, nos dias de hoje. Mas, sob essa turbulência, encontra-se uma revolução muito profunda: a Economia de Rede. O advento da nova economia foi observado pela primeira vez, em 1969, quando Peter Drucker percebeu a chegada dos trabalhadores que lidavam com o conhecimento.

Durante este último século, fomos inundados por uma onda de informações em crescimento contínuo. Mas só recentemente uma configuração total da informação, propriamente dita, transformou a economia como um todo. As organizações estão engajadas em um grande programa para aumentar, ampliar, intensificar e estender as relações entre todos os seres e os objetos. É por isso que a economia de rede é um grande negócio.

Os feitos da tecnologia causaram modificações no desempenho industrial e comercial das empresas e, principalmente, no mercado, tornando-se extremamente difícil conservar a coordenação de todas as etapas administrativas da organização. Mas, não teria sido a moderna tecnologia possível, sem a cooperação de todos. A tecnologia, em larga escala, requer uma correspondente habilidade de integrar os recursos humanos e técnicos, para tornar as organizações eficientes e eficazes.

O comportamento organizado deve ser encarado como um sistema social, que transcende as exigências funcionais da tecnologia. O bem-estar futuro da civilização depende da habilidade de viver e trabalhar em harmonia. As aptidões são tão importantes quanto desenvolver habilidades técnicas. Deve-se observar a importância de se compreender a organização e o papel que o administrador desempenha. Deve-se estimular a confiança e a franqueza.

O líder que criar um ambiente tecnológico, onde as opiniões diferentes sejam bem-vindas, produzirá mudanças. As transformações nas economias nacional e internacional são rápidas demais e frequentemente violentas.

O imperativo da modernização, os requisitos de produtividade e a importância dos fatores econômicos e tecnológicos, num mundo em que estes adquirem maior relevância do que as considerações políticas e sociais.

As economias de mercado geram desequilíbrios graves entre a capacidade produtiva e a demanda, cuja correção passa por períodos depressivos. Então, se faz necessária a intervenção do estado, porque tal tipo de economia tem concentrado a riqueza na mão de poucos, agravando a desigualdade entre as pessoas.

Para Qual Direção Vai o Mercado?

É crescente a tendência dos consumidores discriminarem mais sobre o que compram. As pessoas estão aprendendo a valorizar aonde vai o seu dinheiro. A ideia tradicional do mercado de massa, no qual foram construídas tantas fortunas, está morrendo aos poucos. Ela está sendo substituída por um novo mercado, dominado por um novo consumidor e muito diferente.

Estamos entrando rapidamente numa época do consumidor individual, cuja ambição não é imitar o que o vizinho importante faz, mas afastar-se do que este está fazendo. Assim, a riqueza democrática caminha para um mercado segmentado.

Nos próximos anos, o sucesso dos negócios dependerá menos da capacidade do executivo em pensar grande e mais da sua capacidade para pensar seletivamente. Uma observação precipitada e incorreta seria a de que as grandes empresas podem fazer bem um trabalho já existente, mas parece que não tão bem para trabalhos inteiramente novos, isto é, não têm inclinação para efetuar uma mudança que afete a viabilidade segura das suas linhas de produtos.

Hoje, até as maiores, as mais burocráticas e as mais mesquinhas das empresas reconhecem o perigo de que suas percepções possam estar distorcidas por seus atuais compromissos. Elas sabem da necessidade de enfrentar as realidades do mundo competitivo, através de janelas que claramente dão para os dois lados: a Obsolescência e a Criatividade.

É surpreendente testemunhar o surgimento contínuo de tantas revoluções empresariais de estrutura e de estratégia. Empresas grandes e bem capitalizadas estão sintonizadas com a necessidade de criar novidades competitivas. Mas, regra geral, as principais revoluções e inovações continuam a vir, em escala desproporcional, de empresas pequenas e de capitais inadequados e irrisórios, haja vista a Microsoft que começou numa garagem de uma casa de classe média. Por quê?

Duas razões extraordinariamente simples explicam, porque as grandes empresas têm ficado para trás. Elas raramente são organizadas e operadas com vistas aos objetivos propostos inicialmente e são incapazes de pensar em pequenos negócios. Na grande empresa, a prioridade é fazer com que a tarefa seja executada suave e eficientemente. Ela pensa grande, quando se trata da criação de novos produtos, da busca de novos consumidores, da busca de novos mercados ou da descoberta de novas oportunidades.

Dificilmente se espera que a grande empresa, com um fluxo de caixa/mês da ordem de um milhão de dólares, analise uma proposta de pequeno investimento. O significado da grandeza de um negócio não é sua dimensão, mas de que modo este se desenvolve. Para compreender o crescimento e capitalizar as oportunidades é aconselhável considerar o mundo dos negócios não em termos do que os consumidores fazem, mas em termos do que eles podem chegar a fazer.

Em geral, os mercados traçam uma trajetória semelhante à curva de aprendizagem. Faz pouco progresso inicial, depois adquire maior rapidez, salta à frente e, por fim, nivela-se ou chega ao máximo atingível. Nada ilustra melhor esse ponto do que a ascensão do automóvel. Seu tamanho era uma medida do sucesso de uma pessoa. Mais tarde, o homem veio a descobrir que a utilidade é que importava, passando a comprar aquele que era grande por dentro e pequeno por fora.

Hoje, estamos presenciando a mesma adaptação com os computadores. A explicação é que o homem é uma criatura que aprende. Ele não descobre, repentinamente, a utilidade e o valor de alguma coisa nova.

A empresa que falar exclusivamente em termos de mercado, ou mesmo apenas em categorias de indústrias, provavelmente, não manterá sua clientela por muito tempo. E terá dificuldades, como as empresas que falharem em identificar os "detalhes" de seu mercado, tais como: globalização, conectividade, telemática, interatividade, diversidade, cenário, mudança, informação, gestão, estratégia, tática, recurso, preço, inovação, otimização, consumidor, telecomunicação, sustentabilidade, convergência, ambiente, tecnologia e muitos outros.

Shopping x Lojista

A comodidade e a violência urbana são os dois principais fatores apontados, para explicar porque os consumidores estão preferindo consumir nos shoppings. É também possível agregar valores, tais como: ambiente climatizado, lazer, estacionamento, segurança, diversidade de bens e serviços, praça de alimentação, cinema, teatro e supermercado.

Mas será que é um bom lugar para o varejista se instalar? Se fosse um bom negócio, como explicar o entra e sai dos empreendedores? Por que as lojas mudam de dono, se há lucro e o retorno do investimento é rápido, como propalado pelos fazedores de shoppings?

Os supermercados da atualidade são lojas "âncoras". E são considerados como superlojas e obrigaram os fornecedores a modificar a embalagem, o canal de distribuição, a propaganda e a promoção. O supermercado alterou a comercialização, porque o balconista foi eliminado, o consumidor passou a decidir livremente o que comprar, o sortimento de mercadorias é muito grande, os produtos vendem-se por si mesmos, a embalagem do produto passou a ser mais atrativa, os preços, em geral, são mais baratos e há mais espaço de circulação entre gôndolas. Ambiente limpo e arranjo interno forçam o consumidor a comprar produtos desnecessários. A competição é por marca e não por produto.

As autoridades governamentais, principalmente dos municípios, têm grandes argumentos para explicar a oposição aos supermercados e aos shoppings. O mais repetido é que provoca desemprego, porque para cada posto de trabalho criado, outros cinco deixam de existir, tendo em vista que o comércio nos municípios é constituído de pequenas lojas e armazéns. Os gerentes de superlojas são importados de outras paragens, não havendo, portanto, oportunidades para os nativos da região.

Então, por que o conflito lojista x shopping? Porque além dos problemas de instalação, existem:

- O shopping não analisa se o novo empreendedor já traz uma bagagem de conhecimento para o negócio a ser implantado.
- São feitas muitas exigências nos projetos de arquitetura e engenharia.
- Não são requeridos, do lojista, conhecimentos de mercado, funções administrativas e funções organizacionais.
- Contrato impingido pela construtora do shopping é muito difícil de ser atendido pelo lojista.
- Penalidades altíssimas por avenças não cumpridas.
- A fórmula de cálculo do aluguel complementar é, geralmente, causa de muito conflito.

Em contrapartida, as Associações Patronais e de Bairros têm pressionado os governos para dar apoio ao comércio de rua, a fim de que este não morra, solicitando tratamento tributário diferenciado para que pequenos lojistas tenham vida própria e gerem muitos empregos. Alguma coisa já está sendo feita neste sentido. Vamos aguardar que seja em benefício do pequeno empreendedor, para que haja trabalho para muitos.

A Ditadura do Grande Varejo

As relações entre grandes varejistas e fornecedores estão se complicando e os conflitos são cada vez mais acirrados. Varejo e indústria nunca viveram uma lua de mel, é certo. Trata-se de uma queda de braço que se mantém desde sempre. Nos anos de inflação elevada, quem esperneava eram os supermercados, compelidos a aceitar sucessivos reajustes nas viradas de tabela. Era pegar ou largar, quer dizer, ficar com as prateleiras desabastecidas.

A situação começou a se inverter no começo da década de 1990. A abertura da economia e a estabilidade que seguiu ao Plano Real viabilizaram os investimentos estrangeiros no setor de distribuição, dando partida a um amplo, inédito e fulminante processo de fusões e aquisições.

A comercialização, bem como a produção, é vista como um processo que envolve diversas atividades mercadológicas, tais como: pesquisa, desenvolvimento, vendas, comunicação, previsão, planejamento, política, armazenagem, planejamento, política, treinamento de vendedores, necessidades e alocação de recursos, acompanhamento pós-vendas... Mesmo a empresa industrial precisa ter preocupações com as atividades mercadológicas, porque, se não conseguir vender seus produtos, terá problemas de sobrevivência.

Que mudanças básicas ocorreram recentemente na comercialização e em sua estrutura? A natureza e a estrutura da comercialização têm mudado vagarosamente. As técnicas cotidianas de distribuição sofreram grande mudança. Numerosas modificações foram introduzidas, por exemplo, vários melhoramentos ocorreram no manuseio físico.

A maneira de comercializar mudou em duas formas principais: maior integração vertical e maior integração horizontal. A integração vertical tem sido especialmente sentida na comercialização direta. A cadeia de lojas, o supermercado, a loja de departamentos, a superloja aumentam cada vez mais suas compras, assumindo, assim, as funções dos atacadistas.

Por outro lado, o fabricante tem absorvido certas funções atacadistas pela abertura de filiais. Além do mais, tem havido uma tendência para a distribuição seletiva, na qual o fabricante escolhe cuidadosamente os canais atacadistas e varejistas, sendo este um tipo de distribuição exclusiva que tem levado os fabricantes a cuidar da promoção e da propaganda.

A integração horizontal também se expandiu, como se vê pelo crescente número e volume de vendas dos grupos em cadeia, inclusive supermercados e filiais. Parte deste crescimento se deve ao aparecimento de shoppings, que acompanham o deslocamento da população do centro para os subúrbios.

Como resultado do crescimento da integração horizontal, o volume das vendas, em dinheiro, vem-se concentrando cada vez mais em menor número de estabelecimentos de venda. Na verdade, mesmo este tipo de concentração vem tornando o varejo cada vez mais uma atividade de grande escala.

O shopping center foi o vetor de expansão do varejo com base numa estrutura de espaço mais racional, custos menores e maiores volumes de negócios. As grandes redes plantaram nele suas âncoras para se expandir nos mercados regionais.

Cada nova marca de franquia surgida no mercado também buscou um "ninho" em um shopping. Por outro lado, a concentração das vendas em um punhado de bandeiras deu um formidável e inédito poder ao grande varejo (grande rede), tanto que alguns abusos são cometidos.

Burocracia Governamental

A fera burocrática brasileira atingiu tamanha proporção e tal voracidade que deixou de ser apenas um motivo de irritação para milhões de brasileiros, pois se transformou num dos principais, senão o maior, obstáculo ao crescimento do país. O Brasil possui uma das legislações trabalhistas mais rígidas do mundo, haja vista que, para demitir um empregado, a empresa precisa refletir muito, o que a faz pensar antes de empregar alguém formalmente. Felizmente, isto está mudando.

É o pior lugar no mundo quando se calcula o tempo necessário para iniciar um negócio, tendo em vista que são necessários 17 procedimentos legais e uma fantástica papelada. Ainda bem que isso está mudando.

Para fechar um negócio, que não deu certo, leva-se uma eternidade. Há casos que leva anos. A justiça brasileira também é uma das mais lentas. Uma simples disputa comercial leva em média 550 dias para ser resolvida. Uma simples briga de condomínio vai parar no STF, um verdadeiro absurdo. Registrar uma propriedade envolve 14 atos, número que faz do Brasil o quarto país com mais exigências para legalizar a compra e venda de um imóvel.

Recuperar dinheiro emprestado e não pago é quase impossível, pois em caso de falência de uma empresa, os credores recebem em média menos de 1% do dinheiro devido. No Brasil, é difícil fazer valer os direitos dos credores.

A carga tributária vitima de forma igualmente perversa as empresas, que pagam impostos, sobretudo, no: faturamento, lucro e folha de pagamento. Quando contrata um funcionário, para cada 100 reais de salário, a empresa precisa recolher quase que o dobro em tributos e "contribuições". Os regulamentos e controles governamentais têm produzido grandes efeitos, porque afeta tanto a compra quanto à venda, já que se trata simplesmente de dois aspectos do mesmo processo.

A legislação comercial restringe as horas de trabalho dos empregados e limita, por exemplo, o horário dos estabelecimentos comerciais. Seria aceitável para a sua promulgação que se estudasse devidamente o equilíbrio a estabelecer entre as concessões legítimas a fazer aos empregados e as necessidades, não menos legítimas, da produção e do comércio.

O protecionismo é frequentemente excessivo, e daí resulta o afastamento do comprador e um consequente prejuízo para a própria indústria que se pretendeu beneficiar. A indústria protegida gera um caráter parasitário, que a desvitaliza e a desprepara para as contingências econômicas do futuro.

A maior parte das vezes, o governo atravanca o crescimento econômico por omissão. Mas há momentos em que a administração pública atrapalha o progresso não pela omissão, mas pela ação. É exatamente isso que está acontecendo no manejo do meio ambiente, em que as autoridades responsáveis pela aprovação dos projetos criam dificuldades em nome de causas "nobres".

Dentre as principais questões para desenvolvimento dos negócios está a infraestrutura. Os gargalos neste aspecto representam uma ameaça séria ao desenvolvimento. As estradas estão em péssimo estado, os portos estão saturados, faltam silos e armazéns, o frete é caro demais devido à falta de ferrovias e hidrovias. Há uma série de projetos de investimentos em hidrovias, aeroportos e portos que se encontra em processo de análise no governo, isto é, estão no papel.

O Centro de Estudos de Logística da Universidade Federal do Rio de Janeiro desenvolveu pesquisas de transporte e de uso da mão de obra nos portos, com as seguintes considerações: em relação à média de utilização de trabalhadores para movimentação de contêineres, relatou-se que os portos nacionais usam entre 4 a 35 trabalhadores, e os estrangeiros utilizam entre dois a cinco, enquanto nos portos nacionais o custo da mão de obra varia de 20 a 74 dólares, e, nos estrangeiros, de 10 a 30 dólares.

Um trem brasileiro circula numa velocidade média de 25 Km/h. A média mundial é de 80 Km/h. A principal razão para a enorme diferença não está na qualidade dos trens, mas no que acontece ao lado dos trilhos. Na maioria dos países desenvolvidos ninguém pode construir nada nas laterais das linhas, guardando um mínimo de 15 m (faixa de domínio). No Brasil, os terrenos nas margens das linhas de trem estão tomados por invasores.

Há proporcionalmente quatro vezes mais gente presa nos Estados Unidos do que no Brasil, e não existe nenhuma evidência de que a criminalidade seja quatro vezes maior por lá do que por aqui. Uma das razões que mais contribuem para esse cenário desolador aparece num diagnóstico já antigo – É a barafunda de um ordenamento jurídico que consegue ser, por seus formalismos inócuos e seus excessos de recursos, célere para punir os pobres e inocentar os ricos.

A maioria acha que jamais será punida pela lei eleitoral da forma como pode ser punida pela lei penal. A corrupção é um fenômeno universal a ser aferido, razão pela qual a pesquisa sobre o assunto se limita a medir a percepção das pessoas e, não, o tamanho da roubalheira.

Em outras democracias, os réus têm reação distinta da dos brasileiros, que insistem até o fim da vida em dizer que são inocentes ou que nada sabiam, e até choram em público. No Japão, não é incomum o suicídio de político ou alto funcionário flagrado em corrupção. Na China são condenados a morte.

Por que os processos demoram tanto a ser resolvidos? Interposição de recursos ou razões de ordem sentimental? As empresas brasileiras utilizam o instituto do recurso, principalmente, para: Reclamações Trabalhistas; Ações Tributárias; Reclamações de Consumidores; Quebra de Contrato; Disputas Societárias; Uso Indevido de Propriedade Intelectual; Concorrência Desleal.

O dinheiro envolvido, seja medido em milhões ou em bilhões, é o custo imediato e palpável das ações. Os riscos de uma briga nos tribunais, porém, vão muito além das perdas financeiras. Envolvem reputação, imagem, marca e, não raro, a própria sobrevivência. As causas dos conflitos podem variar, mas o desfecho costuma ser quase sempre o mesmo.

Feitas as contas não há grande ganhador. No curto e médio prazos, todos perdem, principalmente, no que diz respeito à capacidade de se concentrar naquilo que realmente importa: o negócio em si.

Contratar e descontratar no país se baseia inteiramente na regulação criada por lei e não por negociação. Isso significa que as despesas geradas pelas leis não podem ser negociadas entre as partes, mesmo que elas queiram. As despesas, altas e rígidas, até podem ser, eventualmente, toleradas pelas grandes corporações, mas são inviáveis para micro, pequena e média empresas, que constituem a maioria dos negócios no país.

A conclusão disso tudo é óbvia. A Lei Tamanho Único não consegue proteger os trabalhadores e nem a esmagadora maioria das empresas. É isso que gera o desestímulo para empregar e estímulo para contratar na informalidade, reduto de 60% dos trabalhadores do país. Quando isso ocorre, todos perdem.

Perde a Previdência Social, que deixa de recolher contribuições sociais de empregados e empregadores. Perde o trabalhador, que fica desprotegido. Perde a empresa, que não investe no treinamento e não ganha em produtividade.

Finalmente, é bom lembrar que um cidadão comum é identificado por carteiras e cartões de diferentes órgãos governamentais, como: RG, CPF, Pis, Pasep, INSS, Trabalho, Motorista, Eleitor, Passaporte, Conselho Regional da Profissão. Um absurdo!

O Futuro é Hoje

Este mundo da economia de rede e da globalização dos negócios tem levado as organizações à premissa de que para sobreviver, quiçá competir, é necessária uma filosofia do aqui e agora. Se for o planejamento estratégico que orientará a organização no futuro, estabelecendo objetivos factíveis de serem atingidos. Como o dirigente fará seu trabalho preocupado, a todo instante, com o presente, tendo de pensar no futuro?

A administração dessas duas dimensões é função da qual o administrador não se pode furtar. A construção e manutenção desse projeto poderão ser facilitadas, se forem estudados os fatores chaves de todo e qualquer empreendimento, tais como: mercado, produto, ambiente, gestão, recurso. Trabalhar esses fatores é tarefa tão urgente quanto maiores são os riscos e as incertezas.

O mercado, por exemplo, impõe, no momento, exigências de um reajuste. Reduzindo-se o poder de compra do consumidor, reduz-se o mercado. Esta redução, em termos econômicos, provoca uma grande reorganização da demanda. Hábitos de consumo são alterados. Alguns segmentos perdem consumidores, outros são ampliados. Muda-se o perfil presente do mercado. Mas, o mercado futuro, como fica? Que posição assumir?

O produto, como não poderia deixar de ser, atrela-se diretamente ao mercado. Alguns podem tornar-se momentaneamente inadequados. Certamente deve-se promover ajustes, mas quais? Afinal, cada produto é fruto de longo e bem-sucedido esforço. Outra questão que tem de ser respondida é: Qual preço operar?

O ambiente é um fator incontrolável que pode causar prosperidade ou desastre em um mercado. Mas, com esforço e resolução, pode-se conseguir considerável controle sobre o mesmo. As empresas não vivem no vácuo, isoladas e totalmente autossuficientes, mas funcionam dentro de um contexto, do qual dependem para sobreviver e crescer. É do ambiente que as empresas obtêm os recursos para poderem agir e devolver: resultados, bens, serviços, ideias e projetos.

Se você tem os recursos adequados, dificilmente, não será efetivo, isto é, não terá muitos problemas para atingir objetivos com eficiência, eficácia e rapidez. A organização procura dispor de recursos de tal forma que o conjunto, assim empregado, seja capaz de realizar uma atividade econômica ou um trabalho, com um mínimo de risco, esforço e custo.

Podemos demitir pessoas e reduzir os custos imediatos. Mas, os efeitos daí decorrentes, quanto custam? Demitir pessoas não trará soluções aos problemas. O dirigente esquece que a responsabilidade do negócio é sua. Age no nível operativo, imediato e rapidinho, obtendo poucas respostas de seus recursos para atravessar a crise.

Manter os empregos de hoje e criar os empregos do futuro é desafio estratégico que, embora pertença a toda sociedade, constitui medida de responsabilidade social de todos.

Para tal, é chegada a hora de termos a coragem para revisar a estrutura, realocar recursos, desenvolver e treinar pessoas, modificar estratégias e políticas, enxugar custos, aumentar a produtividade, buscar parcerias de qualidade, melhorar métodos e processos, copiar modelos de sucesso, construir procedimentos e práticas de austeridade, buscar comprometimento e cumplicidade, sobrepor o coletivo ao individual, interagir com tudo e com todos para aprender.

O Que Está Por Vir?

Num mundo que parece estar sempre em agitação extrema, não é de surpreender que tantas revistas especializadas em negócios e que tantos discursos nas convenções falem constantemente do que está por vir. Infelizmente, quase tudo quanto se diz ou se escreve sobre o assunto está errado ou, pelo menos, conduz a grandes enganos.

Os incidentes são, erroneamente, interpretados como tendências. A mudança em algumas coisas visíveis é, retoricamente, ampliada em nível de grandes transformações. O futuro é falsamente interpretado como uma extrapolação do presente.

A predita exaustão dos recursos naturais se assenta na elevação de nosso atual consumo e no pressuposto plausível de sua disponibilidade limitada.

Fala-se: na predição de novos mercados em tecnologia educacional; no controle da poluição; nas compras feitas dentro do próprio lar por meio do computador; no crescimento rápido dos mercados de lazer; nas enormes e novas indústrias de serviço; nas semanas de trabalho discricionário; nas novas e imensas oportunidades no transporte de massa.

Mas antes que sejam tomadas quaisquer decisões vale a pena considerar alguns outros fatos. No universo social, o futuro não se assenta necessariamente no presente. No orgânico, à medida que o tempo passa, um repolho pequeno se tornará um repolho grande. Em tal universo, raramente, um pequeno evento pressagia uma ocorrência previsivelmente maior. As arruaças nem sempre se transformam em guerra.

Não é simplesmente nas questões sociais e culturais que a predição é tão frágil e os peritos tão rapidamente desmentidos pelos eventos. O engenheiro não parece merecer mais confiança do que o economista ou o sociólogo e, igualmente, mais do que o executivo em dizer para onde a empresa caminha. A mais ligeira revisão sensata da história nos diz que o mundo não se desloca em trilhos perfeitamente paralelos, assentados por políticas sociais racionais.

Que condições devem satisfazer as previsões? Que outras coisas devem acontecer primeiramente? O que está mudando? Será que a aprendizagem, a educação e a ciência fazem tanta diferença assim? Hoje, há mais cientistas vivos do que todos os que na história morreram. Não obstante, presenciamos atualmente um enorme aumento de misticismo. Vemos por todos os lugares ao nosso redor, uma abundante simultaneidade de condições contrárias, coexistindo sem competir entre si. Um exemplo disso é alimento congelado e alimento natural.

Não é necessário compreender exatamente por que tantos opostos têm sempre vivido lado a lado, ou por que tantos incidentes tão vigorosos têm deixado de maturar em tendências? Por que tanto daquilo que mais nos interessa é temporário e, por que, de fato, apreciamos tão pouco o que é duradouro?

O Fim do Capitalismo

Peter Drucker foi um dos primeiros gurus dos negócios a se interessar pelo Terceiro Setor. Impressionado com o crescimento e o impacto de centenas de organizações sem fins lucrativos, que oferecem serviços de caráter público em vários cantos do mundo, ele fundou um Instituto, cuja missão era apoiar o desenvolvimento de líderes sociais e estimular a criação de parcerias com governos e empresas.

As organizações não governamentais (Ongs) nunca pesaram tanto no mundo dos negócios, tendo em vista os enfoques sociais e ambientais de que tanto se valem, e que utilizam como estratégias de guerra para pressionar as empresas e governos. É claro que há um lado luminoso em tudo isto, mas há também um lado obscuro pela tomada do poder político e econômico. Estas organizações vestem a máscara da justiça, da ética, da moralidade e da correção, como paladinas a defender toda a sociedade de uma destruição iminente.

Entidades civis sérias, algumas com décadas de existência, muitas vezes preencheram o vazio deixado pelo governo em serviços públicos, como saúde e educação. Quem, em seu juízo perfeito, pode ser contra isso? O problema é que entre muitas Ongs, há instituições sérias misturadas a entidades oportunistas. Há quem, de fato, busque soluções para os graves problemas do planeta e há quem queira apenas destruir as empresas e o progresso.

Desde o advento do capitalismo, apareceram os seus inimigos, tais como:

- Ludistas (contra a automação).
- Anarquistas (contra o governo).
- Comunistas (contra a propriedade privada).
- Socialistas (contra a injustiça social).

Hoje, os militantes das Ongs mais radicais são os que melhor cumprem esse papel, ou seja, acreditam que seu trabalho é combater um mundo dominado por grandes corporações, cujo interesse é ganhar dinheiro à custa da saúde das pessoas e da degradação do planeta.

As Ongs surgiram no mundo em meados dos anos de 1940 para abalar os pilares do sistema capitalista. Nas décadas mais recentes, essas organizações se multiplicaram e ganharam popularidade, levantando bandeiras de agrado geral.

A derrocada dos regimes socialistas deixou uma lacuna sabiamente aproveitada, a ponto de acreditarem que o capitalismo aumenta o fosso entre ricos e pobres. Tese que, em muitos países, é verdadeira.

Graças à globalização, o Terceiro Setor aumentou o seu poder e ganhou alcance mundial, também porque a força dos consumidores e distribuidores é cada vez maior a ponto de determinar como o setor produtivo deve agir. Infelizmente todos esquecem que é o setor, com margens cada vez menores, da produção (alimentos, matérias-primas, insumos, bens manufaturados), aquele que gera maior riqueza num país.

Então fica a grande dúvida: Quando a indústria for sufocada e falir, quem colocará comida à mesa do cidadão?

A Estreiteza dos Governantes

A tarefa básica do governo é fazer a grande massa sentir-se segura. A segurança do povo é baseada no atendimento de suas necessidades, que consiste em não privar o povo de suas oportunidades. Para que este tenha oportunidades, o governo deve reduzir ao mínimo os tributos (impostos e taxas) e suas artimanhas de cobrança.

A redução de impostos e cobranças depende da moderação do desejo, que depende, por sua vez, de um retorno à natureza essencial, isto é, na remição da carga de obrigações e deveres. Aqueles que se tornam governantes devem aprender a descobrir vencedores, bem como entender que, para vencer os oponentes, precisam ser fortes.

Aqueles que conseguem ser fortes sabem usar o poder de outra pessoa. Para estar apto a usar o poder de outro é necessário dominar o coração das pessoas. E para dominar o coração dos outros é exigido autodomínio. Ter autodomínio é indispensável para ser flexível.

Apenas para esclarecer o leitor, é importante que se diga que em países, como: Austrália, Nova Zelândia e Malásia uma empresa pode ser aberta de três a sete dias. Para pequenos negócios é tudo feito pela internet e o empreendedor não precisa nem sair de casa. E no Brasil? É tanta burocracia e gastos de tempo, esforço e dinheiro, que a pessoa desiste.

Uma sociedade moderna tem como espelho seu sistema educacional. Mas, o que preocupa no Brasil é que o desenvolvimento econômico não é seguido de um avanço no campo da educação. Aqueles que conhecem a história do Japão, na pós-guerra, sabem muito bem que seu orçamento continha 80% destinado a desenvolver seus recursos humanos.

Havia uma clara visão dos políticos e homens de negócios que a situação passaria necessariamente pelo ensino, treinamento e aprendizagem. No Brasil, foi o estado que se tornou capitalista e não a sociedade como um todo, há uma concentração de renda entre poucos, muitas das vezes, também com o poder político-decisório.

O governo existe, porque o forte oprime o fraco, a maioria é violenta com a minoria, os espertos enganam os ingênuos, os ousados atacam os tímidos, as pessoas guardam seus conhecimentos para si e não os divulgam, os homens acumulam riquezas e não as dividem. Por estas razões, o governo deve ter como responsabilidade unir e prover os governados.

A estreiteza dos homens que manipularam o poder fez com que eles não compreendessem bem o modelo do economista John Maynard Keynes, que previa a intervenção do Estado na economia, quando se fizesse necessária. Aqui, o governo se meteu em atividades da iniciativa privada e deixou que a iniciativa privada se intrometesse em assuntos que seriam do Estado. E esse foi um grande erro, pois os serviços de educação e saúde decaíram sensivelmente.

Na década de 1950, um professor dava menos aulas, tinha um salário digno e um "status" do nível de um engenheiro, médico e advogado.

Chegamos a um grau de descontrole que, hoje, vemos um claro desrespeito pela coisa pública, tendo em vista o mau exemplo de nossos governantes. O Estado deixou que a educação, virasse um "negócio" para calar a boca da classe média. Temos cursos superiores que de superior só o nome. Os cursos básicos geridos pelo Estado são, em geral, os piores.

Precisamos também deixar de achar que a empresa privada só pensa em lucro, pois o lucro é necessário para que a mesma sobreviva.

Mas, o lucro exagerado é uma excrescência que só acontece em países em que o governo não está atento ao social, onde os governantes se locupletam com o dinheiro público, isto é, de todos nós. Todos os clássicos da filosofia e religião chinesas contêm ensinamentos sobre harmonia e paz, tais como:

- Governar um país é como cuidar de um jardim, basta retirar a erva daninha.
- O que permite a uma nação sobreviver é a benevolência e a justiça.
- O que permite a um povo viver é a prática da virtude.
- Uma nação sem justiça perece, mesmo que seja grande.
- Um povo sem benevolência será ferido, mesmo que seja corajoso.
- Governantes autoritários e arrogantes nunca têm ministros confiáveis e os bem-falantes, em geral, são corruptos.
- Se o governante é correto, ao povo leal caberão responsabilidades, porque os desleais estarão escondidos.
- Se o governante é corrupto, os maus ganharão força e os honrados ficarão na sombra.
- Aqueles que usam suas habilidades para lutar pelo poder começam na luz e terminam nas trevas.
- Os oportunistas começam na ordem e terminam no caos.

Ninguém Sabe o Que Vai Acontecer

Uma previsão é uma tentativa de determinação de futuros eventos que poderão ocorrer (registros de uma série probabilística) ou não. Ela é uma função administrativa que serve para estimular uma situação futura (para um determinado período) a partir de dados, informações e recursos. Toda previsão é, por definição, errada, porque não há um grau de certeza absoluto.

Raramente os "gurus" percebem o momento em que os ciclos econômicos passam por uma reviravolta. Grande parte das principais transformações, na última metade do Século XX, passou em branco. Quase ninguém previu o "boom" americano da década de 1990. O mesmo aconteceu em outras ocasiões cruciais, tais como crises de energia, aumento substancial da inflação e declínio espetacular na década seguinte. O desemprego aumentou e as ações sobem e descem. A verdade é que ninguém sabe o que vai acontecer.

Até mesmo os mais brilhantes mortais são incapazes de penetrar o futuro. Aléxis de Tocqueville, um pensador político francês do Século XIX, escreveu a respeito da Revolução Francesa: "Nunca um evento de tal magnitude, e tão bem preparado, passou tão despercebido pelos prognósticos".

O quadro que os economistas pintam sobre o futuro reflete, em regra, o passado recente, porque é daí que provém seu conhecimento. Eles falharam em prever a inflação dos anos de 1970, porque ela havia permanecido baixa nos anos de 1960. Nos anos de 1980, eles exageraram na previsão de alta da inflação, porque esse fora o quadro anterior. Esse fato explica a distorção otimista das previsões atuais.

Na maior parte das vezes, a mudança ocorre de forma gradual. Hoje se parece com ontem, que foi como anteontem. Você também pode fazer um prognóstico razoável. Basta ler livros e revistas que fazem apologia de temas futurológicos.

Outro aspecto a ressaltar é o "comportamento de manada". É preferível errar com todo mundo a fazer papel de tolo sozinho. A previsão política é outra seara difícil de entender. Quem poderia imaginar o fim da União Soviética, a queda do Muro de Berlim e o aumento exagerado de mísseis e ogivas nucleares.

Por menor que seja a empresa, a direção precisa estar atenta ao que ocorre no mercado, porque mudanças ambientais influirão nos resultados da organização, podendo ocorrer prejuízos. Estamos sempre atolados e discutindo os problemas do passado, sem tempo para discutir as tendências do futuro.

Assim, perde-se tempo corrigindo o passado, quando talvez fosse interessante ver as possibilidades futuras. Por que não agimos assim? Talvez, porque estas não sejam notícias, tendo em vista não terem ainda acontecido.

O Futuro Digital

Os consumidores são os principais beneficiários do aumento de eficiência da tecnologia da informação. E os benefícios crescerão à medida que a economia se tornar mais digital. Os outros beneficiários são as empresas, cujos líderes aproveitam os métodos digitais, para soluções avançadas com mais rapidez do que a concorrência.

Uma vez que a tecnologia vai mudar o modo de trabalhar com os clientes, e não apenas o processamento de dados dentro do escritório, o empreendedor deverá se envolver com esta tecnologia. Esta nova maneira de fazer negócios se baseia na crescente velocidade da transmissão de dados, fazendo com que as respostas aos problemas sejam quase que instantâneas. Você pode dar responsabilidade e autorização às pessoas, mas sem informação elas ficam impotentes. O conhecimento é a ferramenta definitiva do poder.

Se as informações sobre sistemas de produção, problemas de produtos, crises e oportunidades com consumidores, quedas nas vendas e outras notícias importantes se disseminarem pela organização numa questão de minutos, em vez de dias, as pessoas buscarão soluções com maior velocidade. Essa reestruturação de processos baseados na tecnologia digital é tão ou mais importante que a produção em massa, no passado.

As ferramentas digitais são a melhor maneira de abrir as portas e aumentar a flexibilidade. Dependendo da necessidade ou da urgência, a informação pode subir ao longo da cadeia de comando ou ir diretamente ao topo para um indivíduo ou uma equipe, isto é, para qualquer lugar.

Independentemente da maneira como você organiza sua empresa ou motiva seu pessoal, uma coisa é certa: é impossível administrar bem uma empresa totalmente centralizada. Os empresários precisam oferecer estratégias e orientações, dando aos empregados meios que lhes possibilitem reunir informações e descobertas de todo o mundo.

Os empreendedores não devem tomar todas as decisões. As empresas que tentam dirigir cada ação de forma centralizada, simplesmente, não serão capazes de agir com rapidez suficiente para enfrentar o novo ritmo da nova economia globalizada.

Há anos, o modelo da primeira cápsula espacial dos EUA chocou os astronautas, porque não havia sistema de controle manual. Nada com que se preocupar, explicaram os cientistas. O sistema faria a espaçonave voar. Os astronautas, tal como os macacos, antes deles, iam apenas de carona. Eles protestaram porque eram veteranos pilotos de combate e de teste e sabiam bem que os sistemas "avançados" de aviação muitas vezes falharam sob condições adversas. Os pilotos ganharam a briga, obtendo controles manuais.

Em várias ocasiões, foram estes controles que tiraram os astronautas de diversas enrascadas, porque os sistemas pré-programados falharam.

Ter ferramentas para gerir um sistema descentralizado é bom, mas uma mentalidade que predefina as ações dos profissionais do conhecimento a partir do centro é contraproducente. A tecnologia digital deve estimular a criatividade e a produtividade. Estes profissionais precisam explorar, colaborar e fazer correções de rumo à medida que o negócio muda em tempo real. O leitor precisa entender que no espaço virtual podemos tudo. Mas, não vivemos nele.

Os Negócios Vão Mudar?

Como pode a tecnologia ajudar a melhor administrar as empresas hoje? Como ela irá transformar os negócios? Se a questão dos anos de 1980 foi qualidade e a questão dos anos de 1990 foi reengenharia. Então, a questão da primeira década do Século XXI é a velocidade. Com que rapidez a natureza dos negócios mudará? Quão rápidas serão as transações comerciais? Como o acesso à informação irá alterar os estilos de vida dos consumidores e suas expectativas em relação às empresas?

A melhoria da qualidade e o aperfeiçoamento dos processos empresariais irão ocorrer muito mais depressa do que se pensa. A Era Digital irá alterar fundamentalmente as empresas.

Quando o aumento da velocidade dos negócios é suficientemente grande, a própria natureza das empresas muda. Um fabricante ou comerciante que responde às mudanças nas vendas em horas, em vez de semanas, não é mais, na essência, uma firma de manufaturas, mas uma empresa prestadora de serviços que oferece produtos.

Estamos na Era da Informação há cerca de trinta anos, mas a maioria das informações que circulam entre as empresas permanece em papel. Por isso, o processo em que os compradores encontram os vendedores continua sem alteração. A maioria das empresas está usando ferramentas digitais para controlar suas atividades básicas. Embora a maioria dos problemas das empresas seja essencialmente de informação, quase ninguém a está bem utilizando.

O interessante é que esse hiato não é resultado de uma falta de gastos com tecnologia. Na verdade, as empresas investiram em computadores, aplicativos, correio eletrônico e redes de comunicação. Apesar de investimentos feitos em tecnologia, as empresas estão usufruindo muito pouco de benefícios, devido à falta de visão do uso potencial da tecnologia.

Os instrumentos da Era Digital proporcionam um modo fácil de obter, compartilhar e utilizar a informação de novas e notáveis maneiras. O termo conectividade está assumindo um significado mais amplo do que simplesmente contatar duas ou mais pessoas.

A Internet cria um espaço universal novo para o comércio, proporciona um meio novo a partir da imediação e da espontaneidade de tecnologia como as da televisão e do telefone, combinando-as com a profundidade e a amplitude inerentes à comunicação no papel. Além disso, sua capacidade de fornecer informações e reunir pessoas de interesses comuns é completamente nova.

Padrões de hardware, software e comunicação reformularão o comportamento nos negócios. Dentro de pouco tempo, a maioria das pessoas usará regularmente os computadores no escritório e em casa, utilizará, de forma rotineira, o correio eletrônico, estará conectada à Internet, carregará dispositivos digitais com suas informações pessoais e comerciais.

No futuro, os aparelhos digitais portáteis irão nos manter em contato constante com outros sistemas e outras pessoas. Aparelhos do cotidiano, como medidores de água, gás e luz estarão conectados, registrando seu consumo e a sua situação. O momento da mudança está próximo e se massifica.

As tecnologias transformarão radicalmente o estilo de vida e o mundo dos negócios. Nosso sistema nervoso biológico dispara nossos sentidos e reflexos, para que possamos reagir ao perigo ou à necessidade de sobrevivência. As empresas precisarão ter o mesmo tipo de sistema.

Uma vez que o objetivo de um sistema digital de informações é estimular uma resposta conjunta dos funcionários para fomentar sua estratégia de negócios, quanto mais ágil for o fluxo de retorno, melhor e mais rapidamente uma empresa irá se adaptar às mudanças.

Um Escritório Sem Papel

A tecnologia digital pode transformar seus processos de produção. Pode libertar as pessoas que trabalham com ela de processos lentos e inflexíveis que usam papel. A substituição destes por processos digitais libera os profissionais do conhecimento para fazer trabalho produtivo. O local de trabalho completamente digital é chamado usualmente de escritório sem papel, uma expressão que remonta, pelo menos, a 1973.

É o fim das pilhas de papel, onde não se encontra o que se precisa. Nada de manusear volumes de livros e relatórios para achar a informação desejada. Nada de formulários enviados para o lugar errado, faturas perdidas, lançamentos redundantes, cheques desaparecidos ou atrasos causados por trabalho de escrita incompleta.

Em 1974, começou-se a falar do escritório do futuro que teria computadores e correio eletrônico com informações on-line. Até 1987, este assunto foi motivo de muitos artigos em revistas. Hoje, temos todas as peças no lugar para tornar realidade essa visão. A computação gráfica e melhores ferramentas analíticas tornam fácil integrar dados de vários tipos.

Microcomputadores de alta capacidade estão em toda parte, o tempo todo, nos ambientes das empresas e estão em rede. A Internet conecta micros de todo o mundo. Mesmo assim, o consumo de papel continua aumentando. Por quê? A informação em papel cresce com mais rapidez do que a tecnologia digital consegue eliminar.

A mudança dos formulários de papel para os eletrônicos é um passo vital na evolução de um sistema nervoso da organização moderna, mas deve-se usar a mudança para melhorar processos importantes e essenciais para o negócio, em vez de, simplesmente, dinamizar o que já existe. Uma vez instalado o sistema nervoso digital, é fácil ir adiante.

Uma boa rede, um bom sistema de correio eletrônico e páginas na Internet, fáceis de construir, são tudo o que se precisa para eliminar os formulários de papel. Podem-se adicionar facilmente alguns aplicativos necessários à eliminação de mais papéis.

As ferramentas de trabalho fornecidas pelo computador têm objetivos básicos, tais como: usar software para cuidar de tarefas rotineiras, eliminando desperdícios de tempo e de energia; liberar as pessoas para trabalhos mais complexos e cuidar dos desvios (distorções de resultados esperados).

Bill Gates alerta: "um usuário deve poder entrar e sair de uma ferramenta eletrônica no máximo em três minutos". Essa regra garante a não automatização de um processo com uma ferramenta complicada.

O bom gerenciamento do conhecimento é uma vantagem competitiva, melhorando a produtividade. Quando uma empresa elimina gargalos e tarefas administrativas rotineiras que absorvem tempo, faz com que os funcionários acreditem que seu tempo é importante e deve ser utilizado de maneira rentável.

A máxima da Microsoft é: *O tempo gasto em lidar com papel deve ser dedicado ao consumidor*. Será que o consumidor acredita? Quando sairemos do papel e iremos, totalmente, para o meio denso? Difícil dizer.

Marketing de Carreira

Assusta perceber que de repente você tem de sair para procurar um emprego (um serviço, um trabalho). Mas, se você abordar esta procura com um plano? Se souber que espécie de emprego deseja, pode seguir em frente e até gostar da experiência. Compreenda, logo de início, que você não começará como um vice-presidente, salvo se for filho do dono da empresa. Assim, é importante pensar na sua carreira, no longo prazo.

Torne claro em sua entrevista que você está pronto para ajudar, trabalhar com afinco e aprender o máximo possível. Sua função é demonstrar e desenvolver as habilidades que tem, adquirir outras e provar ao seu empregador que você dominou as funções que formam o seu cargo.

Como encontrar um emprego? De certo modo, planejar sua busca de emprego é seu primeiro passo. As tarefas que você precisa dominar para desenvolver seu plano de marketing pessoal para conseguir um emprego são as seguintes: pesquisar a empresa; conseguir uma definição do cargo; preparar uma carta de apresentação, juntamente com o currículo, de forma esmerada; preparar-se para as entrevistas.

Como é que você pode sair à procura de empresas que tenham vagas? Comece por sua faculdade. A maioria das escolas tem lista de oportunidades de emprego. Os jornais e revistas especializados também são boas fontes, bem como agências de emprego. Procure as que não exigem pagamentos adiantados. A maioria das grandes empresas pagam honorários às agências de emprego.

Muitos candidatos, na realidade, não sabem muita coisa a respeito da empresa onde quer se empregar. Este desconhecimento é indesculpável, considerando a grande quantidade de matéria publicada sobre as empresas. Procure emprego a partir do seu primeiro ano na faculdade, porque no período básico, em geral, já sabemos o que queremos. Assim, por esta ocasião, você deve começar um projeto ativo de identificar as empresas. Pode começar pelos anúncios.

Uma vez que você conheça a natureza das empresas para as quais planeja candidatar-se e a espécie de cargo que procura, deverá preparar a documentação. Assegure-se de que ela não tenha erros de gramática e de ortografia, nem repetições e redundâncias.

O currículo é um documento muito importante, pois é o seu retrato. Logo, precisa ser preparado com grande cuidado, honestidade e seletividade. Não adianta colocar no currículo atividades que pouco contam para o cargo pretendido, atenha-se ao necessário e relevante. Currículo extenso não é lido, a não ser que você se candidate à presidência da empresa.

Depois de você ter pesquisado a empresa e o cargo, bem como preparado a documentação, você está pronto para a primeira entrevista, que será, provavelmente, com alguém do Departamento de Recursos Humanos. Tenha sempre em mente que você está sob julgamento. Portanto, seja você mesmo e nada de fingir o que não é e o que não sabe. Como não se espera que você esteja descontraído, não se preocupe em demonstrar certa apreensão.

Esteja preparado para discutir as razões pelas quais você deseja trabalhar para a empresa e porque você pensa que será bom no cargo. É provável que o entrevistador faça perguntas, tais como: Quais são seus objetivos de vida? Por que escolheu esta profissão? Por que se acha qualificado para o cargo? Não esqueça que o entrevistador considerará: aparência, vestuário, desvios de personalidade, vícios de linguagem, hábitos, atitudes, expressões corporais, por exemplo.

Não se deixe tentado a tornar-se familiar com o entrevistador. Pode ser fatal. Não fume. Lembre-se que existem outras empresas e entrevistadores a enfrentar. Aproveite para tirar ensinamentos como não deve agir nos próximos encontros. O mais duro ainda está por vir!

Política de Segmentação

A segmentação conduz, necessariamente, a uma etapa inicial de investimentos em tecnologias, máquinas, inovações, treinamentos. Depois passa por um aumento nos custos, que cederão mais adiante com a melhoria da rentabilidade da carteira de clientes. Para segmentar ou para conduzir qualquer processo de mudança, dois fatores são essenciais à busca da simplicidade e da criatividade, por meio da inovação.

Segmentar é tratar cada consumidor, ou grupo de consumidores, de acordo com as suas características. Para isso, é fundamental: conhecer o consumidor e suas necessidades; conhecer a imagem que o consumidor faz da empresa; conhecer o que a empresa é.

Segmentar, por exemplo, não significa elitizar a clientela nem fazer certo tipo de propaganda ou ainda sofisticar o atendimento através de formas e formatos de comunicação. Um grande equívoco em torno da segmentação é achar que o processo conduz necessariamente à exclusão de consumidores. O processo de segmentação visa atender sempre mais e melhor a clientela.

Toda empresa deve determinar não apenas quais necessidades atender, mas também as necessidades de quem atender. A maior parte dos mercados é grande demais para que uma empresa possa fornecer todos os produtos necessários a todos os consumidores. Portanto, é preciso estabelecer algumas delimitações para recursos, processos, atividades e ações, principalmente.

O importante é definirmos um segmento natural de mercado, e, a partir dele, segundo suas necessidades e características, estabelecermos: qual, como, onde, quando, quanto, por quê?

Para que a segmentação se faça eficaz é preciso:

a. Estabelecer critérios mensuráveis, ou seja, selecionar informações que possam ser ponderadas, a fim de que seja possível visualizar o segmento de mercado.

b. Viabilizar o acesso a este segmento, através de algumas medidas capazes de levar o consumidor até a empresa, ou levá-lo à compra do produto ofertado.
c. Propiciar rentabilidade para que a estratégia empresarial sobreviva.

Quanto às variáveis de segmentação de mercado, elas podem ser as mais diversas, tais como: Segmentação Geográfica (região, estado, município, bairro); Segmentação Demográfica (idade, sexo, família, nacionalidade, classe social); Segmentação Sociográfica (estilo, qualidade de vida, cultura, costume, renda, status, hábito, instrução, intelectualidade).

A busca de uma política de segmentação é sempre um caminho longo e trabalhoso, num processo de intenso aprofundamento de conceitos e introjeção de atitudes. Qualquer política de segmentação para ser bem-sucedida deve ser capaz de provocar nos profissionais da organização uma atitude de busca permanente de resultados satisfatórios. Atitudes mecânicas e burocráticas não têm nenhum ponto de ligação com segmentação. Assim, é importante, para se desenvolver uma política eficaz de segmentação, a abordagem dos seguintes elementos:

- Transparência da Informação – O consumidor quer saber tudo sobre suas transações, suas contas e as alternativas disponíveis para a sua decisão. Os profissionais de atendimento e apoio devem saber simplesmente tudo sobre o mercado e, claro, sobre o consumidor.
- Atitude Proativa – É preciso atacar o mercado, detendo sempre a iniciativa no processo de identificação, atração e atendimento às necessidades do consumidor.
- Cultura Organizacional – É preciso que toda a empresa entenda profundamente o significado do atendimento em um mercado segmentado. Talvez seja necessária uma readaptação das pessoas.

Problemas de Exportação

O comércio internacional é exigente, dinâmico e muito competitivo. Os agentes que nele atuam ou que dele participam, sejam pessoas, empresas ou nações, devem mostrar capacidade e competência. Caso contrário, serão alijados desse comércio e relegados ao segundo ou terceiro planos, como fontes alternativas eventuais.

O Brasil tem condições de participar desse clube pelo potencial que tem de recursos e pela vontade de ser um parceiro do progresso e do desenvolvimento econômico do mundo. Só precisamos é tornar este sonho realidade. No comércio internacional não há lugar para aprendizes.

Quando queremos comprar, teremos de exigir de nossos fornecedores o preço justo, o produto de qualidade a garantia da entrega e o cumprimento do prazo. Por outro lado, quando queremos vender, o resto do mundo exige tanta coisa (barreiras alfandegárias), que nos afugenta de participar deste comércio.

As exigências não ficam somente no preço e na qualidade, mas também no ambiente, na procedência do produto (barreiras fitossanitárias), na logística. Sem falar do preconceito a um país como o nosso de não ter pessoas qualificadas para exportar, a não ser que seja commodities.

Pela variável custo, devemos entender não somente o preço final do produto, mas toda e qualquer despesa associada, direta ou indiretamente, à negociação. Maiores estoques são exigidos, porque nossos importadores não acreditam em nossa capacidade logística de entrega. Também o custo é agravado pelo alto nível de juros praticados. Então, se não há financiamento decente, a assistência técnica é cara e a documentação não chega a tempo por problemas burocráticos, tudo isso, implica em custos adicionais e indesejáveis.

Pela variável qualidade devemos entender não somente a qualidade do produto final e sua embalagem, mas também a qualidade do atendimento e do serviço pós-venda. Estão incluídas, neste item, informações completas no prazo certo e respeito às condições contratadas, além de documentação correta para uso no país de destino.

A entrega deve ser entendida como a qualidade em todos os aspectos do processo de exportação, desde a cotação correta até a entrega efetiva da mercadoria no destino, em perfeitas condições de uso. É ela que torna o fornecedor confiável, pois para o importador o meio de transporte é problema do vendedor. Se estes meios são desatualizados, deficientes, caros e morosos são problemas domésticos do exportador.

O comércio internacional não contempla burocracia, mas, sim, flexibilidade, responsabilidade, ética, transparência e honestidade, que são as alavancas da competitividade, da redução de custos, da melhoria continuada, da qualidade no atendimento. Por esta razão é que aqueles fornecedores que cometerem faltas devem ser punidos, para não purgarem a imagem da empresa, da marca e do país.

O Caminho do Homem

Muita gente acredita que os grandes vencedores possuem um segredo que lhes possibilitou sucesso. Tal segredo, no entanto, todos podem possuir. Qualquer pessoa pode chegar aos mais altos lugares, sempre que reúna aos conhecimentos adequados uma inabalável firmeza de vontade, uma grande tenacidade e muita confiança no próprio valor.

Um indivíduo sem uma preparação adequada nunca conseguirá conquistar uma posição de relevo, principalmente, no mundo dos negócios. É como se pretendesse tomar parte num combate de alta tecnologia armado apenas com um canivete.

A experiência é sempre o resultado de fatos vivenciados e não pode ser adquirida senão através de um longo período de aprendizado. No entanto, o homem que aspira ser líder, de maneira alguma, pode esperar que transcorram os anos, para conseguir tão apreciado e necessário conhecimento. Precisa agir logo, quando ainda novo, quando ainda está na posse de todas as suas energias vitais, quando as suas habilidades não se gastaram de todo.

A experiência, pois, não pode ser para o homem que aspira à liderança, o fruto da sua própria atuação. Ele necessita ganhar tempo e, para tal, só existe um caminho – A experiência de outras pessoas.

Já se disse que o homem é o único animal que tropeça duas vezes na mesma pedra. Os mesmos fatos acontecidos há séculos continuam acontecendo, atualmente, sem que a maioria das pessoas aprenda a lição.

Ao completar quarenta anos, o homem chega à idade decisiva da sua vida. Possui ainda grande quantidade de energia e maior capacidade de ação. Está no limite máximo do corpo e do cérebro. Este é o momento em que há na natureza humana força ainda suficiente para lutar duramente e ainda bastante conhecimento para fazer com que seja produtivo todo esforço.

O fato de que sejam poucos os triunfadores, os grandes líderes, nos remetem à possibilidade da existência de alguma dificuldade séria, que impede que todo mundo sente na primeira fila. Certamente, o caminho do êxito não é uma fácil e bela estrada coberta de pétalas de rosas, mas um caminho árduo, difícil de ser percorrido, cheio de espinhos e pedras. O verdadeiro segredo dos que alcançam o sucesso foi realmente a firmeza de vontade e a tenacidade que caracterizam os grandes vencedores.

Ao decidir-se por uma profissão, o indivíduo deve estar convencido de que a irá exercer melhor do que qualquer outra. Seja qual profissão for, não deve ser considerada apenas como meio de vida, mas também como uma escola, onde irá gradativamente fortalecer a vontade e aperfeiçoar seu caráter.

Por toda parte, vemos homens de grandes qualidades ocupando cargos inadequados e até inferiores. Tais pessoas vivem sem esperança, vivem frustradas, trazendo no rosto e nas atitudes a figura de um homem que errou o caminho. Os sinais são de desengano e de inconformismo.

Se um homem não prospera nos seus negócios, apesar da perseverança, significa que está no lugar errado. Aquele que se achar desgostoso e impotente, onde se encontra, deve buscar, logo, um que lhe convenha e se ajuste às suas aptidões naturais. O homem pode empreender qualquer coisa, mas, um dia, será forçado a trilhar o caminho, que para ele seja o mais correto.

Diz-se que o divino dotou certos homens de qualidades que não ocorrem em outros. Mas cada qual tem o dever de aperfeiçoar-se e lutar contra influências negativas. Você é sempre o mesmo, porque é único. Por muito que uma pessoa valha, por muito que a admiremos, não devemos nunca copiá-la. Precisamos ter autoestima e espírito de realização.

Aquele que chefia, precisa saber coordenar os recursos que dispõe, bem como lidar com os seus subordinados. Tem de dar forma a equipe e possuir uma unidade de comando, para não se perder. Um chefe deve possuir grande poder de adaptação às contingências e às pessoas. Deve saber mudar de processos, conforme os indivíduos com quem tratar. Deve saber escolher as oportunidades e usar processos diferentes para cada uma.

A multidão só adora os indivíduos que a dominam. Na realidade, o mundo gosta dos homens corajosos e odeia os covardes, ama aquele que se mantém de pé e o olha de frente, isto é, líderes que possuem determinação inflexível de vencer barreiras, quebrar resistências e destruir obstáculos.

O Melhor dos Tempos

As estatísticas são imprescindíveis para justificar qualquer argumento científico. Elas são um método válido e seguro de avaliação. É o que torna a tese legítima. Nenhum cientista sério poderia afirmar que vivemos o período mais pacífico da humanidade, só com base em impressões que ele próprio ou os outros têm sobre determinados eventos.

Segundo Steven Pinker, a mente humana é vulnerável a enganos e ilusões. Nossas impressões sobre quão violento e cruel é um determinado episódio devem-se à nossa memória, que sempre é contaminada pelas emoções que sentimos, quando presenciamos ou vivenciamos algo.

O fato é que, desde 1945, o número de mortos em guerras ou de vítimas de assassinatos e estupros é o menor dos últimos 5.000 anos, quando se leva em conta a relação com o total da população. A reação violenta foi um traço incorporado à humanidade durante o processo evolutivo. Ser violento foi determinante para a sobrevivência da espécie humana.

Até os dois anos, as crianças são extremamente violentas. Só não se matam, porque os adultos estão presentes para ensiná-las a se comportarem. Elas se valem da violência para disputar espaço com os irmãos e a atenção dos pais. Isso coincide com o desenvolvimento do lobo frontal do cérebro, a região responsável pela linguagem, pelo domínio motor, mas, principalmente, pela personalidade, a consciência de si mesmo e da existência do outro.

O prazer com a violência é uma realidade. As pessoas são coibidas de praticá-la nos moldes da Pré-História ou da Idade Média, mas dão vazão a ela em jogos ou filmes. Qualquer que seja a pessoa, ela já imaginou matando um outro ser humano.

O processo civilizatório, com o advento do estado, a institucionalização da justiça, a difusão e o aprimoramento da cultura, permitiu que os anjos derrotassem os demônios.

No Século XVII, o filósofo Thomas Hobbes enunciou, no seu *Leviatã,* que, na ausência de regras de convivência, sob leis e imposições da sociedade, a vida humana era solitária, miserável, repugnante, brutal e curta.

Estamos longe de por um ponto final na questão sobre o que pesa mais, a genética ou o que aprendemos no decorrer da vida. Mas, no estado natural, quem tem razão é Hobbes, e não o suíço Jean-Jaques Rousseau, cujo argumento era que o ser humano nasce bom e é, posteriormente, corrompido pela sociedade.

A filósofa alemã Hannah Arendt foi uma das primeiras a tentar explicar esse fenômeno, que ela definiu como a banalização do mal. Ela defendeu a tese de que as maiores atrocidades da história não foram de responsabilidade de sociopatas ou fanáticos, mas de pessoas comuns que se deixaram levar por líderes carismáticos. Essas pessoas não tinham consciência da maldade que praticavam. Hoje, as ideologias fazem o papel dos líderes carismáticos.

Em geral, as pessoas entendem que o mal está em produzir sofrimento nos outros por meio de atos premeditados e sem uma razão plausível. No entanto, a maioria dos indivíduos que cometem atos de perversidade não acha que agiu com maldade. Somos os mais devotos defensores de nós mesmos. A primeira reação é convencer que o ato de maldade não é tão grave assim. A segunda é transferir responsabilidade. Nosso cérebro quer sempre nos fazer acreditar que, se agimos mal, foi porque fomos provocados.

A suposição de que o maior acesso às armas mais potentes aumenta a violência é equivocada. Depois de Hiroshima e Nagasaki, nunca mais um país ousou acionar seu arsenal nuclear. Não por questão moral, mas pela imposição de sobrevivência. Os períodos de paz tendem a ser cada vez mais longos e duradouros.

A Cidade e o Varejo

O passo fundamental para o aparecimento das cidades foi a formação de um excedente da produção agrícola. Até o período neolítico, as populações, cuja base de subsistência era a caça, a pesca e a coleta de frutos e raízes, eram tidas como nômades. Esses povos, aos poucos, passaram à atividade agrícola, que tornaram possível a formação de aldeias que, mais tarde, se transformaram em cidades.

No Egito e na Mesopotâmia, cresceram as cidadelas muradas, que abrigavam os templos e o palácio do mandatário do lugar. As pessoas só entravam na cidade se houvesse necessidade, como no caso de guerras e de dificuldades climáticas e econômicas.

Nas cidades gregas, a atividade mercadológica era exercida em um espaço aberto, do poder público, onde se praticavam uma economia de escambo (troca). Mas, os comerciantes eram considerados pessoas de baixo nível de educação e, até mesmo, menosprezadas. Estas pessoas, em geral, eram estrangeiras e não participavam das decisões políticas.

O direito de propriedade e a cidadania eram conferidos apenas aos gregos. É de longa data a discriminação que se tem dos profissionais do comércio. Ainda hoje, são tidos como cidadãos de segunda classe.

Em Roma, onde surgiu a primeira noção de metrópole, o comércio era considerado uma atividade necessária à vida da cidade. O Mercado de Trajano, que pode ser visto ainda hoje, possuía vários pisos, assemelhando-se ao que hoje chamamos de shopping. Nas cidades medievais, de traçado irregular de suas ruas, organizava-se de modo a formar um ambiente integrado aos espaços públicos (praça da igreja, mercado, fórum, praça municipal) e com os espaços privados (moradias e prestadores de serviços).

Os edifícios privados mais importantes ficavam no centro da cidade e os demais nas periferias. O centro abrigava a administração da cidade e as classes da burguesia e da aristocracia. Os espaços públicos eram bem amplos. Mas, com o crescimento populacional, houve a necessidade da construção de prédios de até quatro andares, sem condições sanitárias. Verdadeiros cortiços ou como eram chamados: casas unifamiliares somente com um banheiro para todos, pois o banho era feito uma vez por semana, com todos na mesma tina.

Com a Revolução Industrial houve uma Revolução do Comércio, devido ao aumento do número de produtos, que estimularam a concorrência, até então inexistente. Essa expansão exigiu maior concentração de lojas, que se concentraram, cada vez mais, no centro da cidade. Por outro lado, o consumidor também se modificou do padrão pré-industrial, ganhando características heterogêneas e flutuantes. Daí, adveio a publicidade e exposição dos produtos em vitrines.

Até 1830, a estrutura da cidade dependia da distância que se podia percorrer a pé. Apesar de o espaço urbano ser caracterizado por altas densidades demográficas, as ruas passaram a ser insuficientes. Como era de se esperar, a solução veio dos transportes de massa. Tudo isso gerou os polos comerciais, as lojas de departamentos e os shoppigns.

O mais completo aparato comercial do Século XIX foi o "grand magazin", criado em Paris. Nos Estados Unidos, esta ideia foi aprimorada para grandes armazéns de bens e serviços, que se tornaram lojas de departamento. No Brasil, a Notre Dame de Paris foi a primeira loja de departamentos, na Rua do Ouvidor, no Rio de Janeiro.

Após a Primeira Grande Guerra, as lojas de departamentos começaram a se organizar em maior escala, introduzindo escadas rolantes, sistemas de refrigeração e iluminação artificial.

O Século XXI se apresenta polarizador do consumo em grandes varejos, diferenciados por forte concorrência na qualidade, preço e atendimento. A globalização e os meios de comunicação fizeram surgir novas técnicas de gestão corporativa, licenciamento de novas marcas, franquias e diversas modalidades de acessar o consumidor. Este, onde estiver, em casa, na rua, no escritório, na fábrica, no ar, no mar ou no campo será persuadido a comprar.

A Força do Hábito

Cada indivíduo possui hábitos de pensamento e de comportamento. Suas atitudes, seus modos, suas maneiras de agir são igualmente idênticas aos hábitos. Também os sentimentos, as emoções e as percepções seguem a mesma linha. O que chamamos de personalidade pode ser um "saco de hábitos". É óbvio que, apenas o que é duradouro, faz parte da personalidade.

Sem hábitos o homem não teria nenhuma chance e por um paradoxo, não teria qualquer chance se não tivesse hábitos, porque a vida seria uma série interminável de ensaios e erros. Tudo seria permanentemente novo, causando confusão a todo instante. Se não fosse pelos hábitos, não teríamos nenhum progresso.

O hábito nos faz ganhar tempo e energia. Um selvagem, que nunca viu um par de sapatos, levaria o dia inteiro para calçá-lo-. De fato, quando iniciamos algo inédito ficamos em permanente estado de tensão.

Os hábitos permitem também que façamos as coisas automaticamente. Se não fosse assim, teríamos de começar tudo do início. Um hábito nunca se torna de todo inconsciente, mas requer sempre uma pequena atenção. Eles evitam os movimentos inúteis e permitem ao homem agir de maneira mais eficaz. Dão sistematização ao comportamento, diminui a aleatoriedade e o empirismo. No entanto, há um outro lado da questão.

Se os hábitos fazem a natureza humana, igualmente a desfazem. Constroem e destroem. Mesmo sendo uma necessidade, às vezes, nos trazem problemas.

Um hábito é como um caminho já conhecido e, portanto, mais cômodo para ser trilhado. Podemos comparar com políticas empresariais, que dizem o que fazer para problemas semelhantes. Alguns estudiosos asseguram que a velhice é uma questão de hábitos e não de anos vividos. As pessoas mais idosas, por exemplo, têm dificuldades em aprender novas tecnologias.

O hábito é algo que aos poucos se faz tão pesado que arruína um indivíduo, devido ao peso da sua própria carga. Tira a sua capacidade de inovar e de criar. É como uma planta que não deixa a outra crescer. Conforme o homem envelhece as novidades lhe parecem mais fora do lugar, o contraste se acentua e cada dia, ele passa a fazer maiores críticas a tudo que é novo.

Depois dos trinta anos o homem deve dar um balanço em seus velhos hábitos e tomar certas medidas para impedir a falta de flexibilidade, que poderá tornar difícil a sua readaptação às novas condições ambientais.

Aos quarenta anos o homem inicia um período perigoso de cristalização do hábito. Depois dos cinquenta anos, a tendência geral é para se viver do passado, fundamentado nas experiências vivenciadas. A vida consiste apenas numa espécie de refundição dos anos anteriores.

A Objetividade

Entre as muitas qualidades dos seres humanos há uma, a objetividade, utilíssima e, ao mesmo tempo, muito rara. Esta capacidade que têm certas pessoas de não se perderem em meandros e ir ao âmago da questão, de maneira rápida, concisa e precisa. Parece fácil, mas não é, porque nos obriga a ir de encontro a uma série de "jeitões" da nossa natureza.

Em geral, gostamos mais de discussões do que de chegar a uma verdadeira análise da situação. Apreciamos a divagação mais do que a disciplina de abordagem do assunto a ser discutido. Temos os nossos preconceitos e opiniões formadas, das quais voltar atrás é extremamente penoso.

Qualquer pessoa se julga sempre capaz de discutir qualquer assunto, sem se dar ao trabalho de estudá-lo meticulosamente. Preguiça ou arrogância? É comum apostarmos facilmente em intuição, sentimento e sorte.

Por outro lado, o homem objetivo, em geral, não nos é simpático, porque se parece a uma máquina, um robô, não possui poesia e sua fala não tem "sabor". No entanto, este homem é alguém capaz de ver as coisas como são, com todas as riquezas de detalhes, deficiências, dificuldades, potencialidades e oportunidades, sem tirar os pés do chão.

Ele é aquele ente raro que vive, mais e mais inteiramente, porque é econômico em relação ao que realmente importa e que, por isto, tende a fazer as coisas se somarem e terem um sentido de bom e de racional. Pessoa, assim, geralmente, atua como agente de mudança e sempre dá um caráter sinergético a tudo que faz com os outros.

A objetividade requer das pessoas uma quantidade, muito fácil de ser dita e muito difícil de ser praticada, de humildade que nos dá a capacidade de ver as pessoas como são (empatia) e de habilidade para ouvir os fatos segundo o senso comum, isto é, fatos não distorcidos e/ou associados ao imaginário.

O papel da objetividade nas organizações e nas nossas vidas é decisivo. Vão bem as empresas que têm, pelo menos, um dirigente objetivo.

Será que podemos melhorar nossa objetividade? Será que ela pode ser ensinada? Podemos responder dizendo que a objetividade não deve exigir a perfeição e que, sempre, o treinamento pode melhorar o nosso desempenho.

A busca da objetividade se faz no exame atento das qualidades, que ajudam e fazem parte da mesma. Pode ser de grande auxílio àqueles que estão cansados da subjetividade estéril. Mas, o que faz alguém ser objetivo?

Em primeiro lugar, a capacidade de ter presente a ideia de finalidade. O homem objetivo sabe onde quer chegar e é capaz de, durante uma reunião, conversa negociação ou debate, não esquecer do fim a que quer chegar. Em segundo, a capacidade de perceber e distinguir, rápida e claramente, o que é essencial do que é acidental, o que é relevante do que não é.

Para a maioria das pessoas o essencial é invisível. Em terceiro, a concisão, aquela capacidade maravilhosa de economizar palavras e dizer tudo o que deve ser dito com precisão, clareza e sem muitas palavras inúteis e sem sentido.

Por outro lado, o homem objetivo usará sempre, para a sua análise, ferramentas (modelos, programas, planos, projetos, soluções, decisões, políticas e procedimentos) conhecidas para problemas semelhantes, aplicando, naturalmente, uma adaptação às contingências existentes.

Pelo exposto, talvez, conseguiremos a "arte da objetividade". Mas, cuidado, não cometa o erro de confundir objetividade com rapidez ou pragmatismo, porque são coisas completamente diferentes. Um indivíduo pode ser rápido sem objetividade alguma. Também poderá ser prático resolvendo problemas que vão e voltam, pois não tem um esquema racional de trabalho, isto é, uma pessoa que não gosta de estudar teoria por achar uma inutilidade e perda de tempo.

A Influência da Expectativa

A expectativa é a combinação de crença, chance, probabilidade e sorte que alguém tem em atingir determinado resultado (objetivo, desempenho), tanto que é uma das variáveis mais importantes da motivação (Modelo de Vroom). A Teoria da Expectativa considera que pode ser necessário haver uma sequência de eventos interligados para que um resultado desejado se realize.

No mundo da Administração, muitos dirigentes desempenham papéis semelhantes ao de Pigmaleão, ao estimular seu desempenho. Qual é o segredo de seu sucesso? Em que são eles diferentes dos dirigentes que não conseguem desenvolver subordinados de primeira categoria? Quais são as implicações de tudo isso no problema da rotação excessiva de funcionários e da desilusão de jovens talentosos, relativamente às empresas?

Infelizmente, o executivo trata seus subordinados de forma a conduzi-los aquém de suas possibilidades. Esquecem de que a maneira como os trata influencia sutilmente seu comportamento e mostra o que realmente espera deles.

Se as expectativas de um executivo são elevadas, o provável é que a produtividade seja excelente. Se elas são restritivas, a produtividade será, provavelmente, baixa. É como se existisse uma lei que fizesse o desempenho de um subordinado subir ou descer, para acompanhar o progresso de seu superior.

Albert Moll, médico e psicólogo, verificou que os indivíduos se comportam conforme aquilo que deles se espera. Mais ainda, a medicina há muito reconhece que a cura do paciente está diretamente ligada às expectativas do médico e do paciente.

O que ocorre na mente dos pacientes e dos médicos, particularmente, quando suas expectativas são coincidentes, pode determinar o resultado do tratamento. São frequentes, por exemplo, os prejuízos causados pelo prognóstico pessimista de um médico. Por outro lado, é sabido que a eficácia de um novo medicamento ou tratamento pode ser grandemente influenciada pela conduta médica.

Quando os vendedores são tratados pelos seus superiores como supervendedores, procuram fazer jus a esse conceito. Quando, porém, os vendedores de baixa produtividade são tratados por seus superiores como quem não tem possibilidade alguma, essa expectativa negativa acaba se tornando realidade.

Vendedores malsucedidos têm grande dificuldade em manter seu autocontrole e amor próprio. Então, eles tentam evitar maiores danos causados ao seu ego, evitando situações que poderiam conduzir a um fracasso maior. Eles ou reduzem o número de visitas a clientes ou evitam fechar um negócio, quando isso pode resultar em outra rejeição dolorosa, ou ainda fazem as duas coisas.

As poucas vendas e os egos feridos levam os vendedores a comportar-se de maneira a aumentar a probabilidade de fracasso, cumprindo-se assim as profecias dos superiores.

Está claro que a maneira pela qual um dirigente trata seus subordinados, e não a maneira pela qual os organiza, é a chave das grandes expectativas e da elevada produtividade. Ao contrário do que se poderia supor, as elevadas expectativas, dos dirigentes mais categorizados, baseiam-se, principalmente, naquilo que eles pensam de si próprios, de suas próprias habilidades, aptidão em selecionar, treinar e motivar seus comandados.

Aquilo que um executivo espera de seus funcionários e a maneira como os trata determinam em grande parte seu desempenho e o desenvolvimento de sua carreira. Uma característica ímpar dos dirigentes altamente categorizados é a sua capacidade de criar elevados níveis de expectação. Entretanto, os executivos medíocres não conseguem. Os subordinados fazem o que acreditam ser aquilo que se espera deles.

Se um dirigente acredita que será ruim o desempenho de um subordinado, é praticamente impossível para ele disfarçar, pois, geralmente, esse sentimento se comunicará inadvertidamente, sem que ele tenha consciência de seus atos, até pela expressão corporal.

Um executivo, frequentemente, comunica mais quando acredita que está comunicando menos. Quando, por exemplo, ele não diz nada, quando se torna "frio" e pouco comunicativo, isto é um sinal de que não está contente com o subordinado ou acredita que ele "não tem mais remédio".

O tratamento silencioso comunica sentimentos negativos, às vezes, até mais eficientemente do que um ataque verbal. O que parece ser fundamental na comunicação de expectativas não é tanto o que o chefe fala, mas a forma pela qual ele se comporta. A indiferença ou o desejo de não se comprometer é com muita frequência o tipo de tratamento que comunica pouco, conduzindo a um mau desempenho.

Em geral, os executivos acreditam que quando comunicam grandes projetos (planos, programas, diretrizes) agem corretamente, o que é errado. É incrivelmente difícil para eles reconhecer a maneira errada com que transmitem sentimentos negativos aos seus subordinados. Sentimentos positivos, por outro lado, não são transmitidos com clareza.

O que o líder pensa de si influencia sutilmente o que pensa a respeito de seus liderados, o que espera deles e a forma como os trata. Se ele tem confiança em sua habilidade para desenvolvê-los e estimulá-los a atingir altos níveis de desempenho, esperará muito deles e os tratará com confiança, à medida que correspondam às suas expectativas. Se, porém, tem dúvidas quanto à sua aptidão para estimulá-los, esperará menos deles e os tratará com menos confiança.

Portanto, os êxitos anteriores dos dirigentes mais categorizados e sua confiança na própria aptidão proporcionam maior crédito às suas expectativas. Seus subordinados envidarão todos os esforços para cooperar.

A Indústria da Motivação

Motivar os empregados de uma organização tornou-se uma grande indústria, haja vista o mundo de "espertos" no assunto. Contudo, devemos questionar: Não contratamos pessoas motivadas? Para que um programa de motivação? Todos não estavam motivados quando começaram a trabalhar na empresa? Um pouco nervoso, o que é natural, aliás, uma reação saudável. Tudo era positivo.

As pessoas precisam causar boa impressão, aprender o trabalho, dar o máximo de si. Talvez por ambição, ou então porque precisam do emprego, ou, ainda, porque o cargo pode apresentar uma grande oportunidade.

Porém, com o passar dos anos, as coisas tornaram-se diferentes. O empregado já não mostra motivação para com a empresa, o emprego e a própria vida. O padrão de desempenho pessoal, a pleno vapor no início, passa a decair. Alguns clichês passam a fazer parte de sua conversa, tais como:

- Ninguém sabe que existo.
- O que importa é quem a pessoa conhece, não o que sabe.
- Aqui não há jeito de progredir.
- Ninguém se importa com qualidade.

Quando se instala um mal-estar geral, alguém da direção determina: Precisamos é de motivação! Mas, o que é motivação? Motivação é a força que move pessoas, obstáculos, organizações. Um impulso que pode criar um mundo novo, melhor e mais produtivo, ou, então, algo para atingir um objetivo.

Vemos a motivação como um aspecto da ciência aplicada do comportamento. A ciência que estuda o como e o porquê da interação humana. O cientista do comportamento interessa-se pelos mesmos tipos de questões que preocupam o administrador, por exemplo:

- Como se formam e transformam as atitudes e as opiniões?
- Como a criatividade é estimulada?
- Como a motivação ajuda as pessoas a aprender e a se desenvolver?
- Como o conflito humano pode ser administrado?
- Como melhorar a produtividade?
- Como otimizar recursos próprios?

Compreender o comportamento interpessoal, as necessidades individuais e o conhecimento que cada pessoa possui, mesmo quando seu comportamento se enquadra num padrão reconhecível, é a chave para uma administração motivadora. Assim, você encontra o mecanismo de motivação em qualquer pessoa, desde que descubra suas necessidades.

Não existem, portanto, regras de motivação, já que são próprias de cada indivíduo. O que existe são necessidades humanas, que nada mais são do que forças conscientes, ou inconscientes, levando uma pessoa a um determinado comportamento com a finalidade de satisfazê-las. Estas forças ou motivos podem ser fisiológicos, psicológicos, sociais, econômicos, financeiros.

A linguagem do executivo, basicamente, inclui as funções administrativas, as funções organizacionais e a gestão de recursos. Mas, lembre sempre de não usá-la, quando estiver tentando motivar seres humanos. As pessoas querem ouvir palavras, como participação, oportunidade, conhecimento, prêmio, compromisso, envolvimento, treinamento, educação, significação, vantagem.

O empreendedor fala em termos da empresa, enquanto o empregado deseja e precisa ouvir alguma coisa sobre os benefícios que lhe serão oferecidos. A conclusão é óbvia: Se você quer ser eficiente como um administrador--líder, precisa mudar, constantemente, sua forma de se expressar para atingir as pessoas. Desta forma, terá uma equipe altamente motivada.

As Pessoas Realmente Pensam?

Pesquisas sobre as funções cerebrais revelaram que há diferenças substanciais entre os hemisférios direito e esquerdo. O esquerdo encarrega-se dos raciocínios, sequências e verbalizações, é a metade lógica e racional. O direito é a metade artística, a que percebe e grava padrões, recorda melodias e opera criativamente. A diferença nítida entre os dois tem sido repetidamente revelada, por exemplo, nos casos de rompimento dos elos que atam as duas metades, no curso de cirurgias cerebrais a que se submetem pacientes epiléticos.

Vários estudos mostraram que o lado direito tem uma grande capacidade de visualizar as coisas, mas é incapaz de verbalizá-las. O lado esquerdo é incapaz de gravar padrões, tais como rostos de pessoas. Quem costuma dizer: "Não sou bom para guardar nomes, mas nunca me esqueço de um rosto" não possui defeito algum, é apenas alguém cujo cérebro pende levemente para a direita.

Arthur Koestler assinala que a metade direita de nosso cérebro exerce, goste ou não, um papel dominante. Em seu livro *O Fantasma na Máquina,* ele responsabiliza uma metade direita subdesenvolvida por nossas emoções mais básicas, por nossa predileção pela guerra e pela destruição. Ele afirma: "Nosso comportamento continua a ser dominado por um sistema relativamente grosseiro e primitivo".

Ernest Becker chega a dizer: "A ênfase que a psicanálise dá ao que caracteriza o homem como uma criatura, que tão intensamente busca a transcendência, é evitar e temer o isolamento e o desamparo acima de tudo". Henry Mintzberg acentua: "Os processos gerenciais parecem ter uma natureza mais relacional e globalizante do que ordenada e sequencial, mais intuitiva do que intelectual. Parecem ser característicos da atividade do hemisfério direito".

Duvidamos muito que as empresas de alto padrão tenham partido explicitamente de considerações acerca dos hemisférios cerebrais para traçar suas estratégias gerenciais. No entanto, os resultados que mostram, fazem parecer que isso aconteceu, especialmente, se as confrontamos com suas concorrentes. Elas simplesmente abrem espaço para os traços mais emocionantes e primitivos, bons e maus, da natureza humana, tirando proveito deles.

Elas proporcionam para as pessoas a oportunidade de serem ótimas, com um ambiente propício para a busca da qualidade e da excelência. Elas oferecem não apenas apoio, mas também celebração; lançam mão de grupos pequenos e coesos. Armam cenários que garantem para as pessoas a possibilidade de destacar-se, incorporando--as, por exemplo, a um círculo de qualidade.

Um outro aspecto de nossa atividade cerebral dominada pelo hemisfério direito, usualmente, oposto às regras que definem, convencionalmente, o senso comum, vem sendo claramente alimentado pelas empresas de alto padrão. Trata-se do aspecto criativo/intuitivo. Quando o antigo presidente da McDonald`s, Ray Kroc, fazia poesia sobre pães de hambúrguer, não se tratava de maluquice. Ele, simplesmente, reconhecia a importância da beleza como ponto de partida para o desenvolvimento da lógica dos negócios.

Raciocinamos com o nosso lado intuitivo tanto quanto o fazemos com nosso lado lógico, e talvez mais ainda. Há realmente uma propensão para o intuitivo. Em poucas palavras, somos mais influenciados por histórias do que pelos dados (Psicologia Experimental). Há uma indagação que é muito utilizada em sala de aula. Um homem perguntou ao computador: Você computa que algum dia chegará a pensar como um humano? A máquina pôs-se a trabalhar, analisando seus próprios hábitos. Finalmente, ela imprimiu sua resposta: Isso me lembra de uma história.

Mas, afinal o que é uma história? É uma pequena trama ou complexo dotado daquela espécie de conexão que chamamos relevância. O computador estava certamente com a razão. É assim que as pessoas realmente pensam?

Não damos atenção aos acontecimentos anteriores. Não somos movidos pela história como somos por uma boa anedota. Raciocinamos com os dados que nos vêm à cabeça, mesmo que esses dados não possuam nenhuma validade estatística. Isto foi chamado de Heurística da Disponibilidade por Kahneman e Tversky.

Se dois fatos acontecem juntos, apressamo-nos a tirar conclusões sobre relações de causalidade. Por exemplo, forneceram-se, aos sujeitos de uma pesquisa, alguns dados acerca de certas pessoas, e também retratos delas. Mais tarde, quando se pediu para que os sujeitos se lembrassem do que haviam visto, percebeu-se que eles superestimaram a correlação entre a aparência das pessoas e seus reais traços característicos.

Não damos a menor importância para o tamanho das amostras. Julgamos pequenas amostras tão convincentes quanto as grandes, ou mais convincentes ainda. São milhares e milhares os dados experimentais, coletados desde muito tempo atrás, que revelam o fato de que as pessoas pensam intuitivamente. Elas pensam de acordo com regras de decisão simples, o que é uma maneira eufemística de dizer que, em nosso mundo complexo elas confiam no "faro".

Necessitamos de meios para desembaraçar a teia infinita dos pormenores da vida e nosso ponto de partida é a Heurística (associações, metáforas, analogias e meios que já nos serviram no passado).

O que há de ruim é o fato, experimentalmente comprovado, de que nosso "faro" não é muito eficiente no mundo misterioso da Probabilidade e da Estatística. Esta é uma área em que um pouco mais de participação do lado racional não faria mal. O que há de bom é o fato de que a única maneira de solucionar problemas, nesse mundo complexo e cambiante, é, provavelmente, o salto intuitivo no escuro.

A Compulsão pela Inutilidade

É senso comum que milhões de pessoas fazem coisas inúteis. Pior, pensam que estão realizando atividades úteis. Então, por que há uma compulsão generalizada por realizar coisas inúteis? Será que é para passar o tempo? Ou o nível de percepção dessas pessoas é muito baixo? Por que elas perdem tempo com bobagens que não têm sentido para a vida, já que a mesma é tão efêmera e preciosa?

Talvez, porque o ser humano, seja quem for, tem a presunção de saber mais que os outros, independentemente, do cargo que ocupe na organização que trabalha ou do papel desempenhado na sociedade. Ou será que as pessoas acreditam que já sabem o suficiente para sobreviver, e que a vida é isso mesmo? Uns nasceram para mandar e outros para receber ordens? Uns para serem ricos e outros para serem pobres?

Curioso é o fato de que a ciência e a fé explicam tudo. A ciência por suas teorias e a fé por seus dogmas. Pessoas, em geral, abordam inutilidades em suas conversas, talvez porque encaram a vida, dura, aleatória e injusta, muito difícil de ser vivida. Aí, se desforram falando de novelas, filmes, jogos de futebol, artistas da TV, cantores, ídolos e outras trivialidades.

Na Inglaterra, país considerado civilizado, os jornais que mais vendem são aqueles tabloides que falam mal da aristocracia e da família real. Tempo perdido ou vingança sobre as dificuldades das pessoas e suas idiossincrasias, isto é, a minha vida é difícil, mas a do príncipe é muito mais complicada.

A arte da inutilidade aparece quando alguém toma decisões baseadas em informações incompletas, irrelevantes e falsas. Pior ainda, decide por ouvir dizer. Querer adivinhar o futuro é o anseio do homem, quando devia estudar, pesquisar, analisar, comparar, avaliar o seu conhecimento e quanto falta para se tornar uma pessoa verdadeiramente útil.

A inutilidade é um fato consumado, em todos os cantos. Um pensamento inútil é achar que um líder nasce feito ou que o sucesso não pode ser construído. Muitos empreendedores "ralaram" muito antes de chegar ao topo e nem líderes eram ou possuíam carisma. As dificuldades ensinaram estas pessoas a conseguirem um negócio que deu certo.

Muitos decoram a sua casa, em função da mídia, quando deviam pensar no bolso e na comodidade. Por que não posso usar uma roupa durante cinco anos? Por que tenho de andar na moda? Se o dinheiro é difícil de ganhar, por que vou jogá-lo pela janela?

Ouve-se com frequência as pessoas dizerem que não dão detalhes do seu trabalho e não ensinam o "pulo do gato". O gato de uma pessoa assim já está morto, porque quando ela ensina outra pessoa a fazer o seu trabalho sobra-lhe tempo para pensar que é a atividade mais importante do ser humano. Se o homem não parasse para refletir, ainda estaríamos comendo frutos e raízes no mato.

Então, por que as pessoas não querem pensar, sempre achando que alguém vai raciocinar por elas? Na verdade, não é qualquer um que sabe pensar, porque esta arte exige disciplina, sistematização e paciência. Num mundo caracterizado pelo imediatismo, muitas pessoas se tornaram mais inúteis ainda.

Grande parte da população está se deixando levar por máquinas, desenvolvidas por poucos para dominar muitos. Lidar com máquinas é uma necessidade na Era da Tecnologia Digital, porém não se envolver com as mesmas é muito difícil, quando estão sempre cobrando produtividade, qualidade e preço baixo. A simbiose homem-máquina é cada vez maior.

O computador é uma excelente ferramenta de trabalho. Por que, então, a maioria o utiliza para navegar na Internet? Com o advento da máquina de calcular ninguém mais sabe fazer conta. O mesmo está acontecendo com os aplicativos que usamos no computador. O usuário é uma extensão da máquina. Ele usa, mas não quer saber como funciona, porque vai perder tempo.

Finalmente, cabe a pergunta: Por que o ser humano faz coisas inúteis? Por puro gosto? A inutilidade é como o sono para o indivíduo, que se não dormir enlouquece. A inutilidade deve ser uma válvula de escape para tanto estresse ou é um fenômeno para quem não sabe administrar o tempo da sua vida?

A Influência da Personalidade

As pessoas têm diferentes, intuitiva ou racionalmente, maneiras próprias de obter e analisar informações. Algumas são pensadoras sistemáticas e outras são imprevisíveis. Esses modos de agir parecem ser inerentes e se acham bastante enraizados quando as pessoas atingem a maioridade. Mais revelador ainda é que todos esses modos afetam, em muito, a maneira de as pessoas executarem o trabalho que escolheram.

Uma vez que problemas diversos, diferentes e históricos da empresa, bem como os graus de cultura, podem fazer com que vários modos de agir, pessoal e administrativamente, tenham sucesso ou fracassem. Não se pode afirmar que a boa administração se deve exclusivamente a um determinado conjunto de atributos ou fruto da personalidade de uma pessoa.

As empresas como as condições são, até certo ponto, passíveis de se adaptar aos diversos modos de agir de seus executivos e, em parte, porque as responsabilidades são igualmente na mesma proporção. Não há dúvida de que sempre existe um modo melhor de se fazer todas as coisas, mas quando essas maneiras negam ou rejeitam o que é natural e normal ao temperamento ou modo de agir de um dirigente, este estará irremediavelmente arranjando encrenca. Neste particular, dois exemplos úteis à sua reflexão:

Um eficiente chefe de departamento, há muito conhecido pelo tratamento rude que dispensava a seus subordinados, decide, com um pouco de incentivo de um consultor, comparecer a um seminário, de uma semana de duração, destinado a melhorar as habilidades dos administradores no relacionamento com as pessoas.

Pela primeira vez, então, ele aprende a se ver como os outros o veem. Do orgulho de ser durão, ele envergonhado de sua brutalidade mental fica sabendo como se modificar e resolve fazê-lo. Voltando ao trabalho, ele se torna um novo homem. Só que ninguém sabe ao certo que tipo de comportamento ele terá numa dada circunstância ou quais de suas novas características são autênticas. A estrutura desmorona e ele também.

O presidente de uma empresa resolve comparecer a um seminário sobre administração participativa, em sua antiga faculdade. Ele próprio tinha um modo de agir razoavelmente cooperativo, exceto que em questões importantes todos se acostumaram a não esperar que ele cedesse a qualquer opinião dissidente às suas preferências.

Nesse evento ele acabou reconhecendo essa falha. Após o encontro, o presidente contrata o coordenador do mesmo como seu assessor e ambos decidem fazer uma gravação de todas as reuniões importantes das quais o presidente participe. Essas gravações tornam-se, assim, a base de discussões francas entre os altos diretores da empresa acerca dos métodos de administrar, cuja finalidade era analisar abertamente as maneiras em que cada um pudesse ser mais eficiente e colaborador, utilizando o que foi abordado nas reuniões como exemplos de problemas de conduta anormal, e assim por diante.

Com o tempo, todos se tornaram críticos não apenas nas sessões abertas, mas também nas principais reuniões de planejamento. A empresa começou a sofrer as consequências e, logo, o presidente não permitiu essas participações e críticas, mesmo em questões de pouca importância. Dentro de dois anos, o diretor de marketing e o supervisor de produção pedem demissão. A organização passa a ter prejuízo. O presidente perde a confiança em sua própria capacidade e começa a falar em vender a empresa.

Compreensão: Catalizador da Comunicação

O que fazemos pode, muitas vezes, convencer uma pessoa mais, rapidamente, de que a respeitamos, queremos ajudá-la e compreendê-la. Uma vez que esses fatos estejam estabelecidos, os pequenos mal-entendidos ocasionados por diferentes interpretações podem ser facilmente esclarecidos, pois a interpretação que as pessoas dão às nossas palavras depende, em grande parte, do seu julgamento a respeito do nosso significado total como indivíduo ou aquilo que representamos para as pessoas a nossa volta.

O significado da comunicação, num processo conjunto entre pessoas, pode, portanto, ser estabelecido de duas maneiras. As condições para que isso ocorra variam à medida que as relações humanas melhorem ou piorem. E nessa cadeia sempre crescente de compreensão ou incompreensão, cada comunicação, seja por palavras, ações ou gestos, representa um elo.

Essa continuidade de experiências coloca responsabilidade especial sobre os indivíduos que têm autoridade. Poderão eles fazer de cada comunicação aos subordinados uma experiência construtiva, de forma que as comunicações futuras entre as partes sejam mais fáceis? As inter-relações pessoais são a única maneira prática de se atingir esse objetivo, pois permitem aquilatar a reação do interlocutor (ou ouvinte) e, se necessário, auxiliá-lo, imediatamente, a corrigir qualquer conflito.

Na comunicação escrita, a não ser que a explicação verbal não seja possível, uma das maiores desvantagens é a impossibilidade de verificar a reação no momento em que ocorre. Essa é a razão pela qual é muito mais fácil transmitir o significado desejado quando falamos com uma pessoa face a face. Esta vantagem é especialmente importante numa nova relação ou numa já estabelecida que tenha sido prejudicada por desconfiança ou antipatia.

Se, por exemplo, percebemos qualquer indicação de que nosso objetivo específico parece inaceitável, podemos, em conversa informal, tentar imediatamente esclarecer as dúvidas. Até que isso seja feito, não haverá propósito em dizer qualquer outra coisa.

De fato, as palavras inoportunas farão mais mal do que bem. Mas, quando nossas relações são restabelecidas em base sólida, há muita possibilidade de que o significado do que estamos querendo dizer seja compreendido. É o significado comum que constrói uma ponte de compreensão entre as pessoas, facilitando futuras comunicações.

As Relações Pessoais

Saber escolher os indivíduos, quando o trabalho de um depende do outro, é um dos pontos importantíssimos das relações humanas. Se colocarmos, para trabalhar juntas, pessoas de mútua antipatia, estaremos preparando terreno para atritos, desentendimentos e dilemas.

A indiferença, a rejeição, a submissão, a rivalidade e o domínio são atitudes frequentes dentro de uma empresa, muito embora sejam desaprovadas pela boa moral. A única atitude capaz de criar um ambiente social positivo, de confiança e de segurança, é a de cooperação ou colaboração.

O estudo das tensões entre os membros do grupo permite conhecerem as relações existentes numa empresa. Sem este conhecimento não se poderá fazer muita coisa no sentido de melhorar ou estabelecer um ambiente social positivo. É preciso saber quais as pessoas que podem ou devem trabalhar mais ou menos próximas, quais as que devem ser escolhidas para cargos de chefia e assim sucessivamente.

A divisão do trabalho, fazendo com que o mesmo serviço dependa de vários indivíduos, criou um maior número de solicitações ou de contatos entre os trabalhadores, aumentando, por isso mesmo, as possibilidades de atritos ou conflitos nas relações.

A indiferença, fundada no orgulho, na vaidade ou numa falsa convicção de superioridade, é uma barreira à comunicação e ao entendimento entre pessoas que devem trabalhar juntas. A rejeição ignora a presença física ou psíquica de outra pessoa, tornando a convivência difícil no âmbito da empresa.

A submissão anula o indivíduo, tirando-lhe toda iniciativa. Uma série de motivos leva o indivíduo a adotar este comportamento, tais como: medo das consequências da desobediência; apatia ou simples comodismo; inexperiência e desejo autêntico de ser liberado do esforço e da responsabilidade de pensar e agir por si próprio; prazer em rebaixar-se e autoanular-se (masoquismo); utilidade mercenária; desejo de obter um crédito de confiança para usá-lo posteriormente.

A rivalidade cria um clima de hostilidade, desconfiança, lutas pessoais, cujo resultado é sempre uma diminuição da produtividade. O domínio pode surgir, quando o indivíduo é fadado à liderança. Por ser colocado numa posição de mando, por se julgar superior aos demais ou por ser escolhido pelos demais como seu líder. Em qualquer caso, entretanto, quem assume uma atitude de domínio adquire um estado de tensão mais pronunciado. É por isso que os líderes estão sempre propensos ao cansaço, à irritação e ao estresse.

A colaboração, que se dá quando consideramos o companheiro como nosso semelhante, resulta de uma combinação harmoniosa das atitudes opostas de domínio e submissão. Ao considerar o nosso colega de trabalho como igual, sabemos reconhecer a sua capacidade e aceitamos a sua autoridade naquilo em que é realmente capaz. Ele, por sua vez, aceita a nossa autoridade naquilo em que lhe somos superiores.

Uma combinação, assim, alternada e harmoniosa permite um equilíbrio que facilita o entrosamento. Com a colaboração se obtém uma fusão de pontos de vista que permite maior e melhor entendimento e comunicação entre os componentes de um grupo de trabalho.

O Perfeccionismo Pode se Tornar um Problema

O ser humano apresenta uma tendência inconsciente para a precisão, beleza e perfeição. Quando não é premido por dificuldades econômicas e financeiras, esse impulso cria tesouros artísticos seculares. Nas artes, esta punção humana ainda prevalece. Mas, existe uma diferença entre almejar a excelência e almejar a perfeição. A primeira é atingível, gratificante e saudável. A segunda é inatingível, frustrante e neurótica.

A perfeição é um conceito subjetivo e suas raízes estão ligadas a um alto grau de exigência consigo mesmo e, por extensão, com os outros, levando as pessoas a um estado de insatisfação latente. Aquele que se propõe a ser perfeito encontrará dificuldades, pois sua tendência será procurar defeitos em si e nos outros, dar importância inadequada a detalhes irrelevantes, que redundarão num relacionamento conflituoso, provocando um temor por parte de seus colaboradores.

Quantas vezes você refez um trabalho, só porque tinha um erro sem importância? Tudo isso custa tempo, dinheiro, energia e desgaste emocional, já que uma parte é, direta ou indiretamente, paga por você mesmo.

Perfeccionistas têm dificuldade em delegar, em distribuir tarefas, em verificar a relativa importância do detalhe no todo, em alcançar resultados uma vez que focalizam apenas a tarefa em si. Por isso, tendem a trabalhar mais horas, criando trabalho improdutivo e raramente terminando seu trabalho a tempo.

O perfeccionismo pode ser um processo de autossabotagem que impede o alcance dos objetivos. É também uma forma sutil de pessimismo, pois focaliza os aspectos negativos dos acontecimentos e fatos, dificultando a gratificação pessoal com o resultado que na visão do perfeccionista poderia ser melhor.

A convivência com este tipo de pessoa tende a ser difícil, pois não estando satisfeito consigo mesmo nem com os outros, dificilmente terá condições de motivar as pessoas, reconhecendo o valor das mesmas.

Faça distinção entre o bom e o perfeito. Na maioria dos casos, o bom é suficiente para atingir os nossos objetivos enquanto o perfeito, por ser mais difícil, acaba fazendo com que as pessoas desistam no meio do caminho. Esta é uma das razões porque muitas atividades são interrompidas, frustrando os indivíduos, gastando tempo e recurso.

O Comportamento do Indivíduo no Trabalho

O comportamento, a atitude e a reação de um indivíduo no grupo de trabalho são influenciados pelos motivos que levam o indivíduo a trabalhar ou ter gosto pelo trabalho. A alguns pode parecer que as pessoas trabalham somente por causa do dinheiro. Isso é falso.

Existem diversos motivos que levam o indivíduo a trabalhar, tais como: manter-se ativo, descarregar tensões emocionais, adquirir prestígio junto ao grupo, ganhar a vida, realizar-se, encobrir outras atividades, exibir-se, competir, fazer autoexpiação, colocar o grupo acima de si mesmo e, principalmente, ter prazer no que faz.

As variações desses motivos dependem, em grande parte, da posição do indivíduo dentro da empresa, isto é, do seu nível hierárquico, do cargo que ocupa, do poder que possui e das atividades que desenvolve. Os motivos que levam as pessoas a não cooperarem são de natureza:

Orgânica – Excesso ou falta de alimentação, fraqueza cardiovascular e/ou muscular, desequilíbrio hormonal, fadiga crônica, estresse, intoxicações, infecções, doenças mentais, falta de sono.

Ambiental – Clima demasiado quente ou frio, falta de umidade ou excesso, condições insalubres (insatisfatórias) de trabalho.

Social e Psicológica – Preocupação fora do trabalho, insatisfação com salários, tratamento impessoal do grupo de trabalho, incompatibilidade afetiva com os modos de agir do grupo, falta de perspectiva e de progresso, carência de estímulo à aprendizagem.

A compreensão dos fatores que levam os indivíduos a trabalhar, ou que os inibem, é de grande importância, tanto para os dirigentes como para os subordinados, pois se os chefes precisam compreender as causas da pouca produtividade do trabalho, para tomar providências acertadas, também os empregados devem compreendê-las, visando à colaboração.

O esforço deve ser recíproco, porque os benefícios de um maior rendimento do trabalho são do interesse não somente do empregador, mas também da sociedade inteira, compreendendo empregados, fornecedores, consumidores, usuários, pacientes, parceiros, colaboradores e agentes do governo.

O Objetivo das Relações Humanas

O real objetivo das relações humanas, na empresa, é a motivação e o interesse pelo trabalho, para que este seja o melhor possível. De outra maneira podemos dizer que desejamos ter um bom relacionamento por acreditarmos que, assim fazendo, teremos melhores resultados, pois o maior patrimônio de uma organização são seus recursos humanos.

Como a razão de existência da empresa é o produto que ela oferece ao mercado, o que precisamos, sempre, é ter o pessoal adequado, devidamente capaz e com grande disposição para o trabalho.

A seleção e o treinamento procuram resolver os problemas de adequação e capacitação para o trabalho, da seguinte maneira:

- Criar um ambiente próprio e favorável ao bom trabalho.
- Evitar atritos negativos, isto é, aqueles que não trazem luz.
- Evitar tirar o entusiasmo do subordinado.
- Chamar atenção sobre o valor pessoal, usando mecanismos de motivação, interação e integração.
- Buscar os motivos de insatisfação.

Vê-se por tudo isto, que o chefe deve ter preocupação constante com o seu pessoal, evitando destruir a sua equipe e, muito pelo contrário, fazer tudo para que ela fique cada vez mais capaz e mais motivada. O executivo tira bom partido do "feedback", desde que dê ao subordinado a impressão de que aquilo que o impele a trabalhar é o desejo e a necessidade de ter bons resultados e não, simplesmente, usar a sua autoridade.

Para aqueles que defendem o trabalho em casa é bom esclarecer que trabalhar em casa exige, além de disciplina, uma tremenda automotivação, pois a maioria dos trabalhadores é movida por fatores externos à organização.

Trabalhar dentro de um grupo ajuda muito o indivíduo a se socializar e a não ficar inteiramente defasado dos acontecimentos e dos avanços tecnológicos.

Trabalhar via internet é cada vez mais arriscado, tendo em vista os "hackers". Uma queixa comum entre os que trabalham em casa é que, além de dar mais duro, não conseguem relaxar no fim de semana, pois são, constantemente, assediados, através do telefone celular. A noção de trabalhar à distância é um privilégio que está "indo para o vinagre".

O Feedback Positivo

Gostei, bom trabalho, valeu! São exemplos de quão simples é fornecer o feedback positivo. Uma única palavra, ou um simples tapinha nas costas, contém uma energia motivacional muitas vezes subestimada. O elogio representa uma força que pode até mudar a eficiência e eficácia de sua equipe. Quem ganha com a manifestação do feedback positivo por parte do executivo? A organização? A pessoa, alvo do elogio? O próprio líder? O dirigente? Todos se beneficiam.

A organização ganha energia positiva, que, consequentemente, tende a redundar em maior produtividade. A pessoa alvo ganha uma massagem no ego que a estimula a trabalhar melhor. E o executivo transmissor do elogio ganha maior aproximação da pessoa em questão e aumenta suas possibilidades de motivá-la. Portanto, todo mundo sai ganhando, até a família do elogiado.

Os benefícios são potencialmente grandes, enquanto o custo de se elogiar é praticamente nenhum. Bastam alguns segundos num comentário ou num gesto para produzir um ambiente positivo. Para ser eficaz, o feedback precisa atender aos requisitos de sinceridade, oportunidade e isenção. Sem a observação destes pontos, o feedback positivo, ou elogio, cai por terra, como se fosse um banquinho cambeta, carecendo de sustentação.

Quando é transmitida com sinceridade, a mensagem chega à pessoa alvo acompanhada de bons fluidos. Se for usada de forma manipuladora, sem sinceridade, o elogio será visto com suspeita e não produzirá o efeito benéfico desejado. Há oportunidade para tudo. Procure escolher, portanto, a ocasião que promoverá maior impacto (quanto mais próximo ao ato merecedor do elogio, melhor).

O ato negativo deve ser transmitido sem ressalvas, evitando aberrações do tipo: *Para um cara tão inteligente como você, não sei como consegue fazer tanta burrice.* Para ter efeito motivador o elogio requer transmissão com isenção. O ato positivo deve ser destacado e ser alvo de um comentário como *"Gostei muito do relatório que você me apresentou"*.

Para dar o feedback positivo, é preciso identificar a característica ou ato a ser elogiado. Para constatar se você possui o hábito de tal prática, sugere-se que faça uma lista dos aspectos positivos sobre as pessoas com quem interage. É este o primeiro passo para sacramentar seu relacionamento com os outros.

Conta-se que a executiva principal de uma firma de cosméticos americana, Mary Kay, usava o feedback positivo até na crítica. Perguntava-se como conseguia criticar as vendedoras sem que elas perdessem a motivação. A fórmula proposta foi a do *sanduíche de feedback*, colocando-se a crítica somente após ressaltar um ponto positivo.

A segunda crítica, caso houvesse, era seguida por outro feedback positivo, formando-se um miolo de crítica cercado dos dois lados por elogios. Tal método (crítica cercada por positividades) garante que a pessoa receba a mensagem com abertura e ainda saia do encontro com reforço na sua autoestima.

O Problema da Motivação

Motivação é o ato de estimular alguém a agir da maneira que se deseja (atingir um objetivo), ou fazer com que um indivíduo desenvolva uma atividade que lhe dê satisfação. Pode ser definida como um conjunto de variáveis de uma pessoa que a leva a um comportamento específico.

O êxito do executivo depende de muitos fatores. Mas, o mais importante é, sem dúvida, o grande talento para motivar pessoas. A motivação inclui uma grande quantidade de propósitos possíveis e uma ramificação de motivos abstratos e concretos. Também estuda todas as técnicas de interação humana.

Há várias maneiras de o dirigente ajudar a motivar seu subordinado, tais como: ajude-o a realizar mais, crescer e progredir profissionalmente; dê o seu reconhecimento pessoal; ajude-o a tornar interessante o trabalho, eliminando insatisfações; dê responsabilidade e cobre.

Segundo Kurt Lewin, "um indivíduo é motivado por algo que acontece ao seu redor". Até aí, "choveu no molhado", porque Parkinson, ferrenho crítico das organizações, nos diz que os seres humanos acabam arranjando trabalho uns para os outros, independente de motivação, porque precisam estar ocupados, não só porque é próprio do sistema humano, como também precisam ganhar dinheiro para sobreviver.

Um outro fato a ressaltar é a maneira pela qual mudanças culturais podem afetar a motivação. As filosofias educacionais das últimas décadas, indubitavelmente, influenciaram as atitudes em relação à responsabilidade e à autoridade.

É bom lembrar que a passagem de uma economia de escassez para uma economia de abundância marca, significativamente, hábitos de consumo, produtos, mercados, cenários, políticas governamentais, consumidores, créditos, recursos, decisões, ambientes, técnicas de comercialização, tecnologias, pessoas, ativos.

O problema motivacional é, geralmente, resolvido por meio do dinheiro. O esforço organizado em larga escala seria impossível sem a sua presença. Certas pessoas são mais motivadas pelo dinheiro do que pelas satisfações sociais, de status ou de profissão. Outros dão pouca ênfase aos valores expressos pelas recompensas monetárias.

É pouco provável que um grande número de pessoas reaja bem a um só destes incentivos. Uma organização que procure motivar por meio de dinheiro ou de satisfação social experimentará, sem dúvida, dificuldades. Somente a mistura dos dois dará resultados positivos.

As organizações, frequentemente, condicionam os motivos de seus recursos humanos, através da educação, treinamento ou doutrinação. Gastam grandes somas para estabelecer uma imagem favorável e os programas de relações com sócios e funcionários são importantes instrumentos no condicionamento dos motivos daqueles que participam do esforço organizacional. Inculcar motivos "adequados" faz parte do planejamento estratégico da empresa.

A questão da motivação deve ser encarada como uma combinação de fatores complementares e competitivos. Um sistema motivacional deve satisfazer muitos diferentes motivos humanos. A falta de conhecimento dos mesmos impede qualquer tipo de solução "perfeita" para o problema. Felizmente, há ajustes para decisões fracassadas no processo de motivação.

O Que é um Analista de Sistemas?

Talvez o leitor esteja esperando um texto sobre Informática. Realmente, os computadores são o grande mito e fascínio de nossa época. E, dominando-os, como símbolo de uma moderna e poderosa confraria tecnológica, aparece a imagem do analista de sistemas.

Nada mais natural, portanto, que buscar obter, aqui, novos dados que ampliem e tornem mais precisa a compreensão que se tem acerca dessas máquinas fantásticas, que por toda parte se espalham, condicionando e interferindo em nosso dia a dia.

Ora, dirá o leitor bem informado: "Como você pretende discutir a Análise de Sistemas, que nada mais é do que a técnica de utilizar o computador para a solução de algum problema, sem entrar em detalhes acerca da máquina?".

Aí, o gerente do Departamento Pessoal entra na conversa e diz: "Pois eu discordo, na minha área, a análise é feita por mim, pois tenho experiência e conheço todos os problemas de perto, o analista só entra na hora de programar a máquina, aliás, eu nem mesmo sei o porquê desse título de analista ao invés de programador".

Um jovem estudante pondera: "Essa é a carreira que eu pretendo seguir, apesar da concorrência para entrar na faculdade, pois ganha bem, tem status, e é preciso saber muita matemática e tudo sobre computadores".

O analista de O & M diz: "Pois me desculpem, mas acho que vou discordar de todo mundo, pois não vejo a menor necessidade dessa função tão pomposa, aqui na empresa. Para mexer no computador bastaria o programador e o operador (usuário). Agora, para analisar, realmente, o problema de um departamento, para racionalizar as rotinas e formulários, para estudar a melhor forma de automatizar os serviços administrativos e para criar modelos, eu é que tenho formação e competência, tendo estudado muitos anos para aprender as técnicas apropriadas".

Um engenheiro observa: "Aqui, na minha especialidade, eu faço tudo com o computador, desde a construção, a análise do problema, a programação e, até, a operação. Não vejo a menor necessidade de intermediários. Acho que isso tende a acabar".

O especialista em processamento de dados intervém: "Bem, eu, nunca na minha vida, me meti com administradores e, nem me preocupo com as questões empresariais ou organizacionais da minha empresa. Minha especialidade é fazer os computadores funcionarem".

A esta altura, se, por acaso, o leitor for um leigo total no assunto, deve estar perguntando se não é melhor desistir da leitura e abrir um bom romance policial. Lá, pelo menos, apesar do mistério inicial, os diálogos são mais coerentes.

Então o analista de sistemas comenta: "Bem, eu realmente lido com computadores e também analiso os problemas do usuário, que, em geral, é um gerente ou chefe de departamento. Como é o meu trabalho? Ora, eu vou conversar com o setor interessado sobre o seu problema e o transformo em algo que a máquina possa entender. Isso não é exatamente o que faz o programador e o analista de O & M. É claro que eu conheço bem os nossos computadores e também a sua programação. Estou no meio do campo; faço tudo; armo as jogadas. Não dá para entender? Há um colega meu do departamento de engenharia que entende de computadores e lá usa seus conhecimentos específicos".

O analista de sistemas continua: "Quanto a mim, uso aritmética e raciocínio lógico. Administração? Conheço um pouco, como todo mundo, afinal eu já tenho mais de seis anos aqui na empresa. Minha formação? Fiz engenharia e, depois de vários cursos dados pelos fornecedores das nossas máquinas fui admitido como programador, passando, logo que atingi dois anos de empresa, para analista. Aqui, também temos o profissional que já vem da faculdade para essa função, sem passar pela programação. Eu acho errado, pois quem não for um programador experiente não pode ser bom analista. A coisa mais difícil é entender bem o que o usuário pretende, porque ele fala uma linguagem pouco precisa, não compreende bem o que eu digo, sendo, portanto, uma tarefa bastante difícil".

Antes de prosseguirmos, vamos examinar um pouco mais de perto as consequências que acabamos de ler. De início, devemos prevenir o leitor de que elas são absolutamente verídicas e não fruto de uma imaginação fértil que busca, pelo exagero, chamar a atenção, com mais intensidade do que o assunto e parcos recursos literários possibilitam, para um tema que, de outro modo, seria um tanto árido.

As opiniões que acima transcrevemos, e que talvez o leitor identifique como suas, já foram, por nós, ouvidas e lidas algumas vezes. Elas constituem um apanhado razoável do que existe na cabeça das pessoas acerca desse assunto.

Parece, no entanto, haver sérias discordâncias no que diz respeito aos limites do trabalho de análise. Portanto, para o nosso profissional em análise de sistemas, sua atividade vai desde o estudo do problema do usuário até a preparação da solução em computador.

Por que Generalizar?

A lição é bastante clara: O homem generaliza para tornar a vida mais tolerável e mesmo possível. Do contrário, cada um dos problemas com que se defronta requer que ele comece tudo de novo, a partir do zero. Cada geração teria de aprender desde cedo, por si só, tudo quanto precisa saber para sua sobrevivência e progresso. Tal estilo seria desastroso e isso teria impedido nosso primata ancestral de descer das árvores.

O homem alfabetizado herda das gerações precedentes: fórmulas, princípios, teorias e técnicas disponíveis para aplicação no mundo de sua própria geração. Mas, se a regra é esta, por que procuramos sempre soluções complicadas para problemas simples ou, ainda mais, pensamos que problemas complexos exigem soluções complexas.

Quando vemos alguém se lançar numa "aventura" de criar uma empresa, só porque tem vontade e dinheiro, dá vontade de sentar no chão e chorar. Todos querem pegar o destino pela mão, mas será que isto é possível sem conhecimento de causa? Como alguém pode se lançar num negócio sem a mínima competência, se muitos com conhecimento fracassam?

Não há lista de comportamentos e procedimentos a seguir para formatar o sucesso, porque o que deu certo para um pode não dar certo para outro. Também se constata um comportamento de manada: aonde um vai, vão outros. Se as ações estão em queda, o apressado manda vender, sem se importar em saber qual o motivo.

O sucesso da Microsoft se deve a Bill Gates, que, além de conhecer profundamente programação de computador, é uma águia em negócios e um craque da cultura universal. Basta dizer que ele aos cinco anos de idade leu a enciclopédia de A até Z e sempre se interessou por tudo, mostrando um conhecimento bastante eclético e interdisciplinar, aproveitando, desde cedo, usar o seu tempo de forma inteligente.

Um contingente muito grande de jovens, acha que adquirirá conhecimento através da prática e do trabalho. Esquece o grande ensinamento de Kurt Lewin: "Nada mais prático do que uma boa teoria". Um autor retrata, no livro, não só o conhecimento que adquiriu durante a vida, mas também a experiência que vivenciou. E as soluções que deu aos seus problemas.

Não é melhor estudar estes autores, antes de cometer erros que podem ser fatais? Não querer estudar, ou mesmo ler, faz da pessoa um bobo, porque vai "quebrar a cara" na solução de um problema há séculos resolvido. Uma outra coisa difícil de entender, mas fácil de constatar é alguém achar que suas ideias, produtos ou projetos causarão um impacto arrasador, esquecendo que as pessoas não estão nem aí para o que ele pensa ou faz.

Como o mercado é um campo de batalha com uma concorrência predatória, é preciso ser criativo o tempo todo. O que é muito difícil.

Raízes da Motivação

Uma empresa não pode sobreviver por muito tempo, se deixar de satisfazer as necessidades pessoais daqueles que nela trabalham. A recusa, mesmo de alguns participantes, a prosseguir com uma relação cooperativa é, frequentemente, um assunto sério e a saída daqueles que contribuem com um recurso absolutamente essencial, à cooperação é um golpe fatal para a empresa.

A capacidade de uma organização em sobreviver pode não se manter constante durante um período de tempo. O objetivo e a intensidade de sua atividade, geralmente, variam muito. A adversidade pode ser temporária e prelúdio de uma Era de Sucesso.

A obtenção de maior produtividade através de métodos e técnicas aperfeiçoadas está relacionada de perto com o problema da sobrevivência. Quanto maior a capacidade da empresa em criar valores, melhor poderá satisfazer seus membros. Os valores produzidos devem corresponder às expectativas como preço da cooperação.

Na experiência clássica de condicionamento de Pavlov, um cachorro foi condicionado a reagir ao som de uma sirene, como se fosse um pedaço de carne. Chimpanzés foram condicionados para reagir a fichas de pôquer, as quais podiam trocar mais tarde por comida. Eles acumulavam grande quantidade de fichas, mesmo quando só podiam gastá-las em data posterior. Aprenderam a distinguir as fichas de valores diferentes e selecioná-las de acordo com suas compulsões de sede e de fome.

Os seres humanos parecem comportar-se como chimpanzés pela maneira como reagem ao dinheiro. Este representa uma recompensa importante para a maioria das pessoas, mesmo que não satisfaça diretamente suas necessidades.

As variações culturais determinam diferenças nos motivos humanos. Os aborígines australianos não reagirão a determinadas recompensas que motivam americanos, e vice-versa. Os motivos dos executivos oriundos das classes mais baixas diferem dos nascidos em berço de ouro.

A motivação tem suas raízes no interior de um indivíduo, que o leva a se comportar de uma determinada maneira. Já a desmotivação parece ser mais fácil do que a motivação, pois há uma infinidade de maneiras de desmotivar uma pessoa. As mais importantes são a omissão e a ação. Desmotivar por omissão é fazer com que o subordinado pareça não contar na organização.

Se uma ação (decisão) não é comunicada a um subordinado, ou a um gerente, mesmo que remotamente eles possam ser afetados, isto se traduz em desmotivação.

Outras maneiras de desmotivar o subordinado são: não ouvir quando ele quer nos expor suas ideias; cortar uma explicação com outro assunto; dar um risinho de mofa quando algo sair errado; reclamar asperamente na presença de outros; humilhar e desprezar suas iniciativas, criatividades, interesses e ajudas.

É bom não se esquecer de citar um fator importante na desmotivação: A falta de tolerância para com a mediocridade. O fato é que se os subordinados têm um comportamento medíocre, provavelmente, cabe ao superior a falta de capacidade de criar mecanismos de motivação. É importante deixar bem claro que o trabalho é para o ser humano uma forma de realização pessoal.

Muitos executivos acham que uma "revolução" na empresa é o suficiente para criar motivação. Esquecem de que a Revolução Francesa, de 1789, produziu Napoleão.

Uma Vida com Suavidade

Alguns especialistas afirmam que, para se utilizar o tempo de forma produtiva, é necessário escolher as coisas que se pretende fazer pelo grau de importância que estas têm para nós, estabelecendo uma escala de prioridades, em função de nossas necessidades e objetivos a alcançar.

As prioridades são níveis de valores relativos, e estes só podem ser estabelecidos quando comparados com outros. Já que o tempo é, por definição, inelástico, cada indivíduo opta em empregar o seu tempo da maneira que mais lhe convenha, desde que, naturalmente, possa fazê-lo.

Habitue-se a fazer sua lista diária e procure estendê-la para uma semana e depois um mês. Não se esqueça de deixar um tempo disponível para imprevistos. Respeite suas prioridades e observará que, com o tempo, o urgente diminuirá de proporção. Com isso, você ficará menos tenso e se sentirá menos oprimido e mais competente.

Peter F. Drucker propõe que cada pessoa passe em revista o seu dia de trabalho e faça as seguintes perguntas: O que não é necessário fazer? Que atividade pode ser executada por outra pessoa? O que eu faço que desperdiça o tempo dos outros?

Há, como sempre houve, homens excepcionais que sabem aproveitar as suas energias físicas e mentais, a sua inteligência, o tempo, os materiais, enfim, os recursos que lhes estão ao alcance, e com isso se tornam eficientes, produzindo muito e desperdiçando pouco. Infelizmente, porém, é maior o número das pessoas pouco eficientes, que gastam muito, não sabem economizar e produzem pouco.

O conhecimento de métodos, de técnicas e de racionalização de recursos faz a vida ter maior suavidade, porque você não será pego no contrapé. Estas ferramentas capacitam o indivíduo a ter novas ideias, criar leis, princípios, teorias e abstrações.

Também a habilidade analítica da pessoa a credencia a adquirir mais realismo, profundidade e criatividade na solução de problemas. Vai daí, menor tempo e esforço. Só quem possui conhecimento tem o poder de análise, isto é, decompõe problemas, identifica as variáveis básicas, estabelece relações de causa e efeito e cruza informações, na busca de: novos caminhos, objetivos, prioridades e alternativas.

Aproveitar as experiências do passado, tanto os erros quanto os acertos, para viver o presente e planejar o futuro constitui os ingredientes básicos de uma vida de plenitude, de crescimento pessoal e profissional e de realização. Reflita sobre as suas prioridades, pergunte sobre seus planos para transformar seus desejos em realidade. Pense nas opções que existem para realizá-los.

A Dimensão Humana

O homem buscará o aprimoramento de tudo e de todos, através do conhecimento, da informação e do questionamento constante. Segundo Carl Rogers, "quanto mais sadia for a personalidade tanto mais flexível será, tanto mais aberta à mudança e pronta a autorrealização cada vez mais plena". No dizer de Jean Paul Sartre: "O homem não está fechado em si mesmo, mas presente sempre num universo humano, que a isso chamamos humanismo existencialista, se você descobrir as necessidades do indivíduo você estará encontrando o seu mecanismo motivador".

Maslow preconiza que toda boa relação humana é terapêutica. Concita, por este motivo, os terapeutas a orientarem os pacientes para tal tipo de relacionamento tão logo eles possam aceitar, convencidos de que a recuperação será abreviada e mais sólida. A dificuldade em estudar, sobretudo, em quantificar os processos superiores do psiquismo, teve por consequência a limitação do campo da investigação.

Rogers sinalizou os seguintes problemas: Poderá a ciência descobrir os métodos através dos quais o homem irá poder, mais facilmente, tornar-se um processo em desenvolvimento permanente, transcendendo a si próprio no seu comportamento, no seu pensamento e na sua ação? Poderá a ciência prever uma liberdade, essencialmente, imprevisível e encaminhar-se para ela?

A Escola da Psicologia Humanista começou a resgatar e ampliar a conceituação do que seja o ser humano, seu meio e suas perspectivas, livrando-se do velho princípio que a qualquer reação corresponde uma reação igual e contrária, conceito retirado da Física de Newton. A isto se chamou: Causa e Efeito.

A psicologia humanista na nova visão do homem começou, inclusive, a não usar símbolos e nomenclaturas herdadas da física, matemática, biologia e química. Quem não ouviu falar "mecanismo de defesa?" Símbolos e expressões de difícil apagamento da nossa mente. Isto resultou num caminho de maior autenticidade, sem parâmetros, equações e padrões de comportamento, mostrando que a dimensão humana é muito mais do que isso que aí está.

A Febre da Ocupação

Globalização, inovação tecnológica e competição selvagem, por poder, fazem com que homens e mulheres de negócios trabalhem como nunca. Nos últimos anos, as fronteiras comerciais foram derrubadas e provocaram uma profunda mudança na economia mundial. Para serem competitivas, mesmo pequenas empresas tiveram de elevar sua produtividade ao nível dos concorrentes. A competição atingiu os empreendedores de todas as partes do mundo.

A Revolução Digital, que se intensificou a partir da década de 1990 com a adoção generalizada de telefones celulares e computadores cada vez mais portáteis, aumentou sensivelmente a produtividade das pessoas, o que não deixa de ser um paradoxo. Quando os futurólogos do Século XX falavam de maior tempo de lazer e aproveitamento da vida, por que tanto trabalho em detrimento de uma melhor qualidade de vida? Por que não temos mais horários? Por que colocar o trabalho acima de tudo tornou-se uma necessidade para quem pretende atingir o topo?

Mesmo estando ciente das suas necessidades, você pode ter de enfrentar este problema: Sofrer de uma doença chamada *febre da ocupação*. Talvez esteja tão ocupado que não tem tempo para se tornar melhor diretor da própria vida. Neste ponto, vale a pena fazer uma autoavaliação a respeito. Individualmente, procure assinalar as proposições que se aplicam a você na sua perda de tempo, tais como:

- Gastar muito tempo com problemas irrelevantes.
- Supervisionar excessiva ou insuficientemente o subordinado.
- Programar trabalho sem critério de prioridade.
- Começar uma tarefa antes de considerá-la cuidadosamente.
- Abandonar projetos iniciados.
- Fazer coisas que podem ser delegadas.
- Fazer coisas que podem ser feitas por uma máquina.
- Fazer coisas que na verdade não é parte do seu trabalho (principalmente assuntos pessoais).
- Gastar tempo demais em suas antigas áreas de interesse ou competência.
- Fazer coisa improdutiva por hábito.
- Manter excessivo número de registros (complicados e superpostos).
- Dedicar-se a projetos que você não pode realizar.
- Dar atenção a coisas sem valor.
- Não saber ler o cenário.
- Lidar com muitas coisas ao mesmo tempo.
- Aceitar tarefas novas e ameaçadoras.
- Deixar ocorrer discussões, após ter encerrado a reunião.
- Realizar reuniões, visitas e telefonemas desnecessários.
- Procurar detalhes só para mostrar que é o tal.
- Misturar a atividade social com a profissional.
- Acreditar que o computador resolverá todos os problemas, tornando-se seu escravo.

Vedadas essas perdas de tempo, é possível você curar-se da *febre da ocupação* e encontrar mais tempo para desenvolver suas habilidades técnicas e humanas (se as tiver) e melhorar seus conhecimentos congruentes com o cargo que ocupa. Estar assoberbado demais parece uma desculpa maravilhosa, mas é uma justificativa muito insatisfatória para não atacar problemas vitais que podem comprometer o futuro da sua organização e da sua vida.

O chefe ocupado demais, provavelmente, deve ser incompetente.

Embora a vida seja curta, sempre haverá tempo para recomeçar, desde que haja vontade. Afinal, desta vida só se leva aquilo que se viveu.

A Garra Pessoal nas Vendas

Por que as empresas não vendem mais? Porque há crise ou porque os consumidores compram menos. Quem ficar satisfeito com este tipo de resposta está, automaticamente, se absolvendo de todas as falhas de sua empresa. Trocando em miúdos, podemos dizer que se a crise deve ter como causa uma venda mais baixa, não é a única, e que, se não posso remediá-la, devo procurar as variáveis que estão sob o meu controle e trabalhar nelas.

Trabalhamos melhor nas dificuldades, porque somos desafiados. Mas, desde que tenhamos ânimo e otimismo, e podemos acreditar em nossa capacidade em detectar falhas, de conhecer nossos acertos, de usar criatividade para otimizar o bom e minimizar o ruim e, ainda, quando não nos esquecemos de que, se não controlarmos os eventos (acontecimentos), eles passam a nos controlar, tudo será mais fácil.

No fundo trata-se de usar uma das ferramentas mais importantes, que dispomos para melhorar nosso trabalho, que é o "treinamento da criatividade", quando pensamos com afinco, procurando novas soluções com colegas, subordinados e superiores. Mas, afinal, por que não se vende mais além da meta? Quais serão as razões? Um dos motivos é o mal-atendimento, o outro é o desconhecimento das mercadorias e outro, ainda, é a falta de garra (forte interesse, disposição, persistência, entusiasmo, força, intensidade, vigor).

Os erros se vêem a todo instante e aparecem, quando, por exemplo, há falta de habilidade por parte do vendedor, em nos apresentar uma mercadoria pedida. É comum encontrarmos vendedores que não sabem fazer uma venda de substituição e valorizar a mercadoria similar à pedida.

A venda adicional também é esquecida. Quase sempre o processo de vender é mal conduzido. Uma outra constatação é o pouco interesse em vendas de menor porte. Estas e muitas outras falhas contribuem de maneira decisiva na venda.

Todos sabem que sem garra dificilmente alcançamos bons resultados. Quando vemos alguém fazer as coisas sem interesse ou previamente derrotado, já contamos o fracasso como certo. Ao contrário o entusiasmo produz um efeito contagiante no outro e parece sempre animar o sucesso.

Uma pessoa com garra parece invencível, mas, realmente, não é. Isto porque, não basta querer fazer, é preciso também saber fazer e aqui cabe um comentário: A garra em excesso pode levar a frustração. Assim, um pouco de comedimento é de bom tom.

Em outras palavras, podemos dizer que garra sem técnica não resolve. As pessoas podem ficar desiludidas, caso se apliquem com grande entusiasmo e não obtenham bons resultados. Mesmo dotado de garra e técnica, o ser humano deve entender que nem tudo é possível conseguir e as razões, às vezes, transcendem a nossa compreensão.

Nem todas as pessoas acham agradável vender. Para certos indivíduos vender é cumprir cotas, é ganhar comissões. Vender representa uma atividade útil, necessária, difícil e desafiante, porque dá àquele que vende a oportunidade de cumprir uma operação completa com início, meio e fim. É uma tarefa que dá ao vendedor: a ideia de responsabilidade e maturidade, a sensação do bom desafio, o gosto pela autorrealização, porque a maior parte do seu sucesso depende dele mesmo.

A arte de vender é uma das poucas atividades que pode dar, diariamente, uma medida de eficiência, eficácia e efetividade. Portanto, coloque garra neste processo, para mais bem obter resultados maiores e melhores do que os esperados.

A Velocidade da Mudança

É provável que os cidadãos do futuro, daqui a cem ou duzentos anos, olhando para trás e apreciando o Século XX, se surpreendam com a gritante disparidade entre as suas duas metades. Este século foi tão desequilibrado que, nos seus primeiros cinquenta anos, produziu: duas guerras mundiais; as revoluções russa e chinesa; a guerra civil espanhola; o nazifacismo; o *Crash* da Bolsa de New York; grandes líderes como: Hitler, Lenin, Mao, Stalin, Gandhi, Churchill, Roosevelt, De Gaulle, Kennedy, Castro, Getúlio, Perón; um gênio como Einstein; cabeças como Bertrand Russel e Lord Keynes; escritores como Proust, Joyce, Hemingway; dramaturgos como Bernard Shaw; poetas como Eliot; pintores como Picasso, Salvador Dali e Matisse; músicos como Stravinski.

Sem falar das revoluções tecnológicas, cada vez mais rápidas. Tão rápidas que fizeram Bill Gates, o último dos grandes homens de negócios, se afastar da direção da Microsoft, alegando sentir-se ultrapassado em conhecimento, aos cinquenta anos de idade. Também produziram políticos, juízes e governantes corruptos pelo mundo afora. Sem falar dos senhores da guerra e do fanatismo crescente.

A partir de 1945, a grande e compulsiva ocupação do mundo ia ser, na verdade, a de americanizar-se, isto é, democratizar-se, mediocrizar-se e massificar-se. O comércio mundial e a produção material de bens e serviços explodiram, expandiram-se mais em três décadas do que nos dois ou três mil anos anteriores. Mesmo em terras distantes e de incomensurável beleza, as pessoas abandonaram, em massa, o campo pelas cidades.

Pode-se afirmar que a distribuição dos bens não progrediu com o aumento da produção. Em troca, as comunicações tornaram-se virtualmente instantâneas e compulsórias, além de universais, o que estendeu enormemente o mercado de ilusões e expectativas populares. Diante dessa verdadeira avalanche de progresso, as milenares barreiras da censura e as restrições morais e políticas, ao uso generalizado das liberdades, foram caindo.

Nem tudo, entretanto, seriam flores. Houve um terreno em que as virtudes da moderna tecnologia mostraram-se pouco eficazes e até contraproducentes. Esse terreno foi exatamente o da criação intelectual, que não se expandiu no ritmo que se poderia esperar, mas ao contrário, em muitos casos, estagnou, perdeu em qualidade e até em quantidade, atrofiou-se.

No Século XVIII, a humanidade dispunha de um grande pensador ou um grande escritor para cada vinte mil habitantes, hoje ela não terá mais de um para cada 200 milhões de pessoas. Também não há mais líderes como os do passado.

A velocidade e a amplitude do processo de crescimento, em vez de nos darem asas, fizeram-nos pedestres morais e intelectuais. Resta dizer que a geração de 1945, tão marcada pelas convicções democráticas, igualitárias e coexistenciais da época em que nasceram as Nações Unidas, apesar de algumas vezes angustiada pelo seu destino sem grandeza, nem por isso consegue escapar facilmente da sua servidão ideológica original.

Escreve o historiador George Kennan: "A vida humana tornou-se demasiada longa para a velocidade com que as coisas mudam". O mundo está hoje, em grande parte, povoado de pessoas que sobreviveram ao seu próprio universo intelectual e emocional. Elas estão velhas, não só no sentido físico, mas também no tecnológico.

Como voltar atrás? Como renegar ideias e convicções tão fortemente entranhadas na consciência? Quais crenças, que constituíram (constituem ainda) a base do nosso prestígio intelectual e político, o alicerce de instituições e de sociedades, quiçá das religiões, sustentam tanta gente e tantas reputações? O que virá a seguir? Vamos aguardar!

Comportamento Executivo

O executivo ao assumir uma atribuição importante deve obter de seus superiores uma clara, concisa e inequívoca declaração, por escrito, de seus deveres, responsabilidades, relações, prestação de contas e âmbito da autoridade. Este documento é absolutamente essencial para que não faça mais tarde a humilhante e frustradora descoberta de que os parâmetros de seu serviço foram mudados, muitas vezes, sem que fosse avisado. Ele pode ter sido levado a acreditar, no início, que tinha certas responsabilidades e autoridade correspondente para desincumbir-se delas.

Posteriormente, pode vir saber que não tem tal autoridade e que algumas pessoas que lhe deveriam prestar contas, na realidade, não o fazem. Pode descobrir que figurativamente foi "castrado". Toda sua autoridade lhe foi tomada, deixando-o impotente. Se, quando protesta, não pode documentar suas acusações com um compromisso escrito, provavelmente, lhe dirão: "Você entendeu mal nosso acordo original".

O executivo deve ter excepcional cuidado para encontrar subordinados que combinem competência com: segurança, transparência, honestidade, fidedignidade e lealdade. Muitos altos executivos são vulneráveis à sabotagem por parte de seus subordinados. Isso acontece, especialmente, quando o mesmo vem de fora e não sabe onde os cadáveres estão enterrados ou em que armários os esqueletos estão escondidos.

É por esta razão que ele deve ser cuidadoso na escolha de seus subordinados imediatos. Em consequência, o executivo, politicamente astuto, procura subordinados que não apenas tenham as aptidões técnicas exigidas, mas sejam também, até certo grau, passivos, dependentes e submissos. Sua lealdade, frequentemente, é um eufemismo de docilidade.

Executivos tendem a ser cônscios da segurança e propensos a formar uma relação de dependência com seu chefe. Se o chefe ocupou sua posição há muitos anos, criou um grupo leal e, provavelmente, o processo de administração se deu por tentativa e erro. Mas quando ele vem de fora ou assume o cargo em resultado de uma fusão/aquisição, com frequência tende a trazer consigo seus próprios colaboradores ou dar preferência a homens que conhece e com os quais trabalhou anteriormente.

O executivo, em negócios, como na diplomacia, deve estabelecer alianças, o mais importante estratagema de poder. Quanto mais puder criá-las melhor. Estabelecer várias espécies de relações com superiores, proprietários, acionistas influentes, pares e subordinados é fundamental. Embora essas pessoas possam não ser fontes diretas de poder para ele, podem, muitas vezes, ser valiosas como meios suplementares de apoio e informação. Entre seus contatos devem estar incluídas figuras do seu setor econômico, da associação patronal e do governo.

Um bom meio de assegurar apoio de seus pares é identificar metas e objetivos comuns. Criar um canal informal de comunicação com os subordinados, provavelmente, será de grande valia.

O executivo deve reconhecer o poder do bolso. Saber que o melhor controle que pode exercer sobre seus subordinados é financeiro. Por isso deve se colocar na posição em que todos os orçamentos dependam de sua aprovação. Nada é tão eficaz para lidar com uma pessoa recalcitrante do que lhe negar apoio financeiro. Compreender a importância crítica de canais de comunicação claros e críveis, em todos os níveis de seu pessoal para cima e para baixo.

Sem tais canais, é uma pessoa isolada que não sabe o que está transpirando em sua empresa. Suas ordens serão ouvidas apenas parcialmente por seus subordinados, serão mal compreendidas e raramente executadas. Ele deve reconhecer que muitos de seus funcionários têm fortes motivos para ocultar-lhe a verdade e obstruir ou deformar suas comunicações para baixo.

Para superar deficiências de comunicação, o executivo precisa não depender excessivamente de sua hierarquia de assistentes, muitos dos quais absolutamente não são centros de comunicação, mas barreiras a ela. Sempre que possível, o executivo deve ir a seu pessoal diretamente, apresentando-lhe relatos sobre a situação da empresa e encorajando a realimentação, mesmo que seja manifestação de descontentamento.

O Efeito Estresse

Todos os homens e mulheres de negócios têm uma rotina marcada pela pressão constante, pela cobrança de resultados, pela produtividade, pela qualidade, pela presença em reuniões inúteis, pela falta de tempo, pelo excesso de dados, pela necessidade de informações, pela cobrança de novas tecnologias e pela concorrência selvagem e predatória.

Pressões modernas como globalização, tecnologia, trânsito caótico, violência gratuita, maior carga horária de trabalho, desemprego, necessidade de ser bem informado e bem-sucedido, por exemplo, estão deixando mais pessoas doentes.

Os indivíduos estão mais pressionados, sofrendo mais demandas e estão menos disponíveis para lidar com esse excesso de pressão. Hoje, suportar essa enorme carga de tensão faz parte de um conjunto de requisitos do executivo contemporâneo. O problema é que o corpo humano nem sempre responde de forma espelhada.

Uma espécie de epidemia tomou o ambiente empresarial e passou a fazer parte das preocupações dos dirigentes e homens de negócios. Seu nome: Estresse. Ele está para o executivo assim como a dor está para o atleta profissional.

Estresse, por definição, é um conjunto de reações que qualquer pessoa tem diante de uma situação que exija adaptação do organismo para com o ambiente. Isso vale para todas as circunstâncias, boas ou ruins, desde que alterem o quadro de equilíbrio do indivíduo ao causarem sensações de perigo, medo, irritação, confusão e, até mesmo, alegria.

Sendo assim, este sintoma é normal ao corpo para que ele possa reagir às adversidades. Ele passa a ser prejudicial quando se torna crônico e vira doença. A confusão existe, porque a palavra passou a ser usada como sinônimo de nervosismo e cansaço. Mas, para configurar este problema, tais efeitos precisam aparecer com frequência muito maior que uma simples irritação, uma dor de cabeça, uma falha de memória e uma mudança de comportamento.

O sinal vermelho acende quando os limites de cada um são ultrapassados. Os resultados podem ir da obesidade até problemas dermatológicos, passando por depressão, falta de libido, derrame, enfarte, alcoolismo e outras "drogas". Pesquisas realizadas pelo Hospital Albert Einstein, de São Paulo, mostrou que 15% da população sofrem de fadiga crônica; 16% têm gastrite ou úlcera; 19% sofrem de hipertensão arterial; 25% têm altos níveis de colesterol; 26% apresentam algum tipo de doença na pele; 40% são fumantes; 50% consomem álcool regularmente; 60% têm excesso de peso; 65% são sedentários; 70% apresentam níveis altos de estresse; 80% têm alimentação desequilibrada.

A elevação dos níveis de estresse é diretamente proporcional ao grau de superação exigido pelo mundo dos negócios. Na luta pela sobrevivência, por resultados melhores, por mais participação no mercado, as empresas esperam contar com espécies de super-heróis. Não basta ser competente. É preciso ser o melhor. Não basta ser eficiente. É preciso ser criativo, inovador, antecipar mudanças, garantir mérito.

A Telemática faz com que estejamos sempre no ar. Estar desconectado causa angústia. É necessário fazer várias coisas ao mesmo tempo. A interrupção do trabalho por um superior ou subordinado ou, ainda, para fechar um negócio é inevitável. Como resultado, temos cada vez mais clínicas médicas especializadas em doenças neurológicas.

É bom esclarecer que há muita confusão entre depressão, tristeza e estresse. A depressão é uma doença com vários graus de complexidade, que precisa ser tratada por profissional. Tem sintomas constantes e diferenciados. Provoca dificuldades para desenvolver tarefas cotidianas. Faz com que seja difícil identificar o motivo do desânimo e da tristeza.

A tristeza é uma doença que tende a desaparecer com o tempo, espontaneamente. É um estado emocional transitório. Não interfere na rotina da pessoa. Ela tem causa facilmente identificada, como uma desilusão amorosa. O estresse pode levar à depressão, se prolongado. Pode aumentar com pressões do dia a dia, como: violência, excesso de trabalho e problemas financeiros. Ele é um dos vários sintomas da depressão, mas estar triste não é sinônimo de estar deprimido.

Baixo-astral não é uma doença, mas um sentimento normal em situação de perda, luto, frustração e insucesso. Uma diferença importante é que o estresse pode ser eliminado com atividades relaxantes, enquanto, na depressão, elas não são suficientes.

Duas pessoas podem estar expostas às mesmas pressões, uma sucumbir e a outra não. A diferença está na capacidade de cada uma de lidar com as adversidades. Uma das maiores polêmicas quando se fala nas consequências do estresse crônico é a respeito das doenças psiquiátricas que ele pode vir a desencadear.

O que se sabe com certeza é que, para desenvolver transtornos como: síndrome do pânico, estresse pós-traumático e depressão, são necessários ter uma propensão genética. Só que essa não é a única causa. Fatores psicológicos e ambientais podem servir para desencadear o problema, mas não funcionam numa relação de causa e efeito. A ansiedade, a princípio, é a componente emocional do estresse, que só se tornará um problema quando persistir. Mas, cuidado, não sofra por antecipação. O melhor é aguardar e pedir ajuda.

Teste o seu estresse:

- Você leva trabalho para casa?
- Você já perdeu o rumo na volta para casa?
- Você tem se sentido desanimado e pessimista?
- Você não tem conseguido se concentrar?
- Você se culpa com facilidade, quando algo não dá certo?
- Você anda de "pavio curto"?
- Você tem medo de fracassar, até nas pequenas coisas?
- Você não consegue relaxar ou está sempre alerta?

- Você não separa um tempo para almoçar?
- Você não sabe delegar?
- Você não sabe dizer não?
- Você é aquela pessoa que, diante de um obstáculo, não constrói uma nova oportunidade?

Se as respostas foram sim, procure, imediatamente, um médico.

O Experimento Hawthorne

Uma das mais notáveis pesquisas da História da Administração ficou conhecida como "Experimento Hawthorne". Esta experiência foi coordenada por Elton Mayo, durou de 1927 até 1932 e proporcionou conclusões que deram origem à Teoria das Relações Humanas.

A experiência de Hawthorne foi feita na Western Electric Company, bairro de Hawthorne, na cidade de Chicago, e tinha como objetivo estudar os efeitos do ambiente na produtividade, a relação entre incentivos e desempenho, fadiga e descanso.

Os métodos principais de pesquisa foram observação e entrevista. Para poder comparar os efeitos da mudança, dois grupos foram estudados, chamados de: Grupo Experimental (selecionado para participar de uma pesquisa e estar sujeito às mudanças nas condições ambientais de trabalho) e Grupo de Controle (trabalhar nas mesmas condições anteriores, servindo como referencial para comparar resultados).

Os pesquisadores também experimentaram períodos de descanso e dias menores de trabalho para os pesquisados. Começaram a compreender que não estavam estudando uma situação comum de oficina, mas um fenômeno social. Nas palavras de Dickson: "A experiência que eles haviam planejado realizar, era muito diferente da que eles haviam realmente feito".

Milhares de entrevistas foram conduzidas para determinar pontos de vista dos empregados sobre uma grande variedade de assuntos. As primeiras procuravam determinar os pontos de vista do operário sobre a empresa, a supervisão, os planos de seguro, as promoções e os salários. Logo se observou que este método resultava em comentários sobre assuntos considerados mais importantes pelo entrevistador do que pelo empregado. O método de entrevista foi modificado para uma aproximação indireta, assumindo o entrevistador um papel passivo.

Apesar do programa de entrevistas ter dado uma valiosa visão da natureza do comportamento humano numa organização, não foi completamente satisfatório. A situação social, que havia desempenhado um importante papel nas respostas dos empregados nas entrevistas, precisava exigir uma maior atenção. Um estudo detalhado foi iniciado para desenvolver novos métodos de pesquisa e descobrir alguma coisa sobre o comportamento das pessoas em pequenos grupos.

As observações mais notáveis foram as seguintes:

- Mesmo cortando privilégios, a produção do grupo sob observação não caiu.
- Os operários frequentemente paravam de trabalhar antes do tempo oficial, quando atingiam o padrão do grupo.

- Um operário montador de fios era capaz de dizer a hora, com um erro máximo de dois minutos, computando a quantidade de fios elétricos que ele havia montado naquela manhã.
- Operários que tentavam exceder a meta de produção eram geralmente malvistos e eram exercidas pressões contra eles pelo grupo.
- Os três montadores de fios mais vagarosos conseguiram melhores pontos no teste de destreza do que os três mais rápidos.
- O homem que produzia menos conseguiu o primeiro lugar no teste de inteligência e o terceiro no teste de destreza.
- Um líder informal, que era popular no grupo, recebia a maior parte da colaboração, embora não precisasse realmente.
- Um dos mais rápidos montadores, que mostrava grande vontade de ser um líder, ajudando, ao máximo, outras pessoas, raramente, recebia ajuda.

A Experiência de Hawthorne mostrou as seguintes conclusões: havia uma liderança que ditava as normas do grupo, através de um canal informal de comunicação; todo o grupo era regido por estas normas, que não observadas, faziam o membro do grupo cair em desgraça; os indivíduos mostravam-se mais preocupados com o grupo do que consigo mesmo.

Depois de Hawthorne, a Administração nunca mais deixou de considerar as relações entre: trabalho, comportamento e ambiente, porque passou a considerar o recurso humano como preponderante na organização.

Psicologia Humanista

Nossa época, comparada com as passadas, é um tempo de riqueza e abundância de fatos. Mas, possuir abundância de fatos não significa necessariamente ter entendimento; até pode atrapalhar o indivíduo no trato de tantos detalhes, dados e informações. É o enfoque que conta. A psicologia desde seus primórdios adotou o seguinte modelo: Observador em face de um objeto.

Este modelo causal nunca foi o mais adequado para as ciências da vida especialmente para a Psicologia, porque seres humanos respondem a "significados" e não às forças da relação "causa e efeito". Perguntas-chaves feitas pela psicologia clássica foram muito abrangentes, tais como: O que quer o homem? Quais coisas são relevantes fazer na vida?

Sob o enfoque da psicologia humanista, a psicologia erigiu, entre o estudioso e a pessoa estudada, uma rede de exigências científicas a impedir-lhe a visão adequada e global dos fenômenos. Pode-se dizer que a psicologia humanista nasceu da necessidade de ampliar a visão do homem, que ficara indevidamente limitada nas perspectivas do comportamento e da psicanálise. Esta nova corrente não é contra as duas tendências citadas, mas aproveitar as ideias, procurando dilatar o âmbito das conquistas por elas realizadas.

Em 1973, Carl R. Rogers trouxe a seguinte advertência: "Todo o conhecimento, inclusive o conhecimento científico, é uma imensa pirâmide invertida que repousa sobre minúscula base subjetiva e pessoal". Na mesma época, Frederik Wyatt observou: "Os psicólogos não se dão suficientemente conta dos problemas filosóficos. Não é a pesquisa experimental que orienta a nossa concepção do homem, mas a pesquisa dirigida por esta imagem".

Antes de aprofundarmos o conceito de psicologia humanista, é bom enfocarmos as seguintes premissas que construíram a Psicologia ao longo dos anos:

- O homem deve ser reconhecido como algo mais do que o resultado da soma de funções parciais.
- As primeiras teorias da personalidade, como a freudiana, concentraram-se nos aspectos falhos e negativos, tendo objetivos terapêuticos.
- Os psicólogos se preocuparam mais com os discursos do que com a saúde mental.
- Para a psicanálise o homem é mau, irracional e determinado, daí a visão antagônica, conflitiva e pessimista.
- Para o behaviorismo o homem é neutro, dependente e determinado, daí decorrendo a atitude manipulativa.
- Para o humanismo o homem é bom, racional e livre, daí decorrendo uma sinergia do trabalho cooperativo e uma atitude otimista em relação ao mundo.

A psicologia humanista chamou a atenção de que o indivíduo não vive ancorado ao passado, nem agrilhoado ao presente, vive o presente na esperança de realizar seus sonhos, contrastando com o modelo psicanalítico que põe o acento no passado e no inconsciente.

O enfoque humanista sublinha a importância do presente e do consciente.

Carl Rogers considera, de importância fundamental, que seja o ser humano, com suas subjetividades, não meramente uma máquina, não simplesmente como um objetivo ou uma sequência determinada de causa e efeito, mas o objeto da investigação das ciências do comportamento.

Relações Humanas no Trabalho

Os livros mais sérios sobre o assunto fazem questão de salientar que relações humanas não são uma doutrina ética, nem uma forma de humanitarismo, embora, de algum modo implique a ideia de dignidade humana. O estudo das relações humanas por empregados e empregadores não vem resolver todos os problemas que dificultam a produção da empresa, mesmo porque, muitos destes não são humanos. Se assim fosse, bastaria um curso de relações humanas para transformar a empresa num paraíso.

Embora não seja muito fácil definir o que seja um grupo social, ele possui certas características que tornam possíveis a sua identificação, bem como finalidade e estrutura. Finalidade, porque sempre existe um motivo básico que reúne pessoas que formam o grupo. Estrutura, porque a formação do grupo estabelece posições, mais ou menos, determinadas dos seus membros.

Um grupo não é simplesmente o somatório de indivíduos. Cada um, com as suas propriedades e traços diferentes, é um elemento que influencia o grupo e que por este se deixa influenciar. Essas interações dão ao grupo um caráter ativo e dinâmico.

A convivência grupal cria sentimentos, laços de simpatia e amizade, por exemplo, que dão ao grupo certa força interna, formando uma verdadeira trama de tensões. Existem vários tipos de grupos sociais, como: família, clube, escola, igreja, partido político, empresa.

No trabalho surgem muitas dificuldades e, portanto, muitos problemas. Uns são de natureza técnica, outros de natureza financeira, outros, ainda de natureza humana.

O problema mais comum, nas relações humanas no trabalho, advém da falta de: interesse, assiduidade, pontualidade, absenteísmo, estabilidade. Intriga, perseguição, rivalidade, falsidade, não cumprimento de ordens e determinações, reclamações, reivindicações, acidentes, causas trabalhistas, turnover excessivo, desacordos e insatisfações são causas de problemas no trabalho.

Passando para dentro da empresa e olhando nossos funcionários, vemos que é necessário trabalhar o campo das relações funcionais, rico de oportunidades e tão sujeito ao sufocamento. O relacionamento funcional, ao deslocar-se do foco da eficácia do todo para a eficiência de cada setor, passa a investir na qualidade setorial, correndo o risco de verticalizar a empresa e de encastelar a eficiência.

A habilidade qualitativa de relacionamento é uma só e a mesma, se levarmos em conta que o foco deve ser o consumidor. De nada adianta investir recursos, treinar pessoas, mudar processos, se esse investimento não mostrar as necessidades e expectativas daqueles que compram nossos produtos.

É ingenuidade pensar que qualidade é apenas uma questão de fazer melhor, cortar custos, corrigir defeitos e desvios ou, ainda, fazer um esforço desmesurado de gentilezas, porque tudo isso pode resultar em nada. É, pois, decisivo fazer um trabalho coordenado e planejado para alcançar aquele que é o mais importante para a organização, isto é, o consumidor, o paciente, o usuário e o colaborador.

Qualidade é uma opção racional de quem reconhece no consumidor a superioridade sobre a função e o negócio. Sem consumidor não há negócio. Sem qualidade não há um bom negócio. Portanto, que cada um tome conta de seus relacionamentos e comece a fazer aquilo que não é novo, não foi inventado e nem depende de programas governamentais para ser feito.

Uma Questão de Adaptação

Na mesma medida em que as culturas e os valores são importantes para a unificação da sociedade, a evolução da Administração é importante para a manutenção da empresa. Porém, a maior parte das teorias administrativas atuais não é nem rígida e nem flexível. Elas observam regras, premissas, princípios, táticas, estratégias, procedimentos, políticas, processos e diretrizes para alcançar resultados positivos. Mas, ao mesmo tempo, flexibilidade para assegurar uma adaptação continuada (sobrevivência) ao ambiente.

Mas o que é adaptação? Adaptação é movimento de mudança que um sistema executa, através de reações ou respostas, para atender as modificações ambientais e as demandas dos consumidores, sem atingir de maneira destrutiva a própria organização e a consecução de seus próprios objetivos. Ela envolve mudança, inovação e ruptura.

Se um sistema está sempre submetido a um determinado ambiente ou suas mudanças são facilmente adaptadas, fica mais fácil a sua manutenção. Claro que quanto maior o conhecimento dos administradores da organização maior a adaptação. É bom ter em mente que a organização pode não maximizar o lucro ou minimizar o custo, nem aumentar prestígio ou renda, mas tem que se adaptar para sobreviver. O show tem que continuar.

Karl Weick preferiu descrever a adaptação em termos de sistemas frouxamente unificados. E para tal, oferece a experiência de Gordon Siu, que é a seguinte: Se você colocar doze abelhas e doze moscas numa mesma garrafa e deitar a garrafa horizontalmente, com a sua base voltada para a janela, descobrirá que as abelhas persistirão em sair da garrafa até a morte; as moscas em, menos de dois minutos, terão escapado.

É o amor que as abelhas têm pela luz, é a inteligência delas que as faz fracassar nessa experiência. Evidentemente elas imaginam que a saída de qualquer prisão é dada pela luz. O vidro é para elas um mistério e, como não possuem experiência neste ambiente, tudo é incompreensível.

Já as moscas não são lógicas, nem compreendem o vidro, desconsideram a luz, agitam-se de um lado para outro até alcançarem a liberdade.

Esse episódio fala de experimentação, persistência, tentativa e erro, improvisação, melhores procedimentos, desvios, confusões, rigidez burocrática e acaso, tudo isso para fazer frente à mudança. No exemplo citado, laços frouxos fornecem os meios que permitem algumas pessoas enfrentarem com sucesso mudanças em seu meio. Cada mosca realiza numerosas adaptações que, eventualmente, levam à solução do problema da fuga.

Nesse contexto, a flexibilidade é um trunfo, mas não é óbvio quando e como a mesma contribui para a mudança bem-sucedida, nem como as modificações se ajustam à realidade de cada um, em que pese todo o ferramental de flexibilidade.

Flexibilidade

A flexibilidade é necessária não só em função das grandes transformações do mundo, mas, principalmente, porque essas mudanças se acentuarão em escopo, espaço, tempo, velocidade e complexidade. Ideias para se analisar e se projetar uma organização têm girado em torno de temas, às vezes, ambíguos e fluidos, como informação, decisão e criatividade, mas, por isso mesmo, capaz de retratar mais fielmente a verdadeira natureza da organização contemporânea.

A busca de novos modelos de flexibilidade organizacional significou vencer as barreiras impostas pelas concepções rígidas de estrutura que prevaleciam tanto na teoria quanto na prática administrativa. Uma estrutura organizacional flexível enfatiza a comunicação horizontal, a descentralização das decisões, a delegação de autoridade, a utilização intensa da coordenação, a não aceitação de regras, políticas e procedimentos.

A construção de novos modelos de flexibilidade passou por um processo de revisão de princípios e de crenças gerenciais. Vale lembrar os estudos de Dereck Pugh e seu grupo, conhecido como o Grupo de Aston, que, não discordando, mas limitando o alcance das conclusões de Woodward, mostravam que "na ambiguidade organizacional os dirigentes possuem atitudes mais flexíveis e desafiantes, o que resulta em maior inovação e desenvolvimento".

Tom Peters avalia que "a estrutura matricial, por causa dos poderes substanciais que concentra nas áreas funcionais, deixa intacta a centralização". A construção de equipes e projetos nesse sistema gera apenas a ilusão de controle local.

Contribuições valiosas às ideias de flexibilidade organizacional vieram de autores como Alvin Toffler e John Naisbitt, com pregações sobre um novo mundo de lógica menos racional, linear e técnica, características que teriam, mais tarde, grande influência na estruturação empresarial.

Segundo Henry Mintzberg e Jay Galbraith, "muitas pesquisas sobre estrutura organizacional, realizadas nos últimos anos, procuraram determinar tipos de estrutura mais adaptáveis a tipos de ambiente". São trabalhos consistentes, bem documentados, e que demonstram a utilidade e as possibilidades de algumas formas estruturais.

Essas pesquisas significaram um grande avanço na perspectiva de flexibilidade, não só porque reforçaram a ideia da interdependência da estrutura com condições ambientais, mas, sobretudo, porque identificaram formas variadas de estruturação. No entanto, a velocidade acelerada das mudanças ambientais tem contribuído para se ter uma visão relativa dessas conclusões.

Assim, aos poucos, foi se revertendo a visão clássica da pré-modelagem organizacional para se adquirir a consciência de que a estrutura é, na verdade, uma opção arbitrária, que se faz, em função de circunstâncias específicas. A racionalização dos objetivos era vista como a dimensão central da estruturação. No entanto, por melhor que sejam definidos, sempre permanecem ambíguos e mutáveis.

A crença de que uma grande organização só pode ser gerenciada através de procedimentos rígidos, fixados em manuais, cedeu lugar à crença inversa. Uma grande organização é, demasiadamente, complexa para ser administrada por manuais. Por esta razão é que se tem procurado fazer com que grandes empresas, através de processos de desburocratização, recuperem a informalidade e a flexibilidade próprias das pequenas organizações.

Teorias Comportamentais

As pessoas nem sempre se mostram conscientes dos motivos que acarretam as respostas de comportamento. Há uma busca constante para, por meio de várias técnicas, se determinar a natureza dos motivos interiores das pessoas, as suas fantasias e motivações inconscientes. Mesmo que não tenha oferecido respostas de aplicação universal, a psicologia demonstrou que a causa e o efeito do comportamento humano têm muitos e, frequentemente, indeterminados estágios intermediários.

As razões para o comportamento individual e social nem sempre são o que parece ser.

Os executivos não se devem surpreender, ao verificar que muitas das suas suposições sobre como as pessoas responderão a determinadas situações são erradas. O próprio Frederick W. Taylor e seus seguidores, no início do Século XX, supuseram que o problema motivacional era, principalmente, uma questão de satisfazer demandas econômicas, deixando de reconhecer que os grupos informais podiam desempenhar um papel importante e desafiador.

Algumas suposições motivacionais são amplamente aceitas como totalmente válidas, embora respondam somente a parte do problema. Douglas McGregor classificou estas suposições como Teoria X e Teoria Y. A Teoria X supõe que as metas pessoais dos empregados são incompatíveis com os objetivos da empresa. Ela confia mais na utilização da autoridade como um instrumento de comando e controle. A Teoria Y afirma que as pessoas têm muito a oferecer a uma empresa, se puderem ser persuadidas a aceitar seus objetivos. Ela tenta aproveitar o máximo de cada um.

Supõe-se que o emprego da autoridade impede o desenvolvimento deste potencial, embora a autoridade seja necessária no caso das pessoas não cooperarem. A diferença básica entre as duas teorias é que a Teoria Y possibilita a utilização das técnicas motivacionais que são obstadas pelas restrições psicossociais imposta pela Teoria X.

Na Teoria X, o ser humano médio possui uma aversão inerente pelo trabalho e o evitará sempre que possível. Tal aversão significa que a maioria das pessoas deve ser ameaçada por sanções a fim de desempenhar o esforço necessário para a obtenção dos objetivos organizacionais. Conclui que as pessoas, em geral, preferem ser dirigidas, tentam evitar as responsabilidades, possuem, relativamente, pouca ambição e desejam a segurança acima de tudo.

A Teoria Y sustenta as seguintes hipóteses: gastar esforço físico e mental no trabalho é tão natural quanto brincar ou descansar; o trabalho pode ser uma fonte de satisfação; o homem exercerá autodireção e autocontrole na busca dos objetivos com os quais está comprometido; o compromisso com objetivos é importante na satisfação do ego e na necessidade da autorrealização; o homem aprende, em condições adequadas, não só a aceitar como a procurar a responsabilidade; evitar as responsabilidades, não ter ambição e enfatizar a segurança são, em geral, consequências e não características humanas inatas.

A capacidade para utilizar um grau relativamente alto de imaginação, talento e criatividade na solução de problemas não é tão rara de se encontrar nas pessoas como se imagina. Na sociedade industrial, as potencialidades intelectuais do ser humano são só parcialmente utilizadas.

Há, ainda, uma teoria, razoavelmente recente, chamada Teoria Z, de Willian G. Ouchi, que procura apresentar a razão do sucesso das empresas japonesas a partir da aplicação de uma filosofia que privilegia valores como: processo decisório consensual e participativo, cooperação, espírito de equipe, confiança, igualitarismo. As organizações Z conseguiram um alto nível de coerência em sua cultura organizacional. Os sentimentos de autonomia e liberdade fazem com que os empregados trabalhem com muito entusiasmo.

Ouchi afirma que para entender esta teoria é preciso seguir uma simples metodologia:

- Fazer auditoria sobre o clima organizacional atual da empresa.
- Usar de muita perseverança.
- Decidir de forma colegiada.
- Definir a filosofia a ser implantada.
- Criar mecanismos de motivação, estrutura e incentivos adequados.
- Desenvolver habilidades interpessoais.
- Testar o sistema.
- Envolver o sindicato.
- Estabilizar o emprego.
- Estabelecer um sistema de avaliação e promoção.
- Procurar áreas para implantar participação.
- Permitir o desenvolvimento holístico do relacionamento.

Estas teorias comportamentais são algumas das muitas que existem, porém são as mais estudadas no âmbito das organizações de negócios.

A Capacidade Adaptativa da Organização

O processo de crescimento diz respeito à mudança, bem como à adaptação para novas circunstâncias e à "nova era". Inovações e mudanças necessitam de planejamento. No crescimento organizacional, o ambiente tem peso maior que as necessidades e as decisões gerenciais. Assim, a organização sempre procura estabelecer uma consistência interna e um padrão regular de comportamento, para evitar a instabilidade em suas transações.

As organizações, ao contrário dos seres vivos, não possuem ciclo de vida definido. Também não são seres completos, pois para sobreviver necessitam de interação e cooperação permanentes. A sobrevivência da organização é uma preocupação constante, tanto que, para muitos, passa a ser seu objetivo principal. Ela pode não maximizar seu lucro, nem aumentar prestígio ou renda, mas tem que se adaptar para sobreviver num cenário de mutações constantes.

A pressão pela sobrevivência, na maioria das vezes, provoca a necessidade de certo grau de consistência interna, medidas processuais rígidas de coordenação e controle, manutenção da estrutura, a fim de resguardar o atual curso da ação, que tem garantido a existência da empresa até o presente.

À proporção que a organização cresce, aumenta a complexidade e a estrutura organizacional, multiplicando os níveis hierárquicos. A dispersão de poder, face à multiplicidade dos órgãos de responsabilidade decisória, faz com que a inovação se torne um problema difícil de ser concluído, em virtude das inúmeras linhas de autoridade e de influência, que mantêm o equilíbrio de poder.

Assim, à medida que aumentam as unidades da organização, cresce a resistência, pois a menor mudança afetará um maior número de pessoas, repercutindo sobre o equilíbrio de poder entre os órgãos envolvidos. Este sistema complexo e de múltiplas unidades, mais comum às organizações públicas, torna tais instituições incapazes de reagir às mudanças externas pela impossibilidade de adaptar rapidamente a estrutura organizacional às novas demandas do mercado.

Como a estrutura de poder é complexa e não pode facilmente ser alterada, as organizações reagem às mutações ambientais, criando mais funções especializadas, o que leva a um inchaço da corporação, resultando em custos, às vezes, não compatíveis com a missão da mesma.

A empresa somente consegue sobreviver e crescer na medida em que se adapta às circunstâncias ambientais e, mais que isso, aproveita as oportunidades e amortece as coações e contingências que lhes são impostas pelo ambiente de tarefa. Seja reagindo ao ambiente, seja tentando influenciá-lo, a empresa passa a apresentar estruturas e estratégias distintas e bem delineadas, as quais constituem, na realidade, respostas organizacionais às dificuldades ambientais.

A habilidade adaptativa do empreendedor se traduz por meio de reações e respostas que o mesmo faça para atender as modificações do ambiente, em que está inserido, a fim de não prejudicar a consecução dos seus objetivos e os da organização.

Adaptação envolve mudança, inovação e ruptura. A habilidade será maior ou menor, em função do conhecimento (percepção), intuição, intelectualidade, cultura, educação, interação, visão holística, visão estratégica, capacidade de planejar e controlar resultados.

Você é um Vencedor?

O principal problema da racionalidade de como organizar as pessoas reside no fato de que as mesmas não são muito racionais. De acordo com o modelo tradicional de Taylor, o homem é simplesmente um ser mal projetado. De fato, se nossa compreensão do estado atual da psicologia está próxima da verdade, o homem é a espécie suprema em matéria de conflito e paradoxo. Assim, parece importante levar em conta a maneira de como lidar com as contradições humanas.

Estamos todos voltados para nós mesmos, sorvemos cada minúsculo elogio e, de modo geral, apreciamos imaginar que somos vencedores. Mas como nossas aptidões se distribuem na forma de uma curva normal (Curva de Gauss). Nenhum de nós é realmente tão talentoso quanto gostaria de ser, mas não nos faz bem que essa realidade seja esfregada no nosso nariz.

Por outro lado, é muito pouco o que nossa mente é capaz de reter explicitamente, não mais que uma meia dúzia de fotos por vez, embora dispomos de um poderoso inconsciente, capaz de armazenar um grande estoque de padrões.

Somos produtos do meio, sensíveis e reativos às recompensas e punições, mas somos também fortemente impulsionados por motores internos de automotivação. Agimos como se as crenças expressas fossem importantes, mas as ações falam mais alto que as palavras. Não se pode, pois, enganar a todos por todo o tempo.

As pessoas procuram ler padrões de comportamento em nossas menores ações, sendo suficientemente sábias para desconfiar de palavras que, de algum modo, não se conciliam com o que fazemos.

Buscamos, desesperadamente, emprestar significado às nossas vidas e estamos dispostos a fazer sacrifícios em prol de instituições que nos ofereçam tal significado. Ao mesmo tempo, precisamos ser independentes, sentir que temos o controle de nossos destinos e ter a capacidade de aparecer diante dos demais. Todos nós acreditamos ser o máximo. A nosso respeito, somos exuberante e selvagemente irracionais. Isso acarreta importantes consequências no que se refere a como organizar pessoas.

A maioria das organizações assume uma postura negativa diante de seu pessoal. As pessoas são verbalmente repreendidas por mau desempenho de suas funções. Fala-se em assumir riscos, mas pune-se a menor falha. Deseja-se um comportamento inovador, no entanto, sufoca-se a obstinação e a perseverança para não se perder tempo. Com suas máscaras de racionais, os empreendedores acabam por destruir a iniciativa de quem quer colaborar honestamente.

A mensagem, tão claramente transmitida, é que a maioria das pessoas foi feita para acreditar que é um vencedor.

O Fator Status

Todas as sociedades estão hierarquicamente estabelecidas e todos nós possuímos um status específico. Nos tempos feudais, ele era determinado pelo nascimento. Uma pessoa era nobre ou camponesa conforme a condição social de seu pai. Havia pouca mobilidade social. As economias eram lentas. A riqueza estava associada a terra. As fortunas eram construídas lentamente, exceto pela guerra ou pela corrupção, e relativamente difícil de perder.

A vida era sombria para a maioria das pessoas, mas havia uma grande consolação psicológica em relação aos negócios, ninguém era responsável pelo próprio status. Era certamente ruim ser um camponês, mas ninguém havia atingido esse estado por ter sido reprovado em um exame ou por não saber ler o cenário. Tal situação era imposta ao individuo no nascimento, a quem se dizia que seria compensado por Deus num outro mundo, quiçá no paraíso.

O Século XVIII mudou tudo isso, especialmente por dois fatos: a Revolução Americana e a Revolução Francesa. Por trás delas havia uma ideologia de mobilidade social. Rousseau e outros filósofos diziam que as pessoas nasciam iguais. Alguns utopistas até achavam que elas deviam viver como iguais.

Mas, fora algumas experiências, existia um consenso geral de que as pessoas deveriam começar da mesma maneira e depois encontrar um lugar próprio na hierarquia social, de acordo com seus méritos em ganhar dinheiro. Uma consequência dessa ideologia foi um novo entendimento do sucesso e do fracasso. Isso foi expresso de maneira arrogante, quando se disse que os ricos eram mais capazes do que os pobres.

Era comum se ouvir que os bem-sucedidos em seus negócios eram melhores dos que aqueles que fracassavam.

A atribuição do status ao mérito, mais do que ao nascimento, liberou quantidades enormes de energia e talento, como também uma dose maciça de ansiedade. Antigamente, os pobres não eram responsáveis por sua pobreza. Os pobres e os falidos de hoje defrontam-se com um ambiente muito mais duro. A eles é atribuída a culpa por sua condição. O sistema meritocrático tomou conta do mundo e as pessoas são cobradas pelo que têm e não por aquilo que são.

Émile Durkheim, em seu famoso ensaio sobre o suicídio, mostrou que as consequências materiais do fracasso são menores, enquanto as psicológicas são maiores. Se uma pessoa é aquilo que ganha, então muitos de nós sentiremos não somente mais pobres, mas menos dignos. A indignidade provavelmente será um problema maior que a pobreza. Nossos problemas se tornarão parte de uma decadência mundial. Desta forma, teme-se que, perante um mundo que faz apologia do sucesso, nós mesmos tenhamos nos tornado perdedores.

O que as pessoas farão com a sua ansiedade pelo status? As pessoas farão derivar para soluções generalizadas do problema existencial, como terão de minorar seus próprios defeitos. Em lugar de assumir toda a culpa pelo fracasso, falarão em: capitalismo selvagem, governos incompetentes, corrupção, sorte, destino e outras baboseiras. Teorias paranoicas aparecerão com críticas mais agudas à ordem econômica (social e política).

As pessoas tenderão a separar seu senso de valor pessoal de seus feitos financeiros. Elas rejeitarão a ideia de que a coisa mais importante que possuem é o lugar que ocupam na hierarquia financeira. Houve historicamente, no Ocidente, duas grandes tentativas intelectuais de fazer essa separação, o estoicismo (impassibilidade diante do infortúnio) e o cristianismo (resignação por uma vida melhor no futuro).

Para o filósofo Sêneca, "os sábios não deviam nunca julgar a si mesmos de acordo com os padrões de riqueza. Pois a riqueza é um dom da deusa da fortuna, uma criatura caprichosa e irracional. Assim, não devemos levá-la muito a sério quando somos ricos, nem quando ela nos torna pobres."

Da mesma forma para Santo Agostinho, os verdadeiros cristãos não têm mais apreço por si quando estão no topo da escala social do que quando estão no primeiro degrau. A verdadeira hierarquia do mérito existente entre as pessoas nada tem a ver com a mundana hierarquia social. Mas, essas duas visões parecerão, particularmente confortáveis, no Século XXI?

Da Crença ao Mito

Pode-se especular longamente sobre a causa do declínio e queda de uma organização. As mudanças tecnológicas e as mudanças de comportamento são, indiscutivelmente, sua principal causa. Mas, será que estes fatores são tão decisivos assim? É possível que a verdadeira diferença entre o sucesso e o fracasso pode, muito frequentemente, remontar à questão: A organização aceita novos talentos?

O que faz a organização para ajudar esse pessoal a encontrar uma causa comum a todos? Por exemplo, qualquer grande organização que dure muitos anos deve ter uma capacidade adaptativa muito grande. Tal poder deriva da crença das pessoas que a dirigem, bem como suas sólidas políticas de sobrevivência.

Por outro lado, o sucesso de uma organização deve ser alicerçado na crença de um sucesso contínuo que seus funcionários depositam nela. Em outras palavras, a filosofia básica, o espírito de corpo, o impulso e a garra de seus recursos humanos transcendem as suas próprias realizações, inovações e oportunidades. Assim, é lícito dizer que a fidelidade de seu pessoal é o que leva a organização a progredir.

Todas as empresas de alto padrão que conhecemos têm clareza estratégica do processo de formação de valores. Na verdade, nós sempre questionamos se é possível que exista uma empresa de alto padrão que não tenha a consciência a respeito das suas crenças. A formação de um empreendimento é marcada pelo estabelecimento de compromissos com valores que são os suportes de políticas, que, muitas vezes, são formuladas verbalmente.

O líder empreendedor é, primeiramente, um perito em promover crenças e valores que guiam sua organização. Sobreviver financeiramente não é suficiente. É preciso que esta sobrevivência seja calcada em crenças que, com o passar dos anos viram verdadeiros mitos. A tarefa de líder é conduzir seu pessoal de um ponto conhecido para um desconhecido. Deve induzir grandes expectativas em seus liderados.

Na verdade, a questão teórica é mais complexa, porque os valores não são comumente transmitidos, como as regras de um manual de organização. Eles são difundidos de maneira suave, boca a boca, através de histórias, mitos, lendas, crenças e metáforas.

Para criarmos um empreendimento, valemo-nos de muitas técnicas para imprimir ao comportamento cotidiano um significado e um propósito em longo prazo. Uma dessas técnicas é a elaboração de mitos, traduzidos como uma elevada linguagem idealista daquilo que é todo esforço para que a organização cumpra a sua missão.

Os mitos bem-sucedidos nunca são meramente cínicos ou manipulativos. Para ser eficaz, o mito planejado não deve se restringir aos discursos em dias festivos. A arte do empreendedorismo se fundamenta na ação de transformar crença em mito.

O Preço Justo

Embora não seja reconhecido como parte da tradição do pensamento econômico, o compromisso dos romanos com a santidade da propriedade privada, como ela seria hoje chamada, foi um tremendo legado para a humanidade. Tal compromisso viria a ser a causa de incontáveis insurreições de camponeses contra o poder dos proprietários e dos aristocratas, e, eventualmente, da maior revolução social dos tempos modernos.

Especificamente, o mercado, embora de importância crescente com o passar dos séculos, era um aspecto secundário da vida. As grandes massas de homens e mulheres do campo cultivavam, faziam ou matavam o que comiam ou vestiam, entregando uma parte, à hierarquia de anos, a senhores que lhes concedia o direito de agirem dessa maneira e que os protegia quando estavam assim alocados.

Mas, qualquer que fosse a relação entre patrão e empregado (tradicional, de obrigação ou de compulsão), os bens e serviços eram entregues (ou rendidos) e não vendidos. Assim sendo, como esta situação social era absolutamente preponderante para todos, seria espantoso se houvesse sido desenvolvida uma série de ideias econômicas compreensíveis à época.

Foi importante a intrusão da ética na economia, trazendo mais um pouco de justiça na relação entre empregador e empregado. No que se refere às rendas dos homens medievais, um fator determinante foi o crescimento de um à custa de outro. São destes conflitos e não dos liames econômicos que a História é feita.

Os mercados, na Idade Média, tinham suas características especiais. As vendas, como a de um cavalo, eram efetuadas de um indivíduo para outro, ou entre comerciantes, ou se faziam sob a regulamentação dos vendedores dos produtos e, muitas vezes, sob a égide da cidade-estado.

As corporações de ofício eram um traço marcante naquela época. Seus propósitos eram: garantir a qualidade do trabalho, assegurar costumes sociais, influir na política e, principalmente, garantir preços e salários dos artífices, nem sempre com sucesso.

Os preços de um mercado competitivo, ou então determinados de maneira impessoal, eram a exceção e não a norma nestes contextos. Em raríssimas exceções, era sempre evidente a existência de um grau maior ou menor de poder monopolista. Assim, a questão da justiça ou correção dos preços também acarretou o surgimento de grupos de poder para controlar tais valores.

E foi sobre justiça dos preços que S. Tomás de Aquino disse: "Eu respondo que é um grave pecado praticar a fraude com a finalidade expressa de vender uma coisa por mais do que o seu preço justo. Vender mais caro, ou comprar mais barato do que uma coisa vale, é injusto e ilícito".

O preço justo era assim prescrito como uma obrigação religiosa, não cumpri-la, tornava o perpetrante sujeito não só à condenação moral da comunidade, mas também às sanções religiosas cabíveis, se não neste mundo, então no vindouro.

O conceito de preço justo sobrevive também implicitamente na condenação do vendedor, comprador, usuário, consumidor, explorador ou aquele exageradamente ganancioso. O que nunca chegou a ser decidido por S. Tomás, a menos de alguma maneira proveitosa, é como determinar um preço que seja justo. Isto é, a grande dialética da vida econômica moderna, a dúvida entre moral e sobrevivência.

Todavia, ainda que exígua, a noção de uma ordem de justiça mais elevada que a do mercado também sobreviveu. O preço justo, na realidade, é altamente subjetivo, porque o que é justo para um, pode não ser justo para outro. É bom que se diga que o filósofo e/ou santo nunca condenou o comércio e o lucro, mas sempre observou que os juros e a exploração dos pobres deve ser veemente condenada. Infelizmente, continua tudo como antes. Nem religião dá jeito.

Novos Produtos: Atrativos e Ilusões

Hoje em dia, nada tipifica tanto a retórica empresarial como a necessidade de criar constantemente novos produtos. Diz-se e repete-se, com o máximo de seriedade, que de cada dez produtos, nove fracassam. Todavia, as classificações e padrões que fundamentam esta assertiva são superficiais. Na verdade, uma vez que os produtos sejam realmente lançados e oferecidos ao mercado, o êxito é surpreendentemente comum.

O que realmente provoca o comentário: *Um em cada dez.* Não é o que acontece no mercado, mas o que ocorre antes de se chegar a ele.

A grande empresa, que por definição tem probabilidade de tratar de uma grande quantidade de novas coisas, tem, também, de rejeitar um grande número delas. Grandes organizações têm dificuldades peculiares para produzir novidades. A desilusão dessas empresas se agrava com a falsa impressão que tem conhecimento sobre o que ocorre no mercado. Acreditam que os concorrentes têm muito maior êxito na criação e lançamento de novidades, novos produtos, novas embalagens, novos serviços e assim por diante.

O fato é que a quantidade de novos produtos em outras empresas é grandemente ilusória. Há pouca novidade dramática, em novos produtos, não importa o tamanho da empresa. A maior parte das novidades é *vinho velho em garrafa nova.* Por outro lado, o grande volume de lançamentos nem sempre representa uma conquista. A explicação deste fenômeno é simples: O excesso de novidades causa confusão e complexidade para o fabricante, o distribuidor, o consumidor, o usuário.

As publicações, em geral, cultuam a facilidade, a velocidade e o vigor com que as novidades são feitas. E, pior, exacerbam a quantidade e qualidade dessas façanhas. Em geral, os departamentos de pesquisa e desenvolvimento das empresas foram eliminados, tendo em vista que estão envolvidas em executar trabalhos complexos e muito repetitivos. A maioria dos recursos e processos existe para executar as coisas antigas.

Executar um trabalho com gosto e maestria deve ser o objetivo de todo o profissional.

Em suma, quando se trata de coisas realmente inovadoras, é significativo que tão poucas emanam das empresas mais bem capitalizadas. Vamos, portanto, acabar com a premissa burra: *Time que está ganhando não se mexe.* Como saber se há a possibilidade de ganhar mais, se não houver mudança?

Por que as Pessoas Compram Produtos?

O planejamento do produto pode ser definido como um dos objetivos básicos da empresa, isto é, quais produtos ela fará e venderá. As especificações de um produto exigem, primeiramente, a compreensão de que um produto não é o que a maioria das pessoas pensa.

Um produto, em seus termos comerciais mais simples, é: algo que as pessoas compram. Se as pessoas não o compram, então, não é um produto. A questão-chave é: *elas comprarão?*

Por que as pessoas compram produtos? Elas não compram produtos e sim a expectativa de seus benefícios. Elas gastam, em geral, seu dinheiro não em bens, serviços ou ideias, mas nas satisfações de valores que acreditam vir junto com o que adquirem. Mas, isso ainda vai mais longe.

Do ponto de vista de marketing, exige-se o pleno reconhecimento de uma nova espécie de concorrência, que está em ascensão galopante no mundo atual.

O custo para combater a concorrência passa a ser um novo valor agregado ao produto. Não se trata da concorrência entre o que as empresas produzem, mas entre o que elas acrescentam ao produto sob a forma de embalagem, serviço, propaganda, conselho, serviço pós-venda, garantia, crédito, facilidade de entrega, armazenagem e outros fatores, os quais as pessoas atribuem valor.

A empresa prospera não porque seus preços sejam mais baixos, suas entregas pontuais ou porque seus vendedores são mais rápidos. Ela tem tido êxito, porque analisou cuidadosamente os problemas globais de seus clientes potenciais e, a seguir, fez algo imaginativo que descobriu. Em resultado, deu a eles um conjunto especial de razões para preferir seus produtos em relação aos concorrentes e, de certo, ofertou um produto com benefícios novos e superiores àqueles que os consumidores estão acostumados.

Durante anos, quase instintivamente, os fabricantes de produtos de consumo reconheceram que a parte específica é talvez a parte menos importante do produto em si. Em vestuário, não são as roupas que vendem, mas a moda. Nas lojas de varejo, muitas vezes, a atmosfera, o sortimento, a rapidez dos serviços de entrega, a qualidade no atendimento importam tanto quanto a qualidade dos próprios produtos.

A necessidade de criar a atmosfera apropriada para compras, de produzir uma embalagem adequadamente promissora e de oferecer serviço (atendimento) apropriado ao consumidor é tão óbvia ao empresário, de hoje, que ele praticamente não percebe que está respondendo a tal necessidade.

É senso comum nas empresas de que, hoje em dia, um produto é mais do que se faz na fábrica. Um produto é tudo aquilo com o que se acha cercado, elaborado, reforçado e que tem o poder de afetar a escolha do consumidor.

Cor do Produto é Fundamental

A ideia de que a cor pode determinar vida longa ou morte prematura para um produto, que não se vende em butiques de moda, não faz parte dos compêndios empresariais e soa, para muitos, como coisa de lunáticos. Basta, porém, uma visita atenta aos supermercados para se ter noção de que a cor pode ser uma poderosíssima arma de marketing. Em meio a uma infinidade de artigos expostos nas gôndolas, o que primeiro chamar a atenção da dona de casa frequentemente tem um lugar garantido no seu carrinho.

Mas, é no mercado internacional que a questão da cor assume contornos mais cruciais. O que tem um significado conhecido e estabelecido por séculos para um brasileiro pode dizer exatamente o contrário para um árabe, por exemplo. Nos países temperados, existem amaciantes de roupa amarelos, que têm essa cor, porque lembram o cheiro do limão, do ar puro da natureza. Uma necessidade, enfim, para quem tem de secar suas roupas dentro de casa por meses a fio, em função do inverno, mas que não faz o menor sentido num país tropical.

Se a Levi's ou a Lee tentassem vender jeans na Grécia Antiga, teriam registrado o maior fracasso de sua existência, porque os gregos preferiam usar toga e não calças. Naquela época, os gregos não enxergavam o azul. Era uma cor inconcebível para sua cultura. Hoje, a Grécia já convive pacificamente com o azul, os jovens consomem jeans como em qualquer lugar.

Enquanto os ocidentais têm como certo que o arco-íris tem sete cores, povos do arquipélago japonês conseguem ver quatorze e congoleses, apenas, três.

À parte, as teorizações sobre um assunto ainda pouco explorado, quem está interessado em conquistar novos mercados de exportação, deve ficar atento às peculiaridades de cada um. Na África, por exemplo, o segredo é vender tudo muito colorido. Roupas e objetos não devem ter apenas uma cor. Apesar da influência europeia, eles gostam de cores não habituais.

São raríssimas as empresas que realizam estudos detalhados sobre os gostos de cada país. Mesmo a poderosa FIESP, que mantém um departamento especializado em orientar exportadores, nunca estudou a fundo o assunto. Quando as empresas o fazem, podem chegar a conclusões surpreendentes. Disparates para os conceitos ocidentais, como vender carne em pacotes azuis, podem ser absolutamente corriqueiros do outro lado do mundo.

Hoje, é inadmissível lançar um produto sem pensar na cor. É uma pena que a maioria das empresas ainda prefere escolher a cor de seus produtos pelo método: Aquele que mais agrada o chefe.

O avanço da informática tem contribuído para que se possam fazer estudos mais aprofundados e amplos sobre a melhor cor para cada produto. Com os modernos equipamentos, inúmeras cores podem ser testadas em poucos minutos.

O computador pode fazer simulações com tonalidades diferentes (milhões de combinações), um número impensável no sistema manual e que deve abrir a porta das cores para aqueles que ainda acham que não vale a pena perder tempo com esse detalhe.

A seguir, apresentamos as preferências de cores em alguns países, para orientação das empresas exportadoras:

- A cor branca agrada no Japão e Cingapura. Mas, desagrada na China, Coreia, Indonésia, México, Nova Zelândia e Tailândia.
- A cor amarela agrada no Ceilão, China, Coreia, Hong Kong, Inglaterra, Índia, Japão, Tailândia. Mas, desagrada na Dinamarca, Hungria, Irã, Iraque, Malásia, Sudão e Venezuela.
- A cor laranja agrada na Índia e Paquistão.
- A cor vermelha agrada em Cingapura, Itália, Iugoslávia, Nicarágua. Mas, desagrada na Austrália, Chile, Colômbia, Costa Rica, Guatemala, Japão, Indonésia e Nova Zelândia.

Para as demais cores e países sugerimos consultarem consulados e embaixadas antes de exportarem.

A Credibilidade de uma Marca

Confiar na força da tradição, um conceito que o mercado não perdoa, quando nada mais a sustenta. Marca nenhuma tem fôlego para altos vôos, se é abandonada à míngua. O motivo: permanecer no topo é tão difícil quanto chegar até lá. Há quem pense, num julgamento apressado, que quando uma empresa estoura em vendas com uma nova marca é hora de relaxar. Isto é um engano, com consequências potencialmente suicidas, que pode matar até negócios fundados em ideias luminosas.

Adam Osborne, o homem que inventou o computador portátil no EUA e revolucionou a Informática, faliu e não porque fora imprevidente com as finanças de sua empresa. Seu problema é que não conseguiu sustentar o prestígio de sua marca, o Osborne Um, diante da agressiva concorrência que veio, a seguir, da Apple e de outros fabricantes.

É preciso estar sempre alerta. A preservação de uma marca exige muito esforço. Jogar as energias da empresa na busca de uma programação seriada que repita o mesmo brilho de um lançamento de sucesso, através de inovações constantes, parece ser o caminho mais seguro para permanecer na trilha da prosperidade.

Muitas vezes, o sucesso embriaga as pessoas, tornando-as excessivamente confiantes em suas próprias ideias e refratárias a propostas que impliquem mudanças. Estas são mais necessárias do que em qualquer outro setor, quando se trata de manter o conceito de uma marca.

O perigo não está em mudar uma fórmula de êxito, está em cruzar os braços e saborear a vitória com a inércia. De uma coisa ninguém escapa: a concorrência não ficará parada.

É óbvio que, por mais forte que seja uma marca e por mais sucesso que faça, terá poucas chances de se manter em evidência, se o produto que a estampa não mantiver a qualidade. Apesar da obviedade, é nisso que várias empresas tropeçam. Colocar um produto com sucesso no mercado e depois vê-lo afundar pode acontecer com qualquer empresa, esteja quem estiver por trás dela, por mais experiente e poderosa que seja.

A História do Consumerismo

O consumerismo está associado à busca de melhor tratamento para os consumidores. Hoje, o movimento do consumidor que é formado por uma coalizão de órgãos públicos e privados que evoluíram para influenciar a política pública e alterar a maneira pela qual as empresas tratam os consumidores.

Há quatro fontes principais de influência sobre as empresas: movimentos dos consumidores, interesses dos governos, políticas públicas e compradores (usuários).

Esta coalizão de grupos e indivíduos exerce influência diretamente sobre as empresas e o governo. Os compradores influenciam diretamente a empresa, externando sua insatisfação. Os grupos do governo afetam, direta e indiretamente, as empresas, por criar políticas públicas (leis e regulamentos).

O ponto focal de todas estas influências está nas empresas. E o elemento mais visível das mesmas, o marketing, passou a ser o alvo mais frequente destes grupos.

As questões envolvidas, naturalmente, são tão variadas quanto às pessoas que formam o movimento. Antes de perguntarmos por que o movimento do consumidor cresceu tanto nos últimos anos, devemos examinar seus antecedentes.

A primeira onda do movimento do consumidor surgiu depois da Revolução Industrial. No início do Século XIX, os compradores e os vendedores estavam separados até o ponto em que o poder e a capacidade de um comprador, para julgar os produtos, eram embaraçados. Nos tempos anteriores, quando alguém precisava de um par de sapatos, um artífice local o fornecia. Ele tinha uma reputação local e o comprador podia ver os materiais que entravam na composição de um sapato e, se surgisse um problema com o produto o comprador, podia resolvê-lo pessoalmente com o produtor.

Entre 1879 e 1905, mais de cem projetos de lei nos EUA, tratando da proteção do consumidor, foram levados ao congresso americano, mas não passaram. Os consumidores não tinham voz ativa para forçar o governo a agir contra os abusos.

A segunda onda do movimento começou no final da década de 1920. Em 1927, apareceu um livro sob o título "O Valor do Seu Dinheiro". Os autores pintaram um quadro dos consumidores atordoados que não conseguiam tomar decisões econômicas lógicas. Este livro vendeu 100.000 exemplares e desencadeou outras denúncias.

Muitos grupos, inclusive sindicatos, escolas, empresas, órgãos do governo e organizações femininas ajudaram a canalizar as frustrações do público, para uma pressão política construtiva. Embora esta livre coalizão de grupos tenha deixado de unificar-se em uma organização de âmbito nacional, ela logrou êxito em forçar ação por parte do congresso americano.

Mas, o movimento do consumidor era formado em grande parte pelas pessoas de média e alta rendas. Uma sondagem efetuada por George Gallup, em 1940, revelou que apenas 12% das famílias, de baixa renda, já tinham ouvido falar do movimento do consumidor. Sem este importante apoio da massa, com o país enfrentando a Segunda Guerra Mundial e depois a Guerra da Coreia, na metade das décadas de 1940 e 1950, respectivamente, a segunda onda dissipou-se.

A terceira onda do movimento começou no final dos anos 1950 e através das décadas de 1960 e 1970. Então, o congresso americano começou a descobrir que os assuntos a respeito do consumidor atraíam votos. A ação legislativa foi retomada em 1958.

Em 1965, um jovem agressivo chamado Ralph Nader escreveu um livro que enfocava os perigos do Chevrolet Corvair. Coerente e metodicamente ele criticou a incapacidade do governo e das empresas de regulamentarem atividades em benefício do consumidor.

Um outro fator que propiciou o movimento do consumidor foi um discurso pronunciado pelo presidente Kennedy para o Congresso, em 1962, em que foram esboçados os seguintes direitos dos consumidores: segurança; proteção à saúde e à vida; acesso à informação; escolha entre alternativas; respeito à cidadania.

No Brasil, o governo está mostrando interesse pelo consumidor. Podemos ver isto no maior poder que as leis conferem aos consumidores no modo de fiscalizar. Estima-se que em todos os estados existam tantos quantos necessários escritórios de atendimento e proteção ao consumidor. O Código de Defesa do Consumidor, no Brasil, foi criado em 11/03/1991.

O Papel da Contabilidade

À medida que as empresas se tornam complexas, produzindo dezenas de produtos diferenciados, uma série de problemas poderá surgir, tais como:

- Que preço atribuir aos diversos produtos?
- Quanto contribui cada produto para o lucro da empresa?
- Qual o custo real envolvido na produção de cada produto?
- Quais os bens que deverão ter sua produção aumentada?
- Quando deve cessar a produção de determinado produto?
- Quais os custos que devem ser rigorosamente controlados?
- Qual o valor mínimo de faturamento para cobrir despesas?
- Qual a máxima produção possível, em função do mercado?
- Qual o arranjo físico que melhor responde às necessidades?
- Quais processos devem ser modernizados?

Também, as seguintes questões são de vital importância: Atribuir um preço de venda, que não seja suficiente para cobrir os custos, redunda em prejuízo? A empresa poderá aumentar o seu lucro eliminando alguns itens de produção? Uma análise dos custos poderá aumentar a margem de uma empresa, sem acarretar dispêndios adicionais?

A empresa, todavia, é demasiadamente complexa para permitir que um dirigente se detenha em cada evento, a fim de poder analisar a eficiência de uma operação. Um sistema de produção deverá ser idealizado para permitir que as preocupações se voltem para os desvios e para o rateio de cada produto no custo total.

A contabilidade é uma derivação da administração financeira, encaminhada a obter dados detalhados sobre custos de produção. A contabilidade de custos juntamente com o orçamento constitui um meio fundamental de administração da empresa.

As contabilidades geral e industrial podem constituir dois sistemas independentes ou estarem em conexão, conforme critérios predeterminados. Embora uma separação entre os dois sistemas poder proporcionar uma útil flexibilidade na organização dos registros e nas sucessivas elaborações, a conveniência de considerar as duas partes de uma só contabilidade integrada é, atualmente, reconhecida e utilizada.

A contabilidade gerencial enfatiza os conceitos e os procedimentos contábeis que são relevantes à preparação de relatórios para os usuários internos e externos. Num sentido mais amplo, está voltada única e exclusivamente para a administração da empresa, procurando suprir informações que se encaixem de maneira válida e efetiva no modelo decisório do dirigente.

Esta contabilidade também se vale, em suas aplicações, de outros campos do conhecimento não circunscritos à contabilidade. Atinge e aproveita conceitos da administração da produção, da administração de vendas, bem como da administração financeira, campo mais amplo, no qual toda a contabilidade da organização se situa.

A Satisfação do Consumidor

A Associação Brasileira de Controle de Qualidade estima que as empresas industriais deixem de incorporar 20% de seu faturamento, em função da má qualidade. A falta da mesma é definida pelos "gurus" como uma mina de ouro, que se explorada, proporcionará maiores lucros. Para que isso ocorra, contudo, é preciso que se adote uma visão estratégica.

Podemos definir qualidade como um sistema para conseguir, em primeiro lugar, a satisfação do cliente, por meio de uma organização com participação de todas as áreas e indivíduos, abrangendo as atividades da empresa desde o planejamento até o fim da vida útil do produto. Como melhoramento contínuo é um fator muito importante, conhecer o que os consumidores esperam de nossos produtos é fundamental.

Para buscarmos a satisfação de nossos compradores é fundamental focalizá-los, identificando suas necessidades e traduzindo-as tecnicamente em requisitos-chaves de qualidade. Com base nestes dados construiremos os indicadores de gestão, que, medidos adequadamente, darão à empresa o feedback do nível dos valores percebidos pelo mercado.

Ao tratarmos da satisfação do consumidor, precisamos nos conscientizar que, para o sucesso de qualquer processo de qualidade, os funcionários (consumidores internos), muito mais do que serem submetidos a treinamentos diversos, devem ter plena participação, envolvimento e responsabilidade, como parceiros do negócio. Assim, um processo voltado para a qualidade requer o atendimento dos seguintes requisitos:

- Inserir o processo para consolidação da qualidade no planejamento estratégico da empresa, de forma a envolver todos os níveis organizacionais.
- Usar a qualidade como ferramenta competitiva em todas as áreas de negócios.
- Disseminar em toda a empresa uma cultura de participação para garantir o envolvimento e comprometimento de todos.
- Estabelecer as bases para a melhoria contínua.
- Iniciar um processo formal de educação para a qualidade, que seja abrangente e intensivo e que atinja do mais alto escalão ao chão da fábrica.

Para a gestão da qualidade de uma organização não podemos nos queixar das tecnologias à nossa inteira disposição, porque é possível chegar à satisfação do cliente por diversos caminhos. Entretanto, é preciso querer dar o primeiro passo, lembrando que qualidade não se copia, se constrói. Começa e termina com a palavra educação.

Conheça seu Consumidor

Muito antes da era da produção em massa, do mercado globalizado e da preocupação com as novas ferramentas tecnológicas, os homens de negócio de então conheciam de perto os consumidores e o mercado. Conheciam os clientes pessoalmente e o conjunto desses clientes constituía o seu mercado. Esses artífices e artesões desenvolveram relações comerciais através de contatos pessoais e, assim, conseguiram obter rápidas informações e conhecer os desejos e necessidades dos seus consumidores.

Eles eram os próprios pesquisadores de mercado, planejadores de produto, promotores de venda e vendedores. Mas, sem dúvida alguma, esse processo primário orientava-se pelo consumidor, com quem mantinham contato pessoal de venda, pois se sabia que esse era o único meio de conseguir bom êxito nos negócios.

O advento da produção em massa determinou a adoção da distribuição em massa. Daí resultou a impossibilidade do produtor conhecer, pessoalmente, cada um dos seus milhares ou milhões de consumidores, perdendo, então, a capacidade de conhecer rapidamente os desejos e as necessidades de cada um deles. Em vista desse afastamento, o produtor foi obrigado a desenvolver outros métodos.

Uma outra razão era o aumento gradativo da concorrência e do espírito seletivo do consumidor, que vinha aumentando, continuamente, o risco da não venda, obrigando os produtores a melhorarem a qualidade e a adaptarem o produto às modificações de um mercado já em constante transição. Registrava-se contínua transferência do mercado vendedor para consumidor.

Como consequência do risco de não se vender, além de dirigir e coordenar as atividades da empresa no sentido das necessidades e desejos dos consumidores cabe perguntar: O que vender? A quem vender? Quanto vender? Quando vender? Por que vender? Como vender? A que preço vender? Em qual nível de qualidade?

Consumidores não são mais simples receptores de bens e serviços, são participantes ativos do processo, desde a concepção do produto, seja como grupos que avaliam o projeto, seja como indivíduos que trabalham com programas de computadores e com engenheiros projetistas para personalizar tudo que compram. Hoje, os consumidores dispõem de meios para acessar prateleiras virtuais com quase todos os produtos e fazem questão de personalizar suas compras.

Os consumidores criam seus próprios blogs, com conteúdo on line exclusivo. Lemos os blogs uns dos outros e interagimos socialmente em espaços virtuais. Buscar um parceiro ficou fácil. Os consumidores conscientes se tornaram parte do processo de tomada de decisão sobre um novo produto, por exemplo. Antes, suas manifestações eram relegadas a um segundo plano.

Atualmente, as empresas usam recursos que se situam além de suas fronteiras, com frequência e intensidade inédita há apenas poucos anos. Para testar ideias, as empresas recorrem às expertises de setores totalmente diversos e formam alianças com outras organizações, cujas missões sejam, mais ou menos, coincidentes.

A parceria cria condições para que as empresas atendam aos consumidores com muito mais eficiência. As sociedades, os mercados e os locais de trabalho estão sendo impulsionados por novas demandas.

O Código de Defesa do Consumidor nasceu como resposta da sociedade aos danos, voluntários ou involuntários, provocados pelos fornecedores de bens e serviços. Mau atendimento, produtos inseguros para crianças e adultos, descumprimento de promessa e falha, ou atraso, na entrega de produtos são problemas que não contavam com legislação específica para a defesa do consumidor.

O Código surgiu para evitar esses e inúmeros outros problemas, desde a informação falsa na propaganda até a falta de peças para os automóveis que saem de linha, para não falar no comportamento, manifestamente, desonesto e irresponsável de algumas empresas, como as fábricas clandestinas de alimentos e medicamentos.

A capacidade de reunir e conectar ideias, sempre com a participação do consumidor, define o desempenho do empreendimento. O mundo da gestão é simples, apenas quando se adota a perspectiva industrial. Quando se quer apenas o custo mais baixo, dispõe-se de capacidade em, particularmente, qualquer lugar do mundo para se obtê-lo. Mas, se o custo não for a única preocupação e caso se reconheça que o mundo industrial cedeu espaço a um mundo movido a informações e conhecimentos, o que fazer?

O aspecto crucial em tudo isso é lembrar de que se trata de "seres humanos" que programam computadores, treinam os novatos e pensam em inovação ao percorrerem shoppings, parques, jardins, museus, livrarias e outros ambientes. Quando tudo está disponível por aí, com todos esses programas, aplicativos e acessórios, o mais relevante é a capacidade de descobrir maneiras de interligar diferentes ferramentas de software.

As empresas, como as conhecíamos, estão em vias de extinção. Elas não mais vendem experiências. Os relacionamentos vão bem além dos papéis de comprador e vendedor. Já não mais existem concorrentes, apenas melhores soluções e mais escolhas, que podem ser reunidas de maneira mais variada.

Em outras palavras, as empresas orientadas para os concorrentes estão voltadas para o século passado, não para um futuro cheio de oportunidades tecnológicas e ambientais, mas também com muitos riscos.

Embalagem e Ambiente

A embalagem bonita, atraente, recheada de especificações honestas é sinônimo de boas vendas. Por outro lado, significa sujeira em lugares públicos e uma ameaça ao ecossistema. Uma embalagem "bem bolada" toma o lugar do atendente de balcão, da empregada doméstica e do cozinheiro do restaurante.

Além disso, não há dúvida de que o público deseja as conveniências práticas das embalagens para uma única pessoa, as garrafas que não precisam ser devolvidas e os alimentos que podem ser consumidos desordenadamente em qualquer lugar: na rua, no carro, na praia, no parque, no escritório.

Em muitas cidades, como Hong Kong, o orçamento tem uma grande parte destinada à eliminação e reciclagem do lixo orgânico e sólido. Hong Kong é a cidade de maior densidade demográfica do mundo e, por isso, este problema é tão grave que é tido quase como certo que a "tuberculose asiática", em 2003, teve origem em seus esgotos. Viver em uma megalópole tem vantagens e desvantagens. É bom pensar nisso, antes de mudar.

O que está acontecendo com a tecnologia de eliminação dos resíduos sólidos? O fato é que tem havido problemas persistentes e efeitos secundários negativos em quase todos os métodos de ação. O trabalho de legisladores, de engenheiros e de dirigentes de empresa é complicado pela absoluta ausência de consenso sobre o melhor método de eliminar milhões de toneladas de resíduos sólidos, produzidos anualmente.

Um bom exemplo disso são os compactadores de lixo e de detritos usados em casa. É essa uma solução engenhosa e a divulgação que tem tido é bem merecida. Mas, há um problema: os compactadores tornam impossível a recuperação e, além disso, dão origem a volumes muito pesados que os empregados da limpeza urbana precisam levantar.

As premissas da preservação ambiental são:

- Os resíduos sólidos precisam ser atacados por métodos de ação global.
- A meta deve ser a recuperação de recursos e não a eliminação de embalagens.
- Os problemas técnicos serão resolvidos mais depressa do que os aspectos econômicos envolvidos.

- A cada dia surge um novo filtro, um equipamento, uma máquina, um sistema que não pode atender a todas as situações.
- O governo precisa entrar em cena e regulamentar tudo que se refira à embalagem.
- A empresa quando desenvolver uma embalagem não deve só se preocupar com o visual e custo, deve saber o que acontecerá depois do produto ter sido consumido.
- A reciclagem da embalagem é assunto estratégico.

Informações sobre tecnologia da transformação de lixo em produto ajudarão a orientar os empresários. Estes precisam acostumar-se à ideia de que os resíduos, em função de embalagens, e outras formas de poluição constituem um problema de saúde pública.

Embalagem: Recurso ou Lixo?

Todo produto necessitará de embalagem para protegê-lo e melhorar a sua própria aparência. Muitas indústrias tiveram de modificar suas embalagens em função dos novos tipos de comercialização, novos mercados, novas estruturas de varejo e novas formas de atendimento.

Com estratégias e táticas bem estruturadas, os fornecedores desenvolvem embalagens para atingir todas as classes socioeconômicas, todas as faixas etárias e todos os gostos.

Criar embalagem que seja resistente, facilite o manuseio, identifique o conteúdo, seja padronizada, tenha instruções para o transporte, possibilite reaproveitamento, defina a personalidade do produto e dê instruções, para evitar poluição ambiental, é básico para a marca e a imagem da empresa.

Para as indústrias, a embalagem significa vendas a um número crescente de consumidores, porém ela pode significar sujeira e poluição, problemas, cada vez maiores, de acúmulo de resíduos sólidos, causando uma ameaça ao ambiente.

Não há dúvida de que o público deseja as conveniências práticas das embalagens para uma única pessoa, as garrafas que não precisam ser devolvidas e os alimentos que podem ser consumidos em qualquer lugar.

Garrafas quebradas, caixas de papelão amarrotadas, latas amassadas e embalagens de plástico espalham-se por nossas ruas e lotam os depósitos e incineradores de lixo de nossas prefeituras. Para muita gente, os resíduos de embalagem passaram a representar um perigo. Assim, é preciso questionar:

- Quais são os problemas que os empresários estão enfrentando com relação à embalagem?
- Como eles estão se organizando?
- O que está acontecendo com a tecnologia da eliminação e aproveitamento dos resíduos sólidos?
- O que as empresas estão fazendo para harmonizar os programas referentes à embalagem com os objetivos empresariais e os interesses públicos?
- O que está acontecendo com a tecnologia de eliminação dos resíduos sólidos?

O fato é que tem havido problemas persistentes e efeitos secundários negativos em quase todos os métodos de ação. O trabalho de legisladores, de engenheiros e de dirigentes de empresa é complicado pela absoluta ausência de acordo ao melhor método de eliminar milhões de toneladas de resíduos sólidos produzidos anualmente.

Os aterros sanitários, praticados a milhares de anos por todos os povos, só agora foram levados em consideração porque descobriram que agentes poluentes se infiltram nos depósitos subterrâneos de água. As empresas não têm controle sobre a maneira pela qual os consumidores se desfazem das embalagens. No entanto, são responsáveis, por lei, pela sua eliminação. Esta responsabilidade levou algumas delas a criar programas educacionais.

Por melhor que seja a impressão causada pelos projetos de educação do público, de reciclagem e de recuperação, eles não chegam a atender às necessidades básicas. É por isso que as pesquisas, análises e avaliações são muito importantes para resolver os problemas suscitados pelas embalagens depois de seu uso.

Informações sobre tecnologia de resíduos sólidos, programas de pesquisas, desenvolvimento de novos materiais, avaliação e programa de assistência técnica podem muito bem orientar os dirigentes das empresas, quando pensarem em novos produtos.

As questões são:

- Os resíduos sólidos precisam ser atacados por métodos de ação global?
- A meta deve ser a recuperação de recursos e não a eliminação de embalagens?
- Os problemas técnicos serão resolvidos mais depressa do que os aspectos econômicos envolvidos?
- A cada dia surge um novo filtro, um equipamento, uma máquina, um sistema que não pode atender a todas as situações?
- O governo precisa entrar em cena e regulamentar tudo que se refira à embalagem?
- A empresa quando desenvolver uma embalagem não deve só se preocupar com o visual e custo, deve saber o que acontecerá com ela depois do produto ter sido consumido?
- Reciclar embalagem é assunto estratégico?
- Embalagem deve ser encarada como lixo ou recurso material reaproveitável?

Inovação: Palavra Sempre na Moda

Acreditam-se falsamente na criação e no lançamento de novidades, novos produtos, novas embalagens, novos serviços e novas ideias. Mas, apesar do comentário anterior e das condições atuais de concorrência, está ficando cada vez mais arriscado não inovar.

A inovação contínua parece ser a única maneira de se evitar obsolescência das linhas de produtos da empresa. Mas, quando introduzir uma inovação no produto?

É bom fazer uma pesquisa prévia para saber até que ponto a mesma será aceita. Mas, antes de ir adiante é bom deixar claro o conceito de inovação: produto verdadeiramente necessário, sem substituto satisfatório; produto modificado; produto imitativo. Não confundir com invenção que é um produto e/ou uma descoberta que causa uma revolução científica, tecnológica, ambiental e social. Um bom exemplo é a roda.

Nenhuma empresa pode se dar ao luxo de ser inovadora tão constantemente quanto é forçada a imitar. A empresa precisa estar atenta ao equilíbrio entre inovar e imitar. Os novos produtos podem ser categorizados em:

- Inovações Reais (são produtos únicos para os quais existe uma verdadeira necessidade, não havendo substitutos satisfatórios).

- Reposições Adaptáveis (estes produtos introduzem modificações significantes que lhes permitem substituir os produtos existentes).
- Produtos Imitativos (são novos para o vendedor, mas não para o mercado).

Um novo produto envolve uma série de complexas operações, muitas horas de trabalho e uma grande aplicação de dinheiro, além de representar uma decisão estratégica da maior relevância. Seu preço de venda, em geral, é muito alto. As estatísticas mostram que a maioria dos novos produtos tem uma vida curta e os investidores, para evitar o fracasso, cercam-se de todas as precauções possíveis.

A sobrevivência de qualquer empresa está intimamente ligada à sua capacidade de rentabilidade, daí a razão para a procura de novos produtos.

Algumas razões levam a empresa a lançar um novo produto, tais como: aproveitamento de uma oportunidade; identificação de novas necessidades do consumidor; necessidade de sobrevivência da empresa face à concorrência; minimização de riscos na produção; possibilidade de aumentar a lucratividade; diluição de custos fixos; melhor utilização de subprodutos; redução do custo com vendas; possibilidade de ter uma vantagem competitiva; diminuição do ciclo operacional; melhor utilização de recursos; queda na demanda; mudanças de estação; desejo de diversificar; mercado favorável.

Num mundo em que a velocidade das transformações é cada vez maior, empresas que não forem constantemente inovadoras tendem a minguar e até desaparecer. Segundo muitos autores, a prosperidade das empresas está vinculada à inovação. Ela não se limita ao produto que é apenas uma parte do processo.

Quando Henry Ford começou a popularizar os automóveis, a partir de 1913, seu principal trunfo era o processo inovador de fabricação (linha de montagem). O carro da Ford não era melhor do que os demais, mas era, sim, mais barato, revolucionando o mercado.

A inovação não se limita ao produto, ela pode ser considerada como a capacidade de receber, idealizar, estruturar e operacionalizar situações novas. Pode-se renovar tudo, desde os processos de manufatura até as relações com o mercado e com o consumidor.

O inovador além de pesquisador precisa ter ousadia. Em mercados altamente competitivos, a busca pela inovação tornou-se um "mantra", segundo Philip Kotler. Mas, é preciso entender que, se as inovações não forem bem-sucedidas, paradoxalmente, perecerão.

Marcas de Sucesso

Uma marca de sucesso, na verdade, é um patrimônio tão valioso para uma empresa, que esta não pode deixar de investir na manutenção de seu conceito, mesmo após o fim do período de ouro. Ainda que não funcione com a mesma voltagem dos bons tempos, pode ser rejuvenescida e ganhar anos de sobrevida.

Rejuvenescer marcas com bom currículo, com efeito, é mais barato e apresenta menos riscos, que um novo nome e um novo símbolo, equivalente a um salto no escuro. O primeiro passo é remodelar o produto, afiná-lo com as exigências e os hábitos da época e acertar o passo com avanços tecnológicos. Depois é só atualizar o *design*, maquiar a embalagem, traçar uma nova estratégia de propaganda e marcar a data de relançamento.

Muitas marcas que escorregam da liderança do mercado para um patamar mais baixo se estabilizam em posições confortáveis e cobiçadas, e, se tratadas com atenção, podem ajudar as empresas a encher seus cofres por anos e anos a fio.

Algumas poucas marcas tradicionais, imbatíveis na preferência do consumidor, podem dispensar esforços de rejuvenescimento sem comprometer seu futuro imediato. Trata-se de produtos que vendem como "água", parados ou não no tempo, com ou sem campanhas publicitárias de apoio.

Quem conheceu o estrelato e julgou que estaria impune às implacáveis leis do mercado se enganou. Quem as respeitou pode ultrapassar décadas, sem enfrentar turbulência. Aos olhos do consumidor a marca estará sempre à altura do que dela se espera.

Como a Maizena, um seleto time de produtos tem sobrevivido no mercado por décadas, com muito vigor, passando por pouca ou nenhuma transformação, enquanto a maioria dos lançamentos perde o fôlego após alguns anos de vida e depois desaparece. Por que certo produto privilegiado mantém cativa uma vastíssima legião de consumidores? É o caso do Bombom Sonho de Valsa, da Lacta, ou do Leite Condensado Moça, da Nestlé ou ainda do Leite de Magnésia de Philips, da Sydney Ross, todos historicamente líderes de mercado.

As razões do sucesso e do extraordinário poder de sobrevivência dessas marcas variam muito. A Maizena, da Ulilever, criada nos EUA em meados do Século XIX, afinou-se particularmente bem com os hábitos culinários brasileiros e conseguiu a proeza de implantar-se, ao longo dos anos, como um ingrediente nas cozinhas. As estatísticas apontam que a Maizena vende mais no Brasil do que em qualquer lugar do mundo. Um outro fato a ressaltar é que este produto serve até para engomar camisas.

Credibilidade é um dos fatores-chaves na história dos produtos de grande longevidade. É justamente a confiança dos consumidores que atribui o fôlego do Leite de Magnésia de Philips, o remédio criado, em 1890, em Londres, como um medicamento de dupla ação: antiácido e laxante suave.

Os consumidores foram cortejados durante anos com uma tática quase infalível, a distribuição gratuita do produto. Deu certo, pois, hoje, muitas pessoas usam o medicamento contra queimaduras, herpes, picadas de inseto, insolação e até como desodorante.

O Conceito de Projeto

O termo projeto está, hoje, tão generalizado que passou a ter uma infinidade de significados. É utilizado como sinônimo de aspiração e de intenção. Quando ambicionamos algo, por exemplo, quando pretendemos conseguir um bom emprego ou quando queremos aprender um idioma dizemos que temos um projeto. Outros usos da palavra são vagos ou genéricos. Referimo-nos a nosso projeto de vida e chamamos de projeto a um documento que contenha um inventário de intenções.

Projeto é uma organização de recursos, sistemática e racionalmente ordenada, que compreende uma sequência de atividades dirigidas à geração de um produto singular, em um tempo dado, permitindo estimar os custos e os benefícios de tal geração. O conceito de projeto também pode ser, segundo Prado, "um esforço único não repetitivo de duração determinada e formalmente organizado, que congrega e aplica recursos, visando o cumprimento de objetivos preestabelecidos".

A denominação "único e não repetitivo" significa que o produto (bem, serviço ou ideia) possui alguma diferença em relação a todos os demais produtos. Projeto é concebido como a ideia que se forma em executar ou realizar algo no futuro, seguindo determinado esquema.

Selecionar novos talentos, para a empresa é um projeto, bem como: implantar um programa de qualidade total em uma organização, substituir um equipamento, lançar um novo número de uma revista, efetuar a padronização das operações rotineiras de uma nova seção da empresa, desenvolver um livro ou construir uma empresa. Os produtos se repetem (guardam o mesmo nome), mas, cada vez que são executados, temos um produto diferente do que foi produzido na vez anterior.

Já um projeto de comunicação didática utilizará uma linguagem apropriada como meio de interação professor-aluno e mestre-discípulo, mas o meio de comunicação mais efetivo é a linguagem escrita, não só por ser mais precisa como retrata a intenção do autor construir algo novo, baseado em pesquisas, experiências, análises, estudos, reflexões, cruzamentos de dados e práticas.

Obviamente, tendo como resposta um produto, que na sua concepção retrata o seu pensamento e também pode ser uma nova visão (foco) de um determinado assunto. O gerente do projeto se destacará quando criar tipologias, metodologias e processos, nunca pensados anteriormente; descobrir, como bem formular, problemas, até então, não observados.

O desenvolvimento de projetos facilita o trabalho executivo, porque ajuda a identificar e operacionalizar suas atividades e áreas envolvidas para alcançar objetivos enfocados no planejamento estratégico da empresa.

Diferentemente das funções, que são, mais ou menos, permanentes, os projetos são sempre temporários, sendo montados em torno de uma ação específica de inovação. Os aspectos a abordar em um projeto são muitos e podem ser: econômicos, tecnológicos, financeiros, educativos, didáticos, administrativos, jurídicos e sistêmicos, por exemplo.

O anteprojeto é um esboço preliminar do projeto, como o protótipo é para o produto. Este deve ser simples, conciso, objetivo e de orçamento reduzido. O subprojeto refere-se a uma parte do projeto, visto que é comum dividir um projeto em partes menores (método cartesiano) que sejam facilmente gerenciáveis.

Assim como os seres humanos, os produtos e as organizações possuem um ciclo de vida, pois não são eternos, também os projetos terão seu ciclo de vida, que será maior ou menor, em função da sua finalidade. Este ciclo é constituído de diversas etapas que vão da concepção até a finalização.

Ao final de cada etapa é gerado um conhecimento que permite, ou não, que o projeto seja continuado. Quanto mais avançamos no projeto mais entendemos o produto que está sendo construído.

Um Novo Produto

Suponha que você se encontra em um supermercado. Nas prateleiras do estabelecimento, numerosos produtos iguais (semelhantes), mas de marcas diferentes, se misturam, incluindo-se, entre eles, o sabão que tradicionalmente você leva para casa ou a margarina que mais gasta na cozinha. Suponha, ainda, que você, tendo ido lá, exatamente, para adquirir esses produtos, vê-se subitamente atraído pela embalagem sugestiva, funcional e mesmo bonita de um outro sabão ou de uma outra margarina, produtos esses de que já tomou conhecimento através da televisão. Ou ainda, que você adquire o novo sabão bem embalado ou a nova margarina, sedutoramente, apresentada.

Ora, se você não sabe por que adquiriu tais produtos, muito menos ainda pode supor que tudo o que ocorreu com você já estava, mais ou menos, previsto, desde o momento em que o fabricante do sabão ou da margarina escolheu uma entre as diversas agências de publicidade que ativamente trabalham no país, quando resolveu lançar o seu novo produto.

O lançamento de um novo produto obriga a uma pergunta que pode levar aos mais altos índices de rentabilidade, ou a ficar meses nas prateleiras, sem saída. A pergunta é: A quem vender? Uma complexa pesquisa de mercado indicará a receptividade que poderá ter o novo produto. Analisará até mesmo a existência de concorrentes na praça. Se o produto se mostra vendável, procura-se saber qual deverá ser o seu preço.

Desde esse momento, uma equipe de gente categorizada, competente, estudiosa e dinâmica desenvolveu pesquisas, pensando em tudo, desde a cor da embalagem mais adequada para o produto até o volume e o peso.

Quanto custa o produto concorrente? É uma pergunta na procura do preço que pode ser importante. Daí se determinar a sua venda para uma classe de maior poder aquisitivo, com a simples sofisticação do produto. Sem um produto semelhante no mercado, o processo será mais fácil.

O nome de um produto tem que ser curto. Cada vez mais a propaganda é visual, porque a visão domina os demais sentidos. E, além disso, os altos preços da televisão exigem que não se perca muito tempo pronunciando sílabas inúteis. Um nome curto é mais fácil de ser lido num cartaz de rua, mais econômico no espaço e no tempo. Também sua percepção e memorização são facilitadas.

As cores são estudadas de acordo com o mercado a que se destina o produto. Para gente jovem, cor viva. Para aqueles mais idosos, uma cor sóbria. Para os produtos de alto consumo, uma mistura equilibrada.

Lançado o produto e comunicado ao público, a empresa passa a pesquisar o sucesso da campanha de propaganda. Fica a pergunta: Há necessidade de sustentar ou parar a campanha? Mas, a sustentação pode ser necessária para fixar a imagem do produto ou criar um novo hábito no consumidor. É assim que, de repente, você vê um produto novo na prateleira de seu supermercado e irresistivelmente se sente atraído por ele.

Na Propaganda, Focalize o Consumidor

Quantas vezes você ouviu essa desculpa esfarrapada? Falha de comunicação. É a mais simples, comum e mais universal das causas que as pessoas atribuem aos seus problemas de negócios, de trabalho e de relacionamento. As pessoas parecem acreditar que qualquer coisa se resolve desde que se sentem juntas para conversar. Muito pouco provável. Hoje, a comunicação é o problema.

A propaganda é uma forma de comunicação, que, do ponto de vista do receptor, deixa a desejar. É, para a maior parte, indesejável e desagradável. Em muitos casos, francamente detestada. O difícil é se fazer ouvir nesta nossa sociedade saturada de comunicação.

A única realidade que conta é aquela que está na cabeça do consumidor ou o que queremos posicionar na cabeça do futuro consumidor. Ser criativo, desenvolver alguma coisa que ainda não existe está se tornando cada vez mais difícil. O mercado de hoje não reage mais às estratégias que deram certo no passado. Há produtos demais, empresas demais, consumidores demais e muito ruído.

A mente filtra e rejeita muita informação que lhe chega de forma geral, a mente só aceita aquilo que de certa forma coincide com seu conhecimento ou com sua experiência anterior. Milhões de dólares têm sido desperdiçados na tentativa de sensibilizar as pessoas através da propaganda. A única defesa que alguém tem é a maneira com que é capaz de simplificar consideravelmente as coisas.

O meio pode não ser a mensagem, mas ele a afeta seriamente. Em vez de funcionar como um sistema de transmissão, o meio funciona como filtro, só uma fração minúscula da matéria original chega até o agente receptor.

Posicionamento da ideia na cabeça do consumidor é um processo seletivo. Em outras palavras, já que tão pouco de sua mensagem vai chegar ao seu destino, ignore o lado do transmissor e concentre-se no do receptor. Concentre-se nas percepções de seus clientes, focalizando mais o consumidor do que o produto. Assim, você aprende conceitos e princípios que podem melhorar imensamente a efetividade da sua propaganda.

A Ideia Inovadora

A inovação é necessária em negócios, mas ela começa com uma ideia proposta por alguém. Assim, aquele que tem uma nova ideia deve trabalhar de acordo com a situação. Ele precisa incluir pelo menos alguma indicação mínima como: custo, risco, benefício, tempo e recurso. Assim, impingir ao indivíduo criativo a responsabilidade de pormenorizar seus meios de execução embaraçará ou até mesmo asfixiará seu talento singular.

Não há como ensinar alguém a ser um gênio. Mas, também, ao contrário do que se costuma acreditar, as ideias geniais são raríssimas.

Todas as fontes de oportunidades para inovar devem ser analisadas e estudadas de modo sistemático. Não basta estar alerta a elas. A busca precisa ser organizada, e deve ser feita de forma regular e sistemática. Inovadores de sucesso examinam os dados e as pessoas. Definem analiticamente como a inovação precisa ser para satisfazer uma oportunidade. E então eles saem e observam os consumidores e/ou usuários, para ver quais são suas expectativas, seus valores e necessidades.

Mas, muitos, como Tom Peters (*Prosperando no Caos)* acreditam que não há tempo para se perder em inovações, por isso sugere reinventar, porque fazer algo dramaticamente diferente do que se faz é muito difícil. Então a pergunta é: Como se equilibrar, desafiando a cultura organizacional e sobreviver num mercado altamente competitivo, num ambiente cambiante?

A verdade é que reinventar é mais complicado do que inovar. Aliás, tem sempre alguém inventando "novidades" que só servem para dar dor de cabeça.

Uma inovação para ser eficaz precisa ser simples e pontual. Deve concentrar-se em uma única coisa, caso contrário, causará confusão e não funcionará. Mas antes de inovar, talvez, seja razoável renovar. Isto é, resgatar o que há de bom e aproveitável numa rotina, processo, política, plano e projeto, antes de jogar tudo por terra, pelo prazer de se tornar um inovador aventureiro, temerário ou burro.

Criar capacidades novas numa organização não é, simplesmente, o inverso de descrever o que não está funcionando, assim como projetar uma ponte sólida exige bem mais do que meramente compreender porque algumas pontes caem. Assim, passamos a afirmar que as empresas inovadoras não são apenas, excepcionalmente, eficientes na produção de novos inventos comercialmente viáveis.

À medida que se alteram as necessidades de seus clientes, crescem as habilidades de suas concorrentes, se alteram os humores e tendências do público, se realinham as forças do mercado. Também quando mudam as regulamentações, essas empresas modificam sua linha de ação, renovam-se, ajustam-se, transformam-se e adaptam-se. Em suma, elas inovam globalmente sua própria cultura.

A inteligência analítica não sobrepuja a sabedoria da experiência. A análise não impede nem paralisa a ação. Ao contrário, as empresas trabalham duramente para manter as coisas simples num mundo complexo. Elas persistem e teimam. Insistem em qualidade máxima. Bajulam seus consumidores. Dão toda a atenção a seus empregados. Dão toda a corda a seus mais inovadores campeões de produto e de atendimento. Permitem certo caos em troca de uma ação rápida e de uma constante experimentação.

As mais importantes características da empresa inovadora, segundo Thomas J. Peters (*Vencendo a Crise)* são:

- Agir com firme disposição para dar continuidade àquilo que começou.
- Interagir com o consumidor para atender suas necessidades.
- Respeitar subordinados e superiores.
- Ater-se ao conhecido e não se tornar uma organização aventureira.
- Estruturar projetos de forma matricial.
- Mostrar, para todos os funcionários, a missão do negócio, bem como objetivos, metas e propósitos.
- Decidir e flexibilizar devem estar em função da otimização dos recursos.
- Usar as ferramentas tecnológicas mais modernas que puder comprar e operar, porque comprar é fácil, mas operar com custo mínimo é outro departamento.

Preço de Venda do Produto

Entende-se por preço de qualquer objeto a razão de troca entre esse objeto e qualquer outro. Uma das principais tarefas da Teoria Econômica é explicar porque os bens têm preços e porque alguns deles são caros e outros baratos. Por que é que os fatores de produção têm preços? É porque eles são úteis e escassos em relação aos usos a que se destinam. A carne, por exemplo, jamais alcançaria preço numa economia composta inteiramente de vegetarianos, fossem muitos ou poucos os bois e carneiros ali existentes.

Mas a utilidade e a escassez são apenas as forças subjacentes que causam a existência dos preços. Quando se forma no mercado o preço de qualquer bem, é porque a utilidade e a escassez se exprimem concretamente na procura por parte dos compradores, de um lado, e na oferta por parte dos vendedores, de outro. O preço se forma pela interação de duas ordens de influências: Procura e Oferta.

Entende-se por mercado, toda organização onde compradores e vendedores de um produto se mantêm em estreito contato uns com outros, para acertarem preços, quantidades e qualidades. Ao preço que faz igualarem-se a procura e a oferta se dá o nome de preço de equilíbrio ou preço corrente. A este preço, as forças da procura e da oferta se compensam, ficam em equilíbrio.

Como resultado deste tipo de análise, diz-se que a procura e a oferta determinam o preço. Mas se diz também, muitas vezes, que o preço determina a procura e a oferta. Não se mostram precisas e, no entanto, são, à primeira vista, contraditórias.

O motivo da dificuldade em compreender é a ausência de uma importantíssima distinção, que até agora deixamos de fazer. É fundamental distinguir entre a quantidade de um produto que se procura ou se oferece a um dado preço e as condições gerais de mercado.

Se, por exemplo, subirem os preços no mercado de carne, é possível certa alta no mercado de peixe. Inclinar-se-ão as pessoas a comer mais peixe em vez de carne, já que terá esta encarecida. Aumentará a procura do peixe e seu preço subirá. Igualmente, uma variação no preço do algodão poderá refletir-se no preço da lã, posto que ambos se usam no vestuário.

Embora, em cada mercado se determine primordialmente o preço de uma única mercadoria, todo mercado se relaciona, até certo ponto, por vezes, acentuadamente, com todos os outros diferentes mercados. O preço de venda de um produto é o preço resultante da soma do custo com um valor para justificar um lucro razoável a fim de compensar o esforço na produção e comercialização. Este preço é considerado por muitos como preço justo ou natural.

Qual Nível de Preço Operar?

O texto, que se segue, está limitado ao mercado de produtos manufaturados. Tal exame conduz à avaliação de duas ordens de elementos: a relação entre preço e quantidade de demanda; composição do mercado (número das empresas produtoras e das unidades compradoras).

O primeiro elemento conduz-nos à noção de como a quantidade demandada pelos consumidores pode variar com a variação do preço de venda. A sensibilidade do mercado às manobras do preço constitui um elemento de primacial importância para a escolha do preço de venda mais conveniente.

O segundo elemento permite a determinação das linhas de força nas quais se consegue alcançar o equilíbrio do mercado. A Teoria Econômica Clássica tem, a esse propósito, concentrado a sua análise sobre duas situações extremas que são a da concorrência perfeita e do monopólio.

A primeira pressupõe um número grande de vendedores e compradores em grau tal, que a entrada e a saída de uma unidade produtora, ou consumidora, não conduzam a uma possível alteração do mercado. Consequência implícita do modelo de concorrência perfeita é que, do ponto de vista de cada empresa, o preço de venda é invariável e fixo em relação às condições estabelecidas pelo equilíbrio geral alcançado.

Portanto, a adaptação de cada operador não pode vir, senão através da fixação do único parâmetro livre: a quantidade.

A segunda, ao contrário, pressupõe a existência de um só produtor frente a um grande número de compradores. Neste caso, o preço é determinado por parte de quem vende, levando-se em conta as características da curva de demanda e, portanto, da quantidade que, a tal preço, poderá ser vendida.

Os estudos mais recentes sobre a economia de mercado puseram em relevo os dois modelos da concorrência perfeita e do monopólio que se constituem em extremos de difícil realização na prática. Entre eles é possível verificar situações de grande interesse, como aquelas em que o número de unidades produtoras é limitado, tornando a complexidade de difícil controle.

Deve-se, enfim, observar que as situações consideradas são: concorrência perfeita, no caso de muitos vendedores; oligopólio, no caso de poucos vendedores; monopólio, no caso de um só vendedor.

A fim de prever presumíveis níveis de preço, é preciso, pois, identificar a forma especial de mercado no qual a empresa está operando e consequentes condições, nas quais o equilíbrio do mercado se realizará. Tal equilíbrio poderá ser estudado no curto e/ou longo prazos.

No estudo de curto prazo não se prevê a possibilidade de uma alteração no número de empresas produtoras ou também a expansão das suas instalações. No longo prazo, ao contrário, tal vínculo é suprimido e uma expansão da capacidade produtiva, admitida para condições de mercado particularmente atraentes.

No rápido exame das várias formas de mercado e das situações de equilíbrio pertinentes a cada uma, nota-se como, passando do monopólio à concorrência perfeita, diminuem os graus de liberdade na determinação do preço. Com este escopo é necessário ter um conhecimento claro da atual situação do mercado e basear nela um plano que defina a que nível de preço operar.

É evidente que, do ponto de vista empresarial, existe a conveniência de tender para o monopólio puro. Esta tendência vem se observando num mundo cada vez mais globalizado, onde os fortes engolem os fracos, por meio de fusões e aquisições.

Composto Mercadológico

Composto mercadológico pode ser definido como sendo a seleção e combinação de fatores que uma empresa resolve adotar para alcançar os seus objetivos de mercado dentro de um prazo determinado. A maior dificuldade dessa tarefa não consiste em encontrar elementos, mas em coordenar os mesmos com racionalidade, a fim de não sobrecarregar o orçamento de marketing, prejudicar a venda do produto e baixar a lucratividade da empresa. Os elementos do composto mercadológico são os seguintes:

- Produto (custo, especificação, composição, desenho, qualidade, marca, embalagem, rótulo, garantia, assistência técnica, serviço pós-venda).
- Preço (determinação, política, crédito, financiamento).
- Distribuição (canal, controle, transporte, armazenagem, risco, prazo de entrega).
- Comunicação (publicidade, propaganda, promoção, treinamento da força de venda, relações públicas).
- Produção (quantidade ótima a produzir, capacidade instalada, tecnologia, produtividade, recurso).

A fim de facilitar o raciocínio, convém que o planejador parta do pressuposto que a empresa aceita como seu objetivo básico – A maximização dos lucros. Neste caso, cabe encontrar meios para satisfazer a seguinte regra do composto mercadológico: A combinação ótima dos elementos é alcançada quando uma melhoria do lucro líquido não mais se torna possível (lucro marginal praticamente nulo).

A receita bruta adicional decorrente da performance de um dos elementos do composto mercadológico, ou da alteração de todo ele, constitui o padrão de referência para análise e avaliação de desempenho. É irracional aumentar os custos de um elemento, se o aumento da receita bruta não absorve os custos adicionais da implementação mais as despesas normais de comercialização relativas ao adicional de vendas.

Não adianta contratar um vendedor que custa $ 200,00 que vende mercadorias de preço $ 5.000,00, se ele não conseguir pelo menos uma receita superior a $ 5.200,00.

Existem algumas observações de utilidade comum para todas as organizações que pretendem alterar o composto mercadológico. Nenhuma empresa pode deixar de determinar o preço de venda de seus produtos. O custo é o ponto de partida para o preço de venda. A criação de uma nova embalagem deve ser comunicada ao mercado por meio da propaganda e da promoção.

As alterações do composto mercadológico devem ser aplicadas em etapas progressivas, a fim de criar um efeito multiplicador. A rapidez com que uma alteração do composto pode ser levada a afeito no mercado, se comparada à velocidade com que os compradores e concorrentes a ela reagem, pode ser decisiva para o sucesso da empresa.

A provável reação dos concorrentes em face de uma alteração do composto deve ser avaliada sempre. A comunicação de uma inovação radical para um mercado deve ser grande e precisa causar impacto. A cada avaliação, deve-se sempre tomar todos os elementos do composto mercadológico.

A Viabilidade de um Projeto

Ideia é o que não falta. Levar uma para o papel, desenvolver e depois implementar a mesma é um caminho difícil e cheio de pedras. A maioria dos seres humanos desiste no meio do projeto e outros logo no início. Para se construir um projeto é preciso ter garra. E, se você trabalha sozinho, muita força de vontade será necessária para enfrentar as dificuldades que serão enormes, função da sua ambição.

O primeiro passo é procurar amigos, colegas e parentes, a fim de colher informações e recursos. Também para que estes dêem um parecer e façam críticas que ajudem o autor do projeto. Este é um modo errado de agir, porque estas pessoas não ajudarão em nada, embora tenham a “cara de pau” de dizer que estão a sua disposição para o que der e vier.

Mas, por que elas agem assim? Porque, quando você pede ajuda a alguém, este se coloca numa posição de pedestal ou se acastela atrás de muros, sentindo-se superior a você, em função da ajuda solicitada, mesmo que não tenha lido o projeto, nem ouvido as ideias com a atenção devida. A presunção de saber mais que o outro é um preconceito terrível e inerente ao ser humano.

Os "amigos" alegam falta de tempo e são acometidos de uma doença chamada de "febre da ocupação". De quem solicitamos ajuda gratuita se dizem muito pragmáticos e pensam: O que estou ganhando com isso? Só vou perder o meu precioso tempo. Todos os conhecidos dizem sim, porque são políticos e escorregadios.

Um conselho para aquele que pretende desenvolver um projeto: Peça ajuda a estranhos. Não peça a parente, porque "santo de casa não faz milagre". Não peça ajuda a um colega de universidade, porque, se ele não conseguiu fazer, até hoje, aquilo que é seu projeto, você também é incompetente para fazê-lo.

É preciso que as pessoas aprendam a dizer não e entender que todos nós vivemos de sonhos e de expectativas de realização. É bom não esquecer que quando ajudamos alguém poderemos ter reciprocidade no futuro. O egoísmo, a inveja e a falta de cooperação destroem as bases de um convívio salutar.

A seguir, algumas "dicas" que o ajudarão a sobreviver às dificuldades de levar um projeto adiante:

- Não espere ajuda, o retorno, às vezes, nem chega a 10%.
- Não embarque na primeira ideia dada por alguém que você estima pela sua inteligência, afinal é a sabedoria que conta.
- Pesquise muito para não fracassar logo adiante, não tome decisões intempestivas.
- Só se aventure num projeto que tenha conhecimento e recursos para sua implementação.
- Procure ouvir diversas pessoas sobre o tema do projeto, se possível, faça experiências preliminares, aplique questionários curtos.
- Utilize-se de modelos já existentes no mercado, a partir destes, aperfeiçoe o seu.
- Procure trazer para o mercado algo inédito ou, pelo menos, diferente para melhor, em todos os sentidos.
- Colete informações, anote todas, faça relatórios, cruze informações, utilize racionalidade e intuição, mantenha os pés no chão o tempo todo.
- Faça um plano de curso, cronograma ou programa para controlar e avaliar resultados.
- Desde o primeiro dia abra um controle de despesas para saber quanto vai gastar (investir), este controle de caixa deve continuar enquanto você for proprietário do projeto.
- Crie diversos arquivos em computador, imprima em papel e grave em meios densos por segurança.
- Dentro do possível, utilize a melhor tecnologia disponível no mercado.
- Não esqueça de apresentar o plano do projeto com o melhor visual que você possa comprar, porque as pessoas se impressionam com a aparência.
- Não esqueça de registrar o projeto (obra) na instituição de direito.

Por tudo isso, vale citar Maquiavel: "Nada é mais difícil do que realizar ou iniciar a introdução de uma nova ordem de coisas, pois a inovação tem, como inimigos, todos aqueles que prosperam sob antigas condições".

Produto Aumentado

Produto aumentado é mais do que a coisa genérica produzida na fábrica. Referimo-nos aos cosméticos como a esperança de ficar bonito e as vitaminas como a ter saúde e potência sexual. As pessoas compram as expectativas de benefícios, não os próprios produtos. Esta distinção é muita significativa quando se quer lançar no mercado um novo produto. Num mundo de produtos altamente diferenciados, há uma irresistível mudança para novas formas de concorrência. Tal mudança exige pesquisa, pois as pessoas compram benefícios.

Pensar no produto em termos mais abrangentes do que no passado não é apenas competitivamente sábio, mas também ontologicamente correto. A sobrevivência da empresa se baseará, cada vez mais, em cavar nichos de mercado altamente especializados.

Os exemplos de produtos aumentados possuem, em comum, um único atributo: características que produzem resultados positivos e que distinguem esses produtos dos competidores. Em certos casos, os valores subjacentes a um produto são tão determinantes de seu sucesso que impensadamente não lhe damos a devida atenção. Sua significação é completamente negligenciada. Assim, produto é algo capaz de gerar receita.

Nada se vende por si só, nem mesmo a mais venerável e atraente de todas as mercadorias – o sexo. O produto tem de ser embelezado, trabalhado, ampliado, enriquecido, perfumado, estilizado, colorido, desenhado, cosmetizado. Se o sexo necessita dessa espécie de tratamento, imagine os demais produtos. Mas, qualquer decisão de comprar leva em conta o bolso do consumidor.

Mesmo os produtos mais prosaicos exigem os ingredientes sustentadores da excitação, da motivação e do estímulo, levando os vendedores a desempenhos favoráveis. Uma reunião de vendas deve proporcionar uma atmosfera de satisfação.

Três fatores se combinam para enfatizar a crescente necessidade de incluir satisfação: primeiro, as pessoas têm muito mais coisas e muito mais dinheiro do que realmente precisam para levar uma vida num nível razoável de bem-estar; segundo, há muito pouco realmente para destacar um produto de outro similar; terceiro, a inevitável rotina (hábito) de difícil libertação.

Para competir neste mundo, não basta ter uma fábrica grande e eficiente, muito capital de giro, um exército de vendedores. À medida que a tecnologia avança, com máquinas maravilhosas, mais a empresa dependerá da criatividade de seu pessoal e margens menores de lucro para sobreviver. Não basta concentrar esforços somente na produção ou no marketing.

A visão precisa ser sistêmica e interdisciplinar para criar produtos aumentados.

A empresa moderna que adotar o conceito de produto aumentado enfrentará tensões, problemas e conflitos. Ela tem de atender uma nova necessidade: Fazer o que é certo, de preferência, ao que é rotineiro e cômodo.

Papel da Administração

A administração se apresenta como um conjunto de conceitos, princípios, regras, métodos, funções e técnicas isoladas, cujo conhecimento auxilia o empreendedor no alcance dos objetivos da organização, utilizando recursos próprios ou adquiridos.

A palavra administração vem do latim "ad" (direção para, tendência para) e "minister" (subordinação, obediência) e significa aquele que realiza uma função abaixo do comando de alguém, isto é, aquele que presta um serviço a outro. Administração significa subordinação e serviço.

Para muitos, a administração é considerada como arte. Na verdade, ainda não se tem uma ciência da administração, principalmente, porque não conseguimos uma Teoria Geral cujo maior obstáculo é o comportamento humano. Oliver Sheldon observou que "até onde a administração se refere às coisas, seus métodos podem ser estabelecidos em termos de princípios científicos".

O que distingue o trabalho de administração dos outros tipos de trabalho, que se executam no seio de uma organização, é o fato de o mesmo concentrar-se em manter a organização, facilitando atingir seus fins.

Portanto, administrar uma organização é tirar o melhor partido das circunstâncias (externas e internas), de modo a utilizar, o mais eficientemente possível, os recursos que dispõe para sua sobrevivência. O objeto de estudo da administração é a organização como um sistema composto de subsistemas que interagem entre si e com o ambiente.

Um dos traços mais característicos da nossa moderna sociedade é a preponderância do esforço grupal organizado. Dificilmente a consecução de vários objetivos é buscada por meio de esforços individuais. Os bens e serviços que satisfazem às nossas necessidades, por exemplo, são, principalmente, produzidos e distribuídos por unidades empresariais compostas por mais de uma pessoa.

Tem-se, hoje, à disposição, os conhecimentos e as experiências necessárias à administração bem-sucedida de uma empresa. Mas, talvez, em nenhum outro campo, o sempre terrível hiato entre o conhecimento e a atuação seja maior ou mais intransponível.

O administrador é o elemento dinâmico e vital de toda e qualquer organização. Sem a sua liderança, os recursos de produção permanecem recursos e nunca se tornam produtos.

Numa economia competitiva é a qualidade da atuação dos executivos que determina o sucesso ou, mesmo, a sobrevivência de uma empresa. O governo Eisenhower, de 1952, nos EUA, foi o primeiro governo, que se tem notícia da História, que se estruturou intencionalmente como um órgão administrativo.

A administração permanecerá como um instituto básico e dominante, talvez até, enquanto perdurar a civilização. Ela é também a expressão da crença básica da subsistência do homem através de organizações.

Há cerca de trezentos anos, Jonathan Swift se expressou da seguinte maneira: "Aquele que conseguir colher dois cestos de cereais, onde antes só se colhia um, merece mais da humanidade que de qualquer filósofo especulativo ou criador de sistemas metafísicos".

O Objetivo da Administração

A organização só pode decidir, agir e funcionar na pessoa de seus administradores, por si só a empresa não tem existência real. E, por outro lado, qualquer empresa, não importa sua estrutura, precisa de uma administração para adquirir vida e poder funcionar. Sob este aspecto, não há nenhuma diferença entre empresa privada, pública, autarquia, ministério, cooperativa, associação patronal, universidade, sindicato, organização não governamental.

Em cada decisão e medida que tomar, a administração só pode justificar sua existência e sua autoridade mediante os resultados positivos que produzir. Mesmo que haja grandes resultados sociais, a administração fracassará se não houver obtido algum resultado material (lucro). Terá fracassado se não fornecer os bens, serviços e ideias desejados pelos consumidores a um preço que estes estejam dispostos a pagar.

O primeiro encargo da administração é administrar. Esta afirmação, aparentemente óbvia, leva a conclusões, que estão longe de ser aceitas. Implica severas limitações sobre o alcance da administração e, também, uma enorme responsabilidade de ação criativa. Significa, em primeiro lugar, que as habilidades, a competência e a experiência do administrador não podem, como tal, serem transferidas e aplicadas à outra organização de forma indiscriminada.

O êxito de um indivíduo numa administração não é, por si só, um sinal e uma garantia de êxito num cargo público.

Uma segunda conclusão, é que a administração nunca poderá se tornar uma ciência exata. É verdade que o trabalho de um administrador pode ser, sistematicamente, analisado e classificado. Em outras palavras, existem características profissionais distintas e um aspecto científico na administração.

É verdade, também, que a administração de uma empresa não é uma questão de intuição ou de capacidade nata. Os elementos e requisitos de tal atividade podem ser transmitidos a qualquer pessoa com dotes intelectuais humanos normais.

A administração não pode ignorar os interesses dos consumidores, sócios, empregados, fornecedores de recursos, concorrentes, outras empresas e a sociedade. Seus poderes discricionários não são, de forma alguma, absolutos. Ela é obrigada a se adaptar, inteligentemente, às forças ambientais, de acordo com a situação presente, mas também é ameaçada por restrições potenciais politicamente impostas.

A administração vai além da reação passiva e da adaptação. Administrar implica tentar moldar o cenário e planejar mudanças. Como é difícil dominar o cenário, o objetivo básico da administração é transformar o desejável no possível e o possível no efetivo.

Dever da Empresa

As teorias contemporâneas da administração, bem como recursos tecnológicos, dotam o empreendedor de uma gama de poder discricionário que pode, presumivelmente, ser empregado para servir aos interesses da instituição à custa da sociedade. Que deve fazer o administrador, quando enfrenta um conflito entre os interesses da sociedade e os da empresa?

Algumas pessoas afirmam que o administrador de empresas deve colocar seu dever para com a sociedade e acima dos interesses da empresa e dos interesses particulares. A falta de uma teoria unificada de bem-estar social para determinar que tipo sirva melhor à sociedade permite uma irresponsabilidade considerável, porque não há normas para indicar a natureza do comportamento responsável.

Não se deve supor que os interesses da empresa e os da sociedade estarão sempre em conflito, porque eles tendem a se compatibilizar no longo prazo, embora o mecanismo que torna isto possível seja altamente ilusório. A sociedade não está em perigo de ser destruída pelas instituições que vivem dentro dela, em que pese este pensamento seja generalizado. Não há qualquer dúvida de que a função da empresa é colocar bens, serviços e ideias à disposição da sociedade.

As empresas parecem, em geral, estar menos inclinadas, hoje, do que no passado, a obter lucros à custa da sociedade. Elas podem modificar os mercados e outros aspectos de seu ambiente, mas não sobreviveriam muito mais, se deixassem de se adaptar às importantes forças econômicas, políticas, sociais e ambientais. Está bastante claro que o mito da empresa, fundamentalmente, preocupada com lucro, continua suficientemente livre para tratar das responsabilidades sociais como uma opção extra.

Mas, aceitando ou não, a empresa sempre esteve obrigada a adaptar-se às expectativas altamente mutáveis da comunidade. Faz poucos anos que a utilização de menores nas fábricas era feita sem nenhum escrúpulo ou legislação adequada. Na época era tido como algo muito normal, quando, hoje, isto é inaceitável.

O uso abusivo da natureza já começa a sofrer restrições. Em síntese, começam as empresas a serem pressionadas para mais bem avaliar os seus planos futuros, levando em consideração pontos que no passado eram deixados de lado.

Por que considerar a responsabilidade social como parte da função empresarial, quando isso pode ser perfeitamente atribuído ao governo? A verdade é que a empresa é uma instituição de caráter muito especial, pois representa uma fonte de riqueza econômica para a comunidade. Como tal, ela não poderá ficar isenta desta responsabilidade. Isso será cada vez mais acentuado a cada dia que passa.

Embora a responsabilidade social não possa ainda ser caracterizada como um setor autônomo na estrutura organizacional, pode, no entanto, ser implantada como uma área de resultados que exige uma filosofia comum. É importante recomendar que sua vinculação esteja mais próximo possível do centro das decisões estratégicas da empresa.

Você é uma Pessoa Eficiente?

É comum, em palestras, aulas e seminários se ouvir a seguinte narrativa: Na saída da sala de cirurgias, conversam dois médicos. O primeiro diz: A operação foi um sucesso, assepsia, instrumentadores perfeitos e tempo recorde. Imagine extrair aquele rim avariado em somente 12 minutos! O segundo médico suspira e responde descontrolado: - É verdade, só que tiramos o rim errado.

É a velha briga entre eficiência e eficácia. Os administradores conhecem isso muito bem. Eficiência é fazer tudo certinho. Eficácia é obter resultados compensadores até sem muita eficiência.

Anos de experiência acabou por mostrar a existência de um potencial de recursos humanos subutilizado, em qualidade e quantidade, a partir da: excessiva centralização das decisões, comunicação deficiente, processos mal desenvolvidos e políticas mal formuladas.

A confusão entre fazer as coisas certas e fazer as coisas de maneira certa é, basicamente, o problema central numa organização. Não existe nada mais inútil do que fazer, com grande eficiência, tarefas que não precisam ser feitas. A eficiência, a eficácia e a efetividade de uma empresa se fundamentam no funcionamento acurado e preciso dos sistemas operacionais, baseados num bom planejamento estratégico.

Contudo, nossas ferramentas administrativas e conceitos diversos, bem como mecanismos e instrumentos de trabalho focalizam a eficiência. Precisamos é de uma maneira de identificar as coisas certas, aquelas que possivelmente darão resultado significativo, isto é, que tenham eficiência e eficácia, e, claro, descobrir um método para nos concentrarmos nele.

Mas, afinal, o que é eficiência? Recorremos à Física e lá encontramos: Eficiência é ação, força, virtude de produzir efeito, razão entre a energia útil proveniente de um sistema e a energia que lhe foi fornecida, durante o mesmo processo ou num dado período de operação.

Já, em termos de Administração, a eficiência pode ser a habilidade de produzir o desejado com o mínimo de esforço, ou a melhor maneira pela qual as coisas devem ser feitas, a fim de que os recursos sejam aplicados de forma mais racional possível. Eficiência significa agir de acordo com o que foi preestabelecido. Eficiência é o melhor uso de meios, recursos e processos, com custo mínimo.

Antes que o leitor ache que produtividade, eficiência e rendimento sejam a mesma coisa, aí vai: Produtividade é a relação mensurável entre produtos e fatores de produção, ou seja, entre resultados obtidos e esforços para obtê-los.

A produtividade é o cociente do produzido por um fator de produção (terra, mão de obra, capital).

Assim, fala-se de produtividade para investimento, hectare, máquina, funcionário. Ela é, portanto, medida através da relação entre quantidades físicas. Pode-se encontrar o conceito de produtividade global, definido como sendo a relação entre o volume produzido e o volume total dos fatores empregados no ciclo de produção.

Rendimento é a expressão matemática da eficiência, onde o mesmo é medido pela razão saídas/entradas, cujo limite tende para uma (unidade), pois nenhum sistema tem uma saída igual à entrada, devido às perdas inerentes ao próprio sistema.

Cada vez mais, a maioria das pessoas de uma organização aprendeu a usar conhecimentos, teorias e conceitos em lugar da força física ou do trabalho manual, e é eficaz, no sentido de que pode oferecer uma contribuição à organização. Assim, trabalhar nas coisas certas é que torna o trabalho eficaz.

Então, a eficácia pode ser a qualidade daquilo que dá um bom resultado ou o poder de reproduzir um resultado esperado, isto é, atingir objetivos. Porém, nem sempre a eficácia e a eficiência andam de mãos dadas. Uma empresa, ou uma pessoa, pode ser eficaz e não ser eficiente, e vice-versa.

Eficácia relaciona-se com os fins almejados. A pessoa que quer se tornar eficaz questiona: A eficácia pode ser aprendida? Em que ela consiste? O que é preciso aprender? De que tipo é a aprendizagem? É um conhecimento que se aprende de forma sistemática e por meio de conceitos? É a eficácia uma habilidade adquirida?

No livro O Gerente Eficaz, Peter F. Drucker diz: “Logo aprendi que não há personalidade eficaz. As pessoas eficazes que conheço diferem amplamente em seus temperamentos e capacidades, no que fazem e como o fazem. A maioria das pessoas tende para fazer as coisas certas”.

A expressão efetividade aparece, pela primeira vez, quando se lê que o Gerente Eficaz deve tomar decisões efetivas. Ora, se pensarmos bem, falta a variável tempo, porque se fazer bem é eficiência e fazer a coisa certa é eficácia. Fazer tudo isso no tempo certo passou a se chamar efetividade.

Efetividade é o somatório da eficiência mais a eficácia, visando buscar a satisfação de um indivíduo dentro de um período de tempo, o mais curto possível. A efetividade está relacionada à velocidade de resposta que o consumidor dá aos produtos de uma empresa.

Uma empresa não é um fenômeno da natureza e sim da sociedade. No mercado, por exemplo, uma minoria de clientes, dentre milhares, é que faz a maioria dos pedidos. Uns poucos produtos, dentre centenas de linhas de produção, geram a maior parte do volume de vendas. São alguns poucos vendedores, dentre várias centenas, que sempre produzem dois terços ou mais de novos negócios.

O que foi dito acima é válido nas fábricas, nas lojas, nas escolas, nos laboratórios, nos hospitais e demais lugares. Isto é a Lei de Pareto.

A Burocracia de Cada Dia

A burocracia apareceu no campo da Administração, a partir da década de 1940, em função da fragilidade das teorias de administração existentes, tendo em vista posições contraditórias e sem possibilidades de uma abordagem global da organização.

Por outro lado, havia a necessidade de um modelo organizacional racional capaz de envolver todas as variáveis que dariam solução aos problemas da época. Também o crescimento da complexidade exigia maior certeza nas decisões e modelos mais bem definidos.

Então, alguns cientistas foram buscar na obra de Max Weber (1909), economista e sociólogo, a inspiração para a criação da Teoria da Burocracia, cujo modelo foi encarado como uma forma de conter o ser humano, no seu comportamento instável.

Segundo Weber, burocracia significa um sistema social organizado por normas escritas, visando uma racionalidade e igualdade no tratamento dos clientes (consumidores, funcionários, fornecedores, agentes do governo, intermediários).

Weber dividiu a sociedade em: tradicional (autoridade acontece por direito divino), carismática (autoridade acontece por influência pessoal) e burocrática (autoridade acontece por conhecimento técnico, mérito ou por aplicação de regras, procedimentos e políticas).

Os principais aspectos da Teoria da Burocracia são: ênfase na estrutura; enfoque formal e racional do problema; abordagem da organização como um sistema social com prescrições e normas; incentivos materiais e pecuniários; homem inteiramente dedicado à organização; conflitos imperceptíveis; a decisão é baseada em políticas preestabelecidas; comportamento individual muda, em função do cargo ocupado; os objetivos da organização são mais importantes do que os do indivíduo; eficiência para obter resultados positivos.

Weber entendia que a burocracia era a única forma para uma administração eficaz de massa. Caso contrário, a organização penderia para o diletantismo.

Os ingredientes formais do modelo burocrático são: Hierarquia, Estrutura, Especificação, Disciplina, Delegação, Norma, Regulamento, Procedimento, Diretriz, Política, Formulário, Documentação e Arquivo. Entretanto, a burocracia não acompanhou a evolução da sociedade nem a das organizações, tornando-se um obstáculo ao pleno desenvolvimento e progresso atuais.

Emergiu, destarte, uma outra perspectiva popular, emocional e imprecisa, em que a burocracia é considerada como um tipo de organização caracterizada pela paixão à rotina e à não criatividade.

As críticas mais importantes que sofre a Teoria da Burocracia são: a despersonalização do relacionamento; a interiorização das diretrizes; a tomada de decisão não é feita nos níveis inferiores da estrutura organizacional; a exigência de um rígido comportamento humano; o apego a regras e regulamentos; a dificuldade de relações efetivas com consumidores; o sacrifício da flexibilidade à regra; a desconfiança entre os pares; a demora na tomada de decisões.

A crítica maior é: A recusa sistemática de enveredar pela senda do experimento, da criatividade, da descentralização, da inovação e da renovação organizacional, criando, também, desinteresse, falta de ideias, medo de reação da chefia e descrença nos processos.

A racionalização proposta por esta teoria permitiu que as pessoas se eximissem de responsabilidades, pois a organização era montada a não permitir falhas, quando se pensava que todas as situações estariam previstas e solucionadas. Era seguir o manual e pronto. Infelizmente, não havia ainda a percepção correta: Nada é para sempre.

Apesar das críticas, parece que a burocracia é a melhor das formas de organização social ainda existente. Mas, embora a palavra burocracia seja vista de forma pejorativa, é bom lembrar que ela viabilizou a produção em larga escala, haja vista as fábricas criadas por Henry Ford, na década de 1920.

A Responsabilidade Administrativa

Perante quem a administração de uma empresa é responsável? Para com os sócios ou outros grupos? De acordo com a Lei das Sociedades Anônimas, a administração deve administrar no melhor interesse dos acionistas. Esta concepção estreita tem sido contestada.

Aqueles que se opõem a este ponto de vista defendem a ideia de que a administração também deve ter responsabilidade para com a sociedade. A dificuldade é como impor legalmente tão ampla abrangência? Por outro lado, onde o lucro, fator de sobrevivência da empresa, entra neste imbróglio?

Na teoria desenvolvida pelos economistas neoliberais, o problema da responsabilidade administrativa é resolvido pelos mercados, que se supõem serem competitivos. Cada empresa desempenha um papel passivo na determinação dos valores de mercado, porque não produz ou compra uma quantidade suficientemente grande para influenciar o mercado.

A liberdade do administrador é limitada pelas exigências do sistema. A competição exige eficiência e adaptação aos valores cada vez mais mutantes. A solução vem sempre através de números.

A simetria e a simplicidade da Teoria Econômica Clássica não devem levar os estudantes de administração a pensar que não há nada a ser dito sobre a questão. Tal teoria foi, filosoficamente, orientada para o consumidor, embora outros participantes do processo de produção não fossem realmente esquecidos.

Admitia-se como implícito que o propósito principal da empresa e do sistema econômico de que ela fazia parte era de satisfazer às necessidades do consumidor. Todos os outros aspectos do processo eram encarados como meios para se atingir este fim fundamental.

Mas também é reconhecido que as empresas podem influenciar as necessidades do consumidor através da propaganda e da promoção. Presumivelmente, podem levar os consumidores a pagar por bens e serviços que eles não necessitam realmente, ou que não comprariam se não tivessem sido tão influenciados pela propaganda.

O empresário na Teoria Clássica da Administração não possuía um critério real de decisão, mas nas novas teorias de administração, ele tem o poder de modificar as forças do mercado. Muitos dirigentes colocam os interesses dos clientes (consumidores, fornecedores, funcionários, parceiros, pacientes, usuários, colaboradores e agentes do governo) acima dos sócios.

Estas concepções representam a principal mudança da filosofia administrativa. Elas refletem uma evolução histórica no sentido do profissionalismo do administrador. Os interesses dos consumidores podem ser mais bem atendidos por meio de preços mais baixos, mas uma redução de preços não se justifica, se tem como consequência o prejuízo.

Esta lógica também determina um nível mais baixo de lucros, mesmo que salários mais elevados resultem em um melhor padrão de desempenho. Sustentar que os interesses do consumidor serão violados é um argumento válido, apenas na medida em que estes estejam relacionados com a sobrevivência da empresa.

Administrador Profissional

Por que os administradores alcançaram um melhor status na sociedade? Devido à falência das administrações familiares das empresas e, principalmente, porque é exigido, cada vez mais, um alto nível de habilidade conceitual para se dirigir uma organização. Um outro aspecto a ressaltar é o aumento da ética entre os profissionais da administração.

Se os futuros líderes empresariais serão graduados das escolas de administração de empresas é uma questão de difícil resposta. As empresas de mais rápido crescimento são aquelas que têm à sua frente um executivo graduado que é também dono de uma parte substancial do capital social.

O número de administradores profissionais, que atuam nas empresas cresceu muito, devido aos seguintes fatores: falta de criatividade para inovações, falta de estratégias para criar novos mercados, esgotamento do modelo familiar, crescimento explosivo sem suporte de sistemas de gestão, aumento da vulnerabilidade, baixo desempenho da empresa familiar, prejuízos.

Algumas ações fizeram com que as empresas mudassem o modelo familiar para o modelo profissional, tendo em vista que recorreram algumas vezes a administradores profissionais, equacionaram a situação jurídica da sucessão, preparando os herdeiros. Também contrataram executivos no mercado, informatizaram operações e controles gerenciais, introduziram o planejamento estratégico, definiram com clareza os cargos de diretores, gerentes, supervisores e subordinados.

Ao profissional de administração cabem como tarefas mais importantes, as seguintes: criar suporte tecnológico para um crescimento sustentável; garantir a perenidade da organização (sobrevivência); equilibrar os interesses dos donos com os dos empregados; melhorar a atuação dos sistemas de controle; profissionalizar e treinar funcionários; modernizar a estrutura organizacional.

A profissionalização implica fixação dos objetivos da empresa pelo grupo controlador, que delega aos executivos a elaboração das estratégias, táticas, políticas, planos, programas, modelos, procedimentos, regras e rotinas, para atingir os resultados pretendidos. Não se pode duvidar de que, se a administração profissional deu solução a alguns problemas, ela também criou outros.

A diminuição do tempo de permanência dos profissionais nas empresas tem gerado, de fato, atitudes perigosas. Muitas vezes, sem se dar conta, alguns deles adotam o "carreirismo interempresarial", fenômeno que consiste em considerar como valor a rápida movimentação na carreira.

Em vez de focar nos resultados do próprio trabalho, nas perspectivas de crescimento da organização e nas possibilidades de crescer e progredir, o profissional joga toda sua energia na tentativa de receber convites para trabalhar em outros lugares.

A construção de uma carreira brilhante se mede pela obtenção de bons resultados. Como conseguir resultados realmente impactantes, se não nos dermos o tempo necessário para que isso ocorra? Não há dúvida de que é importante estar aberto ao mercado, procurar tornar-se conhecido.

Como se Antecipar ao Problema

Os indicadores de gestão mais conhecidos são os econômicos e financeiros, porque a análise financeira foi sempre motivo de detalhadas observações, tendo em vista que os dados necessários constam do demonstrativo de resultado e do balanço patrimonial, e porque não deixam margem a dúvidas, podendo ser comparados com o de outras empresas do mesmo setor e com os dados de anos anteriores.

Eles podem ajudar a administração a detectar problemas nas diversas áreas da empresa, desde que o dirigente tenha sempre em mente o fato de que mais importante do que considerá-los, isoladamente, é combiná-los entre si.

O índice de faturamento por área ocupada permite que a empresa verifique se vale a pena instalar uma nova unidade industrial numa zona em que o metro quadrado seja muito valorizado. Se for um tipo de indústria que exige muita área, isso, provavelmente, seria desaconselhável.

Por outro lado, se uma indústria amplia suas instalações e o faturamento cai, isto é, diminui a rentabilidade por metro quadrado, é sinal de que há problemas com o arranjo físico das novas instalações ou que o aumento de produção demonstrou ser antieconômico, do ponto de vista desse desenho.

Do mesmo modo, se o índice de faturamento por unidade monetária investido em publicidade diminui, é possível que a publicidade esteja mal orientada, ou que seja excessiva para o mercado existente. Se ele aumenta, é provável que a publicidade esteja bem feita e bem dosada.

Uma empresa que em um ano aumentou suas vendas reais em 40%, sem qualquer aumento no pessoal da fábrica e da administração. A contabilidade, entretanto, dobrou seu pessoal, aumentou sua folha de pagamentos e a área ocupada em 100%. Aparentemente teria havido um crescimento não justificado do setor contábil.

Portanto, a preocupação maior é avaliar a tendência, porque esta pode mostrar se a situação melhorou ou piorou. Ela é obtida através de matrizes de análise, planilhas de custos e preços, gráficos de resultados e diagramas diversos. Se mostrada numa sequência de períodos anuais, os efeitos do fenômeno da sazonalidade tendem a ser imperceptíveis.

Mas não basta analisar a tendência de um único dado. A justaposição de diversos dados e sua evolução tornam mais fácil determinar a produtividade real da empresa. A substituição de homens por máquinas pressupõe investimentos na tecnologia. Se o custo anual desse novo equipamento for maior do que a economia eventualmente feita na mão de obra, haverá uma diminuição da rentabilidade do capital investido, apesar de a produtividade do homem ter aumentado.

Então, tais investimentos só se justificariam em duas hipóteses básicas: quando a mão de obra especializada é elemento escasso economicamente ou quando a expectativa de aumento de salários num período futuro é tal que o investimento em equipamentos e instalações, mesmo com um prejuízo momentâneo, se justifica.

Fica, no entanto, a dificuldade em se calcular o custo anual do investimento realizado. A comparação poderá ser ainda mais completa se acrescentarmos o índice de utilização das instalações. Dessa forma, se a produtividade por operário aumentou, mas o custo em capital imobilizado parece alto demais, pode-se descobrir, através do índice de utilização das instalações, que grande parte das novas instalações está sem uso, que há capacidade ociosa.

Mais uma vez torna-se clara a importância de se combinarem vários instrumentos de análise entre si, ao invés de analisá-los isoladamente.

Mudança de Paradigma

Desde meados de 1950, houve um aumento substancial na percentagem de novos dirigentes, cujos interesses, qualificações e competências básicas se concentram nas áreas financeiras e legais e não mais na produção. Frederick Herzberg declara: "Os administradores não têm amor ao produto. Na verdade, estão sempre na defensiva com relação a ele".

Ora, por que isso é importante? A resposta é simples: porque há muitas coisas num desempenho de alto padrão que dependem diretamente do fato de as pessoas serem motivadas por valores intangíveis. Um outro fato a acrescentar é a total falta de interesse da alta administração, com respeito àquelas pessoas que poderiam vir a amar o produto.

O sucesso de uma empresa não advém da "magia oriental", que tanto encantou o mundo nos anos da década de 1980; a produtividade japonesa é resultante da lealdade, comprometimento, identificação com o sucesso e um autêntico relacionamento humano.

Assim, é perfeitamente possível que a chave de tudo seja tratar a pessoa e não o capital, a tecnologia ou o conhecimento como recursos fundamentais. A razão que explica a inexistência de ênfase sobre o produto ou as pessoas em tantas empresas é, ao que indica, a simples utilização extremada de análise e previsão, porque parecem ser "truques" que eliminam os riscos.

O célebre professor de marketing da Universidade de Harvard, Theodore Levitt, afirmou: "Os planejadores costumam construir complicadas árvores de decisões, cuja presunção a qualquer utilidade só é superada pelo temor reverencial com que os melhores gestores se submetem as muitas pessoas que, durante toda a sua vida, tiveram como objetivo único e supremo a manipulação de números".

O problema, porém, não é que as empresas não devam planejar suas atividades. Muito pelo contrário, certamente que devem planejá-las, e bem, desde que o planejamento não seja um fim em si mesmo.

Durante muitos séculos, desenvolveram-se fórmulas e modelos matemáticos bastante elaborados capazes de predizer com grande precisão os eventos astronômicos baseados na Teoria de Ptolomeu. Só quando Copérnico e Kepler descobriram que as fórmulas funcionavam muito mais facilmente quando a Terra era substituída pelo Sol como centro do universo é que teve início um dos casos mais célebres de mudança de paradigma.

Como o Sol já não é mais nosso referencial astronômico, pode-se dizer que os paradigmas mudam e que não são tão "exatos", como parecem ser, quando edificados. Mas é sempre bom lembrar que, em meio ao caos, a natureza providencia ordem à mutabilidade. Como funciona? Não sabemos ainda.

Ação Gerencial

A crise da sofisticação de ferramentas administrativas tem seus dias contados. Misticamente criadas pela tecnologia da informação e outras tantas técnicas e siglas que passaram a fazer parte do vocabulário dos executivos precisam ser revistas. As soluções simples foram abandonadas por parecerem óbvias. Criou-se uma falsa dicotomia entre novo e velho, moderno e antigo, para encobrir ineficácia gerencial.

A máquina passou a ser solução e justificativa ao mesmo tempo. Assim, velhas discussões acadêmicas se mostraram irrelevantes. O importante para a empresa é adequá-la, sem excessos, às reais necessidades de seu mercado, desde que ela saiba muito bem qual a sua verdadeira missão.

Num passado recente, construía-se a Teoria Gerencial na premissa de que se poderia dominar, por critérios de racionalidade, a vida e os destinos de uma organização. Para tanto, bastaria ter muitas informações para decidir de forma inteligente, porém a era da racionalidade gerencial parece ter chegado ao fim. Hoje, se sabe que o mundo organizacional é muito complexo e ambíguo, os cenários são cambiantes e incertos.

Por isso, torna-se premente agir em tempo hábil. Os processos racionais de decisão continuam válidos, mas incorporados de métodos heurísticos e intuitivos. Procuram-se novas formas de possibilitar ao dirigente a nova visão de totalidade, em um ambiente fragmentado.

A ação gerencial, muitas vezes, é baseada em informações incompletas sobre problemas graves e inéditos. No mundo de hoje, quando se lê relatos de dirigentes, descobre-se que métodos de previsão e planejamento acabam por ser tão valiosos quanto os métodos intuitivos e criativos.

As novas habilidades gerenciais têm de ser desenvolvidas dentro de uma perspectiva de simplicidade, com base tanto na arte do julgamento quanto no conhecimento dos fatos.

A moderna teoria gerencial tem trilhado o planejamento estratégico, a descentralização e a ação integrada das diversas unidades organizacionais. A primeira década do Século XXI está se caracterizando pelo valor crescente da certeza, baixa tolerância ao risco nos empreendimentos e escassez de executivos capazes.

Os postos importantes das empresas serão preenchidos pela "prata da casa"? Isto afetará a cultura e o desempenho da empresa? Um turnover exagerado cria um grau de incerteza, inflaciona os salários e afeta a produtividade.

Quando a empresa traz gente de fora acaba tendo de reinventar a roda. Lealdade e confiança são corolários da estabilidade, porque as pessoas querem políticas que não mudem a toda hora, chefes que sejam líderes e pessoas com quem possam conversar sobre tudo. Assim, a média gerência está renascendo das cinzas, e, provavelmente, será o foco das atenções da empresa.

Capacidade Gerencial

Um país como o Brasil, com os recursos que tem, não é exatamente um país com problemas econômicos. Somos, sim, uma sociedade muito mal gerenciada. Não sabemos administrar estados, municípios e a federação. Nossas dívidas são grandes, nossa previdência está à beira do caos junto com a segurança.

Também não sabemos gerenciar nossas próprias vidas. Nossos governantes e ministros, normalmente, não são formados em Administração. A maioria destes executivos nunca trabalhou em grandes empresas, nem como presidente nem como diretor.

Ao contrário, os EUA, país que o Brasil adora copiar, foi o primeiro governo que se tem notícia da História, que se estruturou intencionalmente como um órgão administrativo. Os últimos presidentes dos EUA vieram da iniciativa privada com larga experiência administrativa.

Quando Busch, que possui mestrado em Administração, parabenizou Lula pelo resultado da eleição para a presidência do Brasil, levou quinze minutos de conversação (metade gasto para traduções) e aproveitou a ocasião para vender aviões fabricados no Texas. Infelizmente, ele fez uma guerra para vingar o pai e para se manter no poder, ou, talvez, porque precise da guerra para governar. Bill Klinton, presidente que o antecedeu, é formado em Administração e presidiu empresas.

Os Estados Unidos é a maior potência econômica do mundo não pela qualidade de suas teorias econômicas, mas sim pelas teorias administrativas que desenvolveu. Segundo Drucker, "a maior invenção do Século XX foi a Administração e não o *Chip* utilizado em computadores". Um outro fato curioso é que 40% dos colunistas americanos são "gurus" da gestão empresarial e negócios e não de economia, como no Brasil.

O que faz a empresa não crescer e até morrer, não é apenas a política fiscal e a burocracia imposta pelo governo ou os efeitos da política econômica ou do comportamento do mercado, tão pouco as taxas de juros exorbitantes e os impostos elevados. Entende-se que o maior impedimento ao desenvolvimento da empresa (não do empresário) está na incompetência gerencial.

A capacidade empresarial é inerente à criação, desenvolvimento e manutenção do empreendimento. Através dela o empreendedor concebe projetos alternativos, geralmente, em resposta a estímulos financeiros, solicitações do mercado, desejos dos consumidores e incentivos (fiscais e cambiais) governamentais.

A capacidade gerencial reside na absorção dos objetivos de qualquer empreendimento, bem como atingir tais objetivos por meio das funções administrativas. A administração da empresa é sempre uma excelente oportunidade para demonstrar que o papel da gerência não é complicar e muito menos sofisticar os processos de gestão. Muito ao contrário, o que se espera de um gerente é que ele obtenha resultados positivos, através de uma adequada e objetiva utilização dos recursos da empresa.

A Carreira Profissional

Raramente os recém-formados trabalham em estreita colaboração com dirigentes experimentados. Muitos começam sua carreira nas piores circunstâncias possíveis. Sabendo que suas aptidões não estão sendo desenvolvidas ou utilizadas, eles, muito naturalmente, logo assumem uma atitude negativa com respeito ao cargo, ao empregador e ao chefe.

Esta situação, aliada às dificuldades crescentes de se conseguir emprego (trabalho) nesta nova economia, leva à seguinte afirmação: *É pouco provável que o empregado desenvolva uma carreira para toda a vida numa mesma empresa.* Vestir a "camisa" é cada vez mais difícil. Na avaliação de um emprego em potencial é bom ter os seguintes cuidados:

- Pesquisar a posição da empresa no mercado.
- Descobrir sua maior vantagem competitiva.
- Conseguir uma definição clara das funções do cargo.
- Preparar uma carta de apresentação e um currículo.
- Preparar-se para as entrevistas.
- Procurar observar o clima organizacional da empresa.
- Procurar saber se a empresa tem políticas de desenvolvimento e treinamento de recursos humanos.

Alguns fatores são importantes na carreira de um administrador, tais como: sucesso, fracasso e doenças. O sucesso de um administrador na vida profissional não está inteiramente correlacionado com seu brilhantismo acadêmico.

A insegurança do gerente em tomar decisões advém da consciência generalizada de que o sucesso é, na prática, alicerçado por um somatório de fracassos. Os administradores sabem que enfrentarão mais fracassos do que sucessos e que definem suas responsabilidades como prioridades de vida.

Naisbitt afirma: "O testemunho mais comum entre os executivos bem-sucedidos no mundo é que sua maior motivação provém do quadro mental sobre aquilo que estão construindo com seus esforços". A esses quadros mentais é que os mais renomados autores chamam de visão estratégica.

Os símbolos de sucesso do administrador estão associados ao seu poder aquisitivo. Assim sendo, sua preocupação é ostentar produtos ou representações características de quem começa a ser reconhecido muito mais pelo "ter" do que pela capacidade de "ser". Seu despreparo cultural, social, ético, intelectual, comportamental e até espiritual (filosófico), para entender e administrar o fenômeno e as consequências do sucesso leva-o a situações de profunda frustração.

Embora sem dados precisos, eis alguns sintomas característicos do fracasso pessoal e profissional: Alcoolismo; Droga; Fracasso Conjugal; Distúrbio Físico e Emocional; Estagnação Intelectual e Cultural; Isolamento.

O fracasso é provavelmente a experiência mais fatigante pela qual uma pessoa passa. Não há nada mais enervante do que não se conseguir uma coisa, sentir-se bloqueado, sem ir para frente. É um círculo vicioso. O cansaço torna mais difícil o trabalho, levando ao fracasso. Este desânimo é sentido como fadiga física e fadiga do trabalho. É comum adiar a tarefa pela urgência de fazê-la ou porque é muito tediosa ou muito difícil. E quanto mais se adia, mais cansaço aparece.

Às vezes, a questão não está no próprio problema, mas na situação social. Parece que são os outros a impedir o que se quer, esquecendo as palavras de Shakespeare: "Os erros não estão nos astros, mas em nós mesmos".

O mais comum é que a armadilha que nos bloqueia seja puramente pessoal. Em raras oportunidades pode ser que a tarefa seja realmente difícil, que esteja acima da nossa capacidade. Sucesso significa nunca sentir cansaço, apesar dos fracassos que a vida impõe.

A Concepção Pragmática da Administração

Alfred Sloan Jr. foi presidente da empresa General Motors durante muitos anos, tornando-se uma das figuras mais inovadoras do empresariado da época. Ele ofereceu um dos melhores exemplos dos problemas que enfrenta o sucessor de um presidente carismático, como Willian Durant. Lutou para tirar essa firma de uma bancarrota certa e a transformou no gigante industrial e líder de inovações organizacionais.

Em 1920, preparou um relatório que se baseava em dois princípios:

- A responsabilidade do dirigente de cada empresa não deve ser limitada.
- Algumas funções organizacionais precisam ser centralizadas e outras descentralizadas.

Daí, ele definiu quatro objetivos básicos: Determinar o funcionamento de cada divisão, suas relações com as outras e com a alta administração; Montar a estrutura organizacional; Centralizar o controle de todas as funções gerenciais na pessoa do presidente; Limitar o número dos executivos que se reportam ao presidente a um número prático e essencial.

A filosofia de Sloan dá ênfase ao planejamento, valoriza a comunicação, entre superiores e subordinados, dá mérito aos conselheiros e baseia sua administração num conjunto de premissas, leis e princípios transmitidos pela tradição oral. Empregou muito o método comparativo para: políticas, estruturas, estratégias, planos, programas e procedimentos. Utilizou o conceito de estado maior tirado da experiência militar.

Peter Drucker foi escritor de numerosas obras, consultor e professor de Administração. Escreveu para as melhores revistas de negócios do mundo. Foi membro da Associação para o Progresso da Ciência, da Academia Internacional de Administração e da Academia Americana de Administração. Durante a Segunda Guerra

Mundial, realizou um estudo na General Motors, onde descrevia o processo de descentralização multidivisional e onde aparecem os primeiros traços da Administração por Objetivos.

Em 1954, surge um dos livros mais importantes de Drucker, *Prática da Administração de Empresa.* A principal contribuição do livro foi o seu senso de finalidade prática dos negócios, que tomou corpo na forma da Administração por Objetivos.

O administrador tem de saber e entender o que as metas da empresa esperam dele, em termos de desempenho. Seu superior deve saber que contribuição pode exigir e esperar dele, devendo julgá-lo de conformidade com a resposta dada.

Drucker considera que o desempenho gerencial não é, automaticamente, dirigido para um objetivo comum, a menos que se tenha plena consciência dele. Para isso a empresa deve estabelecer um conjunto de objetivos claramente definidos, específicos, concretos e mensuráveis, originados nos objetivos centrais do negócio, dando ênfase ao resultado.

Peter F. Drucker, a maior influência na formação de uma mentalidade administrativa dos últimos anos, considera que nenhum negócio vive de um objetivo único, mas sim de um conjunto de objetivos que estabeleça um equilíbrio entre: posição no mercado, inovação, produtividade, otimização de recursos, rentabilidade, desenvolvimento e treinamento de mão de obra, eficiência, eficácia e responsabilidade social, por exemplo.

Em seu livro *O Gerente Eficaz,* ele recomenda cinco pontos básicos para o empresário: Saber onde gastar o próprio tempo; Concentrar esforços em resultados mais do que em atividades; Basear-se nas qualidades pessoais mais fortes; Focar o trabalho nas tarefas chaves.

História da Administração no Japão

Tudo que os japoneses sabem de Administração eles copiaram dos Estados Unidos, após a Segunda Guerra Mundial. O mundo empresarial, desde o início do Século XX, vem buscando e copiando modelos administrativos americanos, inclusive do Japão. Mas, quem começou a ensinar este povo os princípios administrativos? Foi Homer Sarasohn. Durante a Segunda Guerra, ele trabalhava como engenheiro de desenvolvimento de produtos radiofônicos para a Crosley Corporation, numa cidade do Arizona.

Após a guerra, ele passou a desenvolver um projeto de radar no MIT e na empresa que trabalhava, tornando-se parte de uma exclusiva confraria de jovens engenheiros. Em 1946, o general Douglas MacArthur era o comandante das forças americanas de ocupação, no Japão. Ele queria que fossem produzidos rádios, para que as autoridades militares americanas pudessem atingir rapidamente cada vilarejo japonês.

Então o general, através de um telegrama, solicitou a presença de Sarasohn. O telegrama dizia: "O general MacArthur solicita seus serviços no prazo mais rápido possível". Agitando nas mãos o telegrama, ele recorda que pensou se tratar de uma brincadeira. E só teve certeza quando um telefonema de um irado coronel o convenceu de que o pedido era para valer.

MacArthur queria que Sarasohn ensinasse como desenvolver e produzir equipamentos de comunicação, porque seria caro ter de importá-los. Sarasohn descobriu que os japoneses tinham conhecimentos de eletrônica, porém não sabiam sobre técnicas administrativas. No início, ele passava a maior parte do tempo em busca de material necessário para começar a produção em massa. Pouco depois, as aldeias do país começaram a ser invadidas por aparelhos muito pouco confiáveis. Ele empenhava-se em aumentar a produtividade e aperfeiçoar os métodos de produção.

Em 1948, Charles Protzman, um engenheiro da Western Electric, juntou-se à equipe de Sarasohn. A dupla concluiu que só conseguiriam rádios de qualidade se alguém lhes ensinasse administração, começando pelas regras mais elementares.

Um ano mais tarde, eles propuseram um curso para os principais executivos japoneses. A aprendizagem foi rápida. Os alunos destes cursos tornaram-se figuras de proa da indústria eletrônica japonesa. O título do curso era: *O Objetivo da Empresa.*

Os japoneses, humilhados por sua derrota militar e cientes das suas dificuldades, passaram a aprender e a ouvir seus mestres em administração. Repudiaram métodos feudais e militaristas e mudaram seus procedimentos. Em 1955, a ocupação americana estava chegando ao fim.

As lições, porém, não foram esquecidas. De boca em boca ou através de exemplos práticos nas empresas, os ensinamentos ganharam todo o país. Anos mais tarde, seminários foram incorporados ao programa de treinamento da Federação das Associações Patronais do Japão.

Enquanto os critérios para a concessão de certificados às indústrias americanas baseavam-se, sobretudo, em questões de segurança, no Japão, o que mais importava era o desempenho dos produtos. Levaram tão a sério a qualidade que, já no início dos anos de 1980, muitos bens manufaturados americanos foram barrados pelos japoneses por não atender aos seus padrões de qualidade.

A Influência dos Engenheiros na Administração

Frederick W. Taylor está, ainda hoje, apesar do tempo e das inovações, entre as figuras que mais se destacaram na História do Pensamento Administrativo, devido à sua contribuição para o Movimento da Administração Científica. Taylor declarou que o principal objetivo deste movimento consistia em assegurar a máxima prosperidade para o empregador e empregado.

Para o empreendedor isto significava lucros a curto e longo prazos e para o empregado, remuneração gradualmente maior e pleno desenvolvimento de suas capacidades. Naturalmente, que este movimento supunha a ausência de conflitos.

Na época era comum se dizer que a causa do antagonismo entre operários e patrões estava fundamentada na seguinte razão: A eficiência no trabalho iria reduzir o número de empregos. Aliás, tal afirmativa continua até os dias de hoje, em função do avanço tecnológico da informática, automação, telemática e robótica. A influência de Taylor foi de tal monta, que muitos dos pesquisadores se engajaram no Movimento da Administração Científica.

Seguidores como Gantt e Gilbreth aprofundaram os estudos sobre: Tempos e Movimentos; Engenharia Industrial; Organização e Métodos e Administração de Recursos Humanos. Os princípios de Taylor, apesar de duramente criticados, ainda hoje servem como "critérios" para treinamento de supervisores. Nas décadas seguintes, a Escola de Relações Humanas iria produzir uma revisão completa da maneira de encarar o trabalho na fábrica.

Os engenheiros atacaram os problemas da administração, partindo da unidade fundamental, da qual se originam todas as organizações humanas, a função e seu ocupante, e dela prosseguiram na construção da estrutura organizacional. Seus principais métodos dizem respeito à análise do trabalho a ser feito, à tarefa a ser executada e seus elementos constitutivos, aos movimentos decorrentes de cada um deles e ao tempo despendido na execução dos mesmos. Sua máxima era: *dividir e subdividir as organizações, mantendo-se o trabalho em movimento.* É na realidade o método cartesiano encarado de forma dinâmica.

Em sua busca por maior produtividade, foi Taylor que primeiro fez uma análise completa dos cargos e funções dos níveis hierárquicos da estrutura empresarial. Ele chegou aos movimentos necessários a cada operação, os quais, em seguida, cronometrou, estabelecendo padrões de execução do trabalho. Seu Princípio de Exceção diz que o administrador deve receber relatórios condensados, resumidos, relevantes e sempre comparativos, devendo se preocupar com os desvios.

A anatomia da organização concebida pelos engenheiros se preocupava com a forma, a disposição e as inter-relações das partes. Deve-se muito da literatura sobre organizações a esta Escola, que dá ênfase à análise dos problemas de cima para baixo. Neste pensamento viajou Fayol que definiu a função administrativa organização como a construção da dupla estrutura, material e humana, do empreendimento.

Para se criar uma organização útil não basta grupar pessoas e distribuir deveres. Deve haver um conhecimento de como adaptar o todo às necessidades, bem como encontrar o elemento humano essencial e colocar cada um no devido lugar.

Na visão dos engenheiros, a organização é o agrupamento de atividades que se processa sempre em dois sentidos diferentes: um, em que as linhas divisórias são verticais, indicando tipos ou variedades de atividades e outro, no qual as linhas delimitadoras são horizontais, indicando níveis de autoridade.

A Variável Comportamental na Administração

Psicólogos e sociólogos deram valor às relações entre indivíduos e seus efeitos no comportamento grupal. Os psicólogos se interessaram pelo estudo da organização como um sistema de controle baseado no reconhecimento das motivações dos indivíduos. Preocuparam-se com o processamento e não com seus aspectos estruturais.

Estudaram a administração sob os seguintes enfoques:

- Organização constitui o resultado de uma série de transigências.
- Organização é uma força viva, móvel e fluida.
- Organização são pessoas que reagem a estímulos.

Mary Parker Follet, que muitos consideram ter nascido antes de seu tempo, formada em Filosofia, História e Ciência Política, estudou os efeitos sociais da industrialização, tendo deixado um pensamento que se tornou célebre, até os dias de hoje. Ela advertia que as pessoas não fazem as coisas apenas porque se lhes mandam.

Treinamento, experiência, emoção, crença, preconceito, desejo, padrão e disposição ditam a reação dos indivíduos em face à mudança. O lugar e a circunstância em que as ordens são dadas podem alterar decisivamente a resposta esperada.

Kurt Lewin foi o psicólogo que deixou a herança mais importante para o Movimento Comportamental, pois é considerado o elo entre o estudo das relações humanas e a psicologia industrial, isto é, tentou estabelecer uma ligação entre a teoria social e a ação social. Ele conduziu experimentos de grupo para medir a atmosfera de liderança.

Já Douglas McGregor produziu um terremoto na teoria clássica da motivação humana, trazendo para dentro da administração uma abordagem mais humanística e não diretiva que lembra Carl Rogers (Psicologia Humanista).

Rensis Likert coordenou inúmeras pesquisas realizadas pelos behavioristas dentro de empresas, pois foi diretor de uma das maiores instituições de pesquisa social nos EUA. As pesquisas mostraram que os departamentos de baixa eficiência tendem a ser chefiados por supervisores orientados para o trabalho.

Elton Mayo, sociólogo da década de 1930, salienta a importância de se estudar os grupos e seus métodos, quer seja uma organização formal ou informalmente constituída. Um dos pontos característicos desta corrente de pensamento é não ter tentado estabelecer princípios de organização. Sua teoria é mais descritiva do que prescritiva.

Mayo, em seu primeiro extenso relatório sobre pesquisa industrial, estabeleceu novas bases para os métodos de estudo, a fim de obter, de cada trabalhador, a compreensão de suas tarefas e aumentar a sensação de bem-estar do trabalho.

Na indústria e em outras situações o administrador lida com grupos humanos bem entrelaçados e não com uma horda de indivíduos. O desejo que tem o homem de ser constantemente associado, em seu trabalho, a seus companheiros, é uma forte, senão a mais forte, característica humana.

Cada indivíduo, em organizações distintas, faz inúmeras escolhas de comportamento no que diz respeito à autoridade. Daí ser a principal função da mesma permitir uma grande flexibilidade na tomada de decisão. Mas, o erro de Mayo foi estudar a fábrica como um antropólogo estudaria uma ilha isolada, isto é, não a compreendendo dentro de um sistema e ambiente muito maior, de que ela é uma pequena parcela.

Os Pioneiros da Administração

O estudo a ser mostrado, a seguir, leva o nome daqueles que iniciaram a História da Administração, desde o Século XVIII. O desenvolvimento da indústria e a crescente separação entre propriedade e administração levaram ao aparecimento do administrador profissional. Este passou a refletir, começando a elaborar um pensamento administrativo.

Adam Smith, criador da Escola Clássica da Economia, já em 1776, mencionava o princípio da especialização dos operários numa manufatura de agulhas para salientar a necessidade de racionalização da produção. Sugeriu alguns conceitos de controle e de remuneração. Ele considerava que o bom administrador devia cultivar a ordem, a economia e a atenção.

John Stuart Mill acrescentou mais duas qualidades importantes: a fidelidade e o zelo. Alfred Marshal sugeriu autoconfiança e prontidão. Um outro economista clássico, Samuel P. Newman, escreveu, em 1835, que um bom empreendedor deve possuir uma incomum quantidade de previsão e cálculo, para que seus planos sejam bem fundamentados. Deve mostrar perseverança e constância de propósitos ao levar planos para a execução, afirmou ainda.

Nós pensamos que o Estudo de Tempos e Movimentos seja uma inovação de Taylor e Gilbreth, quando na realidade, já em 1776, Adam Smith lhe devotou o primeiro capítulo de seu livro *Riqueza das Nações*, sua obra clássica. O planejamento para a maioria dos economistas clássicos foi considerado a função mais importante. O treinamento também recebeu boa acolhida.

A função administrativa organização foi concebida em termos mais abrangentes e o princípio da unidade de comando também recebeu atenção. O conceito de controle evoluiu para controle de desperdício.

A contribuição dos economistas para o pensamento da administração não foi certamente muito técnica, específica e duradoura, tendo em vista o que viria a ser descoberto durante o Século XIX. Mas eles, certamente, contribuíram para valorizar a Administração, seja porque a mencionaram dando-lhe o *status* de um novo campo de conhecimento ou por estimularem os pensadores e autores que vieram depois.

O general prussiano Carl Von Clausewitz, ao escrever sobre a guerra e sobre a administração dos exércitos não podia imaginar que estaria se antecipando à Escola da Administração Científica. A estratégia militar seria adaptada à estratégia de negócios, uns 150 anos depois.

Este general considerou que administrar uma grande organização requereria planejamento cuidadoso e que todas as decisões devem ser baseadas na probabilidade e não na necessidade lógica. Talvez a maior contribuição de Clausewitz para a Administração, além do seu conceito de estratégia, seja o fato de que o administrador deve aceitar a incerteza e planejar de modo a minimizar a mesma.

Os pensadores do início do Século XIX trataram de modo amplo sobre os temas fundamentais da Administração. Eles contribuíram para tornar essa nova "ciência" conhecida e respeitada. O importante não é tanto o que disseram, mas o que começaram. Eles ajudaram a reforçar a importância da administração sistemática para a direção dos negócios e encorajaram outros a levar adiante tal estudo.

Na primeira metade do Século XIX, o engenheiro ferroviário Henry Varnum Poor destacou-se como um dos primeiros elaboradores da Teoria Administrativa. Numa época em que não havia uma teoria desse tipo, nem escolas de administração e nem administradores profissionais, esse engenheiro, cinquenta anos antes de Taylor, antecipou, com incrível profundidade e realismo, a análise dos problemas enfrentados, hoje, pela grande empresa.

Outro aspecto a ressaltar na obra de Poor foi a necessidade da publicação de informações financeiras sobre as organizações. Esta batalha levou anos para ser entendida pelos investidores como algo salutar para a imagem da empresa.

A Maior das Habilidades

O sucesso do administrador não está inteiramente correlacionado ao seu brilhantismo acadêmico. A autoridade executiva é o somatório do poder formal, poder informal, tradição, competência, inteligência, cultura, conhecimento e sabedoria. Assim, o administrador precisará de certas habilidades para que possa executar com presteza a ação gerencial.

Mas, qual é a maior das habilidades? Saber lidar com as pessoas. Habilidade de valor inestimável, porque entender de gente é muito difícil. Às vezes, o dirigente precisa ficar na sombra de subordinados mais capazes, para que estes possam se sentir mais confortáveis e importantes, a fim de que se tornem mais produtivos.

Samuel Butler nos deixou a seguinte máxima: "Qualquer tolo pode pintar uma tela, mas só um gênio consegue tornar o comprador comum num expertise em arte e um pintor qualquer num mestre da pintura".

A habilidade de relacionamento humano consiste na capacidade de saber interagir com as pessoas, através de mecanismos de persuasão, motivação e liderança. Um administrador deve naturalmente compreender que ele não é perfeito, que as pessoas que trabalham para ele e com ele não são perfeitas e que sua empresa não é e jamais será perfeita.

O bem-sucedido empreendedor é uma pessoa que mantém alta média de acertos na avaliação precisa das forças que determina qual deve ser seu comportamento mais apropriado em determinado momento e, efetivamente, ser capaz de comportar-se de acordo com a situação. Os erros são para servir de lição e de ponto de partida para novos rumos e não para serem rememorados.

A eterna preocupação por causa de um erro é uma atitude estéril. Todo administrador precisa adquirir uma verdadeira tolerância para com suas próprias imperfeições e uma capacidade para utilizá-las de forma positiva.

Atribuir responsabilidades às pessoas e deixá-las cometer erros poderá ser a mais alta função da direção de uma empresa. A tolerância do dirigente no que diz respeito a erros é tão importante quanto à flexibilidade no trato do problema original. A nova decisão que se segue ao erro verificado, pode não somente neutralizar os efeitos negativos do mesmo como também adquirir uma amplitude maior.

O administrador que quiser ser um profissional politicamente correto deve:

- Usar de cautela ao aceitar conselhos, evitar uma relação entre superior e subordinado muito íntima.
- Manter jogo de cintura, usar resistência passiva quando necessária, não hesitar em ser implacável quando for conveniente.
- Limitar o que deve ser comunicado, reconhecer que raramente são guardados segredos na organização. Aprender a não depender muito de um subordinado, a menos que veja nele lealdade.
- Estar disposto a transigir em pequenas coisas, ser hábil em dramatização e ser um negociador persuasivo.
- Irradiar autoconfiança, dando demonstração de sucesso material.
- Evitar a rigidez burocrática, lembrando de elogiar em público e censurar isoladamente.
- Ser compreensivo e receptivo em relação às opiniões que diferem das suas.

A mistura de relações pessoais e de trabalho também é consumidora de tempo. Se apressada, resulta em atritos. Contudo, qualquer organização repousa nessa mistura. Quanto mais pessoas estiverem reunidas, tanto mais tempo será necessário para sua atuação conjunta e tanto menos tempo estará disponível para elas trabalharem e obterem resultados expressivos.

Teoria dos Funcionários Felizes

O mundo dos negócios não é, definitivamente, um grande parque de diversões. Nunca as empresas buscaram tão intensamente os resultados. Nunca a luta pela sobrevivência foi tão feroz. Jamais funcionários dos mais variados escalões carregaram tanta responsabilidade sobre seus ombros e foram tão expostos a cobranças. Mas, em meio a esse ambiente de competição e cobrança máxima, destaca-se um grupo de empresas que faz da boa relação com seus empregados um dos motores para a competitividade e para o crescimento.

Para elas, criar e manter um ambiente de trabalho saudável não é uma questão de ser bonzinho, mas de estratégia. Assim, deixemos um pouco de lado o discurso bonito da colaboração entre capital e trabalho e nos concentremos na seguinte questão: Funcionários felizes ajudam a gerar mais lucros?

Seria uma ingenuidade, porém, acreditar que apenas um grupo de funcionários motivados seja suficiente para garantir o sucesso e a rentabilidade elevada de um negócio. A prosperidade é resultado da soma de fatores que vão da visão estratégica correta às condições do mercado. Pessoas não são suficientes para garantir o desempenho esperado, mas são determinantes.

No mundo dos negócios, há uma crença disseminada de que uma boa empresa para trabalhar é aquela na qual a harmonia reina 24 horas por dia, sete dias por semana, o ano inteiro. Boas empresas também enfrentam crises, pois têm de cortar custos e fazer demissões, impor metas e cobrar resultados. A diferença está em como fazer tudo isso. Assim, talvez o maior desafio de uma empresa seja garantir a sustentação de uma política de pessoal que dê certo por um longo período.

A seguir, alguns princípios que dão suporte a teoria em título:

- Fazer com que todos os funcionários façam parte das melhorias e avaliações de desempenho.
- Repassar o percentual de aumento da inflação para a remuneração.
- Ajudar com bolsas de estudo àqueles que pretendem melhorar o seu nível de educação.
- Discutir com lideranças internas sobre o planejamento estratégico da empresa.
- Criar uma colônia de férias (lazer) para integrar funcionários e suas famílias.
- Usar de transparência em todos os mecanismos de treinamento e tecnologia educacional.
- Ajudar os funcionários quanto à aposentadoria e saúde (física, mental e social).
- Vincular a remuneração salarial aos resultados.
- Acolher reclamações e queixas para um conselho de qualidade formado por representantes dos proprietários, diretores e funcionários.
- Prestigiar os funcionários que se destaquem por sua dedicação.

Como Superar o Fracasso

O despreparo para o sucesso de artistas, atletas, jogadores de futebol, políticos e outros personagens do mundo moderno é, constantemente, motivo de noticiários e especulações. As colunas sociais e publicações destinadas ao grande público exploram estes assuntos com muito alarde.

Um fenômeno similar, mas até agora pouco estudado e de restrito conhecimento, é a falta de preparo do executivo para enfrentar os desafios e armadilhas do sucesso profissional.

O fracasso traz o cansaço, torna mais difícil o trabalho, o que leva a um estado de frustração e depressão. Sentimos esse desânimo de duas maneiras fundamentais: como fadiga já de início e como fadiga do trabalho em si.

É comum ficarmos adiando uma tarefa que temos alguma urgência de fazer, ou porque é muito tediosa ou difícil, e, quanto mais adiamos, mais cansado nos sentimos. Esse cansaço inicial é na verdade bastante concreto mesmo não sendo físico nem havendo problemas com nossos músculos e ossos. O remédio é óbvio, embora talvez não muito fácil de aplicar: *Força de Vontade.*

Começar o trabalho é a parte mais difícil, pois, na maioria das vezes, relutamos em começar, pois parece que não vamos conseguir fazer a tarefa direito. As dificuldades parecem insuperáveis e por mais duro que trabalhemos parece que sempre fracassaremos. Esse fracasso traz consigo uma crescente carga de fadiga mental. Para você impedir o cansaço inicial, ataque sempre o trabalho difícil primeiro.

O mais comum é que a armadilha que nos bloqueia seja puramente pessoal. Sujeitos às distrações humanas, deixamos os problemas pessoais nos afetarem. Produzindo um cansaço que diminui a nossa produtividade. Parece incrível que uma pessoa deixe sua vida complicar. Mas é desse modo que os problemas degeneram, se não os enfrentarmos e resolvermos à medida que aparecem. Melhor ainda é prevê-los.

O primeiro passo para isso é usar o cansaço inexplicável como se fosse um sistema de alarme prévio e identificar as causas, para descobrir a derrota que estamos encobrindo sem querer admiti-la. Depois devemos diagnosticar a causa desse fracasso. Em raras oportunidades pode ser que a tarefa seja realmente muito difícil para nós ou que esteja acima de nossa capacidade. Se for o caso, podemos reconhecer o problema e abandoná-lo.

Mas, o bloqueio também pode estar simplesmente nas pessoas. O pior erro que podemos cometer é encarar o cansaço mental como um cansaço físico. É por isso que sucesso significa nunca nos sentirmos abatidos. Situação difícil de controlar.

É bom lembrar, para finalizar, alguns ensinamentos tirados do Taoísmo: "O sucesso futuro é baseado nos erros do passado; O sucesso é uma questão de oportunidade, não de competição; As pessoas de sucesso são econômicas nas suas ações e cuidadosas com o tempo".

O Príncipe de Maquiavel

Il Principe foi escrito em 1513, provém da Renascença, quando o idioma italiano ia se destacando, paulatinamente, da língua mãe, o Latim, e dos barbarismos nela introduzidos à época da decadência, na Idade Média.

Il Principe além de se constituir na obra inicial da Ciência Política, criada pelo "Secretário Florentino", é hoje considerada um clássico da língua italiana.

Nascido em 03/05/1469, Nicolo di Bernardo Dei Machiavelli viveu 58 anos, dos quais 33 anos foram dedicados à vida pública. No contexto de sua vida foi: observador político, consultor, diplomata, negociador, teatrólogo, estudioso das organizações, intelectual, pesquisador, profundo conhecedor da civilização greco-romana, pensador, poeta, previsor de tendências, escritor...

Maquiavel tem sido atacado por uns, encontrando sinceros defensores por outros. Contudo, é inegável ter sido *Il Principe* a razão primordial dos ataques endereçados a esse grande político e pensador florentino, por emitir conceitos e afirmativas que se chocam frontalmente com a moral. Isto, em verdade, impressiona desfavoravelmente, mas apenas por julgarmos sua obra dentro do espírito democrático atual, esquecidos de que à época de Maquiavel o absolutismo imperava. O poder dos reis era incontrastável, tudo girava em torno daquele conceito que sobreviveria até o Século XVII: O Estado Sou Eu.

E dizer-se que Maquiavel, simples e honesto, bom e patriota, atacado por uns como herege, condenado por outros sob acusação de estar a soldo da Igreja, incompreendido por muitos, tornou-se conhecido e foi imortalizado, não por aqueles versos e aquelas peças teatrais que tanto amava, não por suas histórias florentinas tão belas na forma e no conteúdo, mas sim por um pequeno opúsculo que lhe veio à ideia.

Na dedicatória, Maquiavel se declara não prolixo e sem rebuscamento e, no entanto, assim se expressa a Lorenzo de Medici: "Não encontrei entre os meus cabedais coisa a mim mais cara ou que tanto estime, quanto o conhecimento das ações dos grandes homens apreendido através de uma longa experiência das coisas modernas e uma contínua lição das antigas as quais tendo, com grande diligência, longamente, perscrutado e examinado e, agora, reduzido a um pequeno volume que envio a Vossa Magnificência."

Ele tem uma profunda necessidade de voltar à vida pública e assim termina sua dedicatória: "Receba, pois, Vossa Magnificência este pequeno presente com aquele intuito com que o mando; nele, se diligentemente considerado e lido, encontrará o meu extremo desejo de que lhe advenha aquela grandeza que a fortuna e as outras suas qualidades lhe prometem. E se Sua Excelência, das culminâncias em que se encontra, alguma vez volver os olhos para baixo, notará quão imerecidamente suporto um grande e contínuo infortúnio".

A seguir, alguns conselhos desse grande político:

a. Nenhum governo pode se organizar numa forma estável a não ser que seja monarquia ou república.
b. Estados conquistados trarão problemas na anexação.
c. Aqueles que estão habituados a viver com suas próprias leis e em liberdade serão difíceis de mantê-los.
d. Aquele que conquista o principado com dificuldade, com facilidade o conserva. Já aquele que consegue com rapidez encontra grandes dificuldades em mantê-lo.
e. Ao ocupar um Estado, deve o conquistador exercer todas aquelas ofensas que se lhe tornem necessárias, fazendo-as todas a um só tempo, só para não precisar renová-las a cada dia e poder assim, dar segurança aos homens e conquistá-los com benefícios.
f. O príncipe precisa ter apoio popular sem esquecer os poderosos.
g. Um príncipe hábil deve pensar na maneira pela qual possa fazer com que os seus cidadãos, sempre e em qualquer circunstância, tenham necessidade do estado e dele mesmo.
h. Um príncipe que tenha uma cidade forte e não se faça odiar, não pode ser atacado e, existindo alguém que

o assaltasse, retirar-se-ia com vergonha.

i. Não pode haver boas leis onde não existem boas armas, e onde existam boas armas convém que haja boas leis.
j. O príncipe deve ir, pessoalmente, com as tropas e exercer as atribuições do capitão, porque os capitães mercenários são inconfiáveis.
k. Quando os príncipes pensam mais nas delicadezas do que nas armas perdem o Estado.
l. Há tanta diferença de como se vive e como se deveria viver, que aquele que abandone o que faz por aquilo que se deveria fazer, aprenderá antes o caminho de sua ruína do que o de sua preservação.
m. Um príncipe deve gastar pouco para não precisar roubar seus súditos, para poder defender-se para não ser forçado a tornar-se rapace, não se importando de incorrer na fama de miserável, porque esse é um daqueles defeitos que o fazem reinar.
n. Um príncipe não deve, pois, temer a má fama de cruel, desde que por ela mantenha seus súditos unidos e leais.
o. Um príncipe deve ter muito cuidado com o que diz. De sua boca deve sair piedade, fé, integridade, humanidade, compaixão e bondade.
p. Um príncipe deve dar pouca importância às conspirações, se o povo lhe é benévolo. Mas, quando este lhe seja adverso, deve temer tudo e a todos.
q. Jamais existiu um príncipe novo que desarmasse os seus súditos, mas, antes, sempre que os encontrou desarmados, armou-os.
r. O príncipe que tiver mais medo de seu povo do que dos estrangeiros, deve construir fortalezas, mas aquele que sentir o contrário deve abandoná-las.
s. Deve um príncipe mostrar-se amante das virtudes, dando oportunidade aos homens virtuosos e honrados, animando-os nas suas atividades.
t. Não é de pouca importância para um príncipe a escolha dos ministros, que serão bons ou maus, segundo a prudência do próprio príncipe, que os permitirá falar a verdade daquilo que lhes for perguntado.
u. Para que o nosso livre arbítrio não seja extinto é preciso aceitar ser verdade que a sorte seja o árbitro da metade das nossas ações.

O Lado Engraçado da Organização

Muitas foram as sátiras à organização. Mas, foi Victor Thompson, aquele que estudou o papel da sátira à organização, que tentou analisar as causas do comportamento dramático das pessoas numa organização. Ele observou que estamos envolvidos neste tipo de comportamento, porque somos levados a proteger a aparência de nossa personalidade, para manter nossa posição na empresa.

A dramaturgia dos especialistas está relacionada com o problema da reputação pessoal. O estetoscópio pendurado no pescoço do médico, a calculadora sempre à mão do engenheiro, o manejo dos óculos pelo professor, o ar de respeitabilidade do analista de sistema diante do computador e as fotografias do prefeito visitando obras são símbolos de poder e de valor. Por isso precisa ser exibido.

Na organização, a percepção, o conhecimento, o comando e a riqueza são formas de aparecer. Mas, por que isso acontece? As pessoas, infelizmente, veneram aqueles cujos símbolos externos de poder são grandes. O talento dramático tem-se tornado cada vez mais essencial e a competência técnica cada vez menos importante.

É crença geral que os ocupantes de destaque numa organização são os mais capacitados, os mais trabalhadores, os mais indisponíveis, os mais leais, os mais fidedignos, os mais autocontrolados, os mais cônscios de sua responsabilidade profissional, o que vale dizer, os mais honestos, justos e imparciais. O sistema é mantido por características tais como: manter-se ocupado, pois a atividade sugere indisponibilidade; cercar-se de símbolos de distinção e prestígio; não travar intimidade com subordinados.

O jovem executivo que pretenda subir na organização precisa revelar disciplina dramática. Ele não pode desmoralizar a companhia teatral da qual faz parte. C. Northcote Parkinson e Laurence J. Peter, entre outros, alinham-se numa campanha de desmistificação. Eles acreditam no progresso da Administração, sabem que a Teoria da Administração é também ideológica, no sentido de servir para defender posições já conseguidas.

Como o espírito satírico e a engenhosidade do observador crítico irão continuar encontrando motivos para rir da organização, eis algumas preciosidades selecionadas:

- "O chefe deve lembrar-se de que sua habilidade como profissional não é um certificado para sua defesa, mas uma barreira para seu avanço".
- "O chefe deve buscar sempre a evidência inquietadora".
- "O chefe deve permanecer durante a maior parte do tempo junto ao mais poderoso grupo da organização".
- "O chefe deve conseguir a adesão dos opositores ou, pelo menos, levá-los à neutralidade".
- "O chefe deve lembrar-se de que a reflexão é o prelúdio da ação e não uma alternativa".
- "O chefe deve procurar com um telescópio, e não com um microscópio, os problemas de que se ocupará".
- "O chefe deve ligar para o seu próprio escritório para ver como funciona o sistema de comunicação da organização".
- "O trabalho aumenta a fim de preencher o tempo disponível para sua execução".
- "O tempo despendido na discussão de cada item de uma agenda está na razão inversa da soma discutida".
- "Uma comissão não é uma estrutura, mas uma planta que cresce, floresce, murcha e morre, espalhando as sementes que farão nascer outras comissões".
- "A perfeição da estrutura planejada só é alcançada quando a instituição está no ponto de colapso".
- "Se o chefe da organização não é dos melhores, tratará de se cercar de empregados que sejam ainda piores, haverá logo uma verdadeira competição de estupidez, em que as pessoas fingem ser ainda mais estúpidas do que realmente são".
- "Numa hierarquia, todo empregado tende a subir até o seu nível de incompetência".
- "Todo cargo tende a ser ocupado por um funcionário que é incompetente para cumprir seus deveres".
- "O trabalho é feito por aqueles funcionários que ainda não atingiram o seu nível de incompetência".
- "As organizações parecem presas irreparáveis da mediocridade e da incompetência".
- "O comportamento administrativo revela uma busca de justificativa para o desempenho ineficiente".
- "Aquele que passar mais de cinco anos no mesmo cargo, desempenhando as mesmas funções, é um incompetente".

Apesar das duras críticas às organizações, algumas delas foram verdadeiros "achados" para solucionar problemas administrativos. Todos os livros, que fundamentaram as frases citadas, se tornaram *Best-Sellers*.

Onde Surgirão as Grandes Fortunas?

Mesmo sendo difícil responder, não é impossível delinear suposições. A História dá uma pista, mostrando que cada Era tem se caracterizado por uma maneira diferente de se acumular riqueza. A mais contemporânea, e que prevalece desde a Revolução Industrial, é baseada no modelo do empreendedor que agarra a oportunidade certa, na hora certa, e faz uma enorme fortuna.

Nas próximas décadas, esse tipo de empreendedor, capaz de pressentir o futuro, contribuirá em alta e sua chance de fazer dinheiro será tão grande quanto sua competência para embarcar numa das seguintes tendências: A informação como uma nova fonte de transformação; O envelhecimento da população do mundo desenvolvido; A emergência de economias regionais integradas, envolvendo vários países; A exploração de novas tecnologias.

Na economia dos dias de hoje, acumular uma grande fortuna é uma empreitada à altura da teoria do pensador inglês, Thomas Hobbes, para quem a utilidade e o egoísmo decidem o comportamento dos homens. Por trás da maioria das grandes fortunas encontrava-se um grande crime, quase sempre a apropriação do patrimônio alheio ou o peculato. Em Roma, por exemplo, no primeiro século a.C., os caminhos convencionais para se alcançar a fortuna passavam invariavelmente pela extorsão e pela corrupção.

É do Século XVIII, o modelo de criação de fortuna que se conhece hoje, nascido com a Primeira Revolução Industrial. Gradualmente, os monopólios da nobreza foram varridos do comércio por homens e máquinas capazes de produzir melhores produtos, com maior eficiência.

Surgiam os modernos empreendedores, aqueles que Alfred Chandler chamou de pioneiros inovadores. Ainda que não tenham inventado uma nova tecnologia, eles tiveram a visão de organizar e dominar indústrias emergentes, naquele estágio inicial de desenvolvimento, obtendo altíssimos índices de crescimento e rentabilidade.

Então, para onde devem olhar os empreendedores do amanhã? A codificação do conhecimento teórico está substituindo o capital e a energia como fonte primária de transformação. O conhecimento é o principal fator de produção. A informação gera fortunas em dois segmentos de negócios: Bancos de Dados e Canais de Comunicação.

Assim, os trabalhadores, de todos os níveis, terão necessidade crescente de aprimorar sua educação e passar por uma espécie de reciclagem para os novos tempos. O objetivo básico é aumentar a produtividade, tanto no ensino como na aprendizagem. No setor de informação, o mercado é do tamanho de um gigante. A renovação de conhecimentos é necessária, não só na sala de aula da escola quanto da empresa.

Ricos se tornarão aqueles que capitalizarem as oportunidades escondidas no envelhecimento da população, cada vez mais interessada em manter a forma e a saúde, para minimizar os efeitos da idade. A demanda para serviços de embelezamento também é enorme. Significa dizer: Aquele que conseguir fazer diagnóstico a preços competitivos, para atender a esse apetite crescente, terá, com certeza, maiores chances de fazer fortuna.

Novas tecnologias, tudo indica, darão aos futuros empreendedores fortunas inimagináveis. Mas, surge a dúvida: Tudo isso não é demais para um único empreendedor? Parece que o futuro está destinado a grandes corporações ou a governos, em função de vultosos recursos a serem disponibilizados. Só se sabe ao certo, que o perfil do milionário está, cada vez mais, associado a sua percepção, disposição para o trabalho, uma boa dose de sofisticação administrativa e muita sorte.

O Espírito Empresarial

Através dos tempos, o homem vem necessitando, cada vez mais, de tecnologia para sobreviver e enfrentar novos desafios. Se a participação em todas as atividades dá ao homem a condição de ser (ou parecer) indispensável, devido a sua inteligência, somente o ser humano, peça básica da empresa, poderá criar, mudar, inventar, inovar e desenvolver ações inteligentes.

A riqueza, por si só, não produz utilidade, nem individual e muito menos coletiva, na medida em que ela é praticada apenas dentro de uma visão acumulativa e não empreendedora. Além de gerar empregos, pagar tributos e movimentar um mercado cada vez mais incerto, turbulento, mutável e competitivo, o empresário só terá condições de exigir um papel mais comprometido do governo na proporção direta da sua abertura para uma ação mais associativa e menos individualizada.

Por outro lado, torna-se fundamental profissionalizar a propriedade como forma de gerar riquezas e não apenas colher benefícios pessoais.

Assim, como o filósofo não deve despender seus poderes somente na criação de sistemas metafísicos, mas atacar a questão da verdade, também, o principal executivo de uma empresa não deve despender seu vigor na administração exclusiva de determinado sistema dentro de uma organização. Deve atacar o problema da mudança e da inovação.

A verdade, a inovação e a mudança têm uma poderosa similaridade. Elas tratam de uma tarefa constantemente inacabada. É na perseguição perene dessa tarefa que a inspiração, tanto do filósofo como do executivo, deve ser dirigida. Mas que mudança é esta? O empresário sabe que tem de mudar para sobreviver, porém a mudança mais importante é a social e não aquela voltada para troca do controle da propriedade.

Hoje em dia, uma guerra simulada coloca a administração e o espírito empresarial, como adversários. O leitor deve ler espírito empresarial como espírito inovador, tendo em vista que o novo empresário busca novos produtos, novos nichos de mercado, colocando toda a sua criatividade e imaginação que tiver para alocar no mercado algo ainda não comercializado.

Em nossa realidade, esta atuação torna-se ainda mais imperiosa. O esforço que os atuais empresários possam fazer terá um efeito multiplicador sobre os jovens empreendedores, que, hoje, se preparam para administrar empresas diferentes, num país muito mais complexo, em um mundo globalizado.

Portanto, é necessário que a classe empresarial destine parte do seu tempo a fixar estratégias de sobrevivência para seus negócios, mercados e produtos, e não apenas para a manutenção de suas riquezas, pressionando os governantes para uma sociedade mais justa.

Os sucessores de nossas empresas não serão herdeiros de alguma fortuna para ser queimada em festinhas sociais. Saberão compatibilizar a riqueza com o seu verdadeiro papel de empreendedor, no sentido mais amplo da palavra.

A Empresa Familiar

Em todos os lugares, a maioria das empresas é controlada e administrada por famílias. E a administração familiar não está de modo algum, confinada às empresas de pequeno e médio portes. A DuPont, controlada e administrada por membros da família durante 170 anos, de 1802 até 1970, quando foi profissionalizada, transformou-se no maior fabricante de produtos químicos do mundo.

Dois séculos após, um financista, então desconhecido, ter começado a enviar seus filhos para fundar casas bancárias nas capitais da Europa, as instituições financeiras que ostentam o nome Rothchild, e são administradas por estes, ainda figuram entre os bancos privados de primeira linha no mundo.

No Brasil, o Grupo Votorantin é o nosso exemplo. É bom observar que este grupo foi considerado, em 2007, como a primeira empresa familiar no ranking mundial.

É claro que não há nenhuma diferença entre empresas administradas por profissionais e empresas administradas por membros de uma família em relação ao trabalho funcional. Mas, no que diz respeito à administração, a empresa familiar requer regras próprias e muito diferentes, as quais têm de ser estritamente observadas. Se não for assim, a empresa administrada por famílias não sobreviverá, e muito menos prosperará.

Os dirigentes de empresas de maior êxito são, muitas vezes, homens que edificaram suas próprias companhias. Não deixa de ser irônico o fato de que seu próprio sucesso, frequentemente, lhe causa, e aos membros de sua família, problemas pessoais de uma intensidade raramente encontrada pelos administradores profissionais.

Uma empresa da qual participam numerosos membros de uma família, com variadas idades e relações entre si, muitas vezes, se desintegra por questões de domínio e sucessão.

Geralmente, uma empresa familiar terá sérios problemas, quando as decisões da direção são influenciadas por sentimentos e responsabilidades, para com parentes em atividade na empresa. O nepotismo exerce uma influência muito grande e a empresa é administrada mais em honra a uma tradição de família do que por suas próprias necessidades e objetivos.

As dificuldades da empresa de família começam com o fundador, porque, em geral, ele é um empreendedor. Não se sente à vontade quando está sendo supervisionado, tem dificuldade em delegar, recusa a se aposentar e precisa demonstrar que é ainda competente, embora queira passar o negócio para os herdeiros.

Para o empreendedor, o negócio é essencialmente uma extensão de si mesmo e, sobretudo, um meio de satisfação e realização pessoal. É característico o fato de que aqueles que trabalham para ele são seus instrumentos na modelagem da organização.

A Imagem da Empresa

A boa imagem é um dos objetivos buscados por qualquer empresa. Hoje, como as marcas têm forte influência, é comum usar a propaganda para criar uma imagem positiva da marca junto aos consumidores. Assim, a imagem da empresa é uma estratégia interna e externa. Mas a imagem da marca é para o mercado.

Quando a imagem da marca e/ou empresa é melhorada, com certeza se está criando novos consumidores, que, satisfeitos, divulgam o produto e a marca, aumentando o valor da empresa. Toda empresa famosa tem sua imagem na cabeça do cliente. Muitas vezes, o consumidor possível se torna impossível, porque a imagem não ajuda ou porque esta deixou de ser favorável por alguma razão.

Só uma pesquisa pode responder, perfeitamente, às perguntas referentes ao que o público pensa de determinada empresa. Mas, sem fazer pesquisa, sabe-se muito bem que só se terá uma boa imagem à medida que a empresa for capaz de tratar o consumidor como alguém muito importante para a organização.

Um exemplo clássico é o caso do crediário em lojas. As que têm crediário próprio (cartão de crédito) oferecem dois tipos de tratamento tão díspares, tão conflitantes, que só não causam maiores prejuízos, porque, em geral, todas agem da mesma maneira e o consumidor acaba se acostumando.

Queremos falar da diferença enorme que existe de tratamento entre a seção de vendas e o crediário. Na seção de vendas, o consumidor faz uma coisa agradável que é examinar e escolher mercadorias e é tratado por vendedores como se fosse um "rei". Vendedores, que além de ganharem comissão, são, geralmente, muito bem treinados no trato com as pessoas.

Ao passo que no crediário, o consumidor faz uma coisa desagradável que é preencher fichas e formulários, dar informações de sua vida e é atendido por pessoas que não ganham comissão e além de nunca serem treinadas em relações humanas têm, em geral, uma deformação profissional de achar que todo mundo pode ser desonesto.

Quando passa para o crediário o cliente sente que perdeu status. Se os empresários soubessem a importância dos atendentes na formação da imagem da empresa e avaliassem a perda de consumidores causada por mau atendimento pensariam mais no assunto. É estranho que se jogue fora no crediário o dinheiro gasto em propaganda.

A Única Maneira de Sobreviver

Qualquer organização existente decai rapidamente, se não inovar. Inversamente, qualquer nova organização seja ela uma empresa, uma igreja, um sindicato, um hospital, fracassa se não souber administrar. Não saber administrar é a única e maior razão para o fracasso de novos empreendimentos.

Segundo Drucker, "poucos livros sobre administração abordam a inovação social, o que não acontece com a mudança e a inovação tecnológica. De fato, a inovação social pode ser mais importante e causar maior impacto do que qualquer invenção científica".

Em nosso país, a legislação iguala as obrigações dos pequenos e dos grandes empresários aos compromissos fiscais, para-fiscais, trabalhistas e burocráticos, aos quais estão sujeitas as organizações maiores, e, portanto, mais bem preparadas para atenderem a tais exigências.

Assim, as pequenas e médias empresas que representam o embrião das unidades econômicas do país, mas que já nascem debilitadas pela falta de recursos para atender ao giro de seus negócios, ficam condicionadas à marginalização para sobreviver e tentar crescer.

Nessa situação, a maioria delas opera irregularmente, sonega impostos e, não raras vezes, torna-se alvo de fiscalização absurda e achaques, para as quais a resposta é o suborno e a corrupção, fechando um ciclo vergonhoso, verdadeiro câncer que vai minando a empresa e combalindo a economia do país. E tais práticas ocorrem, porque a maioria dos empresários que assim age está convencida de que esta é a "única" maneira de sobreviver.

Empresários, que têm tido sucesso apenas baseados nas concessões cartoriais e o lucro como forma única de criar fortuna, passam a ter suas perspectivas históricas e empresariais bastante encurtadas. Não passarão, como temos visto, de duas ou, no máximo, três gerações de ostentação.

O surgimento de uma classe empresarial comprometida com o futuro do país, na mesma proporção que entende que seu negócio não pode ser uma ilha de prosperidade num mundo de miséria, faz surgir uma esperança de que o futuro deste país poderá ser muito diferente.

Empresas saudáveis, através da profissionalização da sua propriedade, deverão ter melhores condições de usufruir sucessos e pressionar o governo a cumprir, de fato, o seu papel. Uma classe empresarial de "rabo preso" com os governantes de plantão e dependente dos símbolos de status da riqueza, como única demonstração de sucesso, não pode formular nenhuma proposta de contribuição histórica e real para o futuro do país.

A unificação europeia é um empreendimento iniciado pela classe empresarial, no qual governantes e políticos foram impelidos a se engajarem, sob o risco de perderem o bonde da História. E tudo isso num contexto de muitas adversidades e obstáculos econômicos, financeiros, históricos, linguísticos, religiosos, étnicos, sociais, políticos e culturais.

Cores para Disciplinar Funcionários

Um aspecto muito importante a ressaltar é a pintura do interior da empresa e de seus equipamentos. A sinalização de segurança, por exemplo, indica onde fica a mangueira de incêndio.

Assim, todas as passagens e as faixas de tráfego devem ser marcadas nitidamente. Isso é conseguido pintando-se toda a largura da passagem numa cor contrastante com a cor geral do piso ou deixando faixas espessas de uma cor viva, para servir de limite. Tal pintura atuará como aviso ao funcionário de que ele está na *Corrente de Trânsito* e deve estar alerta para evitar acidentes.

Caixotes usados para coletar ou distribuir material, devem ser pintados com cores que chamem a atenção. A superfície interna dos caixotes deve ser pintada com uma cor que torne fácil verificar a quantidade e/ou qualidade do material que foi colocada nele.

Matérias-primas, materiais, produtos acabados, por exemplo, muitas vezes, são empilhados em passagens ou diante de equipamento contra fogo, bloqueando toda a área.

Espaços do piso que são usados para a armazenagem periódica de material devem ser nitidamente marcados num *Branco Forte,* para deixar livres e seguras as faixas de tráfego.

A Associação Brasileira de Normas Técnicas (ABNT) estabeleceu normas que disciplina o uso das cores. Podemos destacar as seguintes:

Amarelo – Cor de alta visibilidade deve ser usada como faixa que delimita movimentadas passagens e objetos acima da cabeça. Quando usada em combinação com o preto, em barras paralelas, identifica objetos estacionados que apresentam perigo de batidas, esbarrões e quedas.

Laranja – Cor combinada à vitalidade e intensidade do vermelho com a alta visibilidade do amarelo, para produzir uma cor que tem maior valor de atenção que qualquer outra, deve indicar partes e áreas perigosas. Capas de máquinas ou de partes móveis que invadem as alas de trânsito devem ser pintadas superficialmente ou em faixas com a cor laranja. Bordos que esmagam ou cortam devem ser identificados por uma tira laranja. A face interior da porta da caixa de força deve também ser pintada com esta cor.

Vermelho – Cor fisicamente associada ao fogo. Deve ser usada para identificar a localização do equipamento de proteção contra incêndio. As colunas que suportam o equipamento contra o fogo devem ter o topo e a base pintados de vermelho, além de uma cinta, justamente no local em que está fixado o extintor ou as mangueiras.

Azul – Cor sugerida como precaução. Etiqueta azul, ou bandeira azul, deve ser usada para prevenir equipamento em movimento, fora do lugar, fora de uso ou em conserto.

Verde – Cor sempre associada com segurança e prática médica, devendo ser usada para identificar equipamentos de segurança e sua localização. A cruz branca sobre o fundo verde identifica armário com material de primeiros socorros, ou enfermaria de pronto socorro. O chuveiro de segurança, assim como sua localização, deve ser pintado com esta cor.

Lucro Satanizado

Está bastante claro que o mito da empresa, fundamentalmente, preocupada com lucro, continua suficientemente livre para tratar das responsabilidades sociais como uma opção extra. Mas, aceitando ou não, a empresa sempre esteve obrigada a adaptar-se às expectativas altamente mutáveis da comunidade.

Faz poucos anos que a utilização de menores nas fábricas era feita sem nenhum escrúpulo ou legislação adequada. Na época era tido como algo muito normal quando hoje isto é inaceitável. O uso abusivo da natureza já começa a sofrer restrições. Em síntese, começam as empresas a ser pressionadas a avaliar melhor seus planos futuros, levando em consideração pontos que, no passado, eram deixados de lado.

Por que considerar a responsabilidade social parte da função das empresas, quando isso pode ser perfeitamente atribuído ao governo? A verdade é que a empresa é uma instituição de caráter muito especial, pois representa uma fonte de riqueza econômica para a comunidade, e, como tal, ela não poderá ficar isenta deste mister. Isto será cada vez mais acentuado a cada dia que passa.

Embora a responsabilidade social não possa ainda ser caracterizada como um setor autônomo na estrutura organizacional, pode, no entanto, ser implantada como uma área de resultados que exige uma filosofia comum. É importante recomendar que sua vinculação deva estar o mais próximo possível do centro das decisões estratégicas da empresa.

Esta obrigação, hoje, está muito exacerbada no Brasil, tendo em vista uma recente pesquisa encomendada pela Revista Exame ao Instituto Vox Populi, que mostrou um fosso entre a expectativa da população e dos empresários. No questionamento feito, houve a seguinte pergunta: Qual a missão da empresa? As pessoas responderam – Gerar empregos. Os empresários – Gerar lucros.

É preciso parar de dizer que a empresa só tem responsabilidade social para com a sociedade. Sem lucro a empresa fecha, não reinveste, não avança tecnologicamente, não cria novos produtos, não capacita profissionalmente as pessoas e não desenvolve novos mercados. Isto é, vai para o ralo e nem postos de trabalho cria, porque a palavra lucro passou a ser um palavrão que até os próprios empresários têm vergonha de falar em público.

O lucro está tão satanizado que as empresas de sucesso carregam uma carga de culpa pelo sucesso no mundo dos negócios. Quem festeja o lucro corre o risco de ser alvo de uma Comissão Parlamentar de Inquérito, de receber a visita inesperada da Receita Federal ou mesmo de ficar com a imagem arranhada perante a opinião pública. Apenas grandes corporações alardeiam lucros fantásticos, porque são "intocáveis".

Paulo Zottolo afirma: "Quando a sociedade passa a esperar que as empresas se preocupem prioritariamente com a geração de empregos e os trabalhos sociais, como meta número um, algo está errado". Por que a responsabilidade social da empresa ganhou mais importância do que a responsabilidade econômica?

Esta atitude remonta ao Frei Luca Pacioli que disse: "A finalidade e o objetivo de um homem de negócios é obter lucro legítimo e satisfatório para que possa se sustentar". Muito bonito para quem foi artesão ou comerciante, há 200 anos.

Por que países como Rússia e China, baluartes do comunismo, defendem, hoje, abertamente o lucro como ingrediente para manter o progresso do país? A resposta é simples e, para tal, basta lembrar Adam Smith: "A busca do sucesso individual gera benefícios para toda a sociedade. O padeiro produz pães não para ajudar o próximo, mas para prosperar".

O Fantasma da Burocracia

Consciente dos problemas da burocratização, os estudiosos da organização, inclusive, dentro do governo, passaram a procurar fórmulas, regras, técnicas que pudessem minimizar as dificuldades, surgindo, assim, a desburocratização, referindo-se não só aos meios indicados para correção, reequilíbrio e efetividade do sistema organizacional, como também, à internacionalização de novos processos, que melhor atendam às exigências dinâmicas de uma sociedade permanentemente em mudança.

Assim, o novo modelo desburocratizado da organização, que hodiernamente tem-se desenvolvido e pode ser considerado um paradigma de transição entre a organização burocrática e a organização adhocrática, que, ao contrário, é um estilo flexível de administração, tendo como foco central "arranjos temporários e provisórios", para objetivos especiais e de curto prazo.

A burocracia inferniza as organizações governamentais, as empresas e aqueles que dependem dos dois. Gera a perda de bilhões de dólares, pois cada funcionário gasta, diariamente, em média, duas horas com atividades burocráticas.

Atualmente, o ambiente de negócios se defronta com o paradoxo: Há, de um lado, a necessidade de informações, redução de custos, estruturas enxutas, otimização dos recursos, minimização de erros, previsibilidade dos resultados, monitoramento dos clientes e, de outro lado, um mundo de controles e padrões para tudo o que foi dito.

Como encontrar um caminho para enfrentar mudanças constantes? Os riscos do empresário se perder são imensos e aumentam à medida que crescem os negócios. É natural que o dono de uma empresa pequena centralize o comando das atividades e se concentre exclusivamente na atividade fim. Esta situação torna-se insustentável à medida que a empresa crescer.

A burocracia não constitui problema exclusivo do serviço público, aqui ou no estrangeiro.

Na verdade, o fenômeno da burocracia está intimamente associado ao da dimensão. Atingindo certo tamanho, toda organização tende a burocratizar-se. É que, com o crescimento, perde-se a dimensão humana. O contato pessoal cede lugar à comunicação escrita. O homem transforma-se de senhor das decisões em escravo dos regulamentos.

A liderança pessoal dissolve-se no texto de manuais de procedimento. A decisão individual e peculiar cede lugar à padronização e à uniformização das decisões (políticas). A organização perde o calor, a garra, a motivação, o sentido de urgência e de importância e, também, a clara consciência de seus objetivos. Torna-se insensível e vagarosa.

Não há dúvida de que a dimensão favorece a burocratização, por força do inevitável processo de despersonificação que dela decorre. Mas a burocratização não se alimenta apenas da dimensão. Tem raízes profundas no próprio comportamento humano e, sobretudo, na tendência à centralização da autoridade.

A concentração do poder decisório nos níveis mais altos da administração é uma doença crônica do serviço público, que também se observa na empresa privada, muitas vezes, como sobrevivência da fase inicial, heroica e pioneira, marcada pela personalidade de fundadores autocráticos.

As providências recomendáveis para prevenir ou corrigir a burocratização da empresa privada não diferem da administração pública. Elas resumem-se, basicamente, em duas proposições: humanizar e dinamizar o organismo administrativo, mediante a liberação da iniciativa e a eliminação da desconfiança; cuidar para que a organização e a sua administração estejam, permanentemente, voltadas para a realização de seus objetivos.

A liberação da iniciativa encontra sua melhor tradução na descentralização. Quanto à desconfiança, exprime-se pela exacerbação do controle sistemático. Este tipo de controle é oneroso e emperrador e deve ser substituído por um de desempenho eficaz, isto é, de resultados.

Se o executivo tem formação autoritária e mentalidade centralizadora, se é uma pessoa preocupada em controlar mais do que atingir objetivos encontrará certamente no computador o melhor instrumento para a realização de suas idiossincrasias.

Uma organização não é criada para ter um bonito organograma e elaborados manuais. O organograma só é válido, se ajuda a empresa a servir as necessidades dos consumidores. O administrador que perder isto de foco está simplesmente perdido. Como perdida estará a empresa onde a atividade meio for mais importante do que a atividade fim.

O primeiro empenho de um dirigente deve ser o de pesquisar a verdadeira identidade (missão) de sua empresa e a estratégia que ele terá de desenvolver. Então, e só então, deverá projetar sua organização. Nunca antes.

Como não há duas pessoas iguais, não há duas empresas iguais. O maior erro será copiar a estrutura ou os manuais de outra empresa aparentemente semelhante. É preciso ter muito cuidado ao transplantar conceitos administrativos de fora para dentro, sejam nacionais ou estrangeiros.

A Nova Geração de Executivos

Os executivos, profissionais de administração e os herdeiros que assumiram posições em empresas controladas por famílias são, hoje, diferentes da velha geração. A formação é mais sólida e a complexidade da economia criou desafios que os tornaram mais bem preparados. Sua marca é a ousadia, a racionalidade, a criatividade e o desafio.

Cada uma a seu modo, as famílias exercem uma forte influência sobre o futuro dos filhos, tanto no caso dos herdeiros quanto no dos executivos. No primeiro, tratava-se de garantir a continuidade dos negócios. No outro, conquistar a ascensão social. Entre os herdeiros, a única diferença foi a forma de indução, que oscilou do velado à pressão direta.

Se até o ensino básico, herdeiros e executivos viveram em mundos diferentes. Na universidade, eles começam a se aproximar. Na escolha do curso superior, o papel da família tem um grande peso. Para os executivos ela se manifesta menos para impor uma carreira determinada do que no sentido de medir a qualidade do ensino. Quanto aos herdeiros, a participação dos pais foi mais direta, expressando-se no encaminhamento a áreas que tivessem relação com a futura atuação na empresa.

Críticas à universidade foram comuns entre os executivos e herdeiros. Uma opinião quase unânime é que a faculdade foi uma experiência mais rica a nível pessoal do que do ponto de vista da formação profissional. Mas, boa parte do aprendizado dessa nova geração de executivos e empresários foi feita dentro das próprias empresas.

Para os herdeiros, é mais difícil avaliar as conquistas. Seja como for, eles chegam mais rapidamente ao poder, o que trás, de um lado, certa desvantagem. A experiência profissional dos herdeiros está concentrada na própria empresa e, por isso, não deixa de ser mais limitada que a dos executivos de fora. Os jovens herdeiros, que estão assumindo o poder nas empresas, acham que, na forma de administrar, são diferentes de seus pais.

A maior parte dos executivos e alguns herdeiros acreditam que sua contribuição deva se limitar à esfera da microeconomia, seja criando condições para expandir a produção e aumentar o nível de emprego ou reduzindo as horas de trabalho nas novas admissões, uma fórmula para evitar demissões na crise, ou, ainda, melhorando a qualidade de vida dos funcionários e da comunidade.

O caminho dos executivos para chegar onde estão, hoje, foi longo. Depois de formados, mudaram de áreas e de empregos. Essa rotatividade, que deu experiência e versatilidade, foi provocada pela procura de melhores chances, acabando com a estabilidade.

Em suma, os executivos têm uma bagagem múltipla e diversificada, um toque de ambição e um alto grau de integração, com uma única exceção: todos eles se referem à empresa usando a primeira pessoa do plural.

A Terceirização é um Bom Negócio?

O comportamento do mercado de trabalho nas empresas está passando por um período de mudanças, e observa-se que as empresas estão procurando acompanhar este processo de modernização de suas ações e operações, voltadas exclusivamente à qualidade e produtividade. Um bom exemplo é a redução da folha de pagamento de pessoal, desativando grande parte da área de serviços gerais.

No Brasil, desde os anos de 1950, que a indústria automotiva terceirizou parte de sua produção às indústrias menores, chamadas de indústrias de autopeças. A forma de organização do trabalho nos diversos países levou as empresas a terem de se adaptar a uma maior competitividade e a uma maior flexibilidade na utilização de recursos, principalmente os humanos, já que a concorrência e a competitividade da mão de obra deixavam de ser um problema de um país para ser de um conjunto de países, como ocorreu na Europa.

Assim, a estrutura da empresa passou a ser mais flexível e voltada a desenvolver as atividades essenciais, deixando para terceiros aquilo que lhe era indireto, secundário e lateral. Em geral, a empresa não faz investimentos nas terceirizadas, exceto para casos especiais. A prestadora de serviços de terceirização necessita dispor de um efetivo de pessoal formado por profissionais competentes que atendam a demanda e a expectativa de seus clientes.

A ordem é baratear o custo com elevação da produtividade, dando um serviço de boa qualidade, já que a empresa terceirizada é orientada para isso. Mas, em alguns casos a terceirização tem sido aplicada de forma inadequada em muitas empresas, sobretudo quando o objetivo não está voltado para a competitividade e sim para a redução de custos.

Sendo o futuro cada vez mais desafiador, as novas práticas de gestão empresarial têm enfatizado os recursos em modelos participativos de administração. Como consequência, as empresas não têm outra alternativa para a sobrevivência, senão através de estratégias que lhes permitam atingir níveis elevados de produtividade, competitividade e excelência.

A questão fundamental é que tais empresas começam a perceber que já não é possível ser competitivo atuando isoladamente, isto é, verticalizando todas as etapas de operação do negócio.

Não há como fugir da terceirização. As necessidades de baixar custos, aumentar produtividade, diminuir os níveis hierárquicos, reengenharia, conhecimento aprofundado naquilo que faz (ou produz), encargos sociais com pessoal, satisfação ou não com o serviço prestado, qualidade, rapidez na aplicação, descentralização, modernidade, necessidade de treinamento, custos de demissão, flexibilidade, distribuição, fornecedores de recursos, maior competitividade são alguns fatores que contribuíram para a criação deste mercado.

Outra vertente a ser considerada é a legislação trabalhista nacional, que precisa ser modificada, porque como está cria mais obstáculos do que facilidades.

A Visão Sistêmica da Organização

Norbert Wiener disse: "A vida é uma ilha, aqui e agora, num mundo agonizante. O processo, pelo qual nós resistimos ao fluxo geral de corrupção e desintegração, é conhecido por homeostase. Podemos continuar a viver num ambiente muito especial que transportamos conosco, somente até o momento em que começamos a nos desintegrar mais rapidamente do que podemos nos reconstruir. Então morremos".

Temos conosco mecanismos de realimentação que nos permitem corrigir rapidamente nosso processo vital, através de novas informações. Recebemos informações do ambiente onde vivemos, processamo-las pelo sistema nervoso central e comunicamos ordens pelo sistema motor que nos permite reagir aos fatos do ambiente, buscando uma efetiva interação.

A Teoria de Sistemas se originou, por um lado, da necessidade de uma síntese melhor e maior da integração das Teorias Administrativas que a precederam. Esforço tentado, com algum sucesso, pela aplicação das ciências do comportamento ao estudo da organização.

Por outro lado, ela é uma nova visão da realidade que transcende os problemas tecnológicos, exige uma reorientação das ciências, atinge uma ampla gama de ciências, desde as naturais até as sociais, sendo operada com vários graus de sucesso.

Esta teoria veio enriquecer a Teoria da Organização com noções importantes para explicar o funcionamento da empresa, como: totalidade, crescimento, diferenciação, controle, integração, informação, feedback, entropia, sistema, equifinalidade, homeostase, competição, incerteza, teleologia, interação, sinergia, automação, centralização, competição, finalidade. Tais conceitos derivaram ou foram consolidados nesta teoria.

Atividade, interação e integração são mutuamente dependentes, uma modificação em qualquer dessas variáveis produzirá alguma mudança nas outras duas. No campo da administração, como em outras áreas, tem-se dado atenção, cada vez maior, aos sistemas globais como pontos de referência para análise.

Os autores chamam atenção para o conceito de empresa como sistema social. Afirmam que simples modelos de maximização do comportamento já não mais satisfazem naquilo que se refere às empresas.

A ênfase atual se desenvolve em torno do processo decisório, como principal foco de atenção, estabelecendo ligações entre sistemas de informação/comunicação com estruturas organizacionais.

Erros e Acertos: Lições para Empreendedores

A carência de conhecimentos de administração entre os empresários, que não foram bem-sucedidos, pode até não ser claramente admitida, a falta de organização é a décima razão por eles apontada para seu insucesso, mas vem à tona, sem disfarce, quando se observam as respostas dos mesmos entrevistados sobre os procedimentos que adotariam na abertura de um novo negócio.

Pela ordem, eles iriam procurar assistência técnica, levar adiante uma pesquisa de mercado, procurar entender o que são funções administrativas e ampliar o conhecimento do seu setor de atuação. Também evitariam utilizar recursos de terceiros, arriscar demais, manter maus pagadores em sua carteira de clientes e até vender a prazo, tudo, enfim, que diz respeito à administração financeira, o ponto mais vulnerável dos empreendimentos nascentes.

Criatividade para esticar os geralmente minguados recursos disponíveis é uma regra de ouro para os que sobrevivem no mundo dos negócios. Há empresas que mudam completamente seu ramo de atividade para evitar sua expulsão do mercado. Isso é competência do empreendedor, que sabe detectar, a tempo, a hora em que um determinado tipo de atividade está esgotado.

O entra e sai, num certo sentido, é saudável para a economia como um todo, inclusive para preservar a competição. Quem sai, deixa boas lições para os que estão pretendendo entrar no mercado.

As explicações são muitas para o sucesso e o fracasso dos empreendimentos de pequeno porte. Até a sorte, esse aliado abstrato, pesa. Mas a principal explicação, em ambos os casos, é uma só e gira em torno do dinheiro. Não se trata da simples disponibilidade de capital.

Dinheiro, nesse caso, é um conceito que vai além do saldo bancário do empreendedor. Envolve desde a adequada captação de recursos para o pontapé inicial até o cálculo exato do preço do produto que se pretende vender.

É preciso estar muito atento à relação capital próprio e capital de terceiros. Uma pesquisa do Sebrae, orientada no sentido de medir o fracasso e descobrir as causas efetivas do insucesso, revela que, em cada cem micros, pequenas e médias empresas brasileiras setenta desaparecem antes de celebrar seu primeiro aniversário. Outras vinte sobrevivem até o quinto ano, no máximo. Só dez têm vida longa, sendo que somente uma atravessa três gerações.

Como se fosse uma bússola, a pesquisa indica, nas entrelinhas, o caminho certo. A maioria das empresas que fecharam teve problemas nas áreas de vendas e compras, por exemplo. Poucas treinaram seus funcionários e se preocuparam em modernizar as técnicas de colocação do produto no mercado.

Muitas tropeçam e caem nas negociações de prazo de pagamento com os fornecedores. A maioria não sabe situar-se diante da concorrência, tenta vender mais barato, e, como o capital de giro é muito pequeno, entra em apuros.

O pequeno empresário que não tenha uma estratégia de vendas à altura das necessidades de seu mercado acaba naufragando, sem falar da falta de conhecimento gerencial. O momento da tomada de decisão de se montar um negócio próprio, abandonando a vida de empregado, é muito complicado. O futuro empreendedor tem de estar no auge de sua energia e muito afinado com o mercado que vai atuar.

Não ter visão estratégica é um grande problema. A solução é trabalhar com um horizonte de dois a cinco anos.

O Ecletismo Empresarial

A Universidade de Harvard realizou uma pesquisa de dez anos, cujo resultado foi o seguinte: as pesquisas indicaram a diminuição do número de empresas de atividade única em favor do aumento do número daquelas que se diversificaram e, paralelamente, constatou-se uma evolução generalizada no sentido da organização em divisões separadas.

Quais as forças responsáveis por esta mudança notavelmente uniforme? Por que os dirigentes das grandes empresas não se satisfizeram com o crescimento lento do seu produto no mercado? Por que procuraram um crescimento mais rápido através da diversificação, adotando as formas organizacionais correspondentes? Afinal de contas, modificações deste tipo exigem trabalho e despesas.

Na busca do crescimento, muitos se lançam nas diversas direções, exibindo um ecletismo nem sempre verdadeiro e quase sempre fatal. O exemplo vale também para empresas e países. Se número de braços significasse força, o polvo reinaria absoluto. O pato é uma ave que nada, voa, anda e canta, mas faz tudo de forma desajeitada.

A prosaica verdade "quem não tem competência não se estabelece" parece não ser devidamente considerada. E isso tem custado caro para grandes e pequenos. Somando-se a isso, a falta de planejamento, em alguns casos, e a ambição ingênua em outros, temos a receita perfeita do fracasso.

Estranha mania essa, não se sabe se hereditária ou adquirida, que nos compele à noção falsa de que grandeza implica saber tudo, fazer tudo, vender tudo. Os verdadeiramente grandes não pensam e nem agem assim.

Por experiência própria e pela análise de muitos casos, sabe-se que somente é possível diversificar e crescer com segurança dentro de um leque limitado de vocações. No mundo empresarial moderno, o conhecimento enciclopédico é, historicamente, uma inconsistente colcha de retalhos, salvo raríssimas exceções. Devemos nos ater à realidade de nossa cultura específica, aprofundá-la e especializá-la, para crescer e evoluir.

Poucos conseguirão, ao mesmo tempo, fabricar calcinhas e parafusos com igual competência. Pode-se tentar, mas o resultado estará muito próximo do obtido por um professor de literatura que leciona educação física. Então, "cada macaco no seu galho" também na atividade empresarial.

Apesar dos riscos inerentes à diversificação inadequada, o contingente daqueles que continuam insistindo nessa prática é muito grande. Perigosamente, desperdiçam preciosos recursos, indispensáveis ao fortalecimento da cadeia de produtos que têm sob domínio e podem aprimorar. Esquecem que uma empresa também precisa especializar-se, formar uma cultura própria, adquirir uma tradição, num determinado campo, ou em atividades mais ou menos afins.

Esse ímpeto tentacular, misto de miopia e ingenuidade, tem-se mostrado desastroso, pois, se alimenta da mediocridade, enfraquece posições, gera desconfiança, agride e afasta o consumidor. Ao tentar dominar, por exemplo, a produção de prendedores de roupas e computadores, a empresa estará, na melhor das hipóteses, desprezando um dos mercados.

Não só a empresa, também um país, quando se julga completamente autônomo para produzir tudo sozinho, estará se distanciando do fluxo comercial do mundo, enfraquecendo suas relações de troca, se autocondenando ao atraso tecnológico. País algum, em todos os tempos, chegou ao domínio de todas as técnicas em todas as áreas.

Avancemos por etapas, segundo os nossos recursos, conhecimentos e disponibilidades. Por maior que seja nossa disposição e vontade de fazer e aprender, isso demanda tempo, troca de experiências e recursos. Esse avanço deve ocorrer dentro de uma lógica estratégica que considere a rentabilidade, a economia de escala, a tecnologia, a necessidade do consumidor e o potencial do produto.

No mundo atual, os detentores de experiências consagradas se tornam cada vez mais fortes, pois crescem dentro de seus seguros conhecimentos, impondo a sua competência, qualidade, marca e imagem. Pensemos nisso!

O Empreendedor Interno

As empresas começam a valorizar um tipo especial, o empreendedor interno, que recebe salário no fim do mês. Empreendedor é uma espécie de sonhador que faz acontecer. Responsabilidade, iniciativa própria, vontade de fazer negócios, vocação para assumir riscos, capacidade de motivar os subordinados, desejo de empreender são suas características básicas. Eis aí, o chamado "intrapreneur", expressão para designar os administradores com vocação empreendedora.

A possibilidade de conduzir os negócios e se conduzir com liberdade é um componente decisivo. Mais dinheiro, mais projeção, mais perspectivas, essa sensação é vital para entender a razão do nascimento de mais um empreendedor. A necessidade de criar alguma coisa nova e de empreender é o tipo de impulso que nem o melhor emprego do mundo é, muitas vezes, capaz de conter.

As características que formam o perfil do empreendedor são: capacidade de liderança; envolvimento com o trabalho; experiência profissional; propensão ao risco; competência técnica; visões holística, estratégica e sistêmica; boa saúde; senso crítico; capacidade de análise; conhecimento muito grande das funções administrativas e organizacionais; estabilidade emocional; rapidez na tomada de decisão; propensão ao trabalho em equipe; disponibilidade financeira com austeridade; dificuldade em desfrutar suas próprias conquistas.

Nas próximas décadas, esse tipo de empreendedor, capaz de pressentir o futuro continuará em alta e sua chance de fazer dinheiro será tão grande quanto sua competência para ler a evolução do cenário.

Empreendedor é aquele que persegue com vigor novas oportunidades e não considera os recursos de que dispõe, naquele momento, como insuficientes, fato considerado por muitos como temerário. Ele, cada vez mais, combina sua intuição, perspicácia e disposição para o trabalho a uma dose, cada vez maior, de sofisticação administrativa e mercadológica.

Terá de ser, não só um bom gestor, como estar sempre preparado para:

- Ir para o seu negócio preparado para o pior.
- Contornar qualquer empecilho que objetive interromper seu sonho.
- Desempenhar qualquer função necessária à execução do seu projeto, mesmo que se sinta subutilizado.
- Estar preparado para as dificuldades de encontrar pessoal capacitado a ajudá-lo.
- Seguir a intuição sobre o pessoal que escolher.
- Trabalhar secretamente, tanto quanto puder.
- Nunca apostar numa corrida, a menos que esteja participando.
- Lembrar de que é mais fácil pedir desculpas do que permissão.
- Estar seguro de que suas metas são realistas.
- Honrar as pessoas que lhe dão e deram apoio.

O Grupo Social Empresa

Os grupos sociais são conjuntos de pessoas que interagem através de determinados padrões. Função da organização (finalidade, estratégia e estrutura), o trabalho é projetado para indivíduos, equipes ou grupos maiores. Planos, controles, políticas e outras intervenções gerenciais nas organizações não funcionarão se desobedecerem à natureza dos grupos.

Segundo Etizioni, "Quanto mais se compreendem os grupos, melhor se pode administrá-los. Embora a administração possa encarar os indivíduos como recursos para os fins organizacionais, as pessoas exprimem-se como personalidades integrais, transpondo-as para suas tarefas".

Além das características que o ambiente e os indivíduos levam para o grupo, dois atributos do grupo, seu tamanho e estrutura, podem influenciar sua capacidade de operar de forma satisfatória. Depois de formados, os grupos podem diferir, sobremaneira, em sua aparência e comportamento. Interiormente, no entanto, todos têm os mesmos elementos.

Empresa é a instituição que tem por finalidade produzir bens, serviços e ideias, só existindo num grupo social, tendo como objetivo fundamental sua sobrevivência. Acostuma-se ver a empresa através de sua estrutura organizacional, cuja finalidade é definir com clareza as responsabilidades e relações funcionais. Seja ela qual for, a empresa possui um critério de organização que pode ser por: finalidade, estratégia, objetivo, função, atividade, recurso, área geográfica, clientela, produto.

Empresas só existem por delegação da sociedade, e têm de prestar contas a ela. Só se legitimam quando funcionam como veículo para que as pessoas se realizem e não apenas para que seus donos fiquem ricos. Elas são unidades sociais (ou agrupamentos humanos), construídas com a intenção de atingir objetivos específicos.

Todo empreendimento humano, que procura reunir e integrar recursos no sentido de se autossustentar e de lucrar, através da produção e comercialização de bens e serviços, chama-se empresa. É a lucratividade o estímulo básico capaz de assegurar a livre iniciativa e de manter ou de aumentar o empreendimento.

O que faz as empresas diferentes das demais organizações é que as mesmas são orientadas para o lucro, assumem riscos, são dirigidas e reconhecidas como um negócio, são avaliadas sob um ponto de vista contábil e se constituem como propriedade de alguém.

A criação de uma empresa está em função da sua missão, isto é, qual a direção, sentido e razão de sua existência. É também possível se perguntar aonde ela quer chegar e quais são seus propósitos, já que seus objetivos principais devem ser:

- Satisfazer a sociedade em que está inserida,
- Proporcionar emprego.
- Aumentar o bem-estar das pessoas que nela trabalham.
- Otimizar a utilização de recursos.
- Agir dentro da ética e da justiça.
- Dar lucro aos seus sócios.

O Trabalho na Organização

Quando alguém, que seja nosso superior hierárquico na empresa, diz que o trabalho que realizamos contribui para a conclusão dos projetos organizacionais, isso aumenta o interesse, a nossa autoestima e, mormente, dá dignidade a uma vida corriqueira, até sem graça, iluminando os nossos deveres.

Uma característica da organização contemporânea é dividir o trabalho entre os mais habilitados a fazê-lo. Tal divisão foi acelerada depois da Primeira Revolução Industrial, período que vai de 1780 até 1860.

O êxito da empresa, muitas vezes, está ligado à forma de remuneração, como fator motivador, e que, normalmente, está ligado ao desempenho do indivíduo. Mas isto nem sempre acontece.

Não há provas efetivas de que o enriquecimento das tarefas gera maior satisfação e produtividade, nos níveis inferiores da estrutura organizacional.

A complexidade do trabalho gera um sentimento de falta de poder e de necessidade de autorrealização. Este sentimento é mais acentuado entre empregados com menor nível de educação.

Em decorrência da sua complexidade o salário pode ser considerado como um pagamento de um trabalho e uma medida de valor. Para as empresas, o salário é a um só tempo um custo e um investimento. Assim, que fique bem claro para todos os dirigentes, quer público ou privado, o trabalho significa a própria sobrevivência do indivíduo, da empresa, do país e de toda a sociedade.

O salário se traduz para o ser humano como uma retribuição, um reconhecimento, um sustento para si e para a sua família, um padrão de vida melhor, maior poder de compra e, principalmente, dignidade. Um homem sem algo para fazer só pensa em coisas ruins. É como diz o ditado: Cabeça vazia é moradia do capeta.

Porém, aqueles viciados em trabalho, workalcoholic (trabalho + alcoólatra), como são conhecidos, são pessoas doentes. Aqueles que só utilizam o dia para trabalhar e trabalhar podem estar trilhando um caminho muito perigoso.

Uma nação só progride na dicotomia: Educação e Trabalho. Parece simples criar postos de trabalho, mas não é. Tanto que todo e qualquer novo governo promete trabalho e nada. Parece existir o sentimento de que as pessoas precisam operar ao nível da miséria para serem controladas pela elite do poder. Aliás, esta teoria vem sendo aplicada faz muito tempo. Ela foi apresentada pelo economista David Ricardo (1772-1823).

Parceria: Vantagens e Desvantagens

A competitividade e a sobrevivência das empresas dependerão cada vez mais da sua capacidade em estabelecer e manter relações de parceria com outras empresas que complementem as suas atividades ou com as quais compartilhem investimentos em tecnologia, infraestrutura de produção e/ou de distribuição, ou em outras operações conjuntas relacionadas ao âmbito do negócio de ambos os parceiros.

O Brasil iniciou uma política de parcerias entre o público e o privado (PPP), como também a parceria terceirizada, visando um melhor controle de custos.

A terceirização proporciona vantagens, tais como: permite direcionar melhor os investimentos; divide riscos do mercado; proporciona elevada agilidade decisória e administrativa pela maior flexibilidade nos processos; provoca redução na cadeia de custos indiretos; ameniza o impacto dos encargos trabalhistas em seus custos fixos; proporciona melhor qualidade pela atuação de empresas especializadas, contribuindo para a melhoria do produto; permite redução dos serviços de apoio; simplifica a organização e incrementa a produtividade.

Porém, uma grande desvantagem é o desemprego na empresa que terceiriza.

Como, hoje, se terceiriza tudo, desde a gerência de sistemas até a fabricação, parte da motivação para isso vem da natureza da economia que se pratica na atualidade. Devido ao avanço da tecnologia, o conhecimento necessário ao desempenho de qualquer atividade relevante tornou-se altamente especializado, sendo cada vez mais dispendioso e difícil manter sob controle uma massa crítica de gente para cada tarefa essencial.

Tendo em vista que o conhecimento se deteriora rapidamente, manter pessoas contratadas sem reciclagem gera ineficiência. Mas, como reeducar recursos humanos, continuadamente, sem alterar custos de produção? Esperamos que nossos legisladores nos brindem com um rol de leis caracterizado pela flexibilidade, rapidez, descentralização, modernidade e inteligência.

É bom observar que a terceirização traz os seguintes problemas:

a. Qualificação do terceirizado
b. Expectativas e contratos não cumpridos
c. Indefinição do objetivo (competitividade ou redução de custos?).

Um Modelo para o Varejo

O comércio varejista no Brasil teria se estruturado nos moldes americanos? Constatou-se, na verdade, que, realmente, o comércio nacional se baseou no estilo americano, só que não considerou as diferenças da realidade socioeconômica dos dois países.

Quando surgiram as grandes lojas de departamentos, copiadas dos EUA, não foram consideradas as diferenças entre os dois mercados, causando mudanças nas outras lojas existentes no país. Outro ponto a analisar diz respeito à construção desenfreada de *shoppings*.

A concentração desses estabelecimentos em centros urbanos torna oneroso o investimento devido ao alto custo do solo. Seria bom começar a se pensar como consolidá-lo da forma mais efetiva possível dentro da nossa realidade.

O modelo brasileiro de comércio foi mais influenciado pela cultura americana do que outros setores. A elite brasileira partiu à procura de informações, também sobre tecnologia, sem se preocupar com os impactos na sociedade.

Os supermercados seguiram o mesmo caminho, mas, a partir de 1981, a concorrência obrigou a uma reformulação nos conceitos predominantes, particularmente, sobre a arquitetura das lojas e a especialização das vendas.

A grande inovação é o hipermercado isolado com lojas satélites, em detrimento dos *shoppings* localizados nos centros urbanos que vêm sendo inviabilizados pelos baixos índices de mercado e alto custo de investimento. Ultimamente, além de oferecer produtos para atender às necessidades básicas, eles se diversificaram, comercializando utilidades domésticas e produtos de lazer.

A integração vertical, que ultimamente se traduz na expansão das linhas personalizadas de marcas próprias não significa uma boa evolução, pois exigem um volume razoável de produtos a serem comercializados além de uma estrutura própria para o desenvolvimento de produtos e controle de qualidade.

A polarização do varejo, além de estar caracterizada pela concentração, abrange, também, questões como estilos de vida e níveis de renda. No primeiro caso, a polarização se apresenta para consumidores de maior renda que optam pelas lojas especializadas. No segundo, ao se analisar a demanda tendo por base a renda familiar, poucos realmente mostram condições de participar do mercado de consumo do país.

As lojas de conveniência é a última moda em termos de pequenos varejos. Operam num horário especial, sendo que o maior movimento é depois das 22 horas. Normalmente, estas lojas operam com até 1.200 itens de estoque.

Investir ou Alugar?

Temerosas de realizar novos investimentos as empresas têm, no entanto, uma opção para atender a eventualidades como a súbita parada de uma máquina ou equipamento, ou, até mesmo, uma inesperada bolha de consumo. Trata-se da locação (ou aluguel).

Difícil de dimensionar, esse mercado oferece praticamente de tudo. Somam-se a essa gama variada, serviços complementares, como a instalação, assistência e, mesmo, a operação dos bens alugados, permitindo aos usuários reduzir seus custos com manutenção e mão de obra.

Este tipo de vantagem, geralmente ignorada pelos empresários ao tomarem suas decisões de investimento, costuma vir acompanhada por outro de ordem fiscal. Os gastos com o aluguel podem ser jogados na conta de despesas, diminuindo, com isso, o lucro. Já o imobilizado só pode ser amortizado, em geral, em cinco ou mais anos.

Evidentemente, esses benefícios não são os únicos a considerar, quando se precisa de uma máquina ou equipamento. Além da disponibilidade de caixa e da conjuntura econômica, fatores como o preço do equipamento desejado e o custo da locação devem ser obrigatoriamente pesquisados. Também o custo da locação deve ser analisado.

A experiência estabelece regras que devem ser seguidas religiosamente pela empresa:

- Caso a perspectiva de uso seja de pelo menos cinco anos, tempo médio para a amortização do ativo imobilizado, deve-se comprar a máquina.
- Caso o tempo provável de utilização fique abaixo desse patamar, deve-se alugar.
- Caso o fator tecnologia seja preponderante, será preciso analisar a relação custo/benefício, considerando benefício como: maior produtividade, menor consumo de energia, maior segurança e maior qualidade, por exemplo.

Válido para situações de rotina, o aluguel ganha importância em momentos de emergência, que vão desde um pico de vendas a trabalhos não habituais da empresa. A parada ou retração da economia e a ênfase na prestação de serviços deverão constituir-se num forte argumento para investir, já que a maioria das empresas se esquece de que os custos com equipamentos não se esgotam na compra. Há toda uma estrutura de manutenção e de reparos a ser considerada.

O esquema de preços mínimos e os próprios preços salgados cobrados pelas locadoras não são, aparentemente, o principal obstáculo à expansão dessa atividade. O maior empecilho está no preconceito com que o brasileiro trata a locação. A maior parte das pessoas quer ser "dona", sem se preocupar com os resultados.

Se o aluguel é uma boa alternativa para as empresas que precisam de equipamentos por prazos curtos, para prazos mais longos a opção é recorrer ao arrendamento mercantil ou *leasing*. Contratado para período que pode variar entre três e cinco anos, esse sistema combina as operações de locação e financiamento, permitindo, ao final do arrendamento, que o bem seja adquirido ou, então, devolvido à empresa contratada.

Caso se decida pela compra, o interessado pagará à financeira o valor residual, um preço básico previamente combinado que pode ser de 1% a 100% do valor do equipamento. O *leasing* funciona mais como uma linha de financiamento.

Comparado à locação normal, o *leasing* tem de diferente a obrigação contratual que estabelece para o arrendatário, ou seja, uma vez realizada a operação, não tem como desistir, ao contrário da locação, em que a devolução do equipamento pode ser feita a qualquer tempo.

A Empresa como Investimento

Os recursos (meios auxiliares que permitem à organização a consecução de seus objetivos) aplicados no empreendimento são considerados investimento. Então os problemas do dirigente da empresa estão em como planejar, captar e gerir tais recursos. Também caberá questionar quanto, quando, quais e por que da captação de tais recursos.

É muito importante que o investidor faça uma análise da conveniência do investimento, bem como se deve comprar ou alugar alguns dos recursos que farão a empresa funcionar.

Um empreendimento precisará de capital financeiro para levar adiante os seus projetos, mas quanto? Qual capital de giro é necessário? Que fonte de capital será? Será por meio de financiamento, empréstimo, leasing ou crédito? Qual a disponibilidade financeira (capital próprio)?

Quando se quer programar a futura atividade de uma empresa, deve-se tomar em consideração os meios financeiros disponíveis que, muitas vezes, devem ser condicionados aos objetivos do empreendimento, e vice-versa.

Os investimentos empresariais podem ser vistos pela massa de capitais aplicados e pelo tempo da aplicação. Embora o volume de capital seja preponderante em qualquer investimento, o que realmente interessa é quanto tempo vai se levar para ter o dinheiro de volta.

Em um volante mecânico, o momento de inércia é função da massa e da posição da mesma em relação ao eixo de rotação. Analogicamente, em um sistema empresarial, o volante tem uma função de inércia na acumulação dos capitais investidos e da percentagem de atribuição ao capital.

Quanto maior a dimensão empresarial (capital investido em instalações e máquinas), mais o sistema apresenta inércia às mutações e dificuldades de adaptação à nova situação. Em outras palavras, a inércia econômica faz com que sejam mais elevados os níveis operacionais mínimos em que a empresa começa a produzir suficientes lucros.

Teoricamente, uma empresa pode viver, anos a fio, sem investir, apenas usando instalações, máquinas e equipamentos que possui. No entanto, ela não sobreviveria um mês sem capital de giro, que são os recursos que mantêm as engrenagens do negócio.

A decisão de reter dinheiro em caixa, não se valendo de bancos, para ser usado como capital de giro significa comprometer o crescimento no longo prazo e ter menos dinheiro para repartir lucros com os sócios.

É importante compreender os diferentes resultados que se pode obter de diferentes investimentos. A diferença pode ser nas taxas de remuneração e de reditividade, para um determinado tempo. Em alguns casos, os resultados podem ser obtidos, rapidamente, enquanto em outros podem manifestar-se somente depois de um longo período de tempo.

O intervalo necessário para se obter resultados de um investimento é denominado tempo de resposta. Este tempo permite o conhecimento da antecipação com que é preciso efetuar um investimento, com relação ao momento em que se deseja obter os resultados.

Em alguns casos é necessário aguardar anos para melhorar o nível de treinamento do pessoal e introduzir aumentos substanciais no volume de produção. Enfim, obter resultados concretos por meio de: políticas, táticas e estratégias.

Finalmente, é bom tomarmos em consideração o seguinte: Aumentar o capital recebido como empréstimo, aumenta o risco de insolvência. Por outro lado, os juros pagos sobre as obrigações, ou sobre os débitos, são dedutíveis do lucro líquido, antes do imposto de renda.

Desenvolvimento Empresarial

Durante os últimos anos vêm-se acumulando alguns dados de pesquisa a respeito das fases do desenvolvimento empresarial. Parte dessas pesquisas é quantitativa, assim como análises, que revelam os modelos de desempenho econômico em relação ao tempo.

Na maioria, porém, esses estudos referem-se a fatos biográficos de empresas que utilizam dados e registros dos arquivos e entrevistas para reconstruir um belo retrato do desenvolvimento da empresa. No entanto, ambos os tipos de pesquisa costumam ser bastante empíricos, porque não procuram obter declarações mais amplas acerca do processo de desenvolvimento em todos os seus aspectos.

Da análise de recentes estudos surgem aspectos como fatores essenciais na elaboração de um modelo de desenvolvimento empresarial, como: a idade da empresa, o tamanho da empresa, a evolução da empresa, a mudança na empresa e o conhecimento na empresa.

O aspecto mais evidente e básico de qualquer modelo de desenvolvimento é o tempo de existência de uma empresa. Todos os estudos históricos reúnem dados e informações de diversos pontos no tempo e então fazem as comparações. Dessas observações torna-se evidente que os mesmos métodos empresariais não são mantidos o tempo todo. Isso vem provar algo fundamental: "Os problemas e princípios administrativos estão enraizados no tempo".

O conceito de descentralização, por exemplo, pode ter algum sentido na descrição dos métodos utilizados pela empresa num certo período. O passar do tempo também contribui para a institucionalização da atuação empresarial. Em virtude disso, o comportamento dos empregados torna-se não apenas previsível como também mais difícil de alterar, quando essa atitude funcional já não mais atende às necessidades ou está superada.

Os problemas e as soluções de uma empresa costumam mudar de forma marcante, à medida que o número de empregados e o volume de vendas aumentam ou diminuem. Assim, o tempo não é o único fator determinante da estrutura empresarial.

Na verdade, as empresas que não se expandem em tamanho podem manter muitos de seus aspectos e métodos empresariais intactos durante longos períodos. Além disso, crescem os problemas de comando, coordenação e comunicação, surgem novas funções, multiplicam-se os níveis hierárquicos, aumentam os cargos, à medida que a empresa aumenta de tamanho.

Os métodos administrativos tradicionais, que eram adequados a uma empresa de pequeno porte e com menos tempo de existência, são colocados sob observação atenta por parte de diretores frustrados e administradores desiludidos.

Durante períodos de crise, inúmeras empresas vão à falência. Incapazes que são de abandonar métodos antigos e adotar modificações estruturais. Elas ou fecham as portas ou param de se expandir e morrem.

O Empresário

O empresário é peça básica da empresa. Através de seu trabalho, conhecimento e criatividade manterá a organização viva e crescente. Todo empresário inteligente colocará a empresa acima de seus interesses pessoais e preconceitos.

A importância está na empresa e não no empresário. Na direção da mesma, dúvidas e problemas serão comuns ao empresário. Devido a isso, ele se atola num mar de tarefas administrativas e não empresariais.

Os administradores são calculistas cuidadosos de prós e contras, homens que merecem confiança por seu equilíbrio mental. Embora possam ter grande conhecimento, autoconfiança e energia, estes talentos têm pouca probabilidade de aplicar-se a novos empreendimentos, altamente arriscados. Seus talentos, em geral, se aplicam a uma situação existente.

Os empresários exercem atividades próximas da audácia. Espírito empresarial é a própria audácia, quando o homem é impelido menos por senso comum, do que por fé ou confiança quase irracional em sua visão. Eles apoiam empreendimentos cujas virtudes e consequências são infinitamente menos previsíveis, menos mensuráveis e menos demonstráveis para a maioria das outras pessoas.

Empreender não é coerente com certeza. Requer fé fortificada por energia, ousadia e sorte. Os padrões convencionais do planejamento empresarial e dos controles orçamentários não facilitam os verdadeiros empreendimentos.

O que faz a empresa não crescer, e até morrer, não é apenas a política fiscal e a burocracia imposta pelo governo ou os efeitos da política econômica ou do comportamento do mercado, tampouco as taxas de juros exorbitantes e os impostos elevados. Entende-se que o maior impedimento ao desenvolvimento da empresa (não do empresário) está na incompetência administrativa.

A capacidade empresarial é inerente à criação, existência e desenvolvimento do empreendimento. Através dela o empresário concebe projetos alternativos, geralmente, em resposta a estímulos financeiros, solicitações do mercado, incentivos fiscais e cambiais.

A capacidade administrativa reside na absorção dos objetivos de qualquer empreendimento, bem como atingir tais objetivos através das funções administrativas. Como administrador, o empresário responde pela racionalização, produtividade, qualidade, estratégia, estrutura, política, tática, plano, método, custo, produção, venda, estoque, lucro. Para tudo isso ele precisará de persistência e comportamento sistemático.

É comum o empresário apontar, como fatores de sucesso e fracasso, o seguinte: persistência, boa administração, dedicação do empresário, boa estratégia de vendas, capital próprio, experiência no ramo, mercado favorável, investimento, qualidade do produto, fonte de renda, otimismo, tino empresarial, sorte, criatividade, boa localização, ajuda da família, relação com fornecedores, preços competitivos, risco calculado e imóvel próprio.

Um Programa para a Sobrevivência da Empresa

Cuidado para não sair copiando por aí. O que deu certo em uma empresa pode não dar certo na sua. A cada dia que passa, torna-se vital para a sobrevivência de nossas instituições uma verdadeira reviravolta em conceitos obsoletos de Administração que, no início do Século XXI, continuam impedindo nosso desenvolvimento contínuo e autossustentado.

Em plena efervescência de novos sistemas e processos tecnológicos que possibilitam rapidez e confiabilidade das informações para adequar decisões, temos que conviver com métodos e procedimentos ortodoxos, que não só atrasam e perturbam o cotidiano, como inviabilizam a sobrevivência de qualquer empresa, mesmo as consideradas de alto padrão.

Há muito tempo, pesquisas internacionais revelam que as empresas consomem, em geral, 40% a mais do tempo administrativo que seria necessário, tornando-se, portanto, mais lentas e menos competitivas, em decorrência dos elevados custos e da morosidade no processo decisório.

Os mecanismos burocráticos cresceram de uma forma descontrolada, passando a representar uma ameaça à eficácia das empresas, segundo Parkinson.

É preciso tornar as empresas mais ágeis, abertas, flexíveis, desburocratizadas e, consequentemente, competitivas. Uma organização mais leve poderá reduzir significativamente as suas despesas gerais, reforçando o investimento em pesquisa de inovações para produtos e processos de treinamento, criando grupos de trabalho para desenvolver a criatividade, fator fundamental para a modernização da empresa.

Chegou a hora de assumir com coragem que a organização precisa tornar-se mais produtiva e preocupada com produtos de qualidade. Os ingredientes são: revisão da estrutura; otimização e realocação de recursos; novas estratégias de atendimento do consumidor e do mercado; revisão das políticas, programas e planos; combate ao desperdício; reaproveitamento de tudo que seja possível; muito trabalho e perseverança.

Mostrar austeridade, através de campanhas, reuniões, ações de pequenos grupos e orientação pessoal cria uma postura realmente empresarial. Mas cuidado, não adianta pedir sacrifícios aos empregados, mantendo símbolos de ostentação e status.

A seguir, um programa prático de sobrevivência:

- Criar práticas de racionalização, por meio de diversas estratégias.
- Implantar planos participativos que não terão sucesso, sem o comprometimento das chefias.
- Não esquecer de que o estímulo à participação dos níveis operacionais, muitas vezes, cria uma estrutura informal de poder que tende a confrontar-se com a estrutura formal.
- Não mudar métodos e processos, baseado no princípio falacioso de que: *Time que está ganhando não se mexe.* Como saber se há a possibilidade de ganhar mais, sem mudança?
- Melhorar a qualidade dos produtos, procurando sempre agregar valores aos mesmos.
- Estudar a literatura a respeito, porém com o cuidado de fazer as coisas pelo foco da sua empresa.
- Ampliar o grau de adesão dos funcionários, mantendo os seus salários que são, em última análise, o que proporciona uma economia de baixa liquidez.
- Utilizar meios de comunicação para mostrar a importância da colaboração.
- Não esquecer que tudo que for pedido deve ter uma contrapartida de oferta.
- Integrar, horizontalmente, os níveis de gerência, para eliminar o sistema feudal existente. É, em geral, nestes níveis que a empresa tem os maiores problemas de competição interna.
- Buscar o mais alto grau de sinergia, criando grupos interdisciplinares.
- Eliminar a lei de levar vantagem, pois dentro da empresa não se pode dizer que produção ou marketing é mais importante do que finanças ou que um departamento não tem nada a ver com outro, pois é dessa interação que a empresa progride e permanece no mercado.
- Sobrepor o coletivo ao individual, embora isto seja um traço da sociedade.
- Usar dificuldades e contratempos para tornar as pessoas mais solidárias. Tal atitude dará a empresa o poder de tomar medidas impopulares.

É importante continuar preocupado com os desenvolvimentos organizacional e humano, sem o que não poderá a empresa sobreviver.

A Visão de um Negócio

Há certos desafios comuns na vida de homens e mulheres de negócios, não importa o tamanho de suas empresas, o setor no qual elas estão inseridas, bem como bens e serviços que ofereçam. São circunstâncias que se repetem e que, dependendo da forma como serão encaradas, definirão os limites do que é sucesso ou fracasso, perenidade ou fugacidade.

Quantos empresários não enfrentaram dificuldades no relacionamento com um parceiro estratégico ou tiveram de lidar com os perigos de conquistar um novo mercado? Quantos, em algum momento, não esbarraram na ruína e tiveram de encontrar soluções para resgatar o negócio de sua vida? Que gestor não enfrenta o desafio diário de formar equipes com espírito empreendedor e de mantê-las permanentemente motivadas?

A visão factível de um negócio, qualquer que seja, descreve-o como um instrumento cujo propósito é criar e manter um cliente. Se não for capaz de criar e manter um cliente, um negócio não pode prosperar ou sobreviver. Não se deve supor que metas e estratégias cuidadosamente desenvolvidas e claramente definidas produzam automaticamente coerência e harmonia.

Onde não há congruência de objetivos, o conflito e a ineficiência prevalecerão. O ruído intensifica-se à medida que as reclamações são vigorosamente defendidas.

Os candidatos a empresário costumam tropeçar justamente na parte objetiva do empreendimento: custo, preço, faturamento de equilíbrio, capacidade instalada, qualidade, lucro, legislação, documentação. Lucro não deve ser uma meta empresarial.

Na verdade, se analisado com propriedade, o lucro não pode nem ser tratado como uma consequência da ação empresarial, mas sim como uma expectativa do negócio. É uma condição necessária à vida empresarial tal como comer é uma condição necessária à vida humana.

Para se criar um negócio (está sendo visto aqui como criar uma empresa, qualquer que seja o tipo) é preciso e recomendado que seja feito um programa preliminar. Tal programa listará as diversas atividades necessárias à viabilização ou não do negócio.

Quando da montagem do programa, o empreendedor deve ter um comportamento sistemático, organizado e criterioso, colocando as tarefas, se possível, numa ordem cronológica. Tal ordem será mudada ao longo do tempo função das circunstâncias e prioridades.

O primeiro passo a ser dado é: definir a missão do negócio, analisar o ambiente quanto às oportunidades e ameaças; verificar quais recursos possui e quais são as suas restrições; conhecer a situação do mercado alvo é vital; saber quais são os concorrentes e como estes atuam; verificar mercados em expansão; viabilizar ideias; entender o conceito de negócio.

Quando se fala em pesquisa de mercado para a criação de um negócio, não se está falando em nada muito complicado. Avaliar a concorrência pode resumir-se a uma volta pelo bairro e sair conversando, com lápis e papel na mão.

Numa segunda etapa, deve o empreendedor:

- Definir objetivos, formulando estratégias de abordagem do mercado.
- Dimensionar os recursos necessários para dar curso as suas ideias.
- Conhecer aspectos qualitativos e quantitativos do produto que pretende comercializar.
- Estimar vendas possíveis, definindo uma política de preços.
- Escolher um local adequado.
- Fazer capital de giro próprio.

- Escolher a forma jurídica de constituição da sociedade, estimando a possibilidade de parceria.
- Analisar a carga tributária.
- Escolher a melhor forma de se fazer anunciar.
- Preparar uma gestão de estoques.
- Ter apoio de pessoas especializadas, iniciando a delegação de competência.
- Analisar se há possibilidade de diversificar.
- Manter registros que lhes servirão no futuro (séries históricas).

O empreendedor tem que ter uma estratégia para tornar real um projeto e vontade de perseguir os objetivos a que se propôs. Hoje, é preciso que ele decida se vai atuar no mercado virtual, no mercado real ou nos dois. Também é necessário lembrar que, para concorrer no mercado, terá de verificar se há recursos disponíveis para ter uma capacidade produtiva que permita negociar com lucro, mesmo que seja mínimo.

Decidir sobre o método de produção e a tecnologia que irá empregar, bem como as políticas de crédito, preço, distribuição e relacionamento com fornecedores, funcionários e consumidores. Até para crescer, o empreendedor tem de seguir métodos de forma simples, para reduzir custos e aumentar suas chances de sucesso. Finalmente, montar um plano de ação para o negócio.

Transparência nos Negócios

O maior problema de um negócio é a falta de uma definição clara da finalidade pela qual o empreendimento será criado, isto é, encarar que todo e qualquer negócio tem por propósito a sobrevivência através da venda de seus bens, serviços e ideias.

Sobreviver é a palavra de ordem. Isto significa fazer aquelas coisas que levarão o consumidor a desejar continuar fazendo negócios conosco. Se tal não acontecer, o empreendimento não prosperará. Então, por que, desde o início, não damos o devido respeito para com a transparência?

Dar transparência às políticas, por exemplo, é uma das principais dificuldades da empresa. Fazer com que as pessoas entendam coisas simples e porque ocupam um cargo específico, ainda, é um grande desafio. O tema é delicado e tem impacto direto na satisfação das pessoas e está se tornando cada vez mais complexo ser transparente.

Evidentemente que a transparência total é uma ingenuidade e um sonho, pois afinal de contas "o segredo é a alma do negócio". Não podemos desconsiderar, entretanto, que algumas organizações têm a obrigação ética e legal de praticar a transparência como é o caso do governo.

O maior ou menor grau de visibilidade de uma organização deve ser função do seu ramo de atividades e da sua formação, bem como do universo que é tomado como base da transparência.

Estilos transparentes de gerência implicam em uma planejada e equilibrada visão das coisas que ocorrem na esfera da ação gerencial, dentro dos limites do que a confiabilidade permite.

A transparência está vinculada a um propósito autêntico de informar, divulgar e manter as pessoas da empresa, perfeitamente, a par do que ocorre, evidentemente respeitando os limites do acesso às informações que cada nível deve ter. Assim, ela é considerada requisito básico para a credibilidade da empresa e dos seus gestores. A sua ausência mina a imagem da organização.

Estilos translúcidos de gerência têm um alto grau de risco. Daí resulta as especulações, as avaliações imprecisas ou falhas, as relativas incertezas quanto ao que efetivamente desejam ou pensam os gerentes e, o que é pior, disto resulta a indecisão e a omissão generalizada como mecanismo de defesa. A opacidade, em extrema posição, se caracteriza pelos estilos obscuros de gerência.

A ignorância das pessoas é total, da mesma forma que o seu alijamento das futuras decisões. Como resultado desta prática aparece um estilo de gestão chamado "administração de cogumelos". Como não poderia deixar de ser, proliferam as redes de boatos, as especulações, as insatisfações e os ressentimentos.

O distanciamento entre superiores e subordinados é tão grande e profundo que o nível hierárquico passa a ser um fosso. Da mesma forma que nos castelos medievais, tentar ultrapassá-los é um grande risco, tamanhas são suas armadilhas e surpresas desagradáveis.

Como já ressaltamos, não se pode desejar organizações totalmente transparentes para todos os níveis e em relação a tudo o que ocorre. O que é importante é ter em conta que o grau de transparência estará em função do público-alvo, do assunto, da preparação e da pregação de honestidade feita pela própria empresa.

Nem tudo o que ocorre pode ser transparente para todos, em todos os momentos. Antes de rotularmos uma empresa como transparente, translúcida ou opaca é fundamental analisarmos o contexto onde a situação ocorre e definirmos alguns dos seus indicadores.

O Resultado Econômico

Os resultados econômicos são, geralmente, diretamente proporcionais à receita, enquanto os custos são diretamente proporcionais ao número de operações. Assim, para se obter um pedido de $ 50.000,00 não se gasta mais, geralmente, do que para se conseguir um pedido de $ 5.000,00 e, certamente, não se gastará dez vezes mais.

É importante observar que para atender a um pedido grande ou um pequeno se gasta o mesmo tempo e a mesma papelada, desde a digitação do pedido até a cobrança da fatura.

Normalmente, tanto para um pedido grande como para um pequeno, custa o mesmo na fabricação do produto, na sua embalagem e no seu transporte. Até a mão de obra constitui, hoje, um custo fixo, na maioria dos ramos industriais e de serviços, em vez de um custo que flutua de acordo com o volume (custo variável). Apenas os materiais e os componentes adquiridos são realmente custos variáveis.

O desenvolvimento de um novo produto que fracasse custará tanto quanto o de um produto que seja um êxito. Na verdade, os recursos mais dispendiosos e potencialmente mais produtivos (ou seja, o pessoal altamente treinado) acabam tendo a pior destinação possível. O motivo é que a pressão exercida pelo número de oportunidades é ainda aumentada pela vaidade da pessoa em fazer o difícil.

Uma grande companhia de engenharia industrial, por exemplo, orgulhava-se da alta qualidade e da reputação de seus serviços técnicos e a qual pertencia algumas centenas de homens altamente remunerados. Tratava-se, pois, de técnicos do mais alto gabarito.

No entanto, a análise das tarefas a que se dedicavam mostrou claramente que, embora trabalhassem muito, rendiam pouco. A maioria aplicava-se aos problemas "interessantes", especificamente dos clientes pequenos, problemas que, mesmo se resolvidos, trariam pouco ou nenhum resultado positivo para a empresa.

Do mesmo jeito, em muitas companhias, os homens de vendas estão mal distribuídos. O grupo dos melhores vendedores, sobretudo os mais eficientes e eficazes, é habitualmente encarregado dos produtos duros de vender, por serem ultrapassados, cafonas ou por pertencerem ao grupo de lanterninhas, que a vaidade gerencial pretende desesperadamente mudar em sucesso.

Os produtos importantes para o amanhã raramente são contemplados com o esforço de vendas de que necessitam. E o produto que está com sucesso formidável no mercado e que, por conseguinte, deveria ser impulsionado até o extremo, tende a ser desacelerado.

Padrões Históricos

Para elaborar, desenvolver, implementar e alavancar um novo projeto numa empresa, você terá que ser capaz de avaliar a situação atual da mesma e seu passado, assim como um médico necessita conhecer as condições de seu paciente antes de prescrever-lhe o tratamento.

Não se deve lançar uma empresa financeiramente fraca num programa de expansão e de grande atividade promocional. Em outras palavras, os projetos precisam ser compatíveis com os recursos da empresa e com os indicadores do seu mercado.

A análise da situação envolverá proprietários, credores, investidores, órgãos governamentais, estando, pois, sujeita a uma série de riscos. O primeiro obstáculo é a consideração de inúmeros indicadores e suas combinações para o conhecimento da situação da organização. Se verificarmos que nossa empresa apresenta um índice de liquidez igual a 2,5. Será este muito alto ou muito baixo?

Ainda que não possamos chegar à conclusão alguma, é lícito afirmar que, quanto mais um determinado índice se afastar de certo padrão, tanto maior será a probabilidade da existência de uma variação anormal a exigir estudos mais acurados.

Mas o que vem a ser um padrão? Padrão é uma unidade de medida (ou modelo) adotada e aceita comumente como critério para avaliação de desempenho. Os padrões representam o desejado e estão sempre relacionados com o resultado que se deseja alcançar.

Com a Administração Científica, a padronização passou a ser uma preocupação constante na obtenção da eficiência.

A padronização é, portanto, aplicação de padrões com a finalidade de uma uniformização e redução de custo. Ela conduz à simplicidade dos processos, à medida que a uniformidade reduz a variabilidade e o desvio.

Suponhamos uma empresa que, em um ano, aumentou suas vendas reais, sem qualquer aumento no pessoal da fábrica e da administração. A única justificativa para esse aumento seria um crescimento significativo do número de consumidores, já que o mesmo dá trabalho, qualquer que seja seu volume de compras.

É provável que o setor contábil tornou-se mais eficiente, pois as vendas aumentaram em relação ao ano anterior. Tudo leva a crer que houve um aumento da produtividade em todos os setores da organização, já que o número de funcionários permaneceu o mesmo. Ainda há a possibilidade de que foram mais bem treinados e/ou estão otimizando todos os recursos que possuem.

Saber o que aconteceu no passado dará ao executivo, dirigente da empresa, condições de projetar o futuro. Mas se a empresa não possui registros históricos devidamente arquivados e facilmente acessíveis, é pouco provável que o gestor da organização faça milagres.

Da Necessidade de Joint-Ventures

A associação de grupos nacionais com empresas estrangeiras, através de parcerias joint-ventures (junção de empreendimentos de risco), surge como uma alternativa capaz de interessar ambos os participantes do negócio.

Com a saturação das oportunidades de investimento em outras regiões e o desenvolvimento acelerado das nações emergentes, os grupos internacionais têm adotado uma perspectiva mais construtiva em relação ao problema.

Os fatores básicos são: necessidade de capital para expansão, busca de tecnologia para diversificação, necessidade de conhecimento, abertura de mercado no exterior, disponibilidade de matéria-prima e mão de obra, aparecimento de empresários inovadores, empreendedores e progressistas em nível nacional.

Para cada uma dessas necessidades existe pelo menos uma alternativa em termos de participação acionária através de joint-venture. Mas essas alternativas nem sempre são satisfatórias e, em muitos casos, são inatingíveis. Assim, é possível obter recursos financeiros para capital de giro e compra de equipamentos, sem que se torne indispensável realizar este tipo de parceria.

Entretanto, os custos não são baixos e os prazos não são tão generosos para que possam trazer a tranquilidade necessária para empreendimentos de longo prazo. E, ademais, um agente de vendas no exterior dificilmente se compara com um sócio estabelecido, há muitos anos, em praças internacionais.

O problema dos contratos de compra de know-how, mediante pagamento de royalties, como alternativa para a joint-venture, merece um comentário especial. Teoricamente, um contrato desse tipo parece ser a solução ideal.

A empresa nacional pode se beneficiar dos avanços da tecnologia mediante um preço preestabelecido e um suporte de assistência técnica, sem ceder participação no seu capital.

As joint-ventures passaram, então, a ser consideradas como oportunidades realmente interessantes de aplicação de recursos e as restrições foram aos poucos sendo eliminadas. A legislação brasileira atual permite a remessa de royalties e emolumentos para o exterior entre os limites de 1% a 5% das vendas brutas, de acordo com o produto considerado.

Para royalties de marcas o limite é de 1%. Taxas referentes à assistência técnica, devidamente documentada, podem ser remetidas para o exterior, mas só depois de demoradas negociações com o Banco Central. Na prática, só têm sido permitidas remessas de 5% sobre vendas brutas para projetos de grande vulto, com grandes inversões de capital e tecnologia de ponta.

Para projetos menores, as restrições podem culminar com a proibição de transferir royalties de uma subsidiária para a matriz no exterior. Para determinados setores da economia, portanto, a compra de conhecimento mediante pagamento torna-se difícil, pois as empresas do exterior nem sempre se satisfazem com a remuneração que podem receber.

Inúmeras empresas brasileiras desfrutam de excelentes condições para atrair grupos estrangeiros interessados em associações, mesmo que sua participação seja minoritária. Então, por que ainda não avançamos mais neste terreno? Xenofobia exacerbada?

O Desenvolvimento do Franchising

Há muita gente afirmando que o franchising foi criado somente após a Segunda Guerra Mundial, mas a coisa não é bem assim. Surgiu muito antes disso. Na verdade, teve seu início ainda no Século XIX, nos Estados Unidos, antes mesmo da Guerra Civil Americana, ou, mais precisamente, por volta de 1850, quando a Singer Sewing Machine Company, sediada em Stanford, Connecticut, resolveu outorgar uma série de franquias a comerciantes independentes, interessados na venda de seus produtos.

Em 1898 foi a vez da General Motors adotar o sistema como estratégia para expandir sua rede de distribuidores. Um ano depois, a Coca-Cola entrou na onda. O verdadeiro desenvolvimento do franchising, como método para a expansão dos negócios de empresas dos mais variados setores, se deu a partir do início do Século XX, quando outras empresas adotaram esta estratégia.

A partir da década de 1920, os supermercados e locadoras passaram a utilizar o sistema de franquia. Em 1925, foi criada a primeira cadeia de lanches e refeições rápidas.

Nos anos da década de 1930, foi a vez das companhias de petróleo adotarem o sistema, passando seus postos de gasolina para franqueadores independentes. Antes do término desta década, inúmeras empresas incorporaram o conceito de franquia.

Uma empresa muito conhecida dos brasileiros foi a Roto-Rooter, que desde o início no Brasil adotou o sistema de franquia. O grande boom em matéria de franquia, efetivamente, ocorreu após a Segunda Guerra Mundial. As franquias que resistiram até hoje, coincidentemente, ou não, vieram do setor de alimentos.

Em 1954 ocorreu, na Califórnia, o fato que se tornou o grande gatilho do Business Format Franchising tal como ele é hoje conhecido. Um senhor de nome Ray Kroc, então um simples vendedor de equipamentos para preparo de "milk shakes", encontrou-se com os irmãos Richard e Maurice McDonald, na pequena lanchonete que operavam na cidade de San Bernardino – a McDonald's.

Entusiasmado com o esquema operacional que os irmãos McDonald haviam criado, Kroc obteve deles os direitos para a concessão de franquia. O resto é história. A partir daí, o sistema franchising atingiu sua maioridade e desde então vem se desenvolvendo e se espalhando com uma rapidez muito grande, pois vai do aluguel de roupas até a administração de cemitérios.

Com a globalização, o franchising se internacionalizou.

O Valor como Propósito da Empresa

Além das características do produto em si, o valor percebido pelas pessoas depende cada vez mais da maneira como elas se relacionam com a empresa e da extensão em que controlam o resultado final. A constatação continua válida, mesmo à medida que as interações pessoais são aos poucos substituídas pelas transações no ciberespaço.

Sob o ponto de vista de negócios, a importância do relacionamento profundo e estreito com os clientes tem sido demonstrada, reiteradamente, com os fornecedores, chegando ao ponto de alocar pessoal ou de instalar departamentos inteiros nas unidades operacionais, para cuidar de aspectos de logística e para ajudar nas operações complexas.

Não obstante, a grande expansão da conectividade, as empresas ainda encontram bolsões de resistência e precisam descobrir meios de fornecer valor e, ao mesmo tempo, respeitar o desejo de autonomia dos clientes. Um dos ingredientes dessa conexão é a visão integrada do valor como propósito da empresa.

Os gestores precisam definir que desejos dos consumidores, em seus respectivos mercados, não foram satisfeitos. Em seguida, determinar se eles podem ou devem avançar para oferecer valor.

Ao desafiar, constantemente, a organização a oferecer novas respostas e ao promover uma cultura de respeito pelo consumidor, a administração da empresa se mantém atualizada em relação às mudanças ambientais. Esse conhecimento confere lógica ao comportamento inexplicável do comprador.

Os resultados devem ser avaliados com cuidado e interpretados de maneira adequada. Eles não são verdades absolutas, muito menos eternas, e só podem ser compreendidos dentro de um contexto.

Em fins da década de 1980, Peter Drucker sentiu que muitas empresas estavam concentradas nos acionistas esquecendo os consumidores, de longe os mais importantes. Ele refletiu sobre a situação e perguntou: Por que os dirigentes não sabem mais ouvir os consumidores? É óbvio que o lucro reflete a capacidade da empresa de investir nas oportunidades de amanhã.

Porém, Drucker gostava de lembrar que o lucro segue após a satisfação do consumidor, não o contrário. Havendo consumidores, é provável haver lucro.

O propósito da empresa é fornecer valores ao seu público-alvo para que as pessoas tomem decisões inteligentes, relevantes e esclarecidas. O lucro que decorre dessa oferta de valor mostra que a empresa é eficiente, eficaz e efetiva. E mais, a empresa corresponde às expectativas da clientela.

Como as pessoas de fora da organização avaliam e compartilham resultados e informações sobre seus produtos? A profusão de informações disponível é muito grande. A internet pode ser usada para mais do que apenas promover bens, serviços e ideias.

A internet contém uma gama de informações sobre como os clientes experimentam e percebem seus produtos, que atributos estão buscando e o que valorizam. Os sites de busca compartilham estas informações.

A Postura do Empresário

A possibilidade de termos uma economia forte e socialmente mais justa vai depender, em grande parte, da postura que o empresariado adotar nos próximos anos. Esta mudança começa pela própria maneira de encarar e administrar o conceito de propriedade. A mudança que já faz parte da pauta de discussões de alguns empresários mais comprometidos com o futuro pressupõe uma visão mais social e menos tacanha do conceito de propriedade.

A riqueza por si só não produz, utilidade, nem individual e muito menos coletiva, na medida em que ela é praticada apenas dentro de uma visão acumulativa e não empreendedora, além de gerar empregos, pagar contribuições fiscais e agilizar um mercado cada vez mais competitivo.

O empresário só terá condições de exigir um papel mais comprometido do governo na proporção direta da sua abertura para uma ação mais associativa e menos individualizada.

Por outro lado, torna-se fundamental profissionalizar a propriedade como forma de gerar riquezas, que não apenas o beneficiem pessoalmente, mas além de preservar este interesse, contribuem para maior distribuição dos sucessos decorrentes de uma ação conjunta.

Precisamos de algo mais do que discursos da classe empresarial, pois só assim ela também terá coerência para pressionar governantes que administrem o país como se fosse seu "curral" político. A dicotômica discussão sobre o conflito entre a privatização e estatização de nossa economia esconde um profundo ponto comum entre as duas partes. Ambas estão concentradas no denominador comum da propriedade, administrada de uma maneira mesquinha.

A maioria das nossas empresas encontra grande dificuldade em profissionalizar seu negócio, como forma de perenizar seu futuro e obter sucesso nas suas atividades. O estado, como administrador, tem cometido a mesma falha.

Nossas empresas estatais são administradas por verdadeiras "famílias", que, embora não tenham nenhum vínculo de sangue, procuram cercar-se de administradores que sejam, em primeiro lugar, da sua "confiança".

A competência técnica não é um dado relevante para assumir posições de mando. Vale o fisiologismo, verdadeira praga que assola o mundo. Portanto, a mentalidade que comanda nossas organizações privadas segue o mesmo padrão do comportamento da administração pública.

Assim sendo, nosso raciocínio é de que para mudar a mentalidade dos nossos governantes precisamos alterar a postura dos nossos empresários privados, que, só desta forma, terão condições de exercer um papel fundamental no encaminhamento futuro deste país.

É Fácil Ser um Empreendedor?

O que há em comum com homens como Bill Gates, criador da Microsoft; Samuel Klein, o ambulante que se transformou no rei dos carnês com as Casas Bahia; Rolim Amaro, que fez da paixão por aviões a semente da TAM e David McConnel, o responsável pela renda de milhares de consultores de beleza da Avon por todo o mundo? Indiscutível, uma imensa capacidade de transformar sonhos em realidades.

Mais do que isso, eles são indivíduos com grande sensibilidade para enxergar uma nova oportunidade e que esbanjam habilidade e disciplina para encontrar os recursos necessários à transformação da oportunidade em um negócio rentável.

Engana-se redondamente quem insiste em acreditar que empreendedores, no conceito mais puro da palavra, são apenas alguns poucos predestinados. Segundo Drucker, considerado o papa da moderna administração, o empreendedorismo é um comportamento e não um traço de personalidade.

Assim, não apenas nomes iluminados como os citados acima são considerados empreendedores. Podem ser vistos como tais, todos aqueles que enxergam as mudanças e sabem aproveitá-las, transformando-as em oportunidades de negócios.

Empreendedores, portanto, seriam milhões de pessoas. Nem todos são gênios, fazem fortunas, ficam famosos. Muitos passam por dificuldades, outros tantos fracassam várias vezes até chegar ao sucesso. Mas, de uma forma ou de outra, no seu próprio ritmo, todos fazem a diferença e alavancam a economia.

No início do Século XXI, apesar da falta efetiva de incentivos à formação de empresários, ainda hoje tanto os cursos profissionalizantes como os universitários são orientados a formar um candidato a emprego.

Embora uma boa fatia dos jovens esteja preferindo concretizar o próprio negócio a seguir uma carreira em uma grande organização, é importante que seja dito que também tem a ver com um conjunto de fatores, entre eles, a maior dificuldade de acesso ao mercado de trabalho, necessidade de sucesso rápido e desencanto com os empregos oferecidos pelas empresas.

Um estudo realizado por David Mc Clelland, um dos cientistas que estudou o comportamento dos empreendedores, identificou características fundamentais para o empreendedor conquistar o sucesso. A tarefa não é nada simples. Pelo contrário, exige esforço de maratonista e fôlego de leão para driblar as adversidades e manter a chama do sonho sempre acesa.

É alto o volume de empresas que fecham as portas antes de completar o quinto ano de vida. Em cada dez negócios abertos, sete fracassam, segundo dados da Fipe, entidade ligada à Universidade de São Paulo.

Ao contrário do que a maioria acredita, muitos empresários beijam a lona ainda no primeiro assalto por puro despreparo. Muitas vezes, o candidato a empresário subestima a importância de estudar detalhadamente o setor em que vai atuar, achando que a prática é mais importante do que a teoria. Erro fatal para um incipiente empreendedor.

Os especialistas insistem, porém, que a capacitação deve ser um processo contínuo e não uma ferramenta sacada nos momentos de crise. Erra o empreendedor que vê a reciclagem como despesa e, mais ainda, o empresário que se recusa a aprender mais, quando os negócios vão bem.

A realidade é cruel e revela cada vez mais que não há mais espaço para empresas que mantêm as portas abertas apenas para sobreviver. Assim, é preciso fazer a mesma coisa, melhor a cada dia, e tocar o presente com os olhos, ambiciosamente, voltados para o futuro.

É muito comum se ouvir que o empreendedor é aquele que preenche lacunas do mercado; aquele que, além de dominar as ferramentas administrativas, precisa estudar de maneira contínua para não ser pego no contrapé. O segredo de um vencedor está na sua conduta.

A formação técnica e o conhecimento de administração são fatores necessários, mas não são suficientes para desencadear a abertura de um negócio e nem tampouco capazes de levar um empreendedor ao sucesso.

Nem todo empreendedor se torna empresário, mas todo empresário precisa ser um empreendedor.

Sem coragem e ousadia, uma grande ideia não acontece, fica no nível da abstração. Como as pessoas têm medo de ouvir um não, não correm riscos, algo inconcebível para quem sonha ser um empreendedor. Prevenção e água benta não fazem mal a ninguém.

Assim, nunca é demais rezar pela cartilha tradicional e fazer uma boa pesquisa do setor em que se deseja atuar. Ter consciência de que empreendimento pode ser parecido com uma montanha russa. Por mais bem preparado que esteja, terá pela frente grandes desafios.

Os Guerreiros Empresariais

As empresas podem estar produzindo e tendo lucro, mas é difícil resistir a suspeita de que a atividade empresarial esteja também se tornando uma forma de teatro. Elas tiveram seus astros no passado. Hoje, o contexto é diferente. O novo fascínio da atividade empresarial é uma faceta superficial da nova economia baseada na informação, desde a pesquisa até a propaganda.

A informação assumirá, cada vez mais, um papel relevante em nossas vidas e na sociedade. Há um sistema de criação de riquezas, inteiramente novo, que traz consigo alterações na distribuição do poder.

Este novo sistema nos faz dar um passo gigantesco que ultrapassa a produção em massa e segue em direção à crescente produção baseada numa carteira de pedidos. A venda e a distribuição ocorrem em pequenas operações locais e globais. Tudo, hoje, é super fracionado em pequenos lotes econômicos, atendendo um sistema de estoques do tipo just-in-time.

Passar de uma economia baseada em chaminés para outra baseada em computadores requer maciças transferências de poder em meio a uma grande coordenação. Daí surge novos líderes empresariais e grandes fortunas. O esforço de todos, sem exceção, é se adaptarem aos novos ambientes e ao imperativo tecnológico.

O espasmo de fusões e aquisições, o desmembramento de empresas, a reengenharia, a mudança da estrutura organizacional e outras modalidades da nova economia são as respostas para a Nova Era que vem por aí.

Ao mesmo tempo em que as empresas estão tentando se defender das frenéticas mudanças de comportamento dos mercados, elas procuram maior efetividade na compreensão dos avanços da tecnologia digital da informação. Tudo isso dá como soma a maior reorganização que o mundo dos negócios assistiu desde a Primeira Revolução Industrial.

Uma reestruturação, assim tão profunda, não acontece sem angústia e confrontação. Milhões veem seus patrimônios ameaçados, seus sistemas de informação obsoletos, seus métodos de trabalho ultrapassados, seu futuro é, cada vez mais, incerto, seu poder é drasticamente reduzido.

Quando um velho sistema desmorona, os incógnitos burocratas são jogados longe. Pois um exército de guerreiros empresariais, ávidos por conhecimentos, começa a ameaçar velhas estruturas. A mudança de estilo reflete necessidades modificadas para sobreviver em meio ao caos instalado.

Somente lutadores valentes e até mesmo excêntricos guerreiros poderão dar prosseguimento ao show da vida corporativa.

Hoje em dia, a capacidade de fazer com que um negócio floresça depende, muitas vezes, mais do conhecimento do que do dinheiro. Em determinados negócios, é mais fácil obter capital do que conhecimento relevante, para levar adiante um novo empreendimento.

A Máquina não Trabalha com Ideias

Para que servia um computador, digamos em 1958, quando se negociou o primeiro a ser instalado no Brasil? Bem, todos sabem que as ideias que deram origem a essa extraordinária ferramenta datam de muito tempo atrás, antes mesmo que houvesse um mínimo de capacidade industrial para concretizá-la.

O inglês Babbage imaginou, no princípio do Século XIX, uma máquina com diversas características das atuais, mas que, por total incapacidade tecnológica de seu tempo, jamais funcionou com sucesso, a despeito de este pioneiro ter nela empregado toda sua vida, fortuna e genialidade.

Foi o progresso da técnica, em função da guerra (sempre à frente dos grandes avanços humanos), que viabilizou a primeira máquina destinada, de início, entre outras coisas, à decodificação de mensagens secretas dos inimigos.

O primeiro computador utilizado no Brasil, aquele que foi adquirido pela Pontifícia Universidade Católica do Rio de Janeiro, chegou em 1960. Para que servia ele? Tendo sido instalado em um ambiente acadêmico, nada mais natural que este equipamento fosse utilizado basicamente em aplicações científicas e técnicas.

Enfim, nada que lembrasse a administração de organizações, onde, alguns anos mais tarde, haveria uma verdadeira revolução provocada pela penetração dessas máquinas.

Curiosamente, um dos outros papel daquele computador pioneiro foi, modestamente, mostrar aos estudantes e pesquisadores uma outra possibilidade para resolver problemas, digamos científicos, tendo em vista a imensa velocidade que o mesmo podia atingir.

Com efeito, diversas alternativas para atacar determinados problemas de grande complexidade matemática, não eram sequer cogitadas anteriormente, por não parecerem razoáveis, em vista do esforço que exigiria cálculos aritméticos volumosos e repetitivos.

Assim, tendo em vista a burrice da máquina aliada à sua rapidez e confiabilidade, tornou-se possível ao pesquisador economizar a sua própria inteligência, até então muito ocupada não apenas com a experimentação e teorização, mas também com o esforço para encontrar engenhosas soluções que fizessem suas equações aplicáveis na prática, por meio de resultados numéricos.

Ora, enquanto isso, bem poucos se preocupavam com o que parecia, à comunidade científica, serem problemas menores, ou seja, os ligados à vida diária de milhões de pessoas que lidavam com o trabalho administrativo e gerencial nas organizações. Com efeito, não se supunha ainda que fosse razoável esperar de uma máquina, tão cara e complexa, auxílio na solução de problemas que, no fundo, salvo nos casos da Pesquisa Operacional, pareciam triviais. Este erro de avaliação custou caro.

Ao se iniciarem os anos 1960, o computador atingiu um patamar de preço e desempenho, que possibilitou sua disseminação no mundo empresarial para tarefas de cunho administrativo. A forma com que se buscou integrá-lo nessa nova função foi totalmente artesanal e primária, gerando resultados muito aquém dos que se poderia esperar.

Suponhamos, por exemplo, uma empresa de porte médio que tivesse instalado seu primeiro computador por essa época, buscando racionalizar alguns serviços, tais como a folha de pagamento, a contabilidade e o controle de estoque, tarefas perfeitamente dominadas pelos funcionários.

Logo foi descoberto que dizer a uma máquina algo que, para um ser humano, é muito simples pode tornar-se uma tarefa imensamente complicada e trabalhosa, que não deve ser executada de qualquer maneira, que exige método, disciplina e obediência a certos princípios. Isso não depende nem de que tipo de máquina se trata nem da linguagem de programação empregada.

É algo inerente ao fato de que a máquina não trabalha com ideias, não toma nada como evidente por si mesma, não generaliza e não tem iniciativa. Tudo, absolutamente tudo, deve ser programado para que ela possa desincumbir-se da mais trivial das operações.

Informação para quê?

A primeira coisa que o empreendedor deve procurar determinar, ao iniciar o estudo de um projeto que irá ser construído, é: Quais as informações que o mesmo deverá fornecer aos usuários, que constitui o seu mercado consumidor?

Ao projetarmos um produto, por exemplo, não é indispensável julgarmos, a priori, qual a utilidade efetiva do mesmo, mas, tão somente, qual a propensão a consumi-lo, detectada na população.

No entanto, quando se avalia a possibilidade de construir um sistema de informações dentro de uma empresa, há que se adotar uma postura bem diferente, examinando com cuidado esse caráter essencialmente utilitário da informação. Na verdade, só podemos determinar que uma informação é útil e necessária quando ela permite apoiar uma ação (decisão). Como? Reduzindo a incerteza dessa ação.

Sempre que precisamos agir, dentro do contexto de uma organização, sabemos, devido à nossa função e nossa especialidade dentro da mesma, uma série de coisas sobre o modo como essa ação deve ser executada.

Infelizmente, devido a fatores alheios à nossa vontade, não podemos ter certeza completa sobre o modo de proceder. Diz-se, então, que há uma incerteza, inerente à própria realidade, dentro da qual nos situamos. A informação nos dará maior segurança e reduzirá nossa possibilidade de agir erradamente.

Depois de construído um sistema de informações e constatar que ele não fornece as informações devidas, precisamos mudar seu funcionamento. Mas, não é tão fácil quanto parece. A razão é que esse sistema constitui-se de uma teia bastante grande de peças, totalmente interligadas e de complexa estrutura, o que torna delicada e arriscada tal tarefa. Mexer numa dessas peças, ou acrescentar outras, pode alterar o comportamento do todo, rompendo o delicado equilíbrio do sistema.

Uma outra questão é quanto à obtenção eventual de informações, não arquivadas no sistema em uso, para a resolução de um novo problema. A ressalva que se faz é: Quanto custa a informação? Por acaso, o leitor já se deu ao trabalho de observar o número de horas que se perde nas empresas caçando e processando informações para apoiar as mais diversas tarefas? Podemos responder dizendo que tudo é uma questão de custo/benefício.

A despeito do barateamento, do avanço tecnológico e da portabilidade dos computadores, os mesmos ainda são relativamente caros de serem implantados, porque demandam recursos humanos altamente especializados para operá-los, de maneira a maximizar a sua utilização, pois o usuário comum só utiliza 5% do que o computador oferece.

Norbert Wiener afirmou que qualquer organismo, por menor que seja, para sobreviver, deve adquirir, usar, reter e transmitir informações. A mesma condição se aplica a um negócio. É comum ouvirmos a seguinte expressão: Uma boa decisão depende de 90% de informação e 10% de inspiração.

O Desperdício

O objeto de estudo da racionalização é o desperdício. Hoje, notamos algumas formas de desperdício, porém a variável tempo da equação do desperdício ainda não foi levada muito a sério. O desperdício é um fenômeno mundial, não é privilégio dos brasileiros. Como combater o desperdício? A maneira correta de combater qualquer mal é enfrentar as suas causas.

Assim, se desejamos combater os desperdícios, devemos eliminar as suas causas. Para eliminá-las devemos, primeiramente, conhecer as suas causas.

Desperdício de Energia Elétrica – A utilização de equipamentos sem selo Procel (menor consumo de energia elétrica) é o maior exemplo desse tipo de desperdício. Um refrigerador não é um simples gabinete de aço com motor. Ele precisa de esforços conjuntos para tornar-se um equipamento eficiente e eficaz, isto é, que refrigere muito com menos gastos.

Cada vez mais se verifica que o simples gerenciamento do consumo de eletricidade e a adoção de expedientes corriqueiros, como a substituição de lâmpadas ou o uso mais adequado do ar-condicionado, diminuem sensivelmente as despesas. Um plano de performance energética envolve também mudanças na rotina do pessoal da limpeza. Grande parte do desperdício de energia é resultado da prevalência dos critérios estéticos em detrimento da funcionalidade.

As principais causas de desperdício de energia são: más condições ambientais; iluminação inadequada e insuficiente; falta de conforto térmico e acústico; má disposição de máquinas e equipamentos; falta de treinamento e desenvolvimento de recursos humanos; má disposição das tarefas.

Desperdício de Gás – Muitos gerentes de empresas de alimentos se recusam a investir em um Fogão de Alta Eficiência por causa do preço. Além disso, varias tarefas de cozinha podem ser feitas com equipamentos chamados multifuncionais e combinados. Tudo isso com menos mão de obra e menos consumo de gás, com aumento da produtividade e ambientes mais saudáveis para os funcionários.

Desperdício de Alimentos – A perda de alimentos não consumidos em uma indústria de alimentos é enorme. A solução é o sistema de produção antecipada com imediato congelamento avançado que preserva o sabor e a consistência dos alimentos, deixando-os prontos para posterior regeneração, e acionada somente no momento da demanda.

A produção em maiores volumes também diminui o custo unitário do produto, melhora a programação das compras, reduz a energia, sob qualquer forma. É muito mais fácil trabalhar com pratos semiprontos do que prepará-los do "zero".

Desperdício de Material – A armazenagem bem feita ajuda a identificar a margem esperada para perdas e refugos. Há uma diferença entre refugos e perdas. Refugos são partes de bens tangíveis rejeitados durante o processo de produção.

Perdas são partes intangíveis não aproveitadas do produto gerado por um projeto. Se a taxa de refugo for alta, mostra que, na empresa, podem estar acontecendo: erros de projeto do produto; falhas no controle de qualidade; falhas no controle da produção; baixo nível de educação; mau uso das funções administrativas, principalmente, a função administrativa organização; armazenagem incorreta; falta de treinamento.

Perdas fazem parte do processo de fabricação, podendo minimizá-las, mas não evitá-las. Portanto, é necessário que a quantidade disponibilizada para a produção seja a mais exata possível, porque o custo pela perda será incorporado ao custo do produto. Se houver perda anormal, por exemplo, de incêndio no almoxarifado, roubo, enchente, os valores correspondentes não devem ser tratados como custo de produção, e sim levados diretamente ao resultado.

As perdas anormais ocorrem de forma involuntária, sendo seu custo absorvido pelos demais produtos.

As principais causas de desperdício de materiais são: aquisição de material em excesso, em mau estado, inadequado; transporte errado, provocando perdas; mau aproveitamento e desprezo com as sobras; falta de conservação; abastecimento incorreto; falta de controle.

Desperdício de Mão de Obra – A mão de obra é um dos itens mais lembrados na lista de dificuldades de uma indústria, tendo em vista a dificuldade de lidar com o ser humano e por uma legislação trabalhista que está sendo reformulada. São tantos os encargos sociais que vale reduzir a mão de obra, para a sobrevivência do negócio.

Os problemas não são solucionados com mão de obra intensiva, mas com tecnologia intensiva. Hoje, deve-se depender cada vez menos de empregados. Outro aspecto é o ambiente. É confortável? Os equipamentos obedecem as simples regras da Ergonomia? Há riscos de acidentes de trabalho?

O funcionário trabalha com satisfação? Uma reengenharia dos processos, estruturas e métodos de trabalho pode diminuir o absenteismo, a assiduidade, a impontualidade, a falta de assiduidade, o estresse e a rotação, como também favorecer a assiduidade.

Desperdício do Espaço Físico – Uma indústria se for pequena demais estrangula a produção. Mas se for grande demais custa caro. A adoção de equipamentos mais modernos, somados à revisão nos processos de fabricação, diminui os espaços ociosos. Alguns equipamentos, se bem aplicados, poupam espaços, embora sejam mais caros, que ao longo dos meses se mostram mais rentáveis.

As principais causas do desperdício de espaço são: arranjo físico mal feito; máquinas e equipamentos ociosos em espaços úteis; má utilização do espaço cúbico; projetos feitos por pessoas incompetentes.

Desperdício de Água – Atualmente, mais do que nunca, a água se mostra imprescindível para o homem. Porém, o mesmo homem polui, cada vez mais, seu próprio ambiente. Infelizmente, a água é utilizada de forma descontrolada. Hoje, a responsabilidade de algumas empresas para com o ambiente faz parte de sua estratégia. Para que se otimize o uso da água, veja algumas premissas a seguir:

- Verifique se a torneira está realmente fechada.
- Ao lavar a louça, use a própria cuba da pia para ajudar na lavagem.
- Tente limitar o banho para no máximo de cinco minutos.
- Feche a torneira enquanto se ensaboa.
- Jamais escove os dentes ou faça a barba com a torneira aberta.
- Sempre use a máquina de lavar em carga máxima.
- O excesso de sabão aumenta o número de enxagues.
- A lavagem de louças, copos, bandejas e talheres consomem uma quantidade enorme de água, que pode ser resolvido com equipamentos corretos.

Desperdício de Dinheiro – Na hora de comprar máquinas e equipamentos, avalie tudo, como: especificação, preço, marca, garantia, facilidade de limpeza, mobilidade, por exemplo. Certifique-se de que a manutenção futura seja organizada, tendo acesso, rapidez e confiabilidade.

Escolha o equipamento pelo tempo estimado de vida útil, tomando como referência a concorrência. Lembre-se de que bons equipamentos custam caro e possuem um índice de depreciação menor do que os mais baratos.

Desperdício de Tempo – As principais causas do desperdício de tempo são: conversa durante o serviço; falta de competência profissional; má disposição do arranjo físico, provocando movimentos inúteis; falta de processos racionais; falta de recursos apropriados; comando inoperante.

Desperdício de Ideias – As principais causas do desperdício de ideias são: não saber escutar as pessoas; falta de motivação para que as pessoas desenvolvam criatividade e iniciativa; falta de orientação, treinamento e educação formal deficientes.

O Imperativo Tecnológico

Você imagina quantas indústrias são acionadas toda vez que se abre uma torneira de água? E, ao tomar o café da manhã, você calcula o vasto universo de máquinas que estão por trás dos alimentos e utensílios que vão para a mesa?

Alguns argumentam que a maioria das mudanças da História se deu, em função da tecnologia.

Os séculos são marcados por invenções, como: roda, foice, roldana, alavanca, martelo, espada, bússola, luneta, caldeira, motor, aço, lâmpada, válvula, rádio, televisão, computador. Na última década aconteceram avanços notáveis na disponibilidade de informações, na velocidade das comunicações, nos novos materiais, na biotecnologia e nas maravilhas da eletrônica.

Seja de que classe for, qualquer pessoa atestará a expansão interminável de novos produtos.

Desde a pedra lascada e da primeira utilização do fogo, o mundo viveu a reboque da tecnologia. No Século XX, foi uma enxurrada de inovações eletroeletrônicas. É bom lembrar que foi através da tecnologia que se iniciou o verdadeiro socialismo, porque qualquer um tem acesso à televisão e à biblioteca universal.

Ontem mesmo, a tecnologia criou o telefone celular, que imediatamente chegou ao proletariado de todo o mundo. Pelo menos esta igualdade está garantida.

Um exemplo muito relatado de desenvolvimento tecnológico é o dos relógios portáteis. Estes equipamentos surgiram da necessidade que os navegantes tinham de conhecer a hora com precisão. Sem esse tipo de informação os cálculos para determinar a posição de um navio no mar eram muito incertos. Um erro de navegação provocou o naufrágio de toda a frota inglesa, em 1707.

A catástrofe abalou de tal modo a opinião pública que o governo ofereceu um prêmio de 20 mil libras para quem resolvesse o problema da determinação da longitude no mar. Ao invés de afirmar que foi erro do piloto, como se diz, hoje em dia, as autoridades estimularam o avanço da tecnologia de modo que um erro humano não tivesse consequências catastróficas. A solução veio com o relógio marítimo de precisão, criado pelo cientista inglês Robert Hooke.

Mas, afinal, o que é tecnologia? Tecnologia é o conjunto de conhecimentos, técnicas, ferramentas e atividades utilizadas para transformar os recursos organizacionais em produtos (resultados). Também abrange todos os conhecimentos, fórmulas, manuais, modelos, sistemas, procedimentos, metodologias, métodos, processos, operações.

Em resumo, pode-se dizer que a tecnologia tem a propriedade de determinar a natureza da estrutura e do comportamento organizacional das empresas. Dentre a enorme variedade de coações e contingências que o ambiente impõe à empresa, a tecnologia aparece como a variável crucial, principalmente, quando inovações concorrentes fazem com que a empresa tenha que se adaptar à "nova onda".

Incrementar tecnologia não é só desejável, como fundamental. Acontece que ela é apenas um dos recursos com que contam os empreendedores. Gerenciar de forma produtiva, competitiva e lucrativa requer percepção correta do equilíbrio necessário entre os recursos disponíveis e recursos necessários.

Sempre existe um recurso que é mais barato do que os demais. A sensibilidade do executivo está em detectar qual é, utilizando este mais do que os outros.

A dependência da tecnologia está afetando a mentalidade das pessoas. Não muito tempo atrás, era normal dirigir por duas ou três horas e não falar com ninguém. Mas, com o telefone celular, as pessoas passaram a sentir a necessidade de se comunicar a todo instante. Não fazer ou receber ligações às deixam em pânico, como se estivessem perdendo alguma coisa.

O vício de receber e dar informações acabaram com os momentos de distração e reflexão.

O Poder Concentrador da Automação

Automação significa a transferência de atividades de controle, regulagem e correção de processos feitos pelo ser humano para equipamentos cibernéticos. As máquinas automáticas são capazes de realizar uma sequência de operações até certo ponto semelhantes aos processos mentais humanos, podendo ainda corrigir erros que ocorram no curso de suas operações, seguindo critérios preestabelecidos.

Equipamentos automatizados podem cuidar de muitas atividades exercidas pelos seres humanos.

As comunicações foram das primeiras atividades humanas a empregarem a automação. O fato é que as comunicações são a base de todo progresso científico e tecnológico. Sem elas o acúmulo de conhecimentos até o ponto de terem utilidade prática não seria possível e muito menos sua difusão.

É igualmente importante que as comunicações mantenham em funcionamento os processos de produção e distribuição, para a comercialização de bens e serviços, bem como para formação e manutenção dos governos. Em outras palavras, devem ser funcionais, o que, por si só, já constitui formidável tarefa numa sociedade automatizada.

Neste momento se impõem duas apreciações: a matemática e o computador. A matemática é o tradutor universal que nos permite trasladar ideias originalmente expressas em uma determinada linguagem científica para qualquer outra e o computador é o instrumento de máxima importância nessa conversão de energia intelectual. Cada vez mais, é preciso reconhecer que o caminho mais aconselhável é o científico.

A visão de conjunto é essencial, particularmente, com o computador, que permite levar, a termo, um programa de integração. Por isso é notável que um aparelho, planejado unicamente para operações aritméticas, tenha estimulado, dessa forma, a filosofia científica e forçado a reorganização em tantas áreas, tendo em vista se tratar de uma máquina maravilhosa que também estimula a concentração do poder sobre a informação, pois quem tem a informação tem o poder.

Dirigentes de personalidade centralizadora partem logo para a automação de tudo, sem se darem conta, muitas vezes, das consequências.

A automação leva necessariamente ao controle, que envolve decisão. Além disso, não é algo casual, porque, consequentemente, é preciso achar o equilíbrio entre: o custo (eficiência), os resultados (eficácia) e velocidade de resposta (efetividade).

Se planejarmos a orientação de uma nave de maneira arbitrária ela não chegará ao seu destino, precisará de um aparelho de controle, demandando, com isso, mais energia e mais problemas além dos já existentes. Como equilibrar vantagens e desvantagens? Estas e muitas outras questões semelhantes representam as verdadeiras dificuldades da automação de uma empresa, dificuldades frequentemente omitidas e/ou ignoradas.

A automatização das comunicações oferece verificação rápida da opinião pública, facilita a pesquisa e a previsão, racionaliza a produção e distribuição, ajuda à manutenção de estoques em níveis baixos, dá acesso a tudo e a todos, dissemina a informação, disponibiliza meios para a confrontação de padrões e modelos de decisão.

O impacto da automação nas comunicações significa impacto em todas as atividades humanas. Deve-se entender que o complexo das comunicações engloba não só as indústrias e os serviços, como também toda a combinação de pessoas, instituições, sanções legais e meios informais que, em conjunto, formam o centro nervoso que movimenta a sociedade. Na realidade, estamos tratando do impacto da automação nas maneiras pelas quais nos comunicamos, vivemos, trabalhamos e nos desenvolvemos.

Mais especificamente, as comunicações terão de explicar os efeitos das mudanças sobre o indivíduo, ajudá-lo a compreender seu novo papel na sociedade e na sua organização, auxiliá-lo a aceitar a falta de trabalho, assisti-lo na descoberta de novas oportunidades, ampará-lo na transparência, ajudá-lo a desenvolver suas habilidades e capacidades.

As comunicações terão, obviamente, papel de destaque no aprendizado permanente a que a automação está compelindo todos nós, bem como ajudar cada indivíduo a obter todas as informações de que necessita em seu trabalho, seja como parte de uma organização ou não.

Num mundo em que as comunicações têm tal significado, todos os indivíduos terão de desenvolver sua capacidade pessoal nesse campo. É igualmente importante que as comunicações mantenham em funcionamento os processos de produção e distribuição, para a comercialização de bens e serviços, bem como para formação e manutenção dos governos. Em outras palavras, devem ser funcionais, o que, por si só, já constitui formidável tarefa numa sociedade automatizada.

O Significado do Tempo

É muito comum se ouvir: Por mais que me esforce não consigo tempo para nada; não consigo me livrar de tantas pessoas para atender; não tenho tempo discricionário e lazer; minhas férias passam tão rapidamente; cada vez tenho menos tempo para "viver". Por isso que seminários sobre o tempo são os mais vendidos. Infelizmente, muita gente dá ao uso do tempo um enfoque mecanicista.

Renato Bernhoeft observa: “Mais importante do que ganhar tempo é como usar o tempo que se ganha”. A utilização do tempo como recurso pode adquirir caráter estratégico, uma espécie de ferramenta competitiva.

Algumas organizações promovem o estudo da racionalização do tempo, contratam serviços terceirizados, discutem o uso do tempo com seus parceiros, premiam inovações em processos para que a organização se torne mais eficiente, eficaz e veloz. Portanto, mais efetiva.

As imagens sobre o tempo são determinadas pelas pessoas e pelos ambientes. Muitos o utilizam, de forma inconsciente, como uma máquina ou um servo mecanismo, sem se dar conta do seu valor. É muito comum quando somos jovens gastarmos o tempo em atitudes inconsequentes. Quando nos arrependemos das bobagens feitas em relação ao tempo passado, estamos próximos da idade da razão (Jean Paul Sartre).

Num rápido apanhado, as imagens mais encontradas sobre o tempo são: O tempo como tirano; O tempo como inimigo; O tempo como um mistério; O tempo como escravizador; O tempo como juiz; O tempo como recurso a ser bem utilizado; O tempo como lenitivo para esquecimento.

Não é que o presente, o dia a dia, não tenha importância, nem que o mundo seja um paraíso (ou uma ilusão), mas as pessoas orientadas para o planejamento do futuro e que se sentem amarradas ao tempo precisam entender, também, que: “Tudo é provisório e nada é definitivo” (Teoria do Caos).

Existem pessoas bem-sucedidas que se recusam a serem devoradas pelo tempo, isto é, vivem no presente sem se importar com os acontecimentos contemporâneos e futuros. Isto é possível, mas muito improvável.

Um aspecto que precisa ser ressaltado é o conflito “Viver x Dormir”, porque quando dormimos estamos aparentemente mortos, sem vida. Embora o tempo passe, ele não é utilizado para realizações e aprendizagem. Em muitas conversas é comum ouvir, de pessoas de certa idade, o lamentar do tempo perdido com o sono. Pode-se incluir, também, ações de extrema inutilidade que não acrescentaram nada a nossa curta existência e não prepararam a pessoa para uma velhice com sabedoria e conhecimento.

Quando o ser humano atinge os 40 anos, ele começa a olhar para trás e lembrar de atitudes de comodismo, resignação, displicência e complacência. Ter perdido encontros e oportunidades por estar desconectado do mundo real. Muitas pessoas depressivas (mesmo jovens) se entregam ao sono, porque não têm coragem de enfrentar a vida difícil e dura da maioria de nós.

Fica a pergunta: Por que a maioria das pessoas que tiveram sucesso na arte, na ciência, na filosofia, na política e no trabalho dormiu tão pouco? O tempo nunca pode perder o seu significado.

À medida que envelhecemos começamos a dar mais valor ao tempo, porque sabemos que estamos mais próximo da morte e que muito pouco “realmente” realizamos.

Por que Utilizamos Modelos?

Os modelos ajudam a economizar tempo e dinheiro. Munidas desses instrumentos, as pessoas correm menos riscos, tendo em vista que a construção de modelos se aplica, principalmente, à tomada de decisão, resolução de problemas e avaliação de desempenho.

A utilização de modelos permite ao ser humano errar menos, eliminar testes de campo, porque podem substituir referidos testes por simulações em laboratórios, utilizando o computador como ferramenta.

Antigamente as empresas pensavam em mercados como algo homogêneo e agora pensam, cada vez mais, em segmentos. Elas fazem análises detalhadas, criam sistemas de simulação e produzem bens diferenciados para pessoas cada vez mais diferentes.

Modelos desempenham importante papel no processo de criação coletiva, pois nos ajudam a pensar e a comunicar nossas ideias.

O modelo é qualquer representação simplificada de um processo ou de uma realidade em seu todo ou parte. Por ele verifica-se a interligação entre informação, processo e decisão. Seu desenvolvimento é fundamental, porque ele é um pré-requisito para a análise de valor da informação e porque é a chave para se compreender que partes do processo podem ser apoiadas por sistemas automatizados.

O modelo, em geral, é a abstração de uma realidade, de uma situação pretendida, de uma solução, de um raciocínio, de um encaminhamento lógico que parte dos dados de base. Há muito tempo, utilizam-se modelos em diversas ciências, mas sua aplicação aos problemas de gestão de empresas é bem mais recente.

Os objetivos de um modelo são: definir ou descrever alguma coisa; assistir uma análise; especificar relações e processos; representar uma situação em termos de símbolos; ajudar no processo de tomada de decisão; minimizar custo e tempo; permitir uma melhor visualização das alternativas; aumentar e reforçar o conhecimento.

Modelos não podem representar muitos aspectos de um contexto, porque, além de serem muitos, mudam constantemente. Se quisermos estudar o fluxo de materiais através de uma fábrica, nós podemos construir um desenho, em escala, num papel, mostrando o piso (planta baixa) da fábrica, a posição das máquinas, equipamentos e homens, por exemplo.

Apesar das limitações que os modelos apresentam na caracterização de qualquer sistema, a grande vantagem de seu uso reside no fato de que eles propiciam um quadro de referências, a partir do qual se pode desenvolver uma análise e se ter uma visão abrangente do objeto em estudo.

Quem constrói o modelo sofre a tentação de atopetar o mesmo com todas as respostas, desenvolvendo um modelo eclético. Só que isso, além de ser perda de tempo, é praticamente impossível. A utilização de modelos permite que testes de mercados sejam reduzidos ou até eliminados, substituídos por pré-testes, simulações em laboratórios que reproduzem as condições ambientais relativas a um número de consumidores selecionados.

Um modelo poderá assumir diversas formas, tais como: uma descrição, um desenho, um referencial cartesiano, um relatório, um escrito, um formulário, uma tabela, um quadro, uma fórmula, um sistema, um projeto, um plano, um programa, uma sinopse, um estatuto, um contrato, uma curva, um cronograma, um fluxograma, um diagrama e, até mesmo, uma pessoa.

Tempo é Dinheiro

Tempo é dinheiro ("Time is Money") diz o ditado. Mas, qual é a importância do tempo para uma pessoa? O problema maior é a necessidade que têm certos indivíduos de que o dia tenha mais de 24 horas. As tecnologias da informação e comunicação ajudam, porém todos continuam a lutar contra uma agenda repleta de compromissos, decisões a tomar, problemas a resolver, relatórios a fazer (ou ler) e e-mails se acumulando no computador.

Raras são as pessoas com capacidade para usar o tempo de maneira racional. Estão sempre reclamando que não têm tempo para nada. Todos parecem sofrer da "*Febre da Ocupação*" e com isso são incapazes de gerir a própria vida. Se o tempo é igual para todos, por que as horas passam tão rápidas para certas pessoas e para outras não?

O problema não é do tempo, mas sim do uso que dele fazemos. Como disse Benjamin Franklin: "Não gaste seu tempo inutilmente, pois é dele que a vida é feita". Dentre os recursos, o tempo possui características bem próprias, porque não tem cheiro, massa, comprimento, peso, densidade, volume, temperatura e local de atuação.

A água se transforma em gelo, e vice-versa. Entretanto, o tempo utilizado (transcorrido, medido) desaparece, não tem permanência, consistência, corre em segundos, minutos, horas, dias, semanas, meses, anos, séculos e milênios. Qualquer pessoa anseia por mais tempo ou por melhor uso dele. Então, o tempo deve ter muito valor. Valor não entendido pela maioria das pessoas. Por quê?

Uma outra consideração é o fato de que algumas pessoas têm tempo suficiente e outras acham que não têm, tendo em vista que o tempo é um bem distribuído de forma justa para todos. Muito mais justa do que a distribuição da renda, da propriedade, da beleza, da inteligência e da saúde, por exemplo.

Numa análise simples e rasteira sobre o sucesso das pessoas, tirando-se o fator sorte, pode-se dizer que elas utilizaram o tempo de forma útil e inteligente.

Os bem-sucedidos, geralmente, usam o tempo para ações mais bem pensadas, enquanto os outros deixam de aproveitar este recurso de maneira adequada. Os objetivos alcançados dependem muito da forma pela qual aplicamos o nosso tempo.

Segundo Rosa R. Krausz: "Nossas ideias sobre o tempo são adquiridas, em grande parte, através das influências que recebemos do processo educacional a que somos submetidos. Adotamos conceitos e modelos, criamos imagens, desenvolvemos hábitos e maneiras de agir e reagir".

Estabelecemos padrões que acabam por se tornar uma segunda natureza que passa a dirigir os rumos da nossa vida como se estes fossem inexoráveis e imutáveis. A tal ponto isto acontece que nossas reações se automatizam e não só deixamos de tomar consciência deste fato como também acabamos por diminuir nossa capacidade de encontrar opções para alterá-las. A consequência poderá ser um sentimento íntimo de derrota e de impotência diante da vida, que nos arrasta como uma correnteza e contra a qual nos debatemos inutilmente.

Tempo: Recurso do Gerente Eficaz

Em "*O Gerente Eficaz*", Peter F. Drucker afirma: "Os executivos eficazes não começam pelas tarefas, mas pelo tempo. Começam descobrindo em que eles, realmente, empregam seu tempo. Então, tentam administrá-lo e eliminar as exigências improdutivas sobre ele. Finalmente, consolidam o tempo disponível nos períodos mais extensos e contínuos possíveis. Este processo é a base da eficácia gerencial".

O tempo, um recurso escasso e limitado, às vezes, joga a nosso favor como uma boa desculpa para aquilo que não foi realizado – Não deu tempo. Pessoas eficazes têm plena consciência da inelasticidade deste recurso, sabem usar o tempo disponível de forma otimizada, isto é, da melhor maneira possível, em função do seu nível de percepção. Infelizmente o homem comum está muito mal preparado para administrar o tempo.

Pesquisas mostram que a maioria das pessoas conserva a noção de espaço. Porém, mesmo com as luzes acesas, poucas horas em um quarto, bastam para que alguém não consiga avaliar o período decorrido. Poderá estimar grosseiramente o tempo que lá ficou e, quanto maior for este período, maior será o erro.

Um outro fato a ressaltar é aquele que diz respeito ao tempo programado e o realmente utilizado. Os registros mostram que executivos passam a maior parte do tempo despachando documentos, ao telefone e em reuniões, já que o computador fica para os assistentes.

Portanto, as pessoas eficazes sabem que para gerenciar seu tempo elas precisam saber em que este é empregado. É inevitável que as pessoas desperdicem tempo e que sejam improdutivas no seu uso. Quanto mais alta é a posição de alguém numa organização, maiores serão as exigências que esta organização fará de seu tempo.

Aqueles que não são executivos não estão em melhor situação. Também são bombardeados com cobranças de seu tempo que acrescentam pouco à sua produtividade, mas que não podem ser desconsiderados. Em toda atividade, uma grande parte do tempo deve ser gasta em coisas que, embora tenham aparentemente de ser feitas, oferecem pouca ou nenhuma contribuição.

O genial Drucker em sua obra e vida nos legou as seguintes premissas sobre o tempo disponível:

- Gastar alguns minutos com pessoas simplesmente não leva a nada.
- Se alguém quer conseguir algo, precisa despender um tempo mínimo de esforço.
- Se alguém quer chegar a ponto de exercer alguma influência sobre outra pessoa, com certeza vai precisar pelo menos de uma hora.
- Para se estabelecer um relacionamento humano é preciso de um determinado tempo.
- O trabalho intelectual faz exigências bem maiores de tempo do que o manual.
- Uma vez que o dirigente administra o seu próprio tempo e o dos outros, ele deve entender o que esperam que ele realize e por quê?
- Relações pessoais e profissionais consomem tempo, se isso for feito apressadamente, transformando-se em atrito.
- Quanto mais as pessoas estão juntas, mais tempo levará sua interação espontânea, menos tempo haverá disponível para o trabalho e a realização de resultados positivos.
- Tomar decisões ponderadas sobre pessoas exige tempo razoável.
- A escassez de tempo deve piorar, em vez de melhorar.
- A inovação e a mudança impõem exigências incomuns de tempo.

- Tudo o que se pode pensar e fazer, em um espaço curto de tempo, é refletir sobre o que já se sabe e proceder como já se está acostumado.

Uma Experiência com Pás

Em 1898, os pátios da Bethlehem Steel Company recebiam grande quantidade de homens para o manejo com pás do minério de ferro e do carvão triturado. A experiência com as pás foi iniciada por um estudo sistemático desse manejo.

Qual seria a melhor carga para a pá, em função de um tipo de material? Quando Frederick W.Taylor foi para a Bethlehem, cada trabalhador trazia sua própria pá. Um trabalhador removia 1,75 kg do carvão com a pá e usava a mesma pá para o minério de ferro, o que envolvia uma carga de 19 kg. Taylor selecionou vários trabalhadores e deu-lhes uma gratificação extra para seguirem suas instruções.

Um grande depósito foi construído para armazenar as pás de diferentes tamanhos, projetadas para receber uma carga de 10 kg para os vários tipos de material. No depósito de ferramentas também estavam armazenados outros implementos, tais como: picaretas e alavancas, projetadas e padronizadas para determinados trabalhos.

Um detalhado sistema de trabalho foi desenvolvido. Eram colocados no escaninho de cada operário duas fichas de papel. Uma indicava os implementos que teria de usar e onde deveria trabalhar naquele dia e a outra continha a produção do dia anterior e quanto ganhara.

Quando a produção estava abaixo da marca, o operário recebia uma ficha amarela que lhe servia de advertência para melhorar e não conseguindo atingir o padrão estabelecido significava transferência para outros tipos de trabalho, se fosse de interesse da companhia.

O trabalho era planejado com antecedência e os operários eram encaminhados de um lugar para outro por funcionário do setor de planejamento. Foram utilizados mapas, gráficos e diagramas, instalou-se um serviço de comunicação (telefones e mensageiros). Foram, também, realizados estudos para determinar a melhor maneira de manipulação das pás, relativos a movimento, peso, ângulo de inclinação. Os trabalhadores foram treinados para novos métodos de trabalho, sendo monitorados periodicamente.

Os resultados das experiências com pás foram excepcionais para a companhia, por exemplo, o número de trabalhadores foi reduzido de 400 para 140; a quantidade média de toneladas que cada homem manejava, por dia aumentou de 16 para 59; o custo por tonelada diminuiu de 7,2 para 3,3 centavos de dólar. Este enxugamento dos custos permitiu uma melhoria de salário, infelizmente, proporcionalmente, menor que os ganhos anteriores.

Esta experiência faz parte da história da racionalização dos recursos, como um grande feito no final do Século XIX. Portanto, combater o desperdício é coisa antiga.

Uma Máquina Maravilhosa

As ideias que deram origem a essa extraordinária ferramenta de trabalho, chamada computador, datam de muito antes, mesmo que houvesse um mínimo de capacidade industrial para concretizá-las. Para alguns historiadores, a época é a de Arquimedes, isto é, 2.400 anos atrás.

O emprego de computadores em inúmeros e variados campos do conhecimento vem provocando uma verdadeira revolução, em todos os setores da atividade humana, e está influenciando, cada vez mais intensamente, a vida individual, coletiva e governamental.

A invenção e o desenvolvimento inicial dos computadores ocorreram sem serem motivados nem pelo conceito filosófico ou científico de sistema nem pela necessidade de administrar empresas, ou algo que o valha. No início, tratou-se apenas de um equipamento destinado à pesquisa científica ou, no máximo, à realização de cálculos estatísticos, onde o imenso número de dados e o caráter repetitivo do trabalho parecia justificarem os enormes investimentos para a construção de tais máquinas.

O desenvolvimento do primeiro computador moderno é creditado a Vannevar Bush, engenheiro elétrico do MIT, na década de 1930. O computador atendia àquilo de que ele e sua equipe precisavam: uma maneira de reduzir o tempo gasto na tarefa de resolver equações matemáticas que, por sua vez, auxiliariam na solução de problemas de engenharia. O que eles procuravam era a automação do processo de resolução de problemas.

Finalmente, em 1936, criaram o Analisador Diferencial. O primeiro computador para uso militar era chamado Colossus (1942).

Após a Segunda Guerra Mundial, as opções criadas pela tecnologia multiplicaram-se, avassaladoramente, e começaram a surgir máquinas precisas e destinadas a diversas funções. Passo a passo, o trabalho humano foi substituído pela máquina. Na elite destas maravilhas, ocupando o primeiro lugar, está o computador que apareceu no mundo dos negócios em 1955.

Esta máquina possuía 1.000 palavras de 12 dígitos em sua memória e podia efetuar 8.333 adições e 555 multiplicações por segundo. Ela tinha cinco mil tubos (válvulas) e ocupava mais de 60 m^2, espaço considerado menor ao ocupado por modelos anteriores. O Escritório do Censo Demográfico do governo americano foi quem primeiro comprou o computador.

Desde então, os computadores têm sofrido grandes modificações. São muito mais poderosos, podem funcionar com grande velocidade e abrangem incontáveis tarefas. Com sua capacidade de seguir instruções pormenorizadas, o computador tem uma margem de erro praticamente nula. Trabalha seguindo um caminho rígido de procedimentos: um programa.

As atividades principais de um computador são: armazenar, recuperar, copiar, modificar e classificar dados; executar cálculos, textos; desenvolver gráficos; mostrar resultados de pesquisa; selecionar dados.

Os computadores de hoje são mais rápidos, menores, possuem maior memória e têm a capacidade de efetuar muito mais funções que seus predecessores, tudo isso graças à invenção do *Chip*. A empresa da atualidade não pode prescindir do desenvolvimento de recursos técnicos e humanos, capacitados em termos de processamento de dados.

Um sistema de informação eficaz deve ter a bordo (elemento estacionado) um computador, que, trabalhando apenas com dois dígitos, supera o homem, devido a sua fantástica velocidade de processamento. O leitor não deve se assustar, porque esta máquina, embora maravilhosa, ainda não possui a abstração, uma qualidade excepcional da espécie humana.

A História da Internet

Quando o Sputnik surpreendeu o mundo, em 1957, o presidente Eisenhower criou a Agência de Desenvolvimento de Projetos Avançados (ARPA). A função desta agência, subordinada ao Ministério da Defesa, seria a de desenvolver mecanismos defensivos muito mais avançados do que os então existentes.

Em outubro de 1958, o governo americano criou a NASA, que passou a administrar todo o programa espacial. Então, o pessoal da ARPA direcionou todo o foco de suas pesquisas para a tecnologia terrestre.

O governo deu carta branca à ARPA para recrutar cientistas e usar todas as fontes de apoio que julgasse necessárias, o que incluía contatos frequentes com os melhores cérebros pensantes das universidades e centros de pesquisa. Mas, tão logo esse seleto grupo foi formado, percebeu-se que a comunicação entre seus integrantes seria um grande empecilho. Falar ao telefone era ineficiente, porque cientistas não conversam, trocam dados.

Mandar documentos confidenciais pelo correio nem pensar. Juntar todo mundo com a frequência necessária era impraticável. O ideal seria que todos os envolvidos pudessem receber exatamente as mesmas informações, ao mesmo tempo e o mais rápido possível.

Aí, surgiu uma ideia tão boa na teoria quanto inaplicável na prática: interligar toda essa gente, através de grandes computadores. Inaplicável, porque, até então, os computadores vinham sendo construídos para funcionar de forma estanque, porque cada um tinha sua própria configuração e seus próprios programas. Portanto, não eram compatíveis.

Era como se cada um deles falasse uma língua própria, incompreensível para os demais. E, pior ainda, a tecnologia da época estava ainda muito longe de permitir qualquer tipo de comunicação direta *on-line*. Mas, ninguém duvidava, a ideia de uma rede de computadores até que tinha algum futuro.

Alguns cientistas associados à ARPA concentraram seus esforços no ramo da transmissão eletrônica de dados e eventualmente acabaram chegando à Internet. Em 1962, John Licklider, cientista e chefe do departamento de computação do MIT, publicou alguns trabalhos em que mostrava a viabilidade da criação do que ele chamou de Rede Galáctica, inspirado pela maneira como as galáxias se organizam no cosmo, isto é, um aparente caos de zilhões de esferas espalhadas no vácuo, mas ordenadas e reguladas pela força da gravidade. Para Licklider, zilhões de sistemas de computação espalhados no mundo poderiam interagir da mesma forma, sem perder a individualidade.

O projeto de Licklider era futurista demais, um grande número de computadores ligados entre si e que poderiam ser diretamente acessados por qualquer pessoa, para a inserção ou retirada de dados, mas sem atrapalhar quem estivesse operando o computador do outro lado da linha. Mas para outro cientista da própria ARPA, Leonard Kleinrock, a ideia não só fazia sentido como ainda se encaixava perfeitamente com seu próprio conceito de transmissão de pacotes avulsos entre computadores.

Multiplicados e armazenados em vários computadores, em locais diferentes, esses pacotes poderiam ser posteriormente resgatados e juntados novamente, como num quebra-cabeça, para reconstruir a informação original. Daí, se um arquivo se perdesse, ou o computador onde ele estivesse guardado fosse pulverizado por um míssil, bastaria recuperar esses dados de um outro computador. E se um espião conseguisse localizar um dos pacotes num computador qualquer, não teria a mínima ideia do que o todo significava.

John Licklider foi então convidado a se transferir do MIT para ARPA, onde passou a chefiar a divisão de pesquisa de computação. Para impedir que sua equipe de cientistas começasse a divagar por várias direções ao mesmo tempo, ele resolveu antes definir exatamente onde queria chegar. Suas regras básicas chamadas de protocolo eram:

- Cada computador deveria ter uma porta de entrada que ficaria permanentemente aberta para todos os outros, e que permitiria o acesso aos dados comuns a todos, mas não aos dados que fossem propriedades particulares.
- Cada um dos computadores, individualmente, não poderia ser afetado em seus programas e aplicações por modificações que os outros participantes fizessem em seus próprios computadores.
- Uma linguagem comum de comunicação deveria ser usada, já que em 1962 havia quatro linguagens de programação: Fortran, Algol, Cobol e Lisp.

Todo mundo de acordo, o primeiro grande problema a ser resolvido pela ARPA era como transferir os dados, em grandes quantidades e num tempo razoavelmente curto, já que as linhas telefônicas existentes ainda se mostravam totalmente inadequadas para isso. Mas pelo menos alguma coisa já existia. Esse sistema de transmissão, que a gente conhece por *modem*, foi desenvolvido pela Companhia Telefônica AT&T, em 1960.

Chamava-se Dataphone e já fazia o que os *modems* de hoje fazem: transformar dados digitais em sinais analógicos, e vice-versa. A AT&T estava pensando no *fac-simile*, o popular fax. O maior problema era o tempo, porque o Dataphone levava cerca de quatro minutos para transferir uma página de texto. Como os cientistas da ARPA precisavam transferir milhares de páginas e desenhos, o sistema era de uma lentidão absoluta.

Finalmente, em 1967, o sucessor de Licklider na ARPA, o cientista Leonard Roberts, se sentiu confiante o suficiente para publicar os resultados de nove anos de pesquisas. O documento, chamado de Plano Arpanet, causou uma enorme surpresa, mas não a do tipo que os cientistas da ARPA estavam esperando. Eles imaginavam que tudo aquilo seria uma novidade absoluta para a comunidade científica, mas ficaram sabendo que outros pesquisadores, trabalhando fora dos EUA, estavam chegando a resultados semelhantes.

Percebendo que fora do governo havia gente tão boa quanto seus próprios colaboradores, em 1968, a ARPA abriu licitação para interessados em desenvolver sistemas de transmissão de dados, isto é, precisavam de um modem mais veloz. A IBM, alegando que uma rede do gênero era inviável, não participou. E foi escolhida a Bolt, Benarek & Newman, uma empresa de porte médio, que recebeu uma verba de 1 milhão de dólares para tocar o projeto.

Em setembro de 1969, uma linha telefônica exclusiva e adaptada à velocidade especificada requerida pelo sistema permitiu que os *modems* de dois computadores remotos pudessem se comunicar diretamente e transmitir dados com a rapidez necessária.

Os dois computadores estavam a milhares de quilômetros, um na Costa Leste, em Massachusetts, na Universidade de Stanford, e o outro na Costa Oeste, em Los Angeles, na Universidade da Califórnia. Com *modems* do tamanho de um armário, um teclado à frente e fones de ouvido, a ideia era digitar *login*, para conectar.

No final de 1971, o sistema já tinha 23 grandes computadores conectados e interligados. Em 1972, a Arpanet interligava 40 computadores em diversos pontos dos EUA. Ainda neste ano, foi desenvolvido um programa que, instalado dentro da Arpanet, permitia o envio de mensagens individuais, de pessoa a pessoa. Algo parecido com *e-mail.*

A comunidade de cientistas começou a se interessar pelo assunto. Mas, ninguém pensou que aquele sistema tivesse utilidade fora dos setores militar e acadêmico. Com dezenas de novos pedidos para fazer parte da rede e centenas de sugestões de aperfeiçoamento, foi necessário unificar a linguagem de todos os sistemas conectados.

Com o surgimento do microcomputador na metade da década de 1970, começou a se pensar que este sistema poderia ser colocado à disposição do público. Embora o conteúdo da Arpanet fosse confidencial, a sua arquitetura funcional era aberta, o que permitiu outras entidades criarem suas próprias variações. Várias redes proliferariam nos EUA, todas com regras particulares e linguagens próprias.

Em 1982, a Arpanet divulgou que, dali em diante, passaria a usar exclusivamente em suas comunicações o protocolo Internet, desenvolvido em 1974. Aí, as redes espalhadas pelo mundo resolveram aderir. Como resultado, em 1983, a palavra protocolo foi abolida e a rede passou a chamar-se Internet.

Em 1984, o número de e-mails pessoais começou a gerar excesso de tráfego e a causar lentidão. Como os usuários precisavam acessar um computador remoto, que tinha um único endereço, se abriu uma espécie de lista telefônica, com todos os usuários nele cadastrados identificados apenas por códigos numéricos, impossíveis de memorizar. Perdia-se um tempo enorme até encontrar o destinatário.

Uma solução de emergência foi a criação de um endereço pessoal para cada usuário, substituindo os números por nomes. Dessa forma, o contato passaria a ser feito num processo semelhante ao de um sistema telefônico, em que a ligação é rapidamente transferida para um ramal, sem congestionar o tronco central.

Esses endereços individuais foram chamados de Servidores de Domínio de Nomes. Os endereços foram subdivididos em áreas específicas. Assim, o setor de educação recebeu a terminação (.edu), as organizações mundiais (.org) e governo (.gov). É interessante notar que nesse primeiro momento não foi criada a famosíssima (ponto com), já que ainda não eram previstas aplicações comerciais em grande escala para a Internet. Para identificar o país de origem (.br) para Brasil, por exemplo. A única exceção é para os EUA, que não é identificado por letras.

Em 1981, o governo americano, através da Fundação Nacional da Ciência, criou a rede NSFnet, para ser usada por escolas que não tivessem acesso à Arpanet. Em 1985, o governo americano propôs cooperar para ampliar os sistemas de comunicação entre universidades a fim de eliminar o gargalo nas transmissões de dados.

O número de associados ao NSFnet pulou de mil em 1985 para 300 mil em 1990. À medida que a NSFnet crescia, a Arpanet encolhia. Foi feita uma imposição aos associados: eles não poderiam usar o sistema para fins comerciais. As empresas começaram a ver uma Internet paralela paga pelos usuários.

É claro que qualquer empresa privada, que pretendesse se tornar uma provedora de serviços, para um grupo de usuários comerciais, teria vários obstáculos a superar. O usuário precisaria aprender comandos específicos e complicados, teria de entender linguagem de computação e teria de memorizar dezenas de linhas de código para acessar um endereço.

A matéria disposta pela NSFnet era muito científica e acadêmica, sem nenhuma preocupação com formas, cores ou figuras e as informações vinham escritas num único parágrafo do começo ao fim da página.

Em 1986, a Universidade de Case, em Cleveland, cria a FreeNet, a primeira rede de acesso público e livre à Internet. Outras surgem em seguida. No Brasil, a Internet começou em 1988, através da Fundação de Amparo à Pesquisa do Estado de São Paulo e do Laboratório Nacional de Computação Científica, no Rio de Janeiro. Mas, ainda faltava uma coisa: um provedor para acessar a Internet.

Em 1989, Tim Berners-Lee cria na Suíça o programa que dá à luz a WWW (Word Wide Web) ao permitir que textos e figuras sejam transferidos e captados por qualquer computador. Numa atitude rara, Tim torna a sua criação um domínio público. Em 1991, a NSFnet levanta a barreira que impedia o uso da Internet para fins comerciais. No ano seguinte, aparece o primeiro *browser*, o Mosaic, que permite o acesso à rede através do mouse. É o fim dos códigos de programação. Em 1994 surgiu o primeiro provedor brasileiro.

Nas mãos do público, a Internet provoca uma revolução nas comunicações e no mundo dos negócios. Sua evolução é cada vez mais rápida. Qualquer que seja o futuro, a Internet estará presente na sua vida. É um caminho sem volta.

Como Administrar Informações?

A despeito de todos os cuidados com a estruturação das comunicações e interconexões, fluxo e filtragem da informação que transita na empresa, bem como a distribuição das atribuições e tarefas, começa a ser cada vez mais difícil administrar todo esse conjunto de informações. Acontece que, embora se faça filtragens e simplificações, o volume de informação necessário à condução de nossos negócios, cresceu exageradamente.

Como já não é mais possível ver e acompanhar cada atividade diretamente, nós temos de confiar e apoiar-nos na informação, mesmo que ela nem sempre tenha a forma mais adequada para as nossas necessidades gerenciais. Não somente ela se apresenta defasada, como também muito desarrumada ou minuciosa. Sem falar nos erros normais de redação e de construção, um relatório passa, às vezes, por diversos funcionários até chegar ao executivo imediato.

Infelizmente, a informação tem o péssimo costume de se deteriorar inexoravelmente. Conforme o tempo vai passando, ela vai sendo manuseada em cálculos, configurações, construções redacionais, distribuições, padronizações, nomenclaturas, simbologias, referenciais. Então a empresa faz uma nova descoberta, a de que a própria informação também deve ser administrada e industrializada, independentemente do significado e uso da mesma, em cada função da atividade produtiva e da qualidade da estrutura organizacional.

Em outras palavras, a partir de certo tamanho é preciso definir procedimentos de tratamento, produção e controle dos fluxos de informação, como se esta também fosse uma espécie de matéria-prima da empresa. Daí surgiu a necessidade de aumentar a capacidade de bem manipular informações, tendo em vista que a mesma é vital para se viver o presente e planejar o futuro.

O problema maior consiste em identificar, dentro de um contexto imensamente complicado, composto de milhares de aspectos e detalhes, como é o caso de uma grande empresa, quais as melhores formas de estabelecer as regras de interconexão entre todos esses componentes.

Para isso, foi necessário encontrar métodos de análise e estudos especiais que permitissem ao organizador visualizar, controlada e gradativamente, os aspectos essenciais de um gigantesco emaranhado de fatos e dados, sem correr o risco de se perder.

Mesmo que a organização seja a mais racional e simples possível, mesmo que os fluxos de informação sejam de alta velocidade e eficiência, sempre continuará faltando alguma coisa. As decisões mais delicadas e graves exigem uma informação muito sintética, impossível de conceber ou de obter por uma manipulação, mais ou menos, óbvia das informações já disponíveis.

Como a receita de sucesso é ter a informação certa, no lugar certo e no tempo certo, surge então a pergunta: Como bem administrar informações? De imediato aparecem problemas secundários, fundamentados nas seguintes palavras-chaves: Função; Utilidade; Finalidade; Objetivo; Filtro; Quantidade; Qualidade; Distorção; Segurança; Valor; Uso; Fonte; Engenharia; Usuário; Fluxo; Necessidade; Acessibilidade; Processamento.

Diagnóstico do Tempo

O registro do tempo gasto, para atividades e processos, começou a ser feito desde que começou o Movimento da Administração Científica, de Taylor, por volta de 1900. Dificilmente qualquer país está hoje atrasado nos métodos industriais a ponto de não controlar, sistematicamente, a demora de cada operação realizada pelos operários.

Mas estes métodos se aplicam à eficiência e não à eficácia, porque para atingir seus objetivos cada um possui seu próprio método. A grande dúvida é se podemos realmente controlar (ou administrar) o tempo para decisões e soluções que impliquem inteligência e criatividade. O importante é que esse controle seja feito em tempo real, ou seja, no momento em que as atividades estão sendo desenvolvidas e não mais tarde, com base na memória.

Regra geral, os registros de controle do tempo devem ser reavaliados periodicamente. Depois de cada amostra os dirigentes refazem o seu esquema de trabalho, pois quase sempre desperdiçam tempo em tarefas triviais. O uso do tempo melhora à medida que adquirimos conhecimento, experiência, sabedoria e sagacidade. Somente um estudo sistemático pode diagnosticar as causas de perda deste recurso.

Como a má administração desperdiça o tempo de todos, a primeira tarefa é identificar quais fatores consomem tempo improdutivo e irrelevante. O sintoma a ser procurado é o erro que aparece uma outra vez. O uso da tecnologia da informação ajuda a eliminar as "crises" recorrentes, mas não é a solução final e nem representa um grande aprimoramento ainda.

Uma crise recorrente deve ser prevista sempre. Pode, portanto, ser evitada ou reduzida a uma rotina que os funcionários sejam capazes de controlar. Uma "rotina" é, segundo Drucker, "aquilo que torna as pessoas não qualificadas capazes de fazer o que antes era necessário ser quase gênio para fazer, pois coloca de uma forma disciplinada, passo a passo, o que alguém, extremamente capaz, aprendeu ao superar uma crise ocorrida no passado".

Também o excesso de pessoal resulta, frequentemente, em desperdício de tempo, tendo em vista o esforço que as pessoas fazem para interagirem e se integrarem. Boas relações humanas são difíceis de existirem, porque sempre haverá a luta pelo poder, pela opinião, pela vaidade, pelo dinheiro, pela informação, pelo desinteresse em colaborar com o coletivo.

As pessoas invadem as áreas umas das outras. Elas se tornam um empecilho ao desempenho, em vez de serem instrumentos para alcançá-lo. Em uma organização enxuta, as pessoas têm espaço para agir sem colidir umas com as outras e podem fazer seu trabalho sem ter de explicá-lo sempre.

O Poder da Informação

Significativas mudanças ocorreram no meio empresarial, nos últimos anos, e cada uma delas levou as funções administrativas a ganharem um novo sentido nas organizações. Várias empresas procederam a estudos de sistemas de informação avançados e em grande escala. Com base nestes esforços, muitos dos conceitos fundamentais da abordagem dos sistemas de informação foram reexaminados, modificados e ampliados.

À medida que o volume de dados cresceu exponencialmente, tornou-se difícil manter métodos tradicionais de controle da informação. Pequena ou grande, uma empresa terá necessidade de um sistema de informação, que será tanto mais sofisticado quanto mais complexas forem as operações desta companhia.

Empreendedores, sejam de onde forem, constantemente, enfrentam problemas para os quais existe premente necessidade de informações, para poderem delinear e entender corretamente a questão, gerar caminhos alternativos, avaliar recursos e impactos decorrentes de tais soluções, construir um plano realista e factível para a solução escolhida.

Hoje, quatro são as grandes razões que movimentam o mercado de sistemas de informação, a saber:

- A conscientização de que informação é um patrimônio estratégico.
- O entendimento, cada vez maior, das vantagens do processamento distribuído.
- A evolução do computador que tornou possível a economia de rede.
- A crescente multiplicidade de escolhas disponíveis para modelar decisões e soluções dos problemas.

À medida que nos movemos para uma sociedade cada vez mais orientada para a informação, o gerenciamento de dados torna-se uma atividade muito importante na organização. Informações, dados, arquivos, planilhas e bancos de dados, baseados em computador, simplificam a tarefa de manter e recuperar uma grande quantidade de dados. Contudo, o problema de como organizá-los para utilizar a capacidade total do sistema não é bem compreendido.

Gerenciar, muitas vezes, é decidir em situações de informações incompletas. Portanto, significa decidir em um cenário de relativa incerteza. Para decidir sob condições de completa certeza, basta um algoritmo.

Executivos servem para avaliar e interpretar informações, propor e comparar ações, decidir com base em múltiplos critérios, assumir riscos, barganhar e negociar soluções que, frequentemente, não são as melhores do ponto de vista puramente tecnológico ou econômico.

Fica a pergunta: Como saber que as informações que dispomos são as mais relevantes e inteligentes para resolver um determinado problema?

Tecnologia e Empresa

Desde que o homem confeccionou as primeiras ferramentas e armas que lhe possibilitaram controlar a natureza para sua sobrevivência e proteção, até os dias atuais, os desenvolvimentos da tecnologia e da sociedade moderna são duas faces de uma mesma moeda. De base intuitiva, o progresso técnico avançou para crescente incorporação do empírico e do científico.

Na organização moderna, a gerência da tecnologia passou a ser um fator crítico na consecução das atividades empresariais.

A própria manutenção da organização repousa na sua capacidade de fazer escolhas de tecnologia adequadas às atividades que desenvolve, isto é, de tecnologias que assegurem a produção de bens e serviços de qualidade igual ou melhor do que a concorrência.

A mudança tecnológica é um desafio para as empresas. Impõe-se a necessidade crescente de atualização, se não para manter uma posição de vanguarda, pelo menos para acompanhar de perto as transformações.

Em resumo, pode-se dizer que a tecnologia tem a propriedade de determinar a natureza da estrutura e do comportamento organizacionais das empresas. Alguns autores falam de imperativo tecnológico. A tecnologia cria incentivos em todos os tipos de empresa, para levar os administradores a melhorarem cada vez mais a eficácia, mas sempre dentro dos limites do critério normativo de produzir eficiência.

A tecnologia será aqui considerada como uma variável, ao mesmo tempo ambiental e empresarial. Dentre a enorme variedade de coações e contingências que o ambiente impõe, a tecnologia aparece como a variável crucial, principalmente, quando as inovações tecnológicas surgem em outras empresas concorrentes. Alguns autores observam que existem dois tipos de tecnologia:

- Capital intensivo (tecnologia, automação e robótica).
- Recurso humano intensivo (pessoas com habilidades manuais e intelectuais).

A tecnologia representa uma ampla área de aplicações intencionais cujo conteúdo provém de diversas ciências. Ambas, tecnologia e ciência, andam de mãos dadas, mas não se confundem jamais. A ciência é o conjunto organizado dos conhecimentos relativos ao universo objetivo. A tecnologia pode ignorar as causas dos fenômenos que utiliza e encontra-se estreitamente ligada a preocupações de ordem econômica.

O homem moderno utiliza no seu comportamento cotidiano, e quase sem o perceber, uma imensa avalanche de contribuições da tecnologia. Sem toda essa parafernália, o comportamento do homem atual seria completamente diferente. Muito embora exista conhecimento que não pode ser considerado conhecimento tecnológico. É um determinado tipo de conhecimento que, a despeito de sua origem, é utilizado no sentido de transformar elementos materiais e informações (dados) em bens, serviços e ideias.

Por se tratar de um recurso estratégico, a oferta de tecnologia de ponta é escassa e problemática. Requer, de quem a procura, informações adequadas aos seus objetivos. Quem detém tal conhecimento tem a propriedade de um recurso estratégico, não o coloca à venda, mas, antes, tenta sua proteção. E só irá ceder tal recurso em condições que mantenham sua vantagem competitiva.

Quem não investir em tecnologia não melhorará sua produtividade e qualidade, correndo risco de perder mercado. Pesquisa e desenvolvimento passaram a ser uma preocupação básica da empresa atual. Para tal, precisa de uma política de produção vinculada a uma política de capacitação tecnológica. Do ponto de vista governamental, portanto, não é tarefa de um ministério apenas.

A tecnologia determina o nível e o tipo de formação profissional, as habilidades manuais e intelectuais, as capacitações, as aptidões e características de personalidade que as pessoas devem possuir para poderem ser recrutadas, selecionadas e admitidas na empresa. Nem todas as empresas contam com pessoal categorizado para desenvolver programa de capacitação tecnológica.

Pode-se dizer que a tecnologia tem a propriedade de determinar a natureza da estrutura e do comportamento organizacionais das empresas. Alguns autores falam de imperativo tecnológico. A tecnologia cria incentivos em todos os tipos de empresa, para levar os administradores a melhorarem cada vez mais a eficácia, mas sempre dentro dos limites do critério normativo de produzir eficiência.

É quase imensurável o número de máquinas, equipamentos e peças que formam a invisível rede de fabricação dos bens de consumo. Mas costuma-se estimar que pelo menos 90% do dia a dia da vida moderna estão ligados à tecnologia. E tudo leva a crer que esta situação irá aumentar gradativamente. Porém, uma coisa é certa: Toda empresa depende de um tipo de tecnologia.

A alternativa do desenvolvimento de tecnologia própria enfrenta, de saída, o problema da falta de dinheiro. Os países desenvolvidos já vivem na Terceira Revolução Industrial com: microeletrônica, novos materiais e biotecnologia. É preciso, portanto, ir mais fundo na modernização que não pode ficar limitada à reforma de equipamentos, se o objetivo for a competitividade internacional.

Mas, a maior parte das empresas não avança tecnologicamente, porque exige longos prazos de maturação de projetos, inversões de capital, desenvolvimento de pessoal, produtos e processos. Não se pode deixar de considerar a política de governo e toda gama de incertezas.

O Acesso ao Dado

Não há como negar que a informação é indispensável ao sucesso de qualquer atividade profissional. Mas, como ter os dados à mão sempre que necessário? Poucas empresas têm arquivos estruturados. Para revolucionar o acesso aos dados de um produto de consumo popular, no mundo da pesquisa e dos negócios, um número crescente de empresas se especializa em colocar dados e informações nas mãos do usuário, de forma instantânea, fácil e precisa, na tela do computador.

De ponta a ponta, a Informática promete dar dimensão inimaginável à informação, fazendo com que se torne, inclusive, um negócio extremamente rentável. Não só para as empresas e instituições que organizam os dados, mas também para aquelas responsáveis por sua embalagem e comercialização, ou seja, a sua transformação em linguagem de máquina para processamento e transporte.

Independente do circuito que a conduz, a informação nasce nos bancos, ou bases de dados, dos computadores, para depois chegar até terminais. A tarefa é unir os interessados de quem tem e de quem quer informações.

A eficiência de um banco de dados não se esgota, contudo, na apresentação de informações apreciadas por sua utilidade imediata. Para arrebanhar o maior número possível de usuários, é preciso caprichar na atualização diária e na precisão dos dados.

A demanda pela informação eletrônica tem sido tão convidativa que, se corresponder à necessidade do usuário e não implicar em custo exageradamente alto, uma nova base de dados pode contar com adesões imediatas. O grau de interesse está, na verdade, intimamente relacionado ao valor operacional da base de dados. Quanto mais as informações forem práticas e úteis, mais será a disposição do usuário de bancar os custos de acesso e de comunicação. É preciso dar ao empreendedor informações que o ajudem a ganhar dinheiro.

Para aprimorar a comunicação entre uma diversidade, cada vez maior de máquinas e programas, a empresa reforça investimentos em equipamentos que permita a mesma entrar no mundo da tecnologia da informação. A integração entre máquinas e programas já está em estágio avançado, uma vez que os computadores se interligam. Ao ingressar na rede, o usuário pode acessar informações, consultar arquivos e trocar mensagens, isto é, dando um passo ao futuro digital.

Uma vez que a tecnologia vai mudar o modo de trabalhar com os consumidores, e não apenas o processamento de dados dentro do escritório, a alta administração deverá se envolver com a mesma. Esta nova maneira de fazer negócios se baseia na crescente velocidade da transmissão da informação, fazendo com que as respostas aos problemas sejam quase que instantâneas.

Você pode dar responsabilidade, autoridade e poder às pessoas, mas, sem informação, elas ficam impotentes. O conhecimento da informação é a ferramenta definitiva de poder.

A Representação Gráfica

Segundo Russel L. Ackoff, "a representação gráfica dá a pessoa uma visão do todo analisado". A representação gráfica é um instrumento importante para a análise de uma série histórica (estatística). O desenho, muitas vezes confundido com representação gráfica, é muito mais abrangente, pois pode ser um retrato, uma estrutura, um formato.

A simples apreciação da representação gráfica permite, com razoável rapidez, checar se a conclusão sobre a evolução da situação (fenômeno), bem como estabelecer relações entre os dados apontados, suas relações entre si e com o todo. É comum após uma pesquisa, que as conclusões sejam representadas através de um gráfico, que pode ser um diagrama, um cartograma, um histograma, uma curva, um estereograma.

Uma representação de dados que forma uma série deve ser sempre precedida de um estudo analítico para facilitar a construção de um método para a solução de um problema, por exemplo. Toda e qualquer representação gráfica deve obedecer a determinadas premissas, tais como:

- Conter o essencial, isto é, apresentar informações simples e relevantes ao fenômeno estudado.
- Trabalhar com medidas que possam ser utilizadas e traduzidas em números (resultados) racionais.
- Ser construído de modo a levar o usuário a entender os valores claramente representados.
- Expressar a verdade sobre o fenômeno.
- Ser desenvolvido, levando-se em conta a homogeneidade dos valores (devem pertencer a um mesmo sis-

tema de unidades) e a escala de representação dos dados para evitar distorções, sendo mais exato possível.
- Usar poucos, concisos e relevantes símbolos para não atrapalhar a leitura dos mesmos.
- Facilitar a comparação entre seus dados e outros gráficos.
- Possuir uma nomenclatura uniforme e coerente, às vezes, se faz necessário uma legenda para explicar os símbolos utilizados.
- Retratar o momento da sua construção e/ou atualização, não sendo um oráculo.
- Servir como ferramenta do trabalho funcional.
- Expressar o fenômeno objeto de estudo.
- Ser dirigido a um público que saiba ler aquilo que for representado.

A representação gráfica, hoje elaborada em computador, é uma ferramenta imprescindível ao gerente contemporâneo, devido à visão holística que a mesma dá para a situação ou problema analisado. Infelizmente, quando visitamos empresas, não são vistos gráficos.

Nas salas dos dirigentes vemos até telas de pintores famosos, parecendo que seu escritório é uma galeria de arte. Quando deveria parecer um quartel-general cheio de gráficos claros, concisos, limpos, relevantes, atualizados e informativos.

Um visitante deve ser recebido numa sala de reuniões e não como muitos dirigentes incompetentes, que para parecerem poderosos, o fazem em seus próprios escritórios, em mesas enormes, sentados em cadeiras de espaldar bem alto. Os gráficos são propriedades do capital intelectual da empresa e não símbolos de poder.

Modelos Simulatórios

Decisões estratégicas e políticas rígidas e inflexíveis podem ser dispensadas, e mesmo desastrosas no trato de uma determinada situação. O médico obtém do paciente as informações, pelas quais prescreve exames e, posteriormente, medicações. Se o paciente continuar doente ele solicita outros exames e assim por diante.

Munido de modelos matemáticos e estatísticos pode-se prever, através de sucessivas simulações, que fatia de mercado deverá caber a um produto antes mesmo de ele passar pelo crivo dos testes de mercado. Se houver indícios de fracasso, a empresa poderá recuar e desistir da implementação do produto, evitando assim investir num projeto sem futuro.

A utilização de modelos permite, também, que os testes de mercado sejam reduzidos ou até eliminados, substituídos por pré-testes e simulações em laboratórios que reproduzem sigilosamente todas as condições externas diante de um número selecionado de consumidores.

Modelos simulatórios são cada vez mais usados, porque ajudam a economizar esforço, tempo e dinheiro. Precisam ser aplicados cuidadosamente, e o melhor sinal de que funcionam bem é quando ajudam o projetista a não perder tempo. Antes de sua introdução, o índice de fracasso dos lançamentos de novos produtos era bem mais alto. Avisam logo se há possibilidade de fracasso, dando chance às empresas de abandonarem, a tempo, iniciativas equivocadas.

Novos produtos são fundamentais em economias competitivas. As preferências das pessoas mudam e os avanços tecnológicos tornam os produtos antigos, obsoletos e, até por que não dizer, fora de moda. Para ser bem-sucedida, uma empresa tem de diagnosticar logo as mudanças nas preferências dos consumidores e reagir rapidamente a elas.

O maior obstáculo ao uso de modelos não está, como crê a maioria, na solução de formidáveis problemas, mas na formulação de questões, em termos matemáticos, precisamente o primeiro passo. Como o computador requer instruções absolutamente precisas para cada operação que executa, não podemos usá-lo para resolver problemas que não possamos estabelecer, com exatidão, as variáveis que conduzam ao seu equacionamento.

No campo da estatística somos levados à análise dentro de uma sequência. Na Matemática, precursora da programação computacional, consegue-se considerável economia de tempo e trabalho em muitas situações que exigem inspeção e controle.

Para aplicar teorias matemáticas aos processos de simulação é necessário ser capaz de descrever o estudo do sistema em termos precisos, de descrever os efeitos das decisões sobre esses estados e de avaliar uma sequência de decisões.

O computador ainda não possui as habilidades associadas à inteligência humana. Não é capaz de reconhecer ou formular problemas. O funcionamento da mente humana permanece um admirável mistério. E isto é um grande desafio.

A Disponibilidade Financeira

Os recursos financeiros representam um fator que condiciona a maior parte das decisões de uma empresa. O valor monetário não é apenas uma expressão e uma medida de atividades e resultados. É, sobretudo, um meio primordial para a consecução dos objetivos empresariais.

Quando se quer programar a futura atividade de uma empresa, deve-se tomar em consideração os meios financeiros disponíveis e, muitas vezes, devem ser condicionados os seus objetivos a tais disponibilidades.

A disponibilidade de meios financeiros e a obtenção de lucros são dois importantes problemas de uma empresa que apresenta numerosos fatores em comum. Todavia, entre eles não se pode individualizar uma imediata e evidente relação.

Em especiais situações, a empresa pode ter lucro sem suficientes fundos em caixa. Pode acontecer também que durante um período favorável do ponto de vista financeiro, uma empresa se encontre sem o numerário para pagar as obrigações. Pode suceder que, em uma época de prosperidade, uma empresa verifique deficiência em seus indicadores financeiros.

Em tais períodos, de fato, todo o dinheiro disponível pode ser utilizado para conseguir mais elevados níveis de produtividade, para a aquisição de novos equipamentos e máquinas mais modernas e para concessão de créditos aos consumidores. Assim, fica evidente o conflito entre as exigências correntes e a necessidade de investir em meios que façam a empresa mais efetiva.

A liberdade da direção da empresa de ponderar sobre adequação, lucro, risco, controle e prazo, está condicionada à capacidade e tendência do mercado em fornecer os tipos de fundos desejados. A escolha é limitada, principalmente, em se tratando de empresas pequenas. Estas precisam contar, consideravelmente, com os fundos pertencentes aos proprietários, para conseguir financiamento. Ao contrário, as empresas muito grandes são obrigadas a utilizar diferentes tipos de aquisições.

A combinação dos vários tipos de fundos que, finalmente, será utilizada representa uma conciliação entre a capacidade empresarial e a tendência do mercado de recursos financeiros. Outras fontes de fundos devem ser consideradas, tais como amortizações e lucros não distribuídos. É comum a empresa aplicar em imobilizações como imóveis, máquinas, instalações e também em bens imateriais como patentes e licenças.

O período de tempo durante o qual o bem esgota a sua capacidade operacional e o seu valor econômico é denominado vida econômica.

Amortização se entende como o débito do custo do bem (ativo fixo), durante vários exercícios, até que termine a sua vida econômica.

O lucro do exercício pode não ser completamente distribuído aos cotistas (acionistas), de acordo com o que foi estabelecido nos regulamentos da sociedade. Estes lucros não distribuídos são denominados reservas de lucro.

Serão os lucros retidos suficientes para atender às nossas necessidades, ou precisaremos obter fundos adicionais fora da empresa? Há certa combinação de capital de terceiros e de capital próprio que é a mais adequada à empresa? Uma vez distinguidos os tipos de fundos que estamos procurando, o passo seguinte será estudar onde poderemos obter tais modalidades de financiamento e em que condições poderão ser conseguidas.

O capital próprio é a participação dos proprietários no ativo. O capital próprio não tem data de vencimento. Quando os proprietários investem numa empresa, não há acordo sobre a devolução do seu investimento inicial. Se um proprietário desejar reaver seu investimento, terá que achar outro comprador para sua parte ou liquidar a empresa. Se o empreendedor vai ou não, conseguir seu investimento original intacto, é uma questão que depende de sorte e de sua capacidade de gerir os negócios.

Os capitais obtidos de terceiros têm prazos de vencimento. É preciso resgatá-los nas datas especificadas nos contratos realizados entre a empresa e seus credores. Se a dívida não for paga no vencimento, os credores podem penhorar o ativo ou mesmo forçar a liquidação da empresa, dependendo dos termos do contrato firmado. Em relação ao direito sobre lucros, três são os aspectos que diferenciam o capital de terceiros do capital próprio:

Prioridade da Exigibilidade – Os direitos dos credores têm prioridade em relação aos direitos dos proprietários. Em certas ocasiões, os proprietários não poderão retirar o lucro, se isto prejudicar os direitos dos credores.

Certeza da Exigibilidade – Se a empresa se comprometeu a pagar juros sobre a dívida contraída terá de pagá-los, independentemente, do montante do lucro auferido ou, então, enfrentar uma ação legal. O pagamento de juros constitui uma despesa fixa. Os pagamentos aos proprietários são chamados de retiradas, em se tratando de firmas individuais e sociedades de pessoas.

No caso de sociedades anônimas, o lucro é distribuído na forma de dividendos. No primeiro caso, o pagamento fica a critério do proprietário ou dos sócios. No segundo, a critério da diretoria ou do conselho de administração.

Valor da Exigibilidade – Os juros pagos sobre os empréstimos são cobrados pelos credores, independentemente da rentabilidade da empresa.

Raramente credores e proprietários investem numa empresa na expectativa de participarem da sua liquidação final. Não obstante, seus temores em períodos de dificuldades causam-lhe certa preocupação.

Enquanto a consideração dos direitos sobre os lucros é mais importante para uma empresa em funcionamento, os direitos sobre os ativos são, geralmente, mais significativos, quando a empresa enfrenta dificuldades, especialmente se o ativo estiver sendo liquidado.

Os direitos dos credores sobre o ativo têm sempre prioridade. Para aquele que vai decidir como conseguir capital, para operacionalizar a empresa, seguem-se algumas premissas básicas:

- Vendas crescentes resultarão em maior volume de valores a receber e, provavelmente, maior cobertura do banco.
- É conveniente financiar os ativos permanentes com dívidas de longo prazo, ou capital próprio.
- À medida que a empresa cresce, mais precisará de capital de giro.
- Será menos vantajoso pagar juros sobre um empréstimo, se as reservas da empresa estiverem imobilizadas ou aplicadas em banco.

Uma Riqueza Feita de Símbolos

Há muitos e muitos anos, a riqueza era elementar. Você a tinha, ou não. Ela era sólida. Era material. E podia-se compreender que a riqueza dava poder e o poder trazia riqueza, porque os dois fatores se baseavam na terra. A terra representava o mais importante de tudo. Ela só poderia ser utilizada por uma pessoa. Era eminentemente tangível e causou muitas guerras. O proprietário de terras tinha status, era um homem rico.

A riqueza foi transformada, quando o paradigma passou para a indústria. Materiais e máquinas é que significavam capital. Da mesma forma que a terra, eles eram bens finitos, pois se você usasse um forno, ninguém mais podia utilizá-lo. Quando J. P. Morgan, por exemplo, investia numa companhia ele queria saber sobre os "ativos sólidos". Os bancos queriam garantias físicas para emprestar dinheiro.

No entanto, ao contrário da maioria dos proprietários de terras, poucos investidores, da Era Industrial, tocavam nas máquinas e recursos físicos, nos quais sua riqueza se baseava. Eles recebiam papéis, meros símbolos, títulos ou certificados de ações, representando uma fração do valor do empreendimento.

À medida que os setores de serviços de informações cresceram, baseados na automação, a natureza da riqueza mudou. O deslocamento para essa nova forma de capital explodiu os pressupostos que calçavam a economia clássica.

Ao contrário da terra ou máquinas, que podiam ser usadas, apenas por uma pessoa, de cada vez, a informação passou a ser de domínio público, fazendo com que fosse utilizada por muitos ao mesmo tempo. Usadas com inteligência, as informações passaram a gerar mais conhecimento, que é incomensurável e não excludente.

O capital passou da forma tangível para uma forma de símbolos, representando ativos tangíveis, ou reais. E, por fim, para bytes e bits. Exatamente, ao mesmo tempo em que ocorre essa transformação, o capital passa a se basear em intangíveis, negociados nos mercado de capitais de todo o mundo. Cada vez mais estamos indo do tangível para o intangível.

Segundo Toffler, estamos seguindo, a grande velocidade, para investimentos ainda mais rarefeitos, baseados em índices de índices, derivativos de derivativos. O capital está se tornando rapidamente supersimbólico.

Afastadas de corporificações materiais, as empresas se alteraram ao longo da História. O capital não é mais medido em moeda, mas, sim, em conhecimento. Deslocamo-nos do tangível para o simbólico. Essa vasta sequência de transformações é acompanhada de um profundo deslocamento do real para o virtual. Bens e serviços podem ser negociados por meio de símbolos e sinais eletrônicos.

A Necessidade de Estar Ocupado

Você já ouviu falar de pessoas que trabalharam por 20 anos, mas não têm 20 anos de experiência. Apenas repetiram o primeiro ano 20 vezes. Essas pessoas podem tratar um problema novo como se fosse um problema antigo, quando, na verdade, a questão é nova e única.

Manter viva a habilidade de perceber em profundidade a situação requer constante exercício. Isso significa criar, em nosso cotidiano, repetições regulares do processo de enfrentar a mudança desconhecida, pelo simples valor da mudança.

A cada período de três ou seis meses, executivos podem, definir um processo de inovação, por meio do enfoque de algum aspecto importante do trabalho e colocá-lo à prova. Então questionar: Ele pode ser eliminado? Pode ser ignorado até alguém reclamar? Ou pode ser experimentado com alguma modificação?

Da mesma forma, fora do trabalho, os executivos podem definir objetivos de crescimento pessoal que os encorajem a se concentrar em uma nova atividade, como: aprender a tocar piano aos 35 anos, estudar uma língua estrangeira aos 40 anos ou começar a pintar aos 50 anos.

Todas essas atividades podem servir como meio de manter viva a capacidade de identificar o que é original, pois envolvem modestas, porém repetidas, confrontações com o desconhecido.

A chave para este momento decisivo está na aceitação de si mesmo e no abandono da tirania de: horários, rotinas, avaliações, insatisfações, expectativas não realizadas. Paradoxalmente, essa mesma diminuição da importância do negócio pode promover o sucesso, na medida em que nos tornamos menos receosos de cometer erros e mais disponíveis para agir de maneira intuitiva. Ninguém, evidentemente, pode de fato transcender o tempo, mas os executivos mais eficazes parecem ampliar seus horizontes de tempo.

A maioria dos administradores guiados pelo resultado é dominada por uma visão newtoniana do tempo, como um movimento constante e invariável, em que cada intervalo é único, mas igual. A ética ativista associada a essa perspectiva encoraja essas pessoas a uma atividade constante e de curto alcance, desencoraja a especulação e promove sentimentos de culpa, quando alguém não está ocupado.

Mas, como reconciliar os seguintes conflitos: relaxar x trabalhar; tratar de problemas atuais x pensar nas possíveis oportunidades futuras. Os executivos tendem a evitar o pensamento sobre o futuro, porque ele é ambíguo. Problemas de curto prazo de solução podem parecer uma chatice, mas, se resolvidos, causam grande satisfação.

Ao contrário, formular desejos e expectativas futuras e perceber o futuro enquanto história é difícil e ameaçador. Receamos pensar sobre o futuro, porque ele é incerto, não estruturado e aparentemente sem sentido. Para as pessoas centradas na eficiência, o tempo amplo e aberto poderá ser assustador, haja vista o espaço sideral, com sua dimensão e complexidade. Assim, é melhor estar sempre ocupado para não pensar no que está por vir.

A Arte da Pesquisa

Devido à mutabilidade dos cenários, a pesquisa tornou-se uma atividade inerente à vida hodierna. Pode-se afirmar que todo o instrumental e conforto de que dispomos tornou-se possível graças a um indivíduo, ou grupo de indivíduos, que se dedicou à pesquisa de modo denodado e intenso.

Nos cursos de ensino, em todos os níveis, exige-se da parte do estudante alguma atividade dessa natureza. Se não acontece é porque a orientação pedagógica está errada.

Pesquisa é técnica. É atividade científica. Mas, sem dúvida, é também uma arte. Como técnica não pode prescindir de aspectos metodológicos. Porém, por ser arte, há de apresentar uma preocupação criadora. O que foi construído para se tornar um método tornou-se uma enfermidade que abala o estudioso, quando sua função deveria ser a de desenvolver a investigação e a reflexão.

O interesse, a aptidão e a liberdade de imaginação devem juntar-se à coragem do espírito crítico, pois o que está em jogo não é o destino pessoal do pesquisador, mas o próprio progresso do saber humano. Quem repele a crítica, condena-se à estagnação e escreve o seu próprio epitáfio.

Ser crítico e estar aberto à experiência não é negar a atividade pesquisa, pois seu caráter de racionalidade exigirá do pesquisador um envolvimento total de todas as suas potencialidades na solução de um problema e, consequente, ampliação do conhecimento humano. Seu trabalho só terá sentido na medida em que contribuir para a melhoria da vida e para a solidificação do edifício intelectual sobre o qual se assenta a sociedade.

Efetivamente, a pesquisa tem sido mal compreendida, quanto a sua natureza e finalidade, por parte de estudantes e orientadores do processo ensino (aprendizagem). Muito do que se denomina de pesquisa não passa de mera compilação (copia e cola) de algumas informações desordenadas e, pior, não creditadas a quem de direito. As razões para tal procedimento são muitas. De qualquer forma, seja qual for a razão, não se justifica um erro a partir de outro.

Faz-se necessária uma tomada de consciência quanto ao valor da pesquisa como uma atividade educativa que desperta no educando sua capacidade reflexiva. Somente assim, a educação exercerá sua verdadeira função libertadora, pois o indivíduo deixará de ser um simples consumidor e/ou repetidor de ideias alheias.

A pesquisa deverá procurar sempre acrescentar algo de novo ao conhecimento existente. Para tanto, ela deve oferecer alguma contribuição relevante. Na consecução da pesquisa não se pode prescindir de uma técnica de estudo pela leitura, que levará o pesquisador à análise crítica do material selecionado. Ler é escolher. Por isso a falta de critérios, por meio dos quais se faz a leitura, é que tem prejudicado tanto aqueles que pretendem expandir o horizonte de seus conhecimentos.

Mas, o que é realmente uma pesquisa? O vocábulo pesquisa tem sido utilizado para descrever uma atividade de leitura, um trabalho de compilação de várias opiniões sobre determinado assunto. Entretanto, significa muito mais do que isso. O termo vem do latim "*pesquirese*", que exprime a atividade, cujo objetivo é buscar, indagar, descobrir e regravar a verdade. Dada a sua própria natureza, tornou-se sinônimo de investigação.

No contexto acadêmico, a palavra pesquisa é utilizada para ampliar e verificar o conhecimento existente. Dessa forma, tem como objetivo estabelecer a realidade de um fato, generalizar, ampliar, corrigir ou verificar conceitos e teorias existentes. Consequentemente, deve resultar em um trabalho que ofereça algum grau de originalidade, seja no campo da ciência, da arte, da tecnologia, das humanidades ou qualquer outro.

Assim, quando falamos de metodologia da pesquisa, queremos designar o estudo sistemático dos procedimentos racionais e lógicos seguidos pelo homem na busca de solução para um problema qualquer.

Uma observação que se afigura pertinente é que, praticamente, toda pesquisa envolve uma elaboração bibliográfica prévia. Mesmo a pesquisa da ciência natural que, pela sua própria configuração envolve mais a atividade de experimentação em laboratório, não pode prescindir de uma revisão da literatura existente na área.

Esta revisão se faz necessária não apenas para que o pesquisador tenha uma melhor configuração e compreensão do próprio fenômeno que investiga, mas, também, por razões de economia, uma vez que o problema que ele procura solucionar já pode ter sido resolvido por outrem.

A pesquisa não deve ser iniciada a partir de conclusões previamente formuladas e cristalizadas, a ponto de não permitirem modificação ou aperfeiçoamento no próprio processo de sua efetivação. Neste sentido, a atitude fundamental, que deve caracterizar o pesquisador, é a da investigação.

Como a pesquisa é uma atividade racional ela envolve filósofos e cientistas que se preocupam com o processo seguido pelo homem na solução de problemas com que a vida o confronta. Tal processo implica envolvimento, empenho, seriedade e honestidade possíveis para que uma pesquisa seja realizada a contento, tendo em vista que o primeiro passo para solucionar um problema é pesquisar.

A Variável Ouvir

Um bom comunicador pressupõe um bom ouvinte e ouvir não é algo passivo, mas, sim, uma ação consciente para captar o que diz o outro. Bom ouvinte é todo aquele capaz de prestar atenção, pois esta é fruto da nossa vontade e dos fatores emocionais que a envolvem. Ouvimos as pessoas que nos são simpáticas ou as que dizem coisas que gostamos de ouvir.

Na atividade gerencial, entretanto, a capacidade de ouvir é fundamental, uma vez que o executivo passa a maior parte do seu tempo comunicando-se com as pessoas. Se não souber ouvir, sua capacidade de comunicação ficará seriamente prejudicada. Portanto, é preciso saber ouvir opiniões contrárias às do seu conhecimento e poder pensar que talvez aquilo contrário às nossas ideias seja o correto e mais inteligente.

Acredita-se que os negócios perdem, anualmente, enormes somas de dinheiro devido à ineficiência no ouvir. A má audição resulta em problemas com: produtos, empregados, sindicatos, consumidores, governos, fornecedores, pacientes, parceiros, colaboradores, concorrentes.

Consumidores têm queixas da incapacidade de ouvir dos vendedores, atendentes e gerentes, talvez devido aos seguintes dados de pesquisa:

- Um ouvinte eficiente pode esquecer 75% do que ouviu em 24 horas.
- Um ouvinte eficiente é capaz de reter e relatar apenas 50% do que ouve, no mesmo momento.
- Uma boa percentagem (25%) da conversa pode ser esquecida no curto período de três a quatro horas.
- Muitas pessoas talvez só empreguem 10% do que recebem de informações.
- A velocidade de operação do cérebro é de 400 a 500 palavras por minuto.
- A velocidade máxima da fala é de 125 palavras por minuto.

O que é ouvir? Ouvir é um constante processo de troca. Os seres humanos têm problemas para focalizar um único estímulo durante certo período de tempo. Às vezes, significa se expor ao susto, à raiva e à depressão de outra pessoa. Ouvir além das palavras significa ajudar as pessoas a dar vazão a seus sentimentos de uma forma construtiva, em vez de fechá-las através do negativismo e da crítica.

Quando se ouve sem julgar, abrem-se canais de comunicação. Também é mostrado que há interesse naquilo que a pessoa fala.

Como ouvir é um processo ativo, tal habilidade pode ser desenvolvida se seguirmos as etapas: entender o sentido do som; fazer um esforço para compreender aquilo que está sendo dito; distinguir fatos de fantasia; ouvir, com compreensão, o ponto de vista do interlocutor.

Conforme explica o psicólogo Carl R. Rogers: "Se você realmente deseja compreender uma outra pessoa, penetre em seu mundo privado e veja como a vida se apresenta para ela".

Por que ouvir? Para formar opinião, compreender um assunto interessante, atender a uma curiosidade, contra-argumentar, defender interesses próprios, estar informado. Por que não ouvir? Devido à falta de: atenção, concentração, curiosidade, capacidade intelectual, treino, desinteresse no assunto e/ou na pessoa. E também, por fatores físicos (temperatura, ruído) e fatores comportamentais (indiferença, impaciência, imediatismo, preconceito, preocupação, oportunismo).

Existem suposições falsas sobre a capacidade de ouvir, tais como: ouvir bem depende da inteligência; ouve-se mal por problemas fisiológicos; o treinamento é inútil para se ouvir bem; através da leitura aprende-se a ouvir. Ouvir deve ser uma espécie de contemplação. Fundamentalmente é uma tarefa passiva.

Quando você ouve uma pessoa atentamente, você corre o risco de mudar. Para nos protegermos, erigimos barreiras, tais como: ouvir intelectualmente (atentando somente para as palavras), ouvir com preconceito, ouvir cercado de aborrecimentos, fingir ouvir como autodefesa ou criticar de imediato.

A habilidade de ouvir consiste na capacidade de focalizar um único estímulo durante certo período de tempo. Para ouvir, basta aprender a acompanhar e encorajar o outro a falar (habilidade de liderança), aprender a manter a atenção em quem fala (habilidade de direção) e aprender a responder ao assunto trazido para a discussão (habilidade de reflexão) e não desviar do tema em pauta (habilidade de objetividade).

A arte de ouvir é uma habilidade que pode ser desenvolvida, e, por paradoxal que pareça, é uma excelente técnica para influenciar pessoas.

Capacidade de Decidir

Nas empresas, o trabalho de cada um é avaliado, principalmente, pela maneira como aplica sua capacidade de discernimento na tomada de decisão e sua ação de comunicá-la. Uma vez reconhecido o fato de que a tomada de decisão é, inevitavelmente, executada por muitas pessoas numa organização, cada um usando sua própria capacidade de discernimento e empenhando recursos dentro dos limites de suas funções, fica claro que a responsabilidade pela execução de parte do planejamento da companhia também é subdividida.

O planejamento e a reflexão criativa não podem constituir responsabilidades atribuídas a alguns poucos escolhidos dentro da organização. O zelador de um prédio é responsável pelo planejamento de seu trabalho, devendo também apresentar ideias para melhorá-lo.

O dirigente é igualmente responsável pelo planejamento de seu trabalho e pela obtenção de alterações convenientes dentro dos limites da autoridade que lhe cabe. Em todos os níveis há um planejamento a ser executado.

Uma empresa que nega a função de planejar aos níveis inferiores castra a capacidade de seus funcionários de prever e mensurar os acontecimentos. Infelizmente, algumas empresas praticam cópias de modelos estrangeiros com todos os vícios e virtudes.

A tomada de decisão é algo que surge de um processo social contínuo e composto de numerosas pequenas ações, executado por pessoas diferentes, em momentos diversos. Uma equipe de planejamento pode ser muito útil, mas somente se for integrada por dirigentes ativos, de forma que haja livre comunicação e interação. As decisões são efetivamente tomadas por pessoas, que depois serão responsabilizadas pelos resultados alcançados.

A Teoria da Decisão afirma que as pessoas tomam decisões, em função do seu nível de percepção. É muito comum o executivo basear sua tomada de decisão em modelos, inferências estatísticas, estudos de amostras e cálculo de probabilidade. As amostras devem ser escolhidas de modo a serem representativas do universo analisado.

Os administradores do alto escalão estão, cada vez mais, adiando as decisões complexas, até que estejam a par de todos os fatos e que a situação tenha sido completamente estudada. Em situações raras, o executivo recebe um conjunto de alternativas dentre as quais pode escolher. Deve julgar ou escolher a que pode ser usada, mas sempre se espera em tais casos que a assessoria indique sua própria preferência.

O tomador final da decisão pode permitir, aos seus subordinados, maior liberdade e poder, se existirem as seguintes condições: Necessidade de independência; Disposição para assumir responsabilidades; Tolerância para ambiguidades; Interesse no problema a resolver; Identificação dos objetivos e metas da organização; Conhecimento e experiência para tratar do problema; Paciência para o momento certo.

A tomada de decisão no nível institucional de uma organização está mais para arte do que para racionalidade, porque são utilizadas menos técnicas e mais pragmatismo, como muita intuição. Os executivos costumam tomar decisões baseadas mais em otimismo lúdico do que pesando racionalmente a possibilidade de ganhos e perdas. Superestimam os benefícios, subestimam os custos e constroem cenários de sucesso deixando de lado o potencial de erros. Como resultado, tais pessoas adotam iniciativas que dificilmente cumprirão os orçamentos ou prazos, ou nunca darão retorno.

Os otimistas tendem a viver num mundo de ilusões. Eles frequentemente atribuem seus sucessos às diversas habilidades e os fracassos à falta de sorte.

Os pessimistas, de temperamento angustiado, costumam começar seus projetos, imaginando que tudo vá dar errado. Por isso, trabalham diligentemente sobre todos os detalhes e acabam se saindo bem.

Dirigentes predispostos ao pessimismo usam sua ansiedade como preparação para o momento em que terão de agir. O pensamento negativo concreto e detalhista pode ajudar os executivos a antecipar coisas que possam dar errado, e melhor planejar para evitar resultados ruins.

Considerações sobre Comunicação

O fato de duas pessoas estarem juntas cria uma curta tensão em ambas e esta tensão as impelem a entrar em comunicação, isto é, a trocar mensagens entre si, quer sobre a realidade comum, ou sobre si mesmas. Apelam a seus repertórios em busca de uma convergência, tratando de se comunicarem.

O uso dos meios de comunicação é, ao mesmo tempo, arte e tecnologia. Arte, porque os meios não são frios e indiferentes transportadores de mensagens. Tecnologia, porque, baseada em descobertas científicas, presencia o desenvolvimento acelerado de novos mecanismos de transmissão e recepção.

McLuhan, a quem devemos um avanço significativo na compreensão dos meios de comunicação como extensão do homem, contribuiu também com a ideia revolucionária de que "os meios são, em certo sentido, a própria mensagem e que a mensagem intrínseca que eles impingem sobre nossas mentes é, basicamente, mais decisiva que a mensagem transmitida".

É preciso observar que nem sempre a comunicação leva necessariamente à comunhão. Pois, pensar desta maneira, é desconhecer, ingenuamente, a natureza conflitual do homem e da sociedade. Na realidade, é possível obrigar as outras pessoas a modificar seus significados e aceitar os nossos. Podemos forçar a modificação de opiniões, sentimentos, crenças, mediante a persuasão, a sedução, a lavagem cerebral, a coação violenta e o domínio imposto.

Este tipo de falsa comunhão é muito frequente. Muitos diálogos aparentemente comunicativos podem, de fato, ser atos de não comunicação ou cooptação. Não são raros os pais que oprimem seus filhos, os políticos que enganam o povo e os professores que impõem ideias aos seus alunos, ou pior, fingem que ensinam e os alunos fingem que aprendem.

Quando a imprensa substituiu a escrita manual, as consequências não se limitaram a cópias rápidas ou baratas, ou mesmo mais numerosas. O resultado foi uma explosão de conhecimentos, uma libertação das mentes. A força ativa foi a difusão de ideias e informações, através da multiplicidade dos meios de divulgação.

A grande complexidade, os altos custos e especializações envolvidas tendem grandemente a centralizar as comunicações. Há o perigo de que a difusão da informação venha a limitar-se à simples publicação de fatos ou "verdades padronizadas", em vez de matéria bruta passível de ser confrontada e modelada em formas úteis e variadas, castrando a reflexão, atitude utilíssima ao ser humano para que evolua e abandone paradigmas obsoletos e não ajustados à nova realidade.

Oração do Consumidor

Certa vez, eu vi num varejo do interior uma curiosa mensagem, como se fosse uma oração, em um cartaz, já amarfalhado, mas que dizia coisas muito interessantes para um dono, que não demonstrando progresso e riqueza, tinha grande sabedoria. É a seguinte a oração lida:

- Eu sou o homem que vai a um restaurante, senta-se à mesa e pacientemente espera enquanto o garçom faz de tudo, menos atender.
- Eu sou o homem que vai a uma loja e espera calado, enquanto os vendedores terminam sua conversa particular.
- Eu sou o homem que vai ao supervarejo e espera que o caixa troque a fita da máquina, o dinheiro e o operador, ou ainda, que espere a liberação do sistema, em função de alguma razão não sabida, por alguém que não se sabe onde está e que custa a chegar.
- Eu sou o homem que entra no posto de gasolina e nunca toca a buzina, mas, ao contrário, espera pacientemente que o frentista termine de dar uma espiada no jornal.
- Eu sou o homem que explica sua desesperada e imediata necessidade de uma determinada mercadoria, mas não reclama e nem exige nada, quando num estabelecimento comercial, aquele homem que parece estar pedindo um favor, ansiando por um sorriso ou esperando ao menos ser notado.
- Eu sou o homem que entra no plantão imobiliário e aguarda tranquilo que os vendedores terminem de conversar com seus colegas, que espera enquanto os funcionários trocam ideias entre si, ou simplesmente baixam a cabeça, fingindo não me ver.

Você deve estar pensando que eu sou uma pessoa quieta, paciente ou do tipo que nunca cria problemas, não é mesmo? Pois se engana. Sabe quem eu sou? Eu sou o consumidor que não volta nunca mais e que faz propaganda negativa da sua loja. Aquele que se diverte, um tanto sadicamente, vendo milhões sendo gastos todos os anos em anúncios de toda a ordem para levar-me de novo à sua loja ou a preferir os seus produtos.

Quando eu fui lá ao seu negócio, pela primeira vez, tudo que deviam ter feito era apenas ter tido uma pequena gentileza, tão fácil e barata.

Assinado: Um Homem Comum.

Não Era Bem Isso o Que Eu Queria!

Quando as ordens que você dá não produzem os resultados esperados, não ponha logo a culpa nos outros. Examine primeiro a sua parte no processo de comunicação. Você já deu uma ordem simples a alguém e o que saiu foi uma coisa inteiramente diferente? É de enlouquecer, não é?

Às vezes, as pessoas parecem tão broncas que até as instruções mais simples têm de ser dadas por escrito, para evitar dúvidas. E até isso não funciona.

Contudo, antes de culpar o outro, faça uma análise acurada dos fatores relativos ao canal de comunicação utilizado. Se você for honesto, quase sempre constatará que parte da culpa da não obtenção de resultados é sua. Se você tivesse tido maior cuidado ao dar a ordem, a dificuldade poderia ter sido contornada.

Ficou realmente claro o que você queria? Ou a situação estava tão óbvia para você que o fez supor não haver dúvidas? Você fez o subordinado repetir as instruções com suas próprias palavras? Ou você simplesmente acreditou quando ele disse que havia entendido?

Muitas pessoas hesitam em admitir que não estão entendendo, principalmente, quando o chefe é impaciente. Por outro lado, o subordinado também quer demonstrar que é inteligente e que possui conhecimento da tarefa a ele delegada, a fim de garantir o emprego (trabalho).

Você animou o subordinado a pedir esclarecimento para as dúvidas? Ou você deu a impressão que o assunto era tão simples e cristalino, não merecendo qualquer pergunta que o irritaria bastante. E você deu a ordem como? Você evitou a possibilidade de ressentimento pessoal, pedindo simpaticamente a realização do trabalho? Ou mandou fazer?

Pedir é melhor do que mandar, porque o subordinado se sente prestigiado. Ele sabe que é uma ordem, mesmo que a formulação seja mais parecida com um pedido.

Você explicou por quê? Até uma breve explicação da razão pela qual você deseja um trabalho de qualidade ajudará o empregado a compreendê-lo melhor. Também lhe dá condições de pedir ao subordinado que pense e que faça algo razoável e sensato, em função dos recursos que dispõe. Este procedimento será encarado menos mecanicista e mais humano. Utilize o feedback positivo que cria um clima de motivação e interação.

Quando as pessoas executam suas ordens com perfeição você mostra reconhecimento? Se elas sabem que você é um chefe que dá valor a isto, com certeza, terão um estímulo a mais para executarem o trabalho de uma maneira que lhe agradará. Aprenda a elogiar.

Outra coisa importante é o acompanhamento daquilo que foi delegado. Ver como as tarefas estão andando e que resultados produzem é o método mais seguro de evitar que pequenos problemas se tornem grandes dificuldades e caminhem para dilemas.

Quando uma ordem sai totalmente falha, analise e descubra onde você falhou e não tenha medo de admitir seu erro. É bom lembrar Dostoievski que disse: “Se as pessoas a sua volta não o ouvirem, ajoelhe-se diante delas e peça perdão, porque na verdade a falha é sua”.

O Significado da Mensagem

Você já teve alguma vez a impressão de que alguém estava interessado em emprestar o pior sentido a tudo o que dizia? Já se sentiu inclinado a não dar a alguém o benefício da dúvida ao interpretar uma observação que não lhe pareceu clara e pertinente? Já lhe deram uma ordem ou instrução de maneira que parecesse ofensiva? Já teve ocasião de verificar que uma ordem sua provocou certo ressentimento entre os que a receberam? Já se sentiu sem muita vontade de adotar certo plano de ação, embora lhe parecesse lógico? Já encontrou oposição irracional a um plano, indiscutivelmente, lógico de sua autoria?

Nessas situações desagradáveis, pode-se ter a impressão de estar fechado entre quatro paredes, sem saída. Todavia, esta pode ser encontrada através de uma análise do significado da mensagem. Quando uma comunicação chega a uma pessoa, desta ou daquela maneira, ela reage.

O problema é: De que maneira? Estaria essa pessoa fazendo todo o possível para entender o que está sendo dito? Ou estaria, de certa forma, lutando contra a comunicação? Estaria o seu pensamento bloqueado por algum sentimento forte e, logicamente, irrelevante para si? Ou estaria ela motivada pelo desejo de não entender?

A reação do ouvinte, como participante da experiência social da comunicação, torna-se vital para a obtenção de êxito nessa experiência. A natureza da reação é determinada não somente pelas palavras que lhe são dirigidas, mas também pelo sentido que lhes dá.

Que fator interno, além das palavras que, num dado momento, alguém ouve ou lê, age sobre a comunicação? Ao falarmos com outras pessoas, nunca somos solistas? Estão os pensamentos dos outros em concordância com os nossos ou não? Há tanta interferência, deste ou daquele tipo, que a comunicação pode ficar sem valor?

Qualquer forte emoção tende a perturbar a atenção. Pode, por essa razão, deformar o significado e a comunicação perder o seu sentido. Não devemos esquecer que as experiências anteriores são fatores poderosos na determinação da atitude pela qual cada pessoa interpreta o que esteja sendo dito.

Em certas relações humanas, o significado de uma afirmação pode ser grandemente afetado pelo caráter da relação existente entre duas pessoas.

Onde existe confiança, a comunicação é relativamente fácil e as palavras usadas não são tão importantes. Mas, quando existe desconfiança ou antipatia, os pesos da balança tendem para o fracasso, não importando quão cuidadosamente escolhemos nossas palavras.

Essa é a razão pela qual é tão importante começar com o pé direito no estabelecimento de uma nova relação. Para conseguir isso devemos transmitir o significado, fazendo-o mais por meio de ações do que de palavras.

Ouvir o Inaudível

Há uma lenda chinesa que diz o seguinte: Certa vez um rei achando que seu filho devia se preparar para substituí-lo, encaminhou-o até um grande mestre que vivia num templo. Quando o príncipe chegou, o mestre logo o mandou sozinho para a floresta, que ficava ao lado. Ele deveria voltar um ano depois, com a tarefa de relatar os sons que ouvira.

Após um ano, o príncipe retornou e disse ao mestre que tinha ouvido o canto dos cucos, o roçar das folhas, o alvoroço dos beija-flores, a brisa batendo suavemente na grama, o zumbido das abelhas e o barulho do vento cortando o céu. Quando o príncipe terminou, o mestre lhe disse que ele precisaria voltar à floresta para ouvir tudo o mais que fosse possível. O príncipe ficou intrigado com a ordem. Ele já não tinha distinguido cada som da floresta?

Por longos dias e noites, o príncipe se sentou sozinho na floresta ouvindo e ouvindo. Mas não conseguiu distinguir nada de novo, além daqueles sons já mencionados ao mestre. Então, certa manhã, sentado entre as árvores, começou a discernir sons vagos, diferentes de tudo o que ouvira antes. Quanto mais atenção prestava, mais claros os sons se tornavam.

Uma sensação de encantamento tomou conta do rapaz. Esses devem ser os sons que o mestre queria que eu ouvisse, pensou. Sem pressa, o príncipe continuou ouvindo. Queria ter a certeza de que estava no caminho certo.

Quando o príncipe retornou, o mestre lhe perguntou o que mais tinha ouvido. Mestre, respondeu o príncipe, quando prestei mais atenção, pude ouvir o inaudível, como: o som das flores se abrindo, o sol aquecendo a terra e o orvalho batendo na grama. O mestre acenou com a cabeça em sinal de aprovação. Ouvir o inaudível é ter a disciplina para se tornar um grande governante observou o mestre.

Apenas quando aprende a ouvir o coração das pessoas, seus sentimentos mudos, os medos não confessados e as queixas silenciosas, um governante pode inspirar confiança a seu povo, entender o que está errado e, principalmente, atender as reais necessidades dos cidadãos.

O progresso fez o homem moderno surdo aos sons da floresta e da cidade. Afinal, há tanto barulho. Mas, se nossos antepassados não tivessem ouvido os sons da floresta, dos campos, das ravinas, das montanhas, dos céus e das savanas, certamente, teriam sido devorados pelos predadores de plantão. É necessário reaprender a ouvir, para não deixar que oportunidades magníficas escoem por entre os dedos.

A morte de um país começa quando seus líderes ouvem apenas as palavras pronunciadas pela boca, sem mergulhar a fundo na alma das pessoas para ouvir seus sentimentos, desejos, opiniões e ideias.

Você Sabe Ouvir?

A maioria das pessoas acredita que ouve bem, assim como pensa que tem senso de humor. Mas ouvir é, na verdade, a habilidade humana mais negligenciada. A finalidade do processo de comunicação não é conseguir que homens falem, mas que ouçam.

É comum se "conversar" com um executivo de uma organização que fala como uma metralhadora, não prestando atenção em você e muito menos naquilo que diz. Este tipo de pessoa teme ouvir o que não quer, porque há nele a presunção de saber mais que o outro.

Uma pessoa tende a ficar impaciente enquanto outra está falando. Se o assunto não lhe tem relevância ela simplesmente "desliga" o orador. Mas se o assunto interessa, temos atitudes mesquinhas em descobrir falhas e erros.

Pesquisas mostraram que o indivíduo comum, mesmo quando tenta ouvir, absorve apenas a metade do que ouve, quando é do seu agrado. Mas, por que isso ocorre? Infelizmente, apesar de a natureza nos ter dado dois ouvidos, nós gostamos, mesmo, é de falar. Saber ouvir é muito difícil.

A maioria dos dirigentes, executivos, gerentes e administradores despende a maior parte de cada dia de trabalho tentando comunicar-se com outros. Cerca de metade do tempo deles é gasto em ouvir. Portanto, essa falha de compreensão causa tremenda perda de tempo e oportunidade. Ouvir pela metade é como acelerar o motor com o câmbio em ponto morto. Gasta-se combustível e não se chega a lugar algum.

Theodore V. Purcell, da Universidade de Loyola, que dirigiu um estudo de dezoito meses sobre as atividades de empregados da companhia Swift, relatou na Harvard Business Review o seguinte: "De todas as fontes de informação, pelas quais um dirigente pode vir a conhecer e avaliar com precisão as personalidades das pessoas de seu departamento, a mais importante é ouvir o subordinado individualmente".

A exortação para ouvirmos não é, está claro, nova. Há séculos, desde o "tem ouvidos, mas não ouve" do Velho Testamento até as promessas de Dale Carnegie de fama e fortuna para o ouvinte interessado, temos sido solicitados, intimados e coagidos a tirar os tampões de nossos ouvidos. Porém, continuamos maus ouvintes. Pior, surdos.

Felizmente, pode-se aprender a ouvir. O sucesso da administração de uma organização e de uma vida está na capacidade de resolver problemas, que são discutidos, em geral, com pessoas. Assim, nenhuma ferramenta se rivaliza com o ouvir hábil e simpático.

A Arte da Comunicação

"*A gente estamos dando tudo se si, o professor tem tudo sobre controle e o time está muito motivado*". Estamos cansados de ouvir besteiras como estas a cada dia, no rádio e na televisão, porque falar corretamente é difícil e escrever bem é muito mais. Por outro lado, ouvimos: "*Precisamos adotar as melhores práticas com foco no cliente. Sem isso perderemos nossa vantagem competitiva afetando o bottom-line no longo prazo. Mas, se não nos alinharmos aos stakeholders, vamos deixar de estar agregando valor ao negócio*".

Se você não percebeu que essa conversa é apenas um amontoado de jargões gastos, palavras vazias e frases sem o menor sentido, cuidado. Se essas expressões fazem parte do seu vocabulário, então, talvez o caso seja grave. Você pode ser vítima de uma das maiores pragas do mundo dos negócios: Falar como idiota.

A comunicação transparente nunca foi tão importante para a sobrevivência das empresas. E, paradoxalmente, nunca tantos usaram tantas palavras para dizer tão pouco. Os executivos de hoje falam de maneira evasiva, fazendo com que sua assessoria de imprensa faça a versão de sua fala. Alguns exemplos:

- Jack Welch (GE), parodiando Peter Drucker: "Se você não é o número 1 ou 2, conserte, feche ou venda". Versão: "A organização deve se posicionar entre os líderes do mercado, a menos que haja mudanças imprevistas e contingenciais".
- Rolim Amaro (TAM): "Nada substitui o lucro". Versão: "Não importa se o cenário e as condições são favoráveis ou não. É preciso manter o foco em resultados positivos".
- Samuel Klein (Casas Bahia): "Comprar bem comprado, vender bem vendido". Versão: "Nossa meta é utilizar as melhores práticas, otimizando o relacionamento com nossos clientes".

Noções precisas de etiqueta, moda, expressões verbal e escrita, polimento no visual e até técnicas de como ser um porta-voz eficiente são o remédio para evitar embaraços. A facilidade para falar aumenta a autoconfiança e ajuda a ascensão do dirigente.

Um relatório bem-feito projeta a imagem do profissional e da empresa. Uma postura visual envolvente e charmosa transmite segurança e credibilidade. O gerente que não consegue dizer o que pensa, fica inseguro, hesitante e tímido.

Ao contrário do que pode parecer, aprender a falar bem não exige muito tempo. Um outro caso a ressaltar, é o daquele executivo que arrasa durante uma reunião, defende e expõe com clareza as suas ideias, mas, na hora de colocar no papel, faz feio. Se um simples relatório é capaz de embaraçar a imagem de uma empresa ou de um dirigente, pior é o estrago que pode causar nesse campo um relacionamento descuidado com os veículos que fazem a opinião pública.

É muito comum lermos que a arte da comunicação é prejudicada pelo canal (meio) em que a mensagem é trocada, mas deve-se, também, levar em consideração as habilidades do receptor e do transmissor, tendo em vista que a falta destas dificulta, em muito, o processo de comunicação. Mas, que habilidades são estas para que o leitor se debruce nelas e faça um questionamento sobre sua capacidade de comunicação?

É importante que, antes de mais nada, entenda os conceitos das palavras: empatia, percepção, generalização, conhecimento, intuição, sabedoria, inteligência, educação, intelectualidade, cultura, negociação, relacionamento, comportamento, atenção, reflexão e prontidão, por exemplo.

Controle é um Sistema Racional?

O controle envolve a comparação entre o planejado e o resultado obtido. Contudo, quando o resultado não é o esperado nem sempre a causa está no funcionamento do sistema. Pode estar em quem o planejou ou naquele que não sabe ler os desvios, isto é, não sabe operá-lo.

O propósito de um sistema de controle é determinar se a atuação de uma empresa se acha de acordo com os objetivos do planejamento. A possibilidade de erros no planejamento exige controle do fluxo de informações que entram e saem do sistema empresa.

O feedback fornece a base para ajustamentos no comportamento da empresa e a adaptação apropriada às alterações do mercado. Mas, uma demora de informações e a falta de uma ação imediata podem causar uma sequência de ajustamentos errados. Uma empresa que se defronta com grandes flutuações pode ser levada a aumentar a produção, quando deveria diminuir.

Se há constante necessidade de feedback é porque o planejamento foi inadequado.

Quando uma empresa se expande e as suas operações assumem aspectos sempre mais complexos, ela aumenta a necessidade de dispor de dados significativos e sintéticos da situação. O volume de dados a elaborar e a complexidade representam um obstáculo difícil de superar.

Um sistema de controle é um sistema racional, isto é, a ação administrativa é baseada na tomada de decisão junto de procedimentos lógicos e inteligentes. Estas regras podem ou não cobrir todos os aspectos de um dado problema. Situações não cobertas por políticas são designadas como exceções e são resolvidas por julgamento humano.

Para situações normais, basicamente, aplicamos regras, procedimentos, políticas, estratégias, táticas e modelos conhecidos.

As regras podem ser, a princípio, programadas por computadores e sua escolha dependerá do custo envolvido. Muitas das ferramentas do controle vieram da analogia entre sistemas (modelos) mecânicos, hidráulicos, elétricos e humanos. O controle ocorre nos três níveis (institucional, gerencial, operacional) da organização e em todos eles usamos computadores.

Um sistema de controle operacional requer um modelo matemático para operar. O sistema de controle gerencial é somente uma parte do processo deste controle, sendo, atualmente, de relativa importância. Ele pode ajudar o gerente a tomar decisões que são de grande interesse da organização e também pode providenciar informações que ajudem o gerente nas decisões.

Mas, muitos outros estímulos estão envolvidos no processo decisório. Boa informação não se traduz automaticamente em boa decisão. O sucesso ou o fracasso de um executivo depende de características pessoais, tais como julgamento, conhecimento, habilidade, capacidade, ação, liderança e rapidez.

No controle operacional, o próprio sistema é a parte mais importante de todo o processo. A gerência buscará caminho através de novas técnicas. Entretanto, o grau de envolvimento gerencial é pequeno no nível operacional e grande no nível intermediário da organização. Como, obviamente, novas técnicas serão desenvolvidas, haverá uma tendência para que, mais e mais, as atividades retornem ao controle operacional.

Os computadores substituirão pessoas, porém não o farão com relação ao julgamento, pelo menos por enquanto, que é a parte mais importante do processo de controle. Entretanto, com a evolução tecnológica, é possível que o nível gerencial (intermediário) tenda a desaparecer dentro dos próximos anos.

Em síntese, o controle determinará o grau de relevância, confiabilidade, segurança e responsabilidade das informações geradas pelo próprio sistema.

Decisão é um Processo Racional?

Até onde a tomada de decisão é um processo racional? As decisões podem estar sujeitas a um teste de veracidade ou falsidade para verificar até onde preveem, com precisão, uma eventual situação futura. Contudo, como nota o professor Simon, elas têm uma qualidade adicional que é a da seleção efetuada entre várias possibilidades.

Em outras palavras, as decisões possuem características pelo fato de distinguir que uma linha de ação é melhor do que outra ou de nenhuma. Uma decisão é sábia se ela escolhe bem os meios que conduzem à realização de determinado objetivo (solução, estratégia, processo, procedimento, plano, projeto, programa, política). Assim, um homem que decide beber água para saciar a sede tomou uma decisão racional.

Os administradores do alto escalão estão, cada vez mais, adiando as decisões complexas, até que estejam a par de todos os fatos e que a situação tenha sido completamente estudada. Em situações raras, o executivo recebe um conjunto de alternativas dentre as quais pode escolher. Deve julgar a que será usada, mas sempre esperar que a assessoria indique sua própria preferência, para então decidir.

À medida que os homens se elevam mais na hierarquia administrativa, mais conseguem assessores para pensarem por eles. Em muitas funções, a falta de prática e de conhecimento redunda em inoperância.

Os homens, que confiam crescentemente em suas assessorias, incapacitam-se, cada vez mais, para fazerem, precisamente, o que é tão vital no nível institucional – Pensar sobre os propósitos da organização e que ferramentas utilizar para corrigir desvios.

Quanto maior a organização, maior a defasagem entre a decisão de cúpula e a ação em qualquer de seus escalões mais baixos. Este fato por si só é suficiente para nos fazer ver que o interesse principal do presidente na obtenção de clientes se aplica somente ao futuro, não ao presente. Ele se acha tão distanciado da cena das operações rotineiras que não pode ter qualquer influência sobre elas.

As decisões afetam ao que acontecerá, não ao que está acontecendo. O que está acontecendo não pode ser modificado. Somente o futuro é suscetível à mudança. E para o diretor (presidente) somente o futuro relativamente distante é mutável, não o amanhã ou o próximo mês.

Tomadas de decisões, geralmente, envolvem uma consideração tanto de meios como de fins. Os objetivos se incorporam aos meios empregados, e vice-versa. Além disso, um objetivo próximo é, frequentemente, o meio para outro mais remoto.

Todo processo deve ser considerado como uma cadeia de meios e objetivos. Uma coisa parece sempre levar a outra seja por planejamento, seja por acaso. É evidente que a vida nunca é tão planejada. As decisões que tomamos, hoje, têm consequências futuras imprevistas, algumas boas, outras más. Muitas decisões resultam muito mais de circunstâncias do que de planejamento.

O objetivo de uma decisão administrativa é a direção do comportamento humano, no sentido de alguma finalidade futura. A racionalidade pressupõe certa habilidade em efetuar um julgamento a respeito do futuro. Até que ponto as consequências de uma decisão podem ser previstas de modo preciso, se, muitas vezes, a empresa toma determinada decisão baseada na concorrência?

O Planejamento da Qualidade

Antes do aparecimento de Taylor, todo o planejamento das operações, incluindo o planejamento da qualidade, era feito pelos gerentes operacionais, supervisores e operários. O sistema Taylor, introduzido no início de Século XX, trouxe uma separação revolucionária entre o planejamento e a execução.

Com o tempo essa revolução se estendeu para a função organizacional qualidade, resultando na criação de especialistas, principalmente, em duas categorias: engenheiros da qualidade, cujas funções eram associadas com o produto na fábrica e engenheiros da confiabilidade, cujas funções estavam associadas à qualidade do produto em campo.

Durante a segunda metade do Século XX, as indústrias japonesas surpreenderam o mundo ocidental assumindo a liderança da qualidade em muitas linhas importantes de produtos. Uma característica distinta da revolução da qualidade japonesa era a abordagem do planejamento da qualidade.

Os resultados japoneses fizeram com que as companhias ocidentais reexaminassem suas atribuições de responsabilidades para o planejamento da qualidade. Essas companhias começaram a passar, cada vez mais, essa responsabilidade para os gerentes de operação e especialistas de linha, fornecendo treinamento para a respectiva mudança.

As opções para atribuir a responsabilidade pelo planejamento da qualidade são influenciadas pelo seu alcance, especialmente de acordo com a classificação do mesmo, de âmbito inter e/ou intradepartamental.

O planejamento de um processo exige algum tipo de organização, sendo comum:

- Um grupo de gerentes de linha, chamado de força-tarefa, comitê, comissão, equipe, time.
- Um grupo de assessoria, o qual tem a responsabilidade de preparar o plano.
- Um grupo de consultores externos à organização, cuja função básica é adequar o plano à realidade do mercado.

A tendência é delegar cada vez mais a função do planejamento da qualidade ao pessoal operacional. Uma das principais premissas de Taylor era de que os supervisores e operários, naquela época, não tinham um cabedal de conhecimentos necessários para implantar um sistema de qualidade. Hoje, este pensamento mudou, tendo em vista a acessibilidade cada vez maior aos meios de informação.

Os planejadores da qualidade desenvolveram inúmeros instrumentos por meio dos quais controlaram o fluxo de informações, as responsabilidades dos envolvidos, os processos de construção, as metodologias, as estruturas matriciais, os projetos, por exemplo.

Quem participa do planejamento da qualidade deve ser treinado no uso de instrumentos de planejamento, bem como usá-los. Este treinamento deve ir além da instrução e atingir a educação de maneira inteligente.

Historicamente, o planejamento da qualidade era feito por pessoas, cuja responsabilidade se estendia a examinar folgas e tolerâncias, desvios de custo e segurança das máquinas para evitar acidentes. Não havia uma bibliografia para fundamentar o treinamento das pessoas.

Desde o início dos anos de 1980 que a tendência tem sido aumentar a especialização dos planejadores da qualidade. Esse treinamento tem acontecido em todos os níveis da estrutura organizacional e o conteúdo programático é montado, em função do: público-alvo, objetivo do curso e recursos da empresa.

O Aspecto Sistêmico da Decisão

O processo decisório ainda é, na sua maior parte, um exercício racional, lógico e educativo, onde pensar antes de decidir é entendido como uma exclusiva utilização dos dotes e estilos do nosso cérebro, com uma subutilização da nossa maneira de pensar ou como ser criativo e imaginativo.

O empreendedor típico desconfia de suas próprias intuições e tende a repousar mais no exame frio dos fatos, dados, números e cenários.

Os sistemas de informação e a febre da informatização nas empresas vêm colaborando para desumanizar os contatos entre pessoas, grupos e organizações, com grande prejuízo da efetividade decisória.

Os empreendedores devem dedicar a maior atenção possível aos aspectos sistêmicos de suas decisões, ou seja, qual ou quais as consequências de tal linha de ação, do ponto de vista dos: consumidores, usuários, colaboradores, pacientes, fornecedores, funcionários, subordinados, colegas, superiores, acionistas, cotistas, comunitários, parentes.

Há técnicas de utilização programada do seu inconsciente, como fonte de soluções, de "insights" reveladores, de prospecção do nosso passado, presente e até do futuro? Parece bruxaria não é? Pois acredite, hoje, isso já é ciência. Se você olhar em volta, verá que depende dos outros, embora pareça que não, em função do seu poder, posição, conhecimento e autoridade, por exemplo.

É bom escutar as expectativas dos envolvidos no processo. O que querem eles? O que gostariam que realmente acontecesse? Qual a vantagem, lucro, satisfação esperada, o que pretendem de tal situação? Maquiavel já dizia, há 500 anos, que, se há uma mudança no "status-quo", os que dele se beneficiam reagirão à mudança.

Examine com cuidado o momento presente. O passado já era e o futuro é cheio de incertezas. O que as pessoas e os grupos à sua volta estão dizendo nesse exato momento? Abra bem os olhos, aprenda a enxergar não o que quer ver, ao contrário, enfrente os fatos do dia a dia, bons e maus, desagradáveis ou não.

Firme âncora no atual para decidir bem, a partir da varredura do seu radar individual e organizacional, procurando obter o máximo de informações atualizadas e fidedignas. Fale com pessoas informadas, mergulhe no momento para poder ser um pouco mais eficiente e até mais feliz no próximo momento.

As sementes do futuro estão, aqui, à nossa frente e só decide bem quem tem olhos para ver e ouvidos para ouvir.

Uma Onda de Comunicação

É sabido que a chamada Revolução Industrial trouxe como principais transformações do mundo econômico e social a concentração da capacidade produtiva do homem, conseguindo mais recursos através do domínio da energia. Esse esforço baseou-se no aperfeiçoamento das técnicas de produtividade.

Como tudo tem um limite, de repente, começou-se a perceber que o tamanho da produção dependia de outras coisas e não apenas de máquinas, equipamentos, tecnologias e pessoas.

Acontece que, para tudo funcionar a contento, faltava a palavra (recurso, função) comunicação, porque o trabalho de um depende dos demais, e vice-versa.

Hoje, com o advento da Internet, as pessoas estão teoricamente conectadas a tudo e a todos. É a Era da Informação, da Revolução Digital e da Economia Global. Mas como administrar este tempo de comunicação?

Como não receber informações irrelevantes e e-mails indesejados?

Por outro lado, a experiência tem demonstrado que empresas nacionais optam por "pacotes" importados ao se decidirem por ações, visando a melhoria da qualidade de seus produtos e de seus relacionamentos internos e externos, tudo buscando um bom clima organizacional.

Mesmo adaptadas às nossas condições e às peculiaridades de cada organização, muitas vezes, essas "técnicas" não atingem os resultados esperados, particularmente em como fazer o empregado vestir a camisa da empresa.

O fato de que certas técnicas e novos métodos de comunicação devam ser empregados não quer dizer que se abandone o modo pessoal de um administrador pô-los em prática. Nem ele deve desprezar seu próprio método de motivar e de se comunicar com aqueles dos quais depende, para o bom desempenho de suas funções.

Calma parece ser a palavra certa para os executivos, que com frequência são levados à dúvida e hesitação por palpiteiros de fala fácil, que insistem em métodos melhores de administrar uma empresa. Com a evolução tecnológica e a consequente expansão dos meios de comunicação, vivenciamos, hoje, uma disponibilidade generalizada de informação.

Modifica-se, de certo modo, a tendência de busca de informação, pela elaboração de modelos sintéticos capazes de digerir a avalanche de informações que sufocam os indivíduos no desempenho de suas múltiplas funções empresariais e sociais.

É bom lembrar, entretanto, que, na maioria das vezes, só se acredita naquilo que se conhece. Ver para crer é uma realidade. Muito pouco se consegue quando muitos não são informados, utilizam linguagens diferentes ou veem o mundo com a cor e a tonalidade das lentes que desejam.

Assim, é preciso refletir seriamente e entender que a comunicação não deve ser apenas um instrumento de retórica. É ferramenta de ação construtiva, podendo contribuir decisivamente para o entendimento verdadeiro entre as pessoas, a fim de que os objetivos organizacionais sejam alcançados.

Adotando alguns princípios, premissas, processos e práticas, a comunicação fluirá naturalmente e de forma participativa, espontânea e efetiva.

Olho na comunicação, pois ela é elemento-chave que serve de "ponte" entre a tomada de decisão, a resolução do problema e a ação administrativa. Quando se estuda a função administrativa direção tem-se que, forçosamente, passar pela comunicação.

A Comunicação Hierárquica

Como saber com quem cada um deve comunicar-se? Planejar estas regras visando minimizar os riscos de erros e perdas e, ao mesmo tempo, maximizar a probabilidade de ganho foi tarefa das mais difíceis, ao longo da história das organizações humanas, tarefa essa, ainda e talvez para sempre, inacabada.

Como saber o que é essencial, em qualquer circunstância? Pior, aquilo que é importante para uma função organizacional não o é para outra, e vice-versa.

A direção da empresa deve tornar claro quem se comunica com quem, sob que condições e para qual finalidade, embora não possa impedir comunicações informais. A capacidade humana para lidar racionalmente com grande quantidade de informações simultâneas é, ao contrário do que se imagina, muito limitada.

Torna-se necessário, além de regrar as possibilidades de comunicação entre os diversos componentes de uma organização, mostrar que a informação, passada de um determinado nível hierárquico para o nível superior, seja filtrada ou sintetizada (triagem e condensação). Caso contrário, ela se torna difícil de ser absorvida e, portanto, inútil e até perniciosa.

As comunicações linha acima, devido a aspectos qualitativo e quantitativo, precisam ser filtradas para não sobrecarregar os chefes. Quanto mais "pesada" a organização for, mais filtros precisará instalar. Em geral, a comunicação ascendente é pequena e termina no nível hierárquico imediatamente superior.

Alguns problemas podem determinar filtros, tais como: diferenças de autoridade, poder e status; superiores menosprezam subordinados; falta confiança dos subordinados; superiores não sabem ouvir e punem os portadores de más notícias; organizações com muitos níveis hierárquicos levam os subordinados a entender que jamais serão ouvidos; a organização utiliza a comunicação linha acima com o intuito apenas de exercer controle; superior não acata informações que vão de encontro a uma tomada.de decisão

Obedecendo ao princípio da unidade de comando, um subordinado terá um único superior do qual receberá ordens e perante o qual é responsável. Um superior não deve dar ordens diretas a quem quer que esteja a mais de um nível da sua posição na hierarquia, a não ser por emergência.

Passar por cima de um superior imediato é, geralmente, considerado como uma falta grave na vida organizacional. O tipo de informação que é comunicada para os níveis inferiores relaciona-se, muitas vezes, com a orientação e o controle do desempenho.

As comunicações da cúpula da organização endereçadas a todos os seus membros são excessivamente gerais em caráter e, demasiadamente, distintas das limitadas experiências cotidianas do funcionário médio.

Segundo Hampton, "se uma pessoa não compreende perfeitamente por que deve fazer uma coisa, ou como seu cargo se relaciona às tarefas de seus colegas, haverá a necessidade de redundância suficiente em suas instruções de tarefa, para que ele possa comportar-se fidedigna e automaticamente no desempenho do papel".

As comunicações linha abaixo precisam ser, muitas vezes, decodificadas e explicadas para que possam fazer efeito, causar impacto e ser registradas. Os motivos para a filtragem, aos níveis inferiores, são baseados no fato de que o próprio superior não possui percepção adequada para tratar com subordinados, pois é um mau professor e não ensina o "pulo do gato" para manter seu poder. Também não dá informações, a fim de manter subordinados dependentes; não confia no subordinado; dá informações que levam subordinados a não consecução dos objetivos e até mesmo de suas tarefas.

Segundo Harold Koontz, "um ponto, muitas vezes, descurado ou que passa despercebido é que a comunicação pode incluir implicações transmitidas pela maneira como se diz alguma coisa ou por aquilo que se deixa de dizer, ou ainda por importantes meios de comunicação não verbal. Os subordinados observam o superior, atentamente, em busca de sinais que indiquem o que ele julga importante e que irão afetar o conceito de si próprios".

A Leitura de um Relatório Técnico

De modo geral, o diálogo do relator de uma análise com o usuário não é nada fácil. Isto costuma gerar situações absurdas, onde a mais importante das exigências do trabalho que é a de atender às necessidades dos usuários acaba ficando, por causa de tais dificuldades, em segundo plano. As diferenças entre os dois contendores são grandes. Cada um fala uma linguagem e têm enfoques diferentes.

O usuário quer pressa, o analista demora, o usuário é meio informal, o analista excessivamente rigoroso, o usuário age, o analista descreve, de modo particular, as ações e as analisa. O usuário não se lembra de todos os detalhes, pois não precisa, porque, quando eles ocorrem, sempre alguém virá em seu socorro. O analista tem de saber e prever tudo e assim por diante.

O usuário não tem tempo para conversar com o analista, está ocupado com o que ocorre no dia a dia, enquanto que o analista prepara o relatório. Muito menos está ele disponível ou disposto a avaliar, com todo o cuidado necessário, o material que o analista produz gradativamente, ao longo do projeto, visando corrigir aos poucos eventuais inadequações ou erros, antes que a construção final do relatório seja implementada.

É que esta matéria mesmo que contenha terminologia correta e esteja escrita com cuidado e clareza, apresenta-se um tanto abstrata e árida, tornando difícil avaliar, efetivamente, o que ali está escrito, do ponto de vista prático, ou seja, como vai informar a verdade?

Neste mesmo terreno, existe ainda uma questão bastante séria que é a dificuldade que as pessoas têm, normalmente, para explicar, a alguém, alguma coisa sem confundir detalhe com precisão e clareza.

O usuário, ao ser interrogado pelo analista sobre seus problemas e necessidades, tenderá talvez a ser muito generalista ou a dar exemplos concretos sobre o que ocorreu, sem se aperceber que o outro, provavelmente, gostaria de mais detalhes. Será preciso ter disciplina à transmissão e à recepção de dados para que não haja desentendimentos.

O usuário informa ao analista sobre seus problemas e suas necessidades. Depois o analista informa ao usuário sobre o que ele pretende fazer, visando permitir que o mesmo possa executar, com baixa incerteza, ações corretivas ou de aperfeiçoamento daqueles fatos ou ocorrências.

Mas, o pior dessa questão é o usuário que "entende de computador". Nestes casos, ao invés de discutir o problema de informação, frequentemente sutil e complexo, fica-se debatendo soluções computacionais, numa evidente distorção e inversão da ordem natural das coisas. Bem-entendido, não se está dizendo que este conhecimento seja inútil ou só acessível aos iniciados e gênios altamente especializados.

Por essas e outras razões, é indispensável que a comunicação do analista com o leitor de um relatório técnico seja extremamente clara. Para tal, basta lembrar que, além de todas as questões acima levantadas, frequentemente, há usuários que, ao inverso dos que entendem de computador, têm medo de tecnologia da informação, medo das mudanças e medo de perder o emprego, o prestígio ou o poder.

O leitor não deve esquecer que um relatório, mesmo que técnico, deve ser compreendido para quem é destinado, porque o analista quando olha uma floresta vê árvores, flores e pássaros. Ao contrário, o usuário, em geral, vê uma mancha verde.

A Qualidade da Decisão

Tomar decisões é atividade fundamental de dirigentes e líderes. Mesmo quando um chefe sente que não dispõe de fatos suficientes, precisa agir. Se as decisões fossem apoiadas apenas em informações, poderíamos alimentar um computador com os dados necessários e pertinentes, e a decisão surgiria. Mas, precisamente, porque é raro termos todas as informações suficientes, os seres humanos precisam tomar decisões.

Para que os líderes consigam manter suas posições é necessário que possuam bem desenvolvida a habilidade de julgamento crítico. O líder gerencial precisa fazer comparações. Sua qualidade essencial, portanto, deve ser a de analisar, avaliar, decidir e comunicar.

Um dirigente está, constantemente, tomando decisões, baseado em informações alheias, usando dados adequados e previsíveis. Suas conclusões e decisões serão eficientes e alcançará com isso um alto grau de eficácia.

Previna-se com os que usam rótulos e falam como se os indivíduos e as coisas fossem idênticos. Aí há perigo! A tomada de decisão envolve: coletar dados e compreendê-los. Ver se ela é comunicada apropriadamente e se vai atingir objetivos e/ou resolver problemas.

As questões seguintes lhe darão alguma ajuda na decisão:

- Até que ponto essa decisão vai afetar sua empresa?
- Você terá a capacidade de controlar os resultados?
- Ela vai afetar outras funções?
- Quantos e quais pontos da política da empresa serão afetados?
- Essa decisão é baseada em circunstância única ou em alguma ocorrida eventualmente?

A tomada de decisão é uma função administrativa vital. A qualidade da mesma é que destacará o executivo, como um verdadeiro líder. O importante no procedimento de tomar uma decisão é quem motivar e quem ouvir. Infelizmente, tomamos, na maioria das vezes, decisões baseadas apenas em poucos fatos e suposições, sem a qualidade necessária.

Os problemas éticos da tomada de decisão são, de certa forma, minorados pelo fato de que as instituições ocupam, geralmente, uma posição intermediária na cadeia de meios e objetivos. Até certo ponto, o problema é de adaptação a um sistema de valores imposto pelas condições ambientais.

Uma empresa reage à demanda dos consumidores e aos preços do mercado. Mas será correto dizer que os dirigentes não estão envolvidos, de modo significativo, na decisão a respeito destes valores.

As empresas e outras organizações limitam, frequentemente, a gama de escolha posta à disposição do consumidor e desempenham um papel político no estabelecimento de parâmetros, por meio de propaganda e outras técnicas de comunicação.

O fato de o consumidor reagir de modo positivo, não prova necessariamente que a ação é correta. Outras alternativas podem até ser melhores do ponto de vista do bem-estar do consumidor e do lucro empresarial.

Decisão nos Dias de Hoje

Há muitos anos, havia um rei dos judeus chamado Salomão que teve de tomar uma das mais importantes decisões da sua vida. Duas mulheres reclamaram a posse de um bebê, alegando que era seu filho, apresentando documentos, testemunhas e parteiras. Mas como não havia teste de DNA, Salomão pediu que um dos guardas do palácio trouxesse a criança e diante delas disse para que a mesma fosse cortada ao meio e que desse uma parte a cada mulher.

Como as mães já sabiam a resposta disseram, quase ao mesmo tempo, que a criança fosse entregue a outra mulher. Aí, Salomão se viu numa enrascada e pediu um tempo para pensar. Após alguns minutos, ele perguntou a cada mãe, se caso a criança lhe fosse entregue o que ela faria.

A primeira, disse que daria a melhor educação, faria com que o filho buscasse a felicidade e lhe ensinaria o gosto pela liberdade, para que ele voasse como um pássaro. A segunda, disse que o faria um soldado, forte e aguerrido, para servir ao seu rei.

Salomão, sem pestanejar, entregou a criança à segunda mulher. Por quê? Porque quando um funcionário se entrega à empresa em que trabalha ele tem mais valor para o dirigente.

Vale lembrar que a decisão deve estar apoiada em uma forte receptividade às críticas e uma mente aberta para aceitar mudanças ou pelo menos tomar consciência de que as coisas podem ser feitas de outro modo.

Isso significa que administradores têm de se valer de um vasto conhecimento para alcançar com efetividade os objetivos organizacionais e facilitar os objetivos individuais das pessoas nas corporações.

A prática diz que aquele que trabalha numa organização precisa operar conforme a estratégia, o ritmo, a cultura e o clima da mesma. Pois, só poucos privilegiados possuem o direito de pensar e serem livres para fazer o que bem entenderem.

O texto acima diz, com todas as letras, que não podemos voar, livremente, como pássaros, porque estamos atados a compromissos e responsabilidades para com tudo e com todos. Civilização é isso. E você, meu caro empreendedor, aprenda a dançar conforme a música.

A Arte da Delegação

Toda organização está cheia de pessoas que "vivem" seu trabalho, indo correndo e se afobando de um lado para outro, sem tempo para o almoço, sem tempo de conversar, dia após dia, semana após semana, mês após mês. Esse grande envolvimento pessoal sugere um estilo de administração mais eficaz ou falha séria na habilidade de delegar tarefas?

Delegar é transferir para outros órgãos atribuições específicas de um órgão maior ou central, objetivando aliviá-lo da carga de trabalho. Mas, planejar e decidir o que deve ser delegado é difícil, porque não é, simplesmente, passar tarefas para frente.

Quando os chefes concentram atribuições demasiadas e não conseguem resolver todos os problemas que pretendem, ocorre um congestionamento administrativo nos níveis superiores e uma verdadeira paralisação das atividades nos níveis inferiores.

Segundo Andrew Carnegie, "o segredo do sucesso não consiste em fazer você mesmo seu próprio trabalho, mas em descobrir ou reconhecer o homem talhado para fazê-lo". A capacidade de crescimento de uma empresa está diretamente vinculada à eficiência com que seus diretores delegam a sua autoridade, fazendo uma delegação efetiva e funcional.

O domínio da arte da delegação, assim como o domínio de qualquer forma de arte, exige paciência e esforço honesto.

Ao praticar a arte da delegação você está se libertando de tarefas que podem ser feitas por outra pessoa, concentrando sua energia disponível naquilo que nenhuma outra pessoa pode assumir ou fazer melhor do que você, dando àqueles que trabalham com você a oportunidade de se aprimorarem, liberando mais tempo disponível para desenvolver suas habilidades administrativas e pensar em ideias inovadoras que conservarão sua empresa à frente da concorrência.

A delegação permite liberar sua mente de detalhes que podem atrapalhar sua visão geral das condições de trabalho e descobrir quem pode ser confiável para se encarregar de determinada tarefa. Isto será útil, tanto no caso de fazer planos como no de tomar decisões.

A chave da delegação é obter os resultados que você espera. A inclinação humana normal, porém, é delegar por atividades ou deveres, isto é, pedir a um funcionário que faça certas coisas, fazer uma longa lista daquilo que você deseja que seja cumprida. Até ter definido os resultados esperados de alguém, você não completou a delegação.

A delegação é vista como um processo pelo qual superiores e subordinados de uma organização identificam, em conjunto, suas metas, definem as principais áreas de responsabilidade de cada indivíduo, em termos dos resultados esperados, e usam essas medidas como guias para operar a organização e avaliar a contribuição de cada um de seus membros.

Saber delegar não só minimiza as falhas e frustrações nos empreendimento e projetos, como traz ganhos para a carreira de quem lidera e de quem é liderado. Se o executivo deixar de assumir parte das tarefas, terá mais tempo para se tornar criativo.

Os subordinados ao assumirem novas funções, tendem a se tornar mais competentes. Sem falar que o trabalho é racionalizado e todos têm a oportunidade de se envolver com assuntos diversos, o que estimula o aprendizado.

Além disso, é necessário saber enxergar as responsabilidades e aprender a melhor forma de delegar, porque é comum encontrar responsabilidades difusas. Por isso, ao atribuir responsabilidades, o executivo deve ser explícito sobre o que espera receber. Deve também definir que autonomia o profissional terá para desempenhar o seu trabalho. Se isso não ficar claro, haverá o risco da tarefa não ir adiante.

Uma metodologia da delegação pode ser:

- Analise quais, entre as suas atribuições, podem ser transferidas.
- Defina a tarefa com clareza e diga o objetivo a ser alcançado.

- Não esqueça de compartilhar a responsabilidade mútua pela tarefa delegada.
- Defina prazos reais de conclusão, comparando com valores anteriormente dimensionados.

Quando delega autoridade, você dá ao indivíduo o direito de agir ao modo dele. Se insistir em: que trabalhe como você, poderá cercear o entusiasmo que ele sente, bem como seus sentimentos de realização.

A moderna delegação não consiste apenas em conseguir que outros nos ajude em nossos trabalhos, mas em lhes dar também a autoridade e a liberdade de executar, errar e ousar. Como num jogo, é importante aprender a dar as cartas.

O Fenômeno da Liderança

Liderança é o processo em que uma pessoa é capaz, por suas características individuais, de aprender as necessidades do grupo e exprimi-las de forma válida e efetiva, obtendo o engajamento e implementação dos trabalhos necessários ao alcance dos objetivos, das metas, dos propósitos e dos desafios. Pode ser definida em termos de uma pluralidade de funções desempenhadas pelos homens, como indivíduos e como grupo. É a capacidade (posição ou carisma) de alguém influenciar outra pessoa, ou grupo, no sentido de alcançar determinado propósito.

É importante dizer que um indivíduo pode liderar um grupo por longo tempo, mas não por todo o tempo. Muitas das vezes, a situação configura um líder. Normalmente, a liderança é fruto de um processo de comunicação que ajuda a mudar o comportamento das pessoas. O liderado tem fé e respeito pelo líder. Não é um simples subordinado que recebe ordens. Ele confia e tem orgulho de seu líder.

O fenômeno liderança é muito estudado, porque é relevante para a função administrativa direção. Um bom executivo deve ser um líder, mas nem sempre a recíproca é verdadeira, haja vista que líderes políticos quando guindados a uma posição administrativa se transformam em verdadeiros desastres.

Executivos, em função do cargo que ocupam, possuem autoridade e poder delegados pela alta administração, isto é, uma espécie de ativo que será maior, ou menor, se souber ser um verdadeiro líder. Mas, é bom que se diga que muitos dirigentes exercem pouca ou nenhuma liderança, porque os subordinados, premidos pela necessidade de emprego (trabalho), se submetem às suas ordens.

Grande parte da literatura sobre técnicas de liderança trata de problemas relativamente simples das relações entre superior e subordinado e dos problemas de supervisão direta. Contudo, os problemas de liderança em hierarquias complexas podem se diferenciar em aspectos importantes dos encontrados em estruturas mais simples.

As limitações impostas pelo sistema hierárquico podem forçar o líder a se afastar daquilo que, de outra forma, seria considerado como técnica adequada de liderança. Num sistema formal é uma questão de manipular os recursos organizacionais para manter a autoridade. Mas, atenção, as qualidades de liderança, puramente pessoais, são importantes, mas nem sempre são as principais.

O executivo que quiser se tornar um líder precisará: Respeitar o ser humano e crer nas suas possibilidades, que são imensas; Confiar no grupo mais que em si próprio; Evitar críticas a qualquer pessoa em público, procurando sempre elogiar, diante do grupo, os aspectos positivos de cada um; Estar sempre dando o exemplo, em vez de ficar criticando a todo o tempo; Evitar dar ordens, procurando a coordenação entre as partes; Dar a cada um o seu devido lugar, levando em consideração os seus gostos, interesses e aptidões; Evitar passar por cima dos subordinados, mesmo pensando que faria melhor; Consultar os membros do grupo, antes de tomar uma resolução importante que envolva interesses comuns; Antes de agir, explicar aos membros do grupo o que fazer e por que vai fazer; Evitar tomar parte nas discussões, quando presidir uma reunião.

Algumas premissas ajudarão o leitor a se tornar um líder:

- Situações críticas é um teste e uma oportunidade para mostrar liderança.
- Carisma não é condição necessária à liderança, porém ajuda muito.
- A postura firme com que defende suas ideias é fundamental à boa liderança.
- Argumentos superficiais e pouco elaborados só funcionam com subordinados ignorantes.
- Um líder acadêmico nem sempre é um líder empresarial.
- O líder atual precisará cada vez mais de uma inteligência analítica.
- O líder, em função de liderados altamente esclarecidos, precisará ser honesto e transparente.
- A sobrevivência do dirigente numa organização estará por conta do esforço para alcançar a liderança do grupo.
- É falsa a ideia de que o verdadeiro líder precisará ser falante, piadista, competitivo, agressivo e elegante.

O Agente de Mudança

Uma nova tese, no já congestionado campo das ideias para a administração de empresas, começa a ganhar corpo entre as empresas. O que está em voga, hoje, é algo mais prático e radical. Em vez de um oneroso projeto que leve toda uma empresa a se submeter a uma transformação em seu estilo, obrigando sua alta gerência a reescrever o que julga saber. Para tal, os especialistas em administração recomendam agora a contratação de um único gestor.

Não se trata de qualquer administrador, mas de um tipo de executivo muito especial, chamado agente de mudança. É uma pessoa externa ou interna à organização que tenta modificar uma situação organizacional existente. Alguém que, simplesmente pela força de suas ideias, carisma, capacidade de trabalho e de uma retórica capaz de empolgar as pessoas, consiga sacudir de alto a baixo todas as divisões de uma companhia pelo menor custo possível.

O ideal seria que este agente saísse dos próprios quadros da empresa. O problema é que a maioria delas não se preocupa em formar esses talentos. Assim, como não se preocupam em criar internamente seus próprios agentes de mudança. As empresas, geralmente, acordam tarde para esta necessidade.

Se o apoio não for dado, o agente não será mais do que um estranho no ninho. Muito cedo ele acabará expelido pelas resistências do "stablishment" na empresa. Na verdade, as empresas têm de procurar com muito cuidado o executivo que vem para fazer grandes transformações. Às vezes, ele pode causar apenas transtornos e criar o embaraço de ser demitido. Existe ainda a possibilidade de que o executivo chegue criando grandes expectativas e vá embora sem ao menos esquentar a cadeira.

Os agentes de mudança são pessoas com certas qualidades que até o tornam antipáticos para a maioria. Mas é bom que se diga que tais elementos não se assustam diante da complexidade e da incerteza. A seguir, alguns princípios que norteiam o trabalho de um agente de mudança:

- Cultivar a força renovadora em qualquer função.
- Saber delegar poderes e atribuições.
- Raciocinar em termos de um mundo cada vez mais interdependente e multidisciplinar.
- Saber exatamente o que quer e onde pretende chegar, ter coragem para tomar decisões.
- Reagir às pressões do conformismo, investindo contra as "verdades" estabelecidas da organização.
- Não perder de vista os interesses da organização.
- Adotar providências traumáticas em vez de correr o risco de deixar a organização naufragar por omissão.
- Mover-se com extrema habilidade política, evitando trombadas com a cultura da organização.
- Procurar aliados junto ao pessoal remanescente, senão seu trabalho será sabotado.
- Saber identificar quem pode e deve permanecer na organização.
- Encontrar o ponto de equilíbrio (lucro = zero) da organização.
- Usar a motivação e a persuasão, mais do que controles.
- Ter um sistema de valores claramente definido, numa perspectiva global.
- Saber sonhar e traduzir seus sonhos em mensagens para que outras pessoas possam compartilhar.
- Ser flexível na aplicação de seu programa de trabalho.

Resistência à Mudança

Resistência é um fenômeno de facetas múltiplas, que provoca atrasos, custos e instabilidades inesperadas no processo de mudança. A resistência manifesta-se ao longo de toda a história de uma mudança.

Segundo Ansoff, "a resistência à mudança é proporcional ao grau de descontinuidade da cultura e/ou da estrutura de poder, introduzida pela mudança. Para dada descontinuidade, a resistência será inversamente proporcional ao intervalo de tempo dentro do qual a mudança se distribuirá".

Entre mudar demais e não mudar nunca existe um termo intermediário, que é mudar quando necessário. Está claro que se deve sempre mudar para melhor, mas, se a cada momento, é encontrado algo a melhorar, o executivo estará mergulhado num mar de transformações, em um ambiente onde ninguém mais se entende e onde se perdem os benefícios da boa rotina que permite o progresso e a criação de algo novo. A mudança não pode ser um fim em si mesmo.

O progresso de cada um, dentro de uma organização, está muito ligado às mudanças. Pode-se mesmo dizer que, no caso, progredir exige mudar. Este fato poderia ter como consequência o gosto de mudar, uma vez que, as pessoas querem progredir. Paradoxalmente, isto não acontece, ou melhor, há muitas pessoas que gostariam de progredir sem mudar ou sem os percalços das mudanças.

Segundo John Kotter, a resistência às mudanças é causada por: egoísmo, má compreensão, falta de confiança, baixo nível de percepção na direção da organização, avaliação conflitante e baixa tolerância às mudanças.

As causas da resistência podem ser encontradas nas reações de indivíduos, por um lado, e nas ações comuns de grupos de indivíduos, por outro. Estes resistem às mudanças quando sua posição de poder é ameaçada. Nem todos os administradores, porém, são iguais.

O modo pelo qual o administrador irá reagir às mudanças dependerá da força de sua personalidade e de sua flexibilidade pessoal.

Portanto, para uma dada mudança de cultura e poder, a resistência por um administrador dependerá da força de suas convicções, de sua disposição para defender a si próprio, de sua ânsia de poder e de sua predisposição para aprender e mudar.

Os grupos resistirão a uma mudança na proporção em que ela ameaçar o seu poder, desrespeitar os valores e as normas, basear-se em informação considerada irrelevante, basear-se num modelo de realidade diferente do modelo considerado válido pelo grupo.

Devido à pressão psicológica sobre o gerente para decidir a respeito do futuro da organização, é muito comum que o mesmo adote um comportamento defensivo, baseado nas seguintes explicações:

a. Num ambiente conturbado, existe a tendência de se apegar ao conhecido e ao experimentado.
b. Tentar prever o futuro, ao contrário do que ensina o senso comum, não diminui a incerteza, mas aumenta o grau de ignorância por causa do maior número de variáveis não controláveis trazidas à análise.
c. Já que o futuro é desconhecido, incerto e imprevisto, reprime-se a incerteza, presumindo implicitamente que o estado atual dos fatores que incidem sobre a organização deverá perdurar no futuro.
d. É comum se estabelecer metas para a organização aquém de suas possibilidades, a fim de garantir a segurança de que os resultados predeterminados serão realmente alcançados.

A Organização Pessoal

Algumas pessoas nascem com as habilidades de planejar e organizar, outras procuram peças extraviadas desde o início. Alguns participantes de seminários sobre gestão empresarial são capazes de captar as ideias apresentadas e agir imediatamente com senso de direção, enquanto outros parecem incapazes de compreendê-las.

Ser organizado significa que seus sistemas, projetos, programas e planos de negócios são tão bem feitos que outros podem se encarregar do trabalho sem perder nenhum detalhe. Os negócios não permitem a manutenção de pessoas que se tornam indispensáveis, por falta de organização e de planejamento.

A chave para ser organizado não está nas anotações, mas na autodisciplina. Administradores desorganizados ficam atrasados, ou perdem negócios, porque deixam que o trabalho se avolume até o último minuto, sem planejar as interrupções. Existem emergências na maioria das empresas, mas a chave para continuar organizado é nunca se desviar, por muito tempo, daquilo que foi planejado.

A desorganização pessoal e a falta de autodisciplina são meios que as pessoas usam para se autossabotarem e não atingirem seus objetivos. Todo o processo de administração do tempo apoia-se e inicia-se com a autodisciplina, isto é, o exercício do poder que cada um de nós tem sobre si mesmo.

Evite fazer várias coisas ao mesmo tempo, pois isto estimula a dispersão, a baixa produtividade e a ineficiência, além de favorecer o esquecimento e a confusão que causam estresse e tensão.

Alguns especialistas afirmam que para se utilizar o tempo de forma produtiva é necessário escolher as coisas que se pretende fazer pelo grau de importância que estas têm para nós, estabelecendo uma escala de prioridades, em função de nossas necessidades e objetivos a alcançar.

As prioridades são níveis de valores relativos, e estes só podem ser estabelecidos quando comparados com outros. Já que o tempo é, por definição, inelástico, cada indivíduo opta em empregar o seu tempo da maneira que mais lhe convenha.

Habitue-se a fazer uma lista diária do que fazer e procure estendê-la para uma semana e depois um mês. Não se esqueça de deixar um tempo disponível para imprevistos. Respeite suas prioridades e observará que, com o tempo, o urgente diminuirá de proporção. Com isso você ficará menos tenso e se sentirá menos oprimido e mais competente.

Se você se organizou pessoalmente, está pronto para fazer parte de um sistema organizado. A fórmula para um efetivo plano de metas é trabalhar nelas todos os dias. O planejamento diário e a organização da agenda de trabalhos vão ajudar a eliminar as perdas de tempo, mantendo todo o sistema apontado na direção da ação necessária, para que seus negócios transcorram com sucesso.

Propaganda em Época de Crise

A propaganda não é um brinquedo em que o empresário investe quando está alegre e esquece quando está triste. É um componente que não pode faltar, assim como não pode faltar matéria-prima. Às vezes, é mais fácil e barato crescer em meio a crises, quando a concorrência está acanhada, do que em períodos de expansão econômica, quando as empresas avançam sobre o mercado.

A Ford americana mostrou saber disso melhor que ninguém, já na Segunda Guerra Mundial. Sem ter carros para entregar ao público, porque suas fábricas estavam comprometidas com o esforço de guerra, a empresa, assim mesmo, fez propaganda, garantindo um lugar na cabeça dos consumidores. "Há um Ford em seu futuro", dizia o anúncio.

O corte das verbas de propaganda, a fim de salvar o lucro no curto prazo, num momento de recessão, pode não ser a decisão mais inteligente.

Um esforço agressivo de propaganda, mesmo que reduza o lucro no curto prazo, compensa. Auxilia as empresas a enfrentar a crise, sem ter de jogar os preços no chão para atrair os consumidores, ajuda a ganhar participação de mercado, fortalecendo as marcas anunciadas, e permite que as empresas gerem maiores lucros depois do fim da crise.

Embora o retorno do investimento de todas as companhias diminua, a queda de quem aposta em propaganda é compensada, logo depois, por uma crescente participação de mercado e, a seguir, por lucros mais encorpados.

A ação da propaganda de grandes empresas é potencializada em épocas de crise, porque é então que as companhias maiores crescem com mais facilidade sobre terreno alheio. Em meio aos tropeções da economia, muitos empresários nem se atrevem a pensar nos lucros, no médio e no longo prazo. Empenham todas as forças para salvar o caixa. É nesse clima, de "Deus nos acuda" da recessão, que as verbas de propaganda caem vítimas da tesoura.

Entram, no seu lugar, o festival de promoções e os preços baixos, que parecem representar a saída imediata para motivar os consumidores e empinar as vendas. O risco dessa troca é grande. Promoções em excesso e preços escandalosamente baixos mancham a reputação de qualquer marca.

No desespero, as pessoas procuram os resultados mais visíveis e esquecem que uma das missões do marketing é a construção de marcas que vendam. O problema é avaliar o "nível" da crise. Tarefa extremamente difícil. Se ela for aprofundada, não há mercados sustentados e as empresas fecham. A economia do país segue o caminho do "brejo".

Pesquisa de Mercado

Dentro das organizações de mentalidade moderna, a pesquisa de mercado tem sido um instrumento altamente valioso na solução de inúmeros problemas. O que se tem procurado é a solução técnica, baseada em fatos, e não aquela empírica, que é característica de uma grande parte de executivos.

Em todos os campos da atividade negócio, dois pontos são básicos: O que produzir e como manter o fluxo constante desses produtos no mercado.

A pesquisa de mercado trata de descobrir que bens e serviços o consumidor deseja, como podem ser vendidos, e procura medir a aceitação deles junto ao público consumidor. Não se trata, evidentemente, de descobrir exatamente todas as medidas, porque, nas ciências sociais, ainda não existem instrumentos que permitam uma precisão, como a verificação na física ou na matemática.

Usando os instrumentos disponíveis à pesquisa de mercado, existem grandes possibilidades de medir as tendências corretas e aproximações que são peculiares, naquele momento, ao mercado em questão.

O que se tem procurado em pesquisa de mercado não é a substituição do raciocínio clássico de muitos empresários, tampouco uma correção na maneira de pensar dos homens de venda que atuam no campo, porém, o que se vai buscar é a razão de:

- Por que os processos de comercialização vão bem ou mal?
- Onde podem ser melhorados e que novas oportunidades estão aparecendo que podem ser exploradas economicamente?
- Quais são os desejos das pessoas, o que pensam e como agem em relação ao mercado?
- Quais são os consumidores e como sentem a comunicação estabelecida entre eles e os respectivos produtores?

A área é realmente muito ampla, e não se pode admitir uma filosofia moderna de marketing, dentro de uma sociedade de grande consumo, sem a ajuda da pesquisa de mercado no encaminhamento do raciocínio para as devidas soluções.

Sempre que se colhe, registra e analisa um fato (dado, fenômeno) está se realizando pesquisa. É bem verdade que pesquisa de mercado pode atuar em todas as fases do processo de comercialização, desde a fase de criação até o destino final da embalagem.

O artesão na sociedade de consumo quase não existe mais. Ele foi engolido pela produção em massa e comprimido pelo desejo das pessoas quererem tudo fácil e na hora. Não pode satisfazer a todos ao mesmo tempo, apenas a uma pequena minoria, e, muitas vezes, não plenamente.

A Psicologia Industrial é a origem da pesquisa de mercado e é a razão das padronizações de uma grande quantidade de bens. Para ser econômico e para competir é preciso ter: qualidade, recurso, tecnologia, embalagem, design, time, comunicação, preço e muita pesquisa.

A Produtividade

Há duzentos anos, Adam Smith já observava que a produtividade não se relacionava com o desempenho individual, mas com a qualidade da associação entre os homens na organização do trabalho. Smith conferiu que dez operários de uma fábrica produziam 48.000 alfinetes por dia, percebeu que o milagre da produtividade se dava pela divisão horizontal das atividades. Se cada trabalhador fosse fazer todo o alfinete, isto é, esticar o arame, cortá-lo, esmerilhá-lo e outros movimentos, a produção diária se reduziria a 200 peças/dia.

Era a divisão do trabalho em tarefas interligadas, que multiplicava por duzentos e quarenta a produção de cada homem. Hoje, os administradores costumam dizer: Trata-se da produtividade na linha de produção.

Depois de Adam Smith, Taylor formulou o conceito de "homem de primeira classe", um trabalhador modelo, de alta capacidade de produção. Isto parece, a alguns, ressuscitar a ideia da produtividade como resultado do esforço individual. Nada, porém, mais enganoso.

Taylor sabia perfeitamente que a produção era um processo social, coletivo, e incentivou como ninguém a especialização, o conhecimento detalhado da subtarefa.

A definição de produtividade, por exemplo, poderia ser unidades vendidas por mês. Entretanto, só é possível falar de produtividade em vendas, se o resultado em unidades vendidas for comparado com a margem de lucro e as condições de entrega.

É quase impossível deixar de vender quando se tem um preço suficientemente barato e condições do tipo: A perder de vista. Dessa forma, as vendas aumentam, mas o resultado final, provavelmente, é um prejuízo, pois pagamentos a perder de vista diminuem o capital de giro.

Por outro lado, preços baixos (preço que dá um lucro aparentemente acima da inflação) impedem a reposição de estoques. Ocorre também, frequentemente, que se consegue um aumento de produção à custa de desperdício de matéria-prima, hora extra, relaxamento do controle de qualidade e outros fatores antiprodutivos. Por todos esses motivos, falar é fácil, mas medir a produtividade é difícil.

Num sentido geral, a produtividade é produto por unidade de gasto. Isto é, por exemplo, botões costurados por máquinas por dia de oito horas ou unidades vendidas por mês. O sentido da produtividade é mais restrito quando se fala em linha de produção ou produção física, onde ela é calculada por: homem, homem-hora, máquina, investimento produtivo. E porque são medidas relativamente simples, a maioria dos técnicos afirma que a produtividade só deve ser calculada com relação à produção física.

Na verdade, é possível medi-la em outras áreas, mas somente por meio de indicadores múltiplos. Assim, em compras, podemos calcular o número de pedidos atrasados em relação aos entregues, o número de itens que foram devolvidos por falta de qualidade sobre o total produzido, o aumento dos preços de compras relativamente ao aumento do custo de vida, o número de itens em falta sobre o total de itens em estoque, o valor dos itens em falta sobre o valor do estoque e vários outros.

Também se utiliza a produtividade para que sejam calculados os aumentos de salário a serem concedidos aos empregados. Os contratos de trabalho, na sua maioria, se baseiam para aumento salarial em duas hipóteses: quando o custo de vida sobe e/ou quando a produtividade aumenta.

Se mil operários produzem 25 automóveis por hora e passem para 30 por hora, sem acrescentar nenhuma máquina, nem aumentar o número de empregados diretos e indiretos, diz-se que a produtividade aumentou. No exemplo acima, para se ter a medida real do aumento de produtividade seria mais indicado medir o custo, antes e depois da instalação de novas máquinas.

Quando comparamos a produção de um determinado produto com os gastos em recursos utilizados para consegui-los, temos o que se chama de produtividade. Para se fazer 200 peças foram gastos, por exemplo, $ 5.000,00. Logo a produtividade é igual a 0,04 (200/5000), que não deve ser confundida com o custo de $ 25,00 (5.000/200). Comparando esse resultado com o obtido em épocas anteriores, podemos saber se a produtividade é boa, ou não, e se está progredindo.

A produtividade pode ser melhorada, tomando as seguintes medidas:

- Diminuir os gastos, mantendo o nível de produção.
- Aumentar a produção, mantendo os gastos.
- Aumentar a produção e os gastos, sendo o percentual de aumento da produção maior do que o dos gastos.
- Conservando a produção e os gastos, mas obtendo-se bens e serviços de melhor qualidade.

Em todos os casos, a melhoria da produtividade é conseguida pelo melhor aproveitamento do tempo, do recurso, da capacidade dos operários e da máquina. O mais importante é que haja um desejo e um esforço constante para melhorar. Tudo o que fazemos, certamente, poderá ser feito de maneira melhor, pois a perfeição é inatingível.

A produtividade, além de ser um número, deve ser uma mentalidade de melhoria contínua, de busca de maior eficiência, do desejo constante de procurar fazer hoje melhor do que ontem e amanhã melhor do que hoje.

As maiores dificuldades e obstáculos que impedem a melhoria do nível de produtividade são, por exemplo: Desperdício de material; Má utilização de máquinas, ferramentas e equipamentos; Máquina cara utilizada para tarefas aquém de sua possibilidade; Um número elevado de acidentes; Relações humanas conflitantes; Qualidade do produto abaixo do padrão de mercado; Grande quantidade de refugos; Frequentes necessidades de repetições.

O combate à inflação exige das empresas rigoroso controle de despesas. Para minimizar custos e manter a margem de lucro é preciso aumentar a produtividade. Medi-la corretamente torna-se, então, problema fundamental. É imprescindível combinar índices de produtividade e, sempre que possível, compará-los com os de outras empresas do setor, para que a análise seja realmente relevante.

Não é difícil definir produtividade, mas é dificílimo medi-la de tal forma que o resultado seja preciso e significativo.

O Consumidor Determina a Qualidade

A consciência da qualidade está em ascensão? O interesse pela qualidade está crescendo em todo mundo. Consumidores, pacientes, colaboradores, usuários, fornecedores, funcionários e parceiros estão se tornando cada vez mais exigentes. As pesquisas confirmam que a maioria dos consumidores não reclama da qualidade inferior, eles simplesmente mudam de fornecedores, de distribuidores ou de intermediários (varejos).

Um número crescente de empresas reconhece, hoje, que o investimento em qualidade é um dos mais lucrativos que elas podem fazer. Não fazer nada custa muito mais caro.

Então, é necessária uma revolução pela qualidade? Os peritos em marketing conseguiram convencer a maior parte das empresas de que é o consumidor quem determina qual deve ser o nível de qualidade do produto. Esta revolução na consciência de cada um é, antes de mais nada, uma nova forma de pensar a respeito de bens e serviços.

Não se trata mais de uma questão de produzir para satisfazer às expectativas dos clientes, mas também de inspirar as pessoas que os produzem, para que as façam da melhor maneira possível. Portanto, a essência da qualidade está nas pessoas, isto é, aqueles que fazem os produtos, prestam serviços e desenvolvem ideias.

A Time Manager International acrescenta uma nova dimensão à qualidade humana. Exemplos de qualidade técnica são: durabilidade, segurança, credibilidade, garantia, funcionalidade, baixo índice de defeitos. Exemplos de qualidade humana são: atitude, comprometimento, atenção, atendimento, lealdade, cooperação.

É difícil imaginar que o mundo, em geral, ficará satisfeito com o desempenho global de uma organização, a menos que cada um dos seus funcionários produza com alto nível de qualidade. Uma empresa de qualidade produz satisfação em todos os clientes. Assim, o sonho de todo e qualquer gerente é comprometer seus subordinados com a qualidade.

Qualquer que seja a pessoa, ela tem um desempenho mais acurado em um local de trabalho organizado, de modo à sempre manter uma visão estratégica do que está executando, bem como estar no controle das suas atribuições. Para muitas pessoas, o posto de trabalho confuso provoca cansaço, ineficiência, frustração, estresse e má qualidade daquilo que faz.

Seu senso de comprometimento ou a falta dele determina, mais do que qualquer outra coisa, a maneira pela qual os demais membros da equipe percebem seu desempenho. Tente satisfazer as exigências e expectativas dos outros em todas as situações, e, se puder, ultrapasse-as.

Você termina aquilo que começa? Ou é daquelas pessoas com muitas ideias que raramente as coloca em prática? Muitas tarefas inacabadas irão pesar em sua mente. Baixe o desejo de iniciar novos projetos. Acabe aqueles que você começou. Livre-se da síndrome de Da Vinci.

O Sistema Franchising

O sistema de Franquias é simples e tem tudo para funcionar bem, porque une investidor com vontade de trabalhar e uma marca conceituada no mercado, tendo ambos os deveres e direitos a serem respeitados. O casamento começa aí, e o êxito da relação depende de detalhes sutis quanto àqueles que determinam o sucesso ou o fracasso de uma união entre duas pessoas.

A diferença é que se trata de um casamento que tem de dar certo, porque, de um lado, põe em risco uma marca prestigiada e por outro uma economia, às vezes, de uma vida.

Da mesma maneira que o franqueador, aquele que cede a marca e o conhecimento administrativo do negócio, investiga cada sinal particular de seu futuro parceiro, o franqueado, que tem de identificar-se com a proposta do negócio escolhido.

Para que os dois juntos ganhem dinheiro, é preciso que haja uma empatia inicial e que o franqueador tenha um sistema bem estruturado. Como empatia não paga duplicata, o prudente é que os dois lados se previnam. Os pontos principais dessa investigação, segundo a Associação Brasileira de Franchising, são:

- Os produtos devem ter ampla aceitação de mercado.
- Modismos passageiros são perigosos.
- O mercado deve estar em expansão.
- A demanda do bem ou serviço não influencie o preço de venda.

O franqueador tem de demonstrar competência para garantir o nível de assistência esperado, deve verificar também se o sucesso da marca não é um fenômeno localizado, se o franqueado aceita treinamento suficiente e se não está entrando no sistema de franquia apenas para obter uma rápida expansão de suas vendas.

O franqueado deve procurar franqueadores já estabelecidos para saber se suas projeções são realistas, se existe efetivamente possibilidade de expansão do negócio e se o franqueador não está crescendo desordenadamente, ou seja, cedendo franquias em número que supera o potencial da região.

Qual é o tempo médio de maturação de uma franquia? As franquias não constituem um negócio em si mesmo, mas meramente um método de distribuição de bens e serviços. Mas, servindo-se de tal método, é possível ter resultados rápidos, uma vez que os produtos chegam mais depressa às mãos dos consumidores graças à multiplicação dos pontos de distribuição.

Uma das vantagens decorre do fato de que o franqueador não depende de suas próprias fontes de geração de capital e de recursos humanos para tocar o negócio, já que o investimento e o esforço exigidos pela operação são de responsabilidade do franqueado.

Neste negócio, o sucesso do franqueador depende do sucesso do franqueado. Da mesma forma, se apenas o franqueado for bem-sucedido, ele acabará ficando à frente de uma unidade individual, o que redundará no desaparecimento do sistema de franquia.

As franquias mais bem-sucedidas são aquelas estruturadas de modo a permitir um retorno equitativo dos investimentos colocados pelo franqueador e pelo franqueado. Manter a homogeneidade dos produtos à venda constitui o ponto-chave de qualquer franquia. A qualidade tem de ser exatamente a mesma, qualquer que seja o ponto de distribuição.

A principal dificuldade deriva dos custos necessários para se ingressar nesse mercado, sobretudo no que diz respeito à publicidade. Obviamente, não se pode perder de vista o fato de que o sucesso ou o fracasso de qualquer negócio depende, fundamentalmente, da natureza e qualidade do produto à venda. Além, é claro, de seu tipo de administração.

Há vários exemplos em que companhias bem gerenciadas e com um bom produto tornam-se ainda mais bem-sucedidas por ser uma franquia. Isso ocorre, porque foram capazes de explorar, com mais presteza, as necessidades dos consumidores e tornar-se, assim, mais competitivas.

Empresas autodenominadas franqueadoras por ignorância, ou má fé de seus dirigentes, não fazem qualquer distinção entre franchising de marca, sistema mais conhecido como licenciamento, e franchising de produto. Ocorre, porém, que tais sistemas diferem entre si e a confusão entre os dois acaba pondo em risco os franqueados que, em busca de segurança de um esquema de franquia certamente oferece, podem ser levados a comprar gato por lebre.

Num esquema profissional de franchising, o objetivo é que o franqueador transfira ao franqueado toda a competência de atuação no mercado que desenvolveu, de modo a garantir a seus parceiros uma chance de sucesso.

Não há dúvidas de que o sistema de franquia, quando bem aplicado, garante ao franqueado, possibilidades concretas de reproduzir o sucesso de seu franqueador.

O Sucesso do Franchising

Um século e meio atrás, a indústria de máquinas de costura Singer decidiu inovar para aumentar suas vendas. A ideia era simples, criar nas pequenas lojas espalhadas pelos Estados Unidos um cantinho separado para seus produtos.

Um Cartaz da Singer, colocado no interior da loja, indicava o local onde os consumidores podiam encontrar, sem maior atropelo, as genuínas máquinas de costura, carretéis e acessórios distribuídos pela indústria.

Sem perceber, a Singer, que hoje nem sequer fabrica o produto que a consagrou, começou a plantar, ali, a semente do sistema de vendas que mais se desenvolveu e cresceu em todo o mundo. Desde a experiência pioneira da Singer, o fenômeno tem-se acelerado de forma rápida em todo o mundo, que muitos se atrevem a fazer previsões entusiásticas.

As franquias serão as principais modalidades de negócio no Século XXI, vaticinam alguns especialistas no assunto. Será?

Dada a receptividade do sistema entre os consumidores, a previsão não chega a ser exagerada. Tomem-se as listas telefônicas de qualquer cidade, boa parte dos negócios ali divulgados está hoje em mãos de empresas que operam sob o regime de franquia. O mesmo está acontecendo na Internet.

Salões de beleza, manutenção de piscinas, aluguel de roupas trilham o mesmo caminho seguido pela cadeia fast-food, por exemplo, que começou a se espalhar a partir da década de 1950 e ainda hoje, apesar da onda contra e do crescimento das empresas prestadoras de serviços, integra o principal filão do ramo de franquias.

O sistema de franquia é capaz de, por um lado, impulsionar, a um custo relativamente baixo, a expansão de empreendimentos consolidados e, por outro, abrir oportunidades para empreendimentos anônimos. Os apelos do sistema de franquia são fortes. Se o franqueador viabiliza a expansão de seu negócio, o franqueado tem a oportunidade de estabelecer seu próprio negócio, mesmo não possuindo experiência anterior.

Porém, é bom frisar que se ilude quem sonha com um negócio próprio e imagina que o sistema de franquia é o retrato cor de rosa do paraíso. O sucesso de um sistema de franquia, não depende apenas do encontro entre uma marca consolidada e um empreendedor bem-intencionado. Não é um produto que está em jogo, é um negócio.

Franqueadores e franqueados que prefiram métodos administrativos e de operação de negócios centralizados e conservadores têm, neste caso, suas chances reduzidas. Eles precisam entender que até mesmo a propaganda passa por profundas transformações quando concebida para bens e serviços comercializados pelo regime de franquia.

Cada franqueador tem seu estilo, suas regras e exigências, mas nenhum franqueado em potencial escapa de uma decisiva entrevista inicial, aparentemente inofensiva à sequência do processo. É nessa entrevista que o franqueador conhece o perfil do candidato e o aceita ou o descarte como tal. O importante é saber se ele é receptivo às instruções, se sabe conviver em sociedade comercial, se é um vendedor.

O franqueado, de fato, não tem problemas de produção, de controles administrativos e de seleção de fornecedores.

A variação da rentabilidade é uma constante na franquia. Tudo depende do ponto, do tamanho, do empreendimento e do talento do empreendedor. O franqueador ensina a pescar, mas não pesca, e se o fraqueado não fizer isso sozinho ele fracassa. O sistema oferece vantagens e desvantagens. São riscos menores quando comparados àqueles que o franqueado correria se iniciasse um negócio independente, sem vínculo, com uma marca sem projeção.

A avaliação pré-contrato é indispensável tanto para o franqueado como para o franqueador e torna-se mais rigorosa de acordo com o estágio do sistema de franquia que se escolhe para operar. A seguir, as vantagens do sistema franchising:

Redução de Riscos – Um esquema eficiente de franquia pressupõe que os problemas operacionais do empreendimento já foram identificados e eliminados nas unidades pilotos. O sistema dispensa a necessidade de estabelecer e firmar uma marca. Ela já existe e as campanhas de imagem são frequentes.

Facilidades Iniciais – Assegurado por uma estrutura montada para apoiar a organização que cede a franquia e o franqueado recebe um eficiente empurrão, mesmo para os mais inexperientes. O negócio nasce pronto e pode ser conduzido com relativa facilidade, já que o franqueado não precisa se preocupar com a escolha de fornecedores, com a definição de preços e com o desenho das instalações.

Treinamento – Ter experiência na área é dispensável. Os franqueadores oferecem treinamento para o franqueado e seus funcionários. Para as dúvidas do dia a dia, um manual prevê os procedimentos a serem adotados em casos considerados atípicos.

Administração – O sistema de franchising proporciona suportes administrativo e gerencial para assessorar o desempenho do franqueado, identificando eventuais problemas em estágio precoce.

Publicidade – A promoção da marca no mercado nacional é um dever do franqueador. Dessa forma, o franqueado se beneficia dos resultados de campanhas promocionais que dificilmente poderia bancar com seus próprios recursos. A propaganda regional é rateada entre os franqueadores da área, solução que também reduz os custos de promoção de cada um deles.

A seguir, as desvantagens do sistema franchising:

Independência Limitada – O franqueado tem pouca ou nenhuma liberdade para criar e deve seguir, mesmo que discorde, todos os procedimentos estabelecidos pelo franqueador. O monitoramento pode incomodar depois que o franqueado adquira certa experiência.

Inflexibilidade – Troca de pontos e renomeação de equipamentos, por exemplo, não são decisões que o franqueado toma por conta própria, o que muitas vezes pode prejudicar a sua competitividade. Além disso, os contratos de franquia costumam estabelecer restrições à venda e transferência da franquia. O franqueado também não pode definir preços e margens de lucro, restrições que podem dificultar a gerência do negócio, especialmente em momentos de crise.

Submissão na Hora do Pedido – Esse é um problema que ocorre principalmente nas franquias de confecções. O franqueador pode sentir-se tentado a empurrar sua produção ao franqueado. Este, por sua vez, sente-se como que obrigado a comprar além de seu potencial de venda, resultando um estoque exagerado, o que acaba segurando a tabela de preços de venda em toda a rede da franquia.

Concorrência – Se o franqueador não tiver uma política de expansão baseada em pesquisas de mercado, pode acontecer de dois ou mais franqueados de uma mesma área de influência disputar a mesma clientela. Algumas vezes, essa concorrência pode levar um dos franqueados a mexer em seus preços para vencer o concorrente, ainda que essa decisão contrarie todas as regras contratuais.

O Motor do Franchising

Num sistema de franquia, o princípio básico é a interdependência, o que implica perseguir, em tempo integral, uma parceria afinada, sem comandados e nem comandantes. Flexibilidade também não é um dos seus pontos fortes, especialmente quando se analisa o sistema pelo lado do franqueado. Dele exigem-se disciplina e cumprimento rigoroso de tudo o que está no manual de operações.

Os franqueados quando investigam uma oportunidade de franquia, devem saber: Tipo de franquia disponível; Taxa inicial; Taxa de royalties; Taxas para promoção e propaganda; Proteção geográfica (raio de ação e exclusividade); Finalidade e objetivos do franqueador; Exigências de capital; Exigências de dedicação ao negócio; Exigências da franquia; Duração do contrato de licença; Proteção da marca; Existência ou não de litígio.

Há uma quantidade imensa de empresas que estão praticando algum tipo de franquia e não se deu conta. São franquias parciais, sem regras definidas, geralmente, viabilizadas a partir da concessão de uso de uma marca, mas não deixam de ser franquias. Os entusiastas do sistema costumam dizer que tudo o que está nas páginas amarelas e nos sites da Internet pode transformar-se e multiplicar-se através da franquia. Da agência de domésticas à imobiliária, do instituto de beleza à loja de materiais de construção. Ao avaliar a franquia, é preciso:

- O negócio é baseado numa filosofia, tem um direcionamento, não é só uma moda?
- O logotipo é fácil de ser reconhecido?
- A marca é facilmente lembrada?
- A empresa está preparada para oferecer treinamento, consultoria de administração e outros serviços a seus franqueados?
- O produto (linha de produtos) faz sucesso?
- O sistema de operação do negócio é fácil de ser assimilado e reproduzido?

A utilização do sistema sempre pressupõe condições para que o negócio possa evoluir com êxito. A principal delas é que o empreendimento tenha rentabilidade suficiente para gerar lucratividade aos franqueadores. Da mesma forma que o perfil ideal do franqueado é desenhado sobre um empreendedor disposto a trabalhar muito e a não ter a ambição de ser o único dono dos rumos de seu negócio.

O franqueador tem um modelo em que se encaixa antes de assumir qualquer compromisso com o sistema. Ele deve ser inovador, arrojado, bom administrador. Passando por todos esses testes iniciais, ainda assim o futuro franqueador não deverá começar uma operação imediata de franquia através do simples recrutamento de franqueados em potencial.

Existem estágios anteriores considerados obrigatórios, sem os quais o sucesso do negócio poderá ser completamente ameaçado. A concepção da ideia, por exemplo, é o ponto de partida e deve ser muito explorada dentro da empresa, de tal forma que seja totalmente compreendida por todos, sobretudo quanto aos objetivos para negócios já existentes, como na concepção original da franquia.

Como a franquia é apenas uma opção para se expandir num determinado negócio, torna-se necessário, antes de seguir em frente, considerar todas as alternativas. Se a franquia for comprovadamente a solução mais indicada, o planejamento deverá voltar-se para o cronograma de ação, estipulando as etapas e definindo os locais de interesse, a fim de recrutar e instalar os franqueadores nas regiões de maior potencial mercadológico.

O próximo passo é a implantação da unidade piloto, estágio em que o conceito deverá ser desenvolvido em detalhes, estabelecendo-se um programa de ação.

Somente quando a eficiência da franquia for comprovada na prática é que se iniciará de fato a fase de implementação do sistema, que inclui desde a prospecção e o recrutamento do franqueado até a preparação do contrato, o treinamento e a inauguração da loja. Isso significa a incorporação de manuais de operação, a padronização dos contratos e a compreensão de que a garantia de exclusividade de uma área para o franqueado faz parte do acordo.

O Perfeccionismo Industrial

Na sociedade industrial existem muitas situações nas quais o estímulo para a perfeição coincide com as necessidades tecnológicas. Na preparação de medicamentos e alimentos, certos organismos devem ser completamente eliminados ou irão se multiplicar e trazer danos à saúde.

As máquinas precisam ser aperfeiçoadas para minimizar os perigos à segurança humana. São comuns as máquinas construídas pelo homem imitarem os sistemas vivos, haja vista aviões semelhantes às aves e aos morcegos.

A busca da perfeição industrial leva as fábricas a consumirem recursos, sem somar, efetivamente, um valor ao uso, ao resultado, ao desenho, ao custo e ao visual. São frequentes os exageros de projetos, tais como:

- Acabamento caro em superfícies não visíveis.
- Longa vida para produtos que se tornarão obsoletos rapidamente.
- Graus de tolerância que vão além da real necessidade.
- Equipamentos suplementares para atender usuários que correspondem a um percentual muito baixo de consumidores.

Prevenir exageros de projeto é recomendável, quando das fases de concepção e análise. Alguns sistemas de análise de projeto fornecem a classificação das características, ou seja: essenciais, desejáveis, não essenciais. As não essenciais tornam-se então candidatas a serem removidas, sob pretexto de perfeccionismo desnecessário.

O perfeccionismo industrial se manifesta sob os seguintes aspectos:

- Insistir em colocar especificações não congruentes ao uso do produto.
- Estabelecer padrões estéticos longe do alcance do nível de percepção do público-alvo.
- Projetar o produto para condições críticas, onde são tomadas todas as precauções para se antecipar a pior combinação de falhas, mesmo que a probabilidade de tal ocorrência seja muito baixa.
- Usar componentes de alta precisão e resistência em equipamentos sujeitos à utilização convencional.
- Atender toda e qualquer pressão dos consumidores e dos governos.

Aqueles que defendem o perfeccionismo o fazem, na maior parte das vezes, com a melhor das intenções e sempre por razões, que lhes parecem, perfeitamente, lógicas. Se você é perfeccionista industrial cuidado com as palavras: consumidor, custo, preço, qualidade, mercado, imagem, marca, produto, garantia, lucro.

Vendedor ou Diplomata?

A ideia de se criar um "corpo diplomático" na empresa não é novidade. Tal equipe deve ser constituída do presidente ao faxineiro. Sua preocupação básica deve ser com a imagem da empresa, por meio de suas marcas, bens e serviços prestados. O gerente, o vendedor e o atendente são as principais figuras desse corpo diplomático, mas qualquer das outras pode, caso funcione mal, pôr tudo a perder. É comum ouvir-se reclamações amargas de atendimento e nestas ocasiões observa-se que as pessoas reclamam crentes que as empresas não ligam e que não se interessam em bem servir.

O erro talvez esteja em não se cuidar do corpo diplomático, de não se ver o grupo que lida com o público como um conjunto que pode valorizar ou jogar fora todo o esforço feito para servir bem. É bom notar que há uma gradação importante no efeito causado por esta equipe. Ela pode valorizar, aproveitar, atrapalhar ou destruir a imagem da empresa. Os meios e instrumentos de comunicação em marketing são fundamentais para construir e fortalecer a imagem de uma empresa/marca/produto.

A direção da empresa deve pensar no que se gasta em propaganda. O cuidado de ter uma seção de compras que adquire a mercadoria certa, no custo certo, em época certa e na quantidade certa é fundamental. Também avaliar o custo das instalações, a colocação da mercadoria em lugar apropriado.

Como o valor da clientela cativa, que volta sempre a comprar, e a imagem da empresa, construída com sacrifício, é, pois, razoável ficar em pânico, sabendo que todo dispêndio com inteligência, esforço, tempo, energia e dinheiro está, exatamente, nas mãos daqueles que lidam com o público e não avaliam, certamente, a tremenda responsabilidade a eles confiada.

Para exemplificar, podemos supor que certa empresa faz propaganda de determinada mercadoria. O vendedor pode valorizá-la e entusiasmar o consumidor. Pode tirar bom partido e mostrar que está a par desta e usá-la como valor agregado para vender bem. Pode não atrapalhar, isto é, ficar neutro e simplesmente mostrar a mercadoria sem ligá-la ao plano de divulgação por desconhecê-lo. Pode atrapalhar por não saber mostrar o produto e criar dúvidas.

Por fim, pode destruir colocando defeitos na mercadoria, na propaganda e na empresa. É muito comum o empresário achar que o lucro está relacionado com o aumento das vendas. Ledo engano. Precisa prestar atenção ao atendimento.

Também pensa que a quantidade vendida pode estar ligada ao preço baixo, quando na realidade um aumento do aperfeiçoamento, através de um treinamento adequado de todo o pessoal da empresa, que custa muitíssimo mais barato e valoriza até os gastos anteriores, é muito mais inteligente.

O corpo diplomático da sua empresa deve ser prestigiado, porque só melhorará a imagem, se seus recursos humanos tiverem qualidade. Para isso precisarão ser, continuamente, educados, instruídos, desenvolvidos e treinados.

Vender é uma Arte

Quando lemos autores preocupados com a arte de vender, verificamos que cada um, ao seu tempo, traz uma novidade, um modismo, uma teoria ou uma nova técnica de gerenciamento de vendas. Não sei se por sorte ou por saber muito bem escrever (ou ser muito convincente), tais autores levam empresas para cima e para baixo. Algumas organizações levam tão a sério algumas dessas teorias que chegam à beira da falência. Por quê?

No Século XX, por exemplo, desfilaram sob nossos olhos as seguintes palavras e expressões: eficiência, eficácia, efetividade, produtividade, estratégia, estrutura, CRM, excelência, cultura organizacional, qualidade, liderança, vantagem competitiva, reengenharia, negociação, delegação, enxugamento, kaizen, benchmarking, brainstorming, inovação, educação continuada, just-in-time, otimização dos recursos, conflito, mudança, desenvolvimento organizacional, administração por objetivos, comprometimento, motivação, interação, integração, conectividade, convergência, diversidade, economia de rede, downsizing.

A última novidade é sustentabilidade. E daí? Daí que, apesar de todas estas coisas bonitas e pomposas, ninguém apareceu com um sistema equivalente, ou palavra mágica, para a atividade mais importante de qualquer negócio – **Vender.**

Mas, o que é vender? A mais clássica definição de venda foi formulada pela Associação Americana de Marketing e diz que: "Venda é o processo pessoal ou impessoal de assistir e/ou persuadir um comprador potencial a adquirir um produto, ou reagir, favoravelmente, a uma ideia que tenha significado comercial para o vendedor".

A venda é a ação que precede a transferência de propriedade ou utilização de um bem ou serviço, representando uma atividade útil, necessária, difícil e desafiante, porque o vendedor tem a oportunidade de cumprir uma operação completa com início, meio e fim, refletindo responsabilidade e maturidade.

Vender é uma atividade que permite a quem vende, diariamente, avaliar eficiência, eficácia e efetividade. Também testa a autorrealização, porque o sucesso depende do próprio vendedor. Sempre estamos avaliando vendas como a arte do vendedor. Como é uma atividade de duplo sentido, pois quem vende pressupõe um que compra, cada vez mais o consumidor está sendo levado a sério.

Afinal qual é o processo de venda? É identificar o consumidor, chegar até ele e convencer o mesmo a comprar. Então este processo é antigo, porque sempre foi assim. O problema está em como: identificar, chegar e convencer.

Na verdade, somos todos vendedores, pois estamos sempre vendendo alguma coisa (um bem, um serviço ou uma ideia), por isso, não há necessidade de modismos. O que mudou foi a maneira de vender. Um corredor continua correndo, só que com um novo suporte tecnológico, mas tem de dar um passo depois do outro.

Livros sobre vendas, às vezes, escritos por pessoas que nunca foram realmente vendedores, trazem sugestões sobre como a pessoa deve entrar na sala, cumprimentar, sentar, conversar, ouvir, mexer-se na cadeira, movimentar as mãos, modular a voz, olhar nos olhos, pôr em prática uma linguagem corporal persuasiva e assim por diante, não levando em conta as necessidades do consumidor.

Os "artistas" de vendas devem considerar o consumidor, porque é ele que mantém o negócio funcionando.

Você Sabe o que é o Just-in-Time?

No polo oposto à visão "pré-histórica", centrada no desempenho individual, coloca-se o "just-in-time", que é um sistema operacional que busca o ajustamento ótimo entre consumidores, empresas e fornecedores, eliminando ou reduzindo ao mínimo toda a ociosidade de recursos, custos de estocagem e comprometimento do capital de giro em qualquer material ou componente, não imediatamente usado.

A regra fundamental, portanto, é obter ou produzir algo, somente, quando for necessário. Ora nada mais desejável e perfeito do que seguir o preceito bíblico de ter cada coisa no seu tempo.

Não há dúvida de que a rentabilidade dos recursos torna-se maior, se lanço mão deles apenas quando absolutamente necessários. Não pagar pelo armazenamento, pelo controle do estoque, pela conservação e guarda, pelas perdas e extravios, pela obsolescência inesperada e por tantos outros vazamentos e prejuízos que a estocagem costuma provocar é de fundamental importância. Para não falar na preservação ambiental e na elevação da sobrevivência das reservas naturais.

Até meados da década de 1980, as fábricas funcionavam segundo o modelo americano, dividido por seções fixas. Cada seção era um pequeno feudo que pouco se importava com as necessidades das outras áreas de produção. Nesse esquema era comum, por exemplo, que a usinagem produzisse um excesso de determinadas peças, quando, na verdade, a estamparia e/ou a montagem precisava de lotes de outro tipo. Resultado: Iam se formando grandes estoques ao lado de cada máquina, atulhando e sujando a fábrica.

Com este modelo, as fábricas não conseguiam atingir boa qualidade, custo baixo, efetiva distribuição, preço competitivo e lucro razoável. Isso é o mínimo com que uma empresa deve preocupar-se para sobreviver. No sistema antigo, a produção da fábrica era empurrada, uma seção produzia e mandava para frente.

Com o "just-in-time", cuja melhor tradução é produzir as quantidades certas na hora certa, a situação inverteu-se. A partir das necessidades da programação da linha de montagem, que é o último elo da cadeia de produção, as seções anteriores passaram a executar o seu trabalho no devido tempo. Assim, a linha de montagem seria o rio principal e as seções os seus afluentes.

As principais mudanças do "just-in-time" são as seguintes:

- As seções fixas desaparecem.
- As distâncias entre seções são menores.
- A montagem comanda a produção, dizendo suas necessidades.
- A comunicação é, principalmente, visual, tendo em vista o ruído industrial.
- O volume de estoques é mínimo.

Este processo exige também:

- Desenvolvimento da participação do empregado na definição e na obtenção das metas globais da empresa.
- Elevado grau de interação e integração entre os setores e a linha de montagem.
- Alto padrão de coordenação, precisão e qualidade das atividades.
- Um sistema de informações como suporte.
- Harmoniosa articulação entre os segmentos e unidades do mercado fornecedor e consumidor.

As grandes empresas se aliam, frequentemente, a pequenos fornecedores, ajustando-os quanto à qualidade exigida, garantindo a prontidão na entrega das encomendas. É como se estas grandes empresas mantivessem assegurado o fornecimento a tempo e à hora, de acordo com um padrão de qualidade. A este movimento chamamos parceria.

A Busca da Excelência pelo Benchmarking

A busca da excelência envolve uma investigação inicial para descobrir os nomes das empresas que são reconhecidas como sendo excelentes na área examinada. As organizações escolhidas para pesquisa e análise representam, tanto quanto possível, o "estado da arte" no que diz respeito a objetivos, estratégias, táticas, referenciais, medições, comparações, juízos, modelos, padrões, indicadores, índices, desempenhos e resultados.

As empresas que têm a filosofia da qualidade incutida na mente de seus funcionários fornecem, de certa forma, um racionalismo adequado para o uso do processo de implantação da qualidade, criando uma expectativa de resultados positivos.

Mas, por que utilizar o *benchmarking* (plataforma de excelência)? Eis algumas razões: É uma ferramenta útil para coletar dados para o planejamento estratégico; Mede o cenário do mercado, prevendo potenciais de demanda; É uma fonte excelente de ideias sobre: novos nichos de mercado, negócios, inovações, novos produtos, recursos avançados e melhores práticas.

Embora muitas empresas não almejem atingir níveis de excelência, elas utilizam essas informações para estabelecer metas a serem atingidas em qualidade e quantidade. Estas metas podem ajudar as organizações a acelerarem suas curvas de desempenho à medida que lutam pela melhoria contínua.

No passado, a prática das comparações empresariais era limitada a coisas que eram facilmente observadas. Entretanto, a experiência com projetos de *benchmarking* expandiu as áreas potenciais de investigação. As pessoas frequentemente se surpreendem com as informações disponíveis, para aqueles que fazem um esforço sério para encontrá-las.

Estes projetos desenvolvem modelos estruturados de simples compreensão, fugindo da complexidade e sem exclusividade.

Os modelos têm atributos básicos que os tornam úteis, quando usados adequadamente, pois fornecem uma estrutura e uma linguagem comuns. Algumas observações devem servir de orientação para o desenvolvimento e implementação da excelência:

- Siga uma sequência simples e lógica de atividades.
- Dê forte ênfase ao planejamento estratégico.
- Use o novo sistema com foco no consumidor, usuário, paciente, colaborador, voluntário, fornecedor.
- Faça com que o sistema tenha uma aplicação geral.

Alguns autores têm tentado isolar os elementos genéricos comuns que tipificam os processos de excelência. Infelizmente, estes modelos variam muito no seu número de etapas.

Michael J. Spendolini, em seu livro *Benchmarking*, mostra que o modelo que desenvolveu, função das experiências que teve, tem as seguintes etapas: determinar objetivos; formar um time; identificar problemas; coletar e analisar dados; desenvolver documentação; implementar mudança; estabelecer polos de decisão; buscar padrões de excelência; criar mecanismos de realimentação; utilizar diagramas de controle. Isto é, nada que qualquer metodologia de projeto não diga.

A Cultura da Qualidade

Compramos produtos de baixa qualidade, como se de qualidade fossem. E, ao reclamarmos, como uma decorrência natural do exercício de um direito legítimo e, portanto, inquestionável de quem paga, e paga caro pelo que recebe em troca, somos mal atendidos. Desavisados, velhos, crianças, bem como pessoas simples, humildes e pacatas são presas fáceis de espertos vendedores.

Criar a cultura da qualidade é o oposto da vida fácil, da lei da vantagem, do lucro a qualquer preço, da esperteza sem respeito ao próximo, da corrupção, do nepotismo, do fisiologismo desenfreado, dos trens da alegria. Se assim o fizermos, estaremos recuperando valores sociais, hoje, distorcidos e esquecidos no tempo.

Na cultura da qualidade, onde predominam crenças, valores e comportamentos de satisfação, nos colocamos pelo bom atendimento, pelo preço justo, pela confiança recíproca, pela certeza do bom produto e, principalmente, pela sua adequabilidade às necessidades e expectativas dos clientes consumidores.

Poucos são aqueles conscientes da importância da qualidade na definição do futuro das empresas, em função da existência de concorrentes e de uma consciência mais seletiva dos consumidores. Daí, a situação difícil em que se encontram gerentes e supervisores. De um lado, a necessidade de melhor qualidade em suas áreas, de outro lado, a falta de compromisso do grupo para com a qualidade e com os próprios objetivos da empresa.

Imagine que o diretor de uma empresa ao constatar a tendência ascendente dos índices de rejeição, expressos nos painéis colocados juntos às seções de trabalho, mandasse simplesmente retirá-los. Imediatamente, como consequência desta atitude, qualquer ação, no sentido de aprimorar e desenvolver uma mentalidade de qualidade estaria sepultada. Mas, nossos dirigentes seriam capazes desta atitude? Ainda mais em se tratando de um país como o nosso, onde a criatividade e a esperteza são características marcantes. Haveria sempre um jeitinho de inverter a tendência ou até, quem sabe, colocar o quadro de cabeça para baixo e resolver o problema.

Através do empenho de cada um e com o gerenciamento amplo da qualidade, ou pela busca constante da perfeição, é possível envolver todos os funcionários num mesmo ideal de qualidade. O investimento efetuado com programas de conscientização, treinamento e implantação apresenta retorno seguro, através da melhoria contínua do desempenho.

Saber que a qualidade, assim como a empresa, não é estática e que atitudes preventivas, gerenciadas por sistemas adequados, asseguram a redução dos desvios que, por sua vez, proporcionam menores custos.

Se uma empresa age apenas de forma corretiva, pode comprometer seus resultados e daí se questionar: Por que não adotarmos em nossas empresas a filosofia da qualidade? Uma atitude preventiva requer ação de se fazer alguma coisa bem feita logo na primeira vez. Para isso, a qualidade, enfocada no seu mais amplo sentido, requer que cada funcionário tenha confiança em sua própria competência.

Sem dúvida torna-se necessário um trabalho de conscientização e apoio da direção da empresa, não bastando o clássico "de acordo". É necessário que os empregados sintam que a qualidade é meta prioritária da empresa e que vai ser levada a sério. Também é preciso que eles saibam como a organização encara questões de qualidade perante seus consumidores e fornecedores.

A atividade de treinamento passa a atuar, buscando estruturar e desenvolver um conjunto de atividades para a qualidade pessoal dos funcionários. Todos devem: participar do plano e da programação das ações; acompanhar resultados parciais; coordenar os esforços individuais; divulgar os resultados obtidos e, principalmente, promover o reconhecimento desses esforços. Este intercâmbio de experiências será benéfico para as organizações e as pessoas.

A Finalidade do Marketing

Produto é algo que as pessoas compram. Se não compram, não é produto. Uma empresa não consegue funcionar, se não atrai e nem mantém um número suficiente de clientes solventes, não importa o quão eficiente esteja operando.

A finalidade principal do marketing é buscar, avaliar e fazer render mais os produtos, as pessoas e as tecnologias disponíveis, como lograr resultados em termos de inovação e imitação. Também analisar as exigências do mercado, verificando se a empresa tem recursos que possa utilizar neste atendimento.

Marketing não é uma arte maliciosa de enganar o consumidor incauto. É um conjunto de muitas artes comerciais para atender o mercado. O órgão de marketing engloba todas as coisas que têm de ser feitas na organização, para que possa levar até o final a missão empresarial de atrair e manter clientes. Isto significa que marketing não é apenas uma função empresarial. É uma visão consolidada do processo mercadológico.

Marketing é mais do que comercialização. É estratégia, planejamento, técnicas de venda, força de vendas, estudo de mercado, propaganda, imagem do produto, sistemas de comunicação, atitudes, atendimento, posicionamento, capacidade de produção, filosofia, política, ação e muito mais.

Marketing não se destina unicamente a especialistas, embora não seja uma arte que se possa dominar com facilidade. Uma coisa que distingue o marketing de outras funções organizacionais é seu singular ambiente de operação. Em lugar de desempenhar-se consoante aos padrões estabelecidos, por exemplo, na fabricação, o marketing busca novos padrões.

A produção tem padrões de custo e de operação, tem grande controle sobre seu ambiente interno, processos de produção, máquinas e empregados. Estas coisas são organizadas e dirigidas de maneira a produzirem o máximo de eficiência.

Em contraste, o marketing está inteiramente sobre um ambiente externo e tem muito pouco controle sobre o mesmo. As condições externas impõem constantemente novas e inesperadas exigências. Em consequência, o impulso principal do marketing é menor quanto à eficiência do que quanto ao volume de vendas. É considerado como de relevância mais imediata do que a redução de custos.

Naturalmente, o marketing se preocupa com a eficiência. Porém, o fato mais palpável de sua existência é que ele não pode controlar facilmente os eventos ou condições que a produzem. Os principais eventos ou condições de suas operações são as ações de seus concorrentes e o comportamento de seus clientes.

Mais do que quaisquer outras funções empresariais, o órgão de marketing, constantemente, se defronta com concorrentes cheios de energia. O que torna especialmente difícil obter sucesso é que o consumidor parece mudar as condições em que preferirá um fornecedor a outro.

O marketing está cheio de variáveis não controláveis e imprevisíveis, como política, economia, tecnologia, comportamento. Por lidar com as fontes de receita, o marketing pode receber o apoio unilateral da alta administração da empresa, fato que pode não ser bom, porque o que é bom para um segmento de uma empresa, talvez não o seja para os demais.

Para atrair consumidores é preciso mais do que ter preços e modo de agir corretamente. Também é necessário ter o produto certo. Porém, não é o marketing que dirige os departamentos de: engenharia, produção, qualidade, logística, armazenamento e desenvolvimento. E nem deve mesmo dirigir.

Tampouco, o marketing dirige as finanças, contabilidade, custos, que tanto têm a ver com os orçamentos.

Toda organização necessita de uma finalidade, de alguma ideia sobre os porquês de sua existência e do que ela deseja realizar. Assim, precisamos de recursos adequados para a consecução de seus fins.

A História da Qualidade no Japão

Em 1950, o grupo de japoneses da União dos Cientistas e Engenheiros devotava-se ao esforço de reconstrução do parque industrial de seu país, e que, diga-se de passagem, antes da Segunda Grande Guerra, não desempenhava papel importante no cenário mundial, uma vez que os produtos japoneses, da época, caracterizavam-se por serem imitações de outros países e de baixa qualidade.

Através de bibliografias, os japoneses souberam que na área da qualidade existia um homem chamado W. Edwards Deming, um dos grandes estudiosos e divulgadores desse conhecimento. Contudo, ele sentia-se bastante frustrado com o que estava ocorrendo em seu país, porque o governo abandonara as técnicas de qualidade, conforme defendidas por ele e outros especialistas, simplesmente, porque estavam experimentando um enriquecimento sem precedentes, pois o resto do mundo, devastado pela guerra, encontrou nos americanos seus únicos fornecedores para produtos de qualidade.

Ao ser convidado para ir ao Japão, Deming prontamente se dispôs a transmitir seus conhecimentos. Analisou que a prática da qualidade em seu país estava restrita apenas ao âmbito dos laboratórios, sem que os dirigentes de empresas estivessem conscientizados para a importância da qualidade.

Assim, quando no Japão, fez questão de transmitir seus ensinamentos para os principais empresários. Dito e feito, os vinte e um maiores dirigentes industriais do Japão se reuniram com Deming e, a partir daí, a filosofia da qualidade se alastrou como religião, irradiada pelos presidentes de empresas, pois conforme ensina Deming: "A qualidade é determinada pela alta administração da organização e o que vai acontecer no chão da fábrica é mera consequência daquilo decidido no topo".

A História mostra que o deslumbramento americano se prolongou até os anos de 1970, quando passaram a sofrer forte concorrência por parte dos japoneses. Admirados com o que estava acontecendo, executivos das grandes corporações americanas cruzaram o Pacífico em busca de explicações para o fenômeno japonês. Invariavelmente recebiam uma curta e insólita resposta: Qualidade.

A maioria dos americanos não conseguia disfarçar o espanto ao verificar que aquela palavra, batida e rebatida, vinha, principalmente, de dois autores da qualidade, Deming e Juran, americanos que implantaram os conceitos básicos do controle da qualidade responsável.

Deming chegou primeiro, iniciando os japoneses nas técnicas do controle estatístico de processo, no envolvimento dos operários através do autocontrole e na própria nova conceituação: Qualidade é aquilo que o consumidor quer. Juran também preconizou: Fazer certo desde a primeira vez.

A administração da qualidade considera que os problemas são, antes de mais nada, gerenciais e, como tal, não podem ser tratados aleatoriamente, exigindo programas de implementação, sob constante vigilância.

Philip Crosby, divulgador da Teoria do Zero Defeito e A. Feigebaum, criador da concepção do Total Quality Control (TQC), que estende os métodos estatísticos para setores como: Marketing e Vendas. A estes não se pode deixar de acrescentar o veterano Kaouru Ishikawa, pai dos Círculos de Controle de Qualidade (CCQ).

Como um furacão, o TQC colocou em xeque toda a visão anterior da qualidade, subvertendo conceitos e métodos. O controle passou a ser feito diretamente sobre o processo de produção, a partir do próprio recebimento de matéria-prima, estendendo-se pelas demais etapas da fabricação.

A criação do CCQ, através do desenvolvimento da consciência da qualidade dos funcionários, foi considerada como pedra angular do êxito industrial japonês. É inegável que a boa qualidade e baixo custo fez com que houvesse o sucesso comercial do Japão. Por outro lado, é bom lembrar que é um país escasso em matérias-primas, insumos e fontes de energia, porém de recursos humanos magníficos.

As qualidades japonesas de disciplina, amor ao trabalho, seriedade, cultura, tradição, educação, respeito, limpeza, frugalidade, bom clima organizacional, baixa rotatividade, absenteísmo praticamente inexistente e raras greves desempenham papel básico na "Saga Japonesa". Então, você ainda duvida da qualidade?

A Venda Eficiente

Na comercialização de produtos sofisticados, em que se coloca maior ênfase nas características técnicas do produto, há certa tendência em se deixar de lado alguns dos conceitos usados nos produtos de consumo de massa.

Constata-se, particularmente, pequena ou nenhuma aplicação dos conceitos do comportamento humano no processo de vendas, muito embora alguns bons vendedores os venham a utilizar, às vezes, intuitivamente.

A maioria dos vendedores pensa que conhece seus clientes e os trata como se fossem inteiramente racionais e não suscetíveis às técnicas de vendas. Acredita, também, que basta a simples apresentação do produto com um reforço na comunicação e tudo estará resolvido.

Para uma venda eficiente, eficaz e efetiva os grupos, ou indivíduos, envolvidos devem ter uma compreensão comum dos objetivos da empresa e de suas políticas. Além disso, cada grupo deve ter vínculos comuns de conhecimentos e aptidões para poder penetrar nos mercados, através de planos de venda que estarão sempre orientados para o cliente.

O propósito de um produto não é o que o engenheiro explicitamente diz ser, mas o que o consumidor implicitamente exige que seja. Dessa forma, o consumidor consome não coisas, mas os benefícios esperados. Quer o percebamos ou não, na verdade, esperamos e exigimos que a propaganda crie esses benefícios para nós, nos mostre como a vida pode ser, nos ofereça as possibilidades que não podemos ver ante nós e oculte a realidade nua e crua em que vivemos.

O consumidor sofre de um velho dilema. Ele quer a verdade, mas também quer e deseja as imagens aliciantes e as promessas atraentes do anunciante. O problema, portanto, é encontrar o equilíbrio entre os dois extremos. E, nesta busca, as empresas podem fazer muito mais do que têm feito, ou se têm disposto a fazer, como:

- Pressionar no sentido de que nenhuma indústria, isoladamente, encontre "razões" para eximir-se de restrições legislativas razoáveis.
- Cooperar construtivamente com o governo para desenvolver padrões razoáveis e sanções eficazes que assegurem um ambiente comercial mais saudável.
- Apoiar legislação que proporcione ao consumidor a informação necessária para fazer comparações mais fáceis entre produtos, embalagens e preços.
- Ajudar a fazer anteprojetos de lei sobre normas de qualidade.
- Apoiar programas que facilitem auxílio legal, especialmente para pessoas que sabem tão pouco sobre seus direitos e como impô-los.
- Apoiar os esforços para moderar e filtrar o ruído daquela propaganda que amortece nossos sentidos e fere nossas sensibilidades.

Benchmarking: Sabe como Surgiu?

Foi somente no final dos anos de 1980 que o *benchmarking* realmente tomou corpo. Até aquela época, havia poucos especialistas nesta prática. Dois eventos significativos mudaram tudo isso. Um foi a criação do Prêmio da Qualidade Malcolm Baldrige, de acontecimento anual, e a Lei da Melhoria da Qualidade Nacional, do governo Reagan, em 1987.

Os propósitos do prêmio eram promover a conscientização para a qualidade, reconhecer as realizações da qualidade nas companhias e publicar as estratégias da qualidade bem-sucedidas. Os critérios para o prêmio consistiam de sete categorias, cada uma incluindo áreas específicas.

A ênfase em processos e comparações de resultados estimulou um interesse sem precedentes na questão do *benchmarking*. Organizações sérias no uso das diretrizes da referida lei e da inscrição para o prêmio tiveram de aprender do zero. O problema era que não havia muitas orientações, regras e modelos explícitos, ou mesmo especialistas para ajudar a entender e aplicar o *benchmarking* em suas empresas.

O outro evento significativo ocorreu dois anos depois, em 1989. Robert Camp, especialista em logística e engenheiro da Xerox escreveu *Benchmarking: The Search for Industry Best Practives that Lead to Superior Performamance*, no qual ele descreve em detalhes seus sete anos de atividades dentro da empresa.

O livro centraliza-se no processo que ajudou a criar, com exemplos na área de distribuição, o qual fornece ao leitor desempenhos esperados e resultados atingidos. Este livro foi o primeiro a detalhar a prática do *benchmarking*, para o público de negócios, ajudando os gerentes a implementá-lo em suas empresas.

À medida que centenas de pessoas estudaram o processo de qualidade da Xerox, ficou claro que este sistema era a chave do seu sucesso. De fato, o livro citado foi, provavelmente, a primeira fonte aprofundada de informações sobre este assunto para a maioria, tornando-se modelo a ser copiado.

Embora o centro das diversas abordagens do *benchmarking* teve origem nos estudos da Xerox, as empresas que o adotaram fizeram suas devidas adaptações aos seus ambientes.

As metodologias aplicadas foram se diferenciando da Xerox, que tinha 10 etapas. Na década de 1990 a IBM tinha 14 passos.

Mas afinal, o que é *Benchmarking*? É um processo contínuo de longo prazo, sistemático, sistêmico, estruturado, analítico e organizado para avaliar e compreender as práticas de um negócio qualificado como melhor representante de seu segmento de atuação, setor da economia e linha de produtos, por exemplo, cuja finalidade é atingir um patamar de qualidade mundial.

A maioria das definições deste sistema enfatiza o processo de trabalho e a otimização dos recursos. À primeira vista, para alguns, ele lembra as definições tradicionais dos diversos tipos de análise, como as de competitividade, de valor e de risco.

Estilos de Venda

Certa vez o presidente de uma empresa descreveu o estilo de vendas de seu melhor vendedor, chamando-o de "Columbo", nome do personagem americano de televisão interpretado por Peter Falk, cuja capa de chuva amarrotada e métodos de investigação pouco convencionais e confusos dissimulavam uma mente sagaz que sempre agarrava o criminoso e resolvia o caso.

O relato foi o seguinte: "A primeira vez que eu o vi, no dia da entrevista, ele causou uma impressão horrível. Sua gravata estava torta. Ele parecia nervoso e suava muito. Atrapalhava-se com a própria pasta e quase derrubou a luminária de minha mesa. Aquilo era cômico. Mas havia nele algo que me intrigava. Durante nossa conversa, cada vez que eu estava para dispensá-lo, ele vinha com uma observação ou fazia, de repente, uma pergunta difícil que eu jamais ouvira. Havia nele coisas interessantes a descobrir".

"Convidei meu diretor financeiro para vê-lo. Ele teve a mesma impressão. A aparência do sujeito podia ser um tanto incomum, mas ele prendeu nossa atenção e nos fez pensar. Por isso o contratamos. O tal vendedor vende do mesmo jeito que se exibiu ao ser entrevistado para o emprego. Os clientes, assim que ele entra em seu escritório, imediatamente o subestimam. Mas quando se senta diante deles, ouvindo-os e fazendo-lhes perguntas, também, propondo novas ideias para que pensem a respeito, os clientes começam a reconsiderar sua opinião sobre ele. Ao término da negociação, quase sempre ele consegue trazê-los para o seu lado, fazendo com que as pessoas passem a gostar dele e a respeitá-lo. Aí ele ataca".

"Algumas de suas melhores vendas têm sido feitas quando a reunião chega ao fim e ele está se aprontando para sair. Então, num lampejo de inspiração, ele se vira, dizendo: só mais uma coisa; ocorre que temos um novo produto que vai de encontro àquilo que estávamos conversando".

É evidente que essa abordagem de vender não funciona com todo mundo, porque pouca gente é capaz de fingir um comportamento de professor aloprado e tirar partido disso. Acredito que todo vendedor, por melhor, ou pior, que seja, tem um estilo próprio de vender.

Os profissionais de venda mais bem-sucedidos são aqueles que têm consciência de seu estilo. Eles conscientemente trabalham e aperfeiçoam um *modus operandi* que se mescla com sua personalidade e não entra em conflito com o produto (bem ou serviço) que estão vendendo. Sabem exatamente o que estão fazendo.

O Profissional de Vendas

O segredo de alguns vendedores é simplesmente cobrir mais área do que ninguém. Como uma figura de móbile, eles estão em constante movimento.

Visitam tantos clientes potenciais quanto permite o tempo, acreditando que atirar um monte de flechas no alvo aumenta a chance de acertar na mosca. Não há nada mais equivocado do que isso.

Às vezes, pode-se estar numa situação de venda em que o bem ou serviço que está sendo oferecido não é tão diferente e melhor do que o da concorrência. É aí que a técnica do vendedor funciona melhor. O que vai distingui-lo da multidão é sua garra, entusiasmo, comportamento e persuasão. Se ele não puder pensar ou falar mais do que os concorrentes, por que não correr mais do que eles?

Os mais eficientes vendedores são pessoas que podem criar qualquer estado de espírito que desejem, conforme a modulação, inflexão e colorido que imprimam a voz. Aproveitar-se da enorme gama de tons da voz humana não é um estilo de vendas que muitos adotam ou mesmo conheçam. Mas esse fato, por si só, deve fazer que isso se torne mais importante para você. Pense nisso da próxima vez que se preparar para um contato de vendas.

Assim que começar a falar, decida como quer parecer, se: forte, controlado, informado, confiante, seguro, curioso, ansioso, agressivo, desesperado, indiferente. Tudo isso pode ser transmitido através da fala, da escrita e do corpo.

Alguns profissionais de vendas não têm, absolutamente, nenhum estilo próprio, isto é, não no sentido prático que normalmente associamos a um supervendedor. Por que os melhores vendedores dizem que não sabem vender? E qual dessas ferramentas é a mais importante: empatia, transparência, humor, conhecimento, especialização, reputação ou comprometimento?

Então tenha em mente de que na próxima vez que se pegar duvidando de sua capacidade para vender, você terá de seguir mais a sua intuição.

Sua qualidade mais subestimada é, sem dúvida, o conhecimento. Se você tem dados relevantes sobre uma futura negociação e com quem irá negociar, a sua vantagem é muito grande. A maioria gosta de pagar para ver, infelizmente.

O Vendedor Nasce Feito?

Todos sentem que há na venda certo mistério. Há tal disparidade entre os vendedores, no jeito de vender, que nos faz acreditar em um dom especial de certas pessoas. Por outro lado, podemos perguntar: Será que as pessoas podem aprender medicina, engenharia, arquitetura e não podem aprender a vender? Será que as pessoas para serem economistas, administradores, engenheiros, médicos e advogados, por exemplo, precisam estudar e o vendedor, porque nasceu com o tal "dom", não precisa? Muitos pensam assim.

Basta observar como, em geral, são contratados os vendedores e os digitadores. Estes últimos, com ou sem "dom", só são admitidos se provarem uma aprendizagem formal, representada pelo certificado, e se são capazes de mostrar conhecimento em prova prática. Dos vendedores muito pouco é exigido. Basta, às vezes, uma olhadela na carteira de trabalho, ou ainda, uma simples conversa.

Pela experiência, a maioria das pessoas pode vir a vender bem, desde que queira e desde que treine, sendo que o segundo requisito deve ser feito pelo próprio, com ou sem ajuda externa. A ideia de que o vendedor nasce feito e que não adianta aprender, ou treinar, corresponde a um estágio de subdesenvolvimento e desprestígio da profissão.

Está claro que há certas disposições naturais, certas inclinações que ajudam muito aos médicos ou aos vendedores a serem grandes nas suas respectivas profissões, mas não devemos esquecer a clássica composição do gênio: 5% de inspiração e 95% de transpiração.

Quando um vendedor reclama porque é afastado de sua atividade para uma reunião de treinamento está negando toda a necessidade de estudo, informação e conhecimento. Fica-se com a impressão de que para ele todo o ensino é uma inutilidade e que os países poderiam economizar milhões, evitando gastos com pesquisa, desenvolvimento e ensino.

Estes vendedores que não gostam de treinar se deixam levar pela antiga ideia de que a prática é que faz o bom vendedor. Portanto, se faz necessário dizer que nada é mais prático do que uma boa teoria. Um vendedor que não estuda e não teoriza, agirá da mesma maneira, durante anos e anos, isto é, não evolui e não progride.

Uma pessoa que nunca vendeu pode se tornar um grande vendedor, desde que seja treinado, podendo, sempre, caso se esforce, melhorar a sua capacidade de bom profissional. Há, contudo, aptidões, qualidades e habilidades que são muito importantes e que o vendedor sem elas, por mais que se esforce, não passará de uma posição mediana.

Em geral, varia a opinião sobre estas aptidões necessárias. Comumente, duas qualidades são mencionadas: simpatia e força de vontade. Modernamente, estão sendo consideradas também a empatia e a capacidade de autorrealização.

Veja a grande diferença na venda entre um vendedor simpático e agradável e outro que tem a capacidade de perceber a necessidade do cliente consumidor. O vendedor ideal é aquele que possui quase todas estas características.

Qual a Finalidade da Qualidade?

Antes de se fazer qualidade, seria conveniente entender o que é realmente o conceito de qualidade, para não criar, em seu nome, outras coisas bem intencionadas, mas que nunca atingirão o mesmo resultado.

Qualidade feita por indução, de cima para baixo, acaba se afogando nos meandros da faminta burocracia, tornando-se programática ao invés de atitudinal, criando obrigações que são atendidas como se fossem compromissos de agenda.

Assim, existem dois pressupostos importantes para se entender o problema da qualidade:

O primeiro, é que a qualidade tem que estar a serviço de um benefício. Qualidade sem essa finalidade vira adereço, é um luxo, é estéril, não serve para nada e ninguém. Neste sentido, qualidade deve ser entendida como um atributo absolutamente relacional, que só passa a existir quando pensada e produzida em benefício de uma vinculação, seja ela comercial, funcional ou de qualquer outra natureza. Deve ser o consumidor o maior beneficiário da qualidade.

Em outras palavras, quem não administra essas relações não pode e nem tem motivação para produzir qualidade, a menos que a trate meramente como uma alegoria pela qual o consumidor final vai acabar pagando sem ter encomendado, até mesmo quando estiver disposto a pagar.

O segundo, é que a qualidade não é um valor em si mesmo, mas o grau de conformidade atingido, tendo em vista um padrão preestabelecido. Portanto, esforçar-se muito para fazer algo bem feito ou fazer da melhor forma possível não significa, absolutamente, qualidade, a menos que o trabalho tenha sido direcionado para um padrão de atendimento ou de execução.

A partir desses dois pressupostos, começa-se a entender que qualidade tem um preço, e esse pode ser alto quando, por arrogância ou pretensão, decidimos fazer qualidade por conta própria, sem consultar nosso público-alvo sobre aquilo que lhe beneficia ou adiciona valor aos produtos que consome.

Sem uma aproximação efetiva no sentido de se entender o problema de cada um, não sobra terreno para qualidade. O conflito se estabelece no meio do caminho, entre o que seria melhor para o consumidor e o que ele realmente exige dentro de seu referencial de valores.

Daí, fornecer qualidade passa a ser também uma questão ética, quando se trata de decidir se os padrões a serem estabelecidos devem ser elevados ou não. Essa questão, contudo, depende do perfil da sociedade contribuinte.

Qualidade, definitivamente, não rima com povo dócil e cordato que leva para casa o produto que não queria comprar, pois resignação e complacência em nada contribuem para a qualidade. Pelo contrário, país que faz qualidade tem povo exigente.

Qualidade Além da Alma

Alexandre orgulha-se de ser o primeiro a chegar ao escritório todos os dias e o último a sair. Jovens executivos ambiciosos logo desistiram de impressioná-lo. Ele dirige uma empresa há 35 anos, com seu amigo Orlando. Eles haviam fundado um bazar que, hoje, é uma grande corporação.

A empresa orgulha-se de ter os melhores preços à vista do mercado. Mas, quando se tratava de crédito, cobrava os maiores juros da praça.

Nos últimos 10 anos, a empresa passou a ter dificuldades, vem perdendo mercado, devido ao alto nível de insatisfação dos consumidores para com a qualidade dos serviços oferecidos à clientela. Alexandre atribuía os problemas de qualidade à queda nos padrões dos funcionários e ordenava ação disciplinar, como nos velhos tempos. Ele era saudável e percorria as unidades da empresa com passo de marcha, achando ineficiência em tudo e em todos.

Orlando dirigia a produção e Alexandre, as demais funções organizacionais. Uma vez, Orlando ao voltar para casa, após uma acirrada reunião, veio a falecer. Uma semana depois do enterro, Alexandre tomou o caminho de casa e, de repente, se achou num lugar estranho e pensou que estava perdido. Desceu do táxi para encontrar alguém que lhe dissesse que lugar era aquele. Uma porta aberta de um prédio abandonado, parecendo uma fábrica, foi a única luz que distinguiu.

Era uma sensação muito desagradável e assustadora. Olhou em torno, mas a própria rua parecia ter desaparecido. Dirigiu-se com passos hesitantes para uma porta iluminada. Ali, haveria um telefone, com certeza. Uma mulher idosa e muito cansada, sentada à mesa da recepção, levantou a cabeça e disse: Está na sua hora, entre por aquela porta, dobre à direita, estão a sua espera. Alexandre esqueceu o medo, sentiu de repente a mesma amargura que experimentava diante da incompetência. O local era frio e deprimente.

Foi ali que quase se sentiu enlouquecer, porque viu sentado num banco o seu velho amigo Orlando, rodeado de trabalho. Havia geladeiras, torradeiras, liquidificadores, televisores, máquinas de lavar, secadoras, barbeadores elétricos, computadores, impressoras, tudo isso às dúzias. E mal havia espaço para as suas ferramentas.

Alexandre gritou: Que lugar é este? A recepcionista é muito grosseira. Orlando fitou-o por cima dos óculos e disse: Fique quieto, não posso parar por muito tempo, nós temos que trabalhar depressa, eu prometi a eles uma porção de coisas, para você vir até aqui. Eu queria dar a você uma chance para se salvar, dê uma olhada no cubículo ao lado, que está vazio. Quando Alexandre olhou, perguntou: Diga, por favor! O que significa tudo isso? É o meu escritório? !

Orlando respondeu: Estou consertando os problemas que causei e que afetaram a vida de muitos consumidores. E por ser a causa dos problemas com os quais outras pessoas têm que conviver. Por não impedir essas coisas interessando-me pela qualidade, vou ter de ficar sentado aqui, dia após dia, até terminar todos os produtos. Depois vou iniciar o trabalho burocrático. Só isso vai levar uma eternidade. Eles controlam tudo por este terminal de computador. Toda decisão idiota que tomei contra a qualidade está registrada e avaliada.

Alexandre perguntou: O que tem a ver comigo? Orlando disse: Creio que você descobrirá que a maneira de ganhar dinheiro é dar aos clientes aquilo que lhes prometeu. Você receberá a visita de três professores: qualidade passada, qualidade presente e qualidade futura. O que está vendo neste momento é o seu futuro, se não tomar alguma providência...

Subitamente a visão desapareceu e Alexandre ouviu uma voz que dizia: Tem que saltar agora, senhor. Então percebeu que estivera cochilando e se sentiu aliviado ao ver o ambiente familiar. Desceu a rua na direção de casa, entrou depressa e sentou-se numa cadeira, com pasta e tudo. Retesou o corpo, depois sorriu, pensou em voz alta: Esta empresa não vai falir, pois a política da qualidade é entregar produtos livres de defeitos aos nossos consumidores.

Alexandre, dias depois, começou a entender que havia sofrido um caso grave de "visão de túnel" e que qualidade não se limita a elaborar requisitos e insistir para que as coisas saiam certas. Não se trata de algo funcional. Na verdade, tem a ver com a maneira geral como a organização é administrada e que qualidade não se restringe à Campanhas de Zero Defeito. Esta história foi adaptada das páginas de *Qualidade Sem Lágrimas,* de Philip B. Crosby.

Qualidade Total

Uma nova religião domina o mundo industrializado. Trata-se do culto à qualidade, praticado na indústria e no setor de serviços e que tem no *Total Quality Control* (TQC) o seu principal rito, também responsável pelo "milagre" que levou à hegemonia os produtos de origem japonesa. O Controle Total de Qualidade passou a ser observado, no final dos anos de 1970, de uma longa hibernação que se iniciou no pós-guerra.

Nos últimos anos, muito se tem falado acerca de qualidade que tem proliferado em livros, artigos, cursos e eventos diversos, abordando o tema. Longe de ser um modismo ou uma febre temporária, acredita-se que a crescente preocupação das empresas, com a sua competitividade em qualidade, está em função da maior abertura comercial, fruto da globalização.

Assim, torna-se necessária uma visão ampla da qualidade como uma alavanca para propiciar às nossas empresas um aumento de produtividade e garantir a sobrevivência, num mundo cada vez mais globalizado.

Os produtos têm má qualidade, porque o consumidor não reage, o governo não fiscaliza e os empresários se conformam com esse baixo patamar de exigências. O problema é que essa situação não prejudica apenas a modernização do mercado ou dificulta a ascensão a melhores padrões de qualidade de vida. Para competir no mercado é preciso ter a "arma" qualidade.

Como todos sabem, a implantação da gestão da qualidade numa organização demanda tempo e os resultados são de longo prazo. Portanto, um produto de excelente qualidade não é necessariamente sinônimo de lucro. Para tanto, é preciso considerar não só a qualidade, mas custo de produção, preço de venda, adequação ao mercado, produtividade, capacidade instalada, tecnologia, processo de produção, distribuição, sistemas de informação e comunicação, pois, sem a otimização destes fatores não há como garantir a manutenção de consumidores e uma boa fatia de mercado.

A qualidade total baseia-se em administração participativa, ou seja, a empresa deve ser transparente, criando canais eficazes de comunicação em todos os seus níveis. Esta participação é conseguida mediante a motivação individual, lembrando que assim como a qualidade, a motivação tem de nascer espontaneamente.

O treinamento pode servir de estímulo à participação, porém devemos tratá-lo com cuidado, de modo a atender as pessoas certas, nas necessidades e horas certas. Treinamentos maciços de nada servem, se o que foi aprendido nunca for utilizado, no dia a dia.

O Perfil do Homem de Marketing

A década de 1980, no Brasil, foi muito difícil para os homens de marketing. Eles fizeram grande sucesso na década anterior, quando era possível vender qualquer coisa de qualquer maneira. A raiz desse problema se encontra no fato de que o marketing não pode ser aplicado num país de inflação elevada.

O capital de giro e a exigência de caixa se tornaram essenciais para a sobrevivência da empresa. Afinal, a empresa pode quebrar antes de atender às necessidades dos consumidores. A maioria dos gerentes de marketing não tem a menor noção do impacto exercido por suas decisões e estratégias sobre o retorno do investimento. Isso acontece, porque, em geral, as empresas não dispõem de um sistema integrado de informações, permitindo ao profissional de marketing analisar aquele impacto.

De todo modo, ignorar, não querer conhecer ou não entender a questão do fluxo de caixa, diante dos níveis de tributação, é um grave erro, que revela profunda inadaptação a um dos aspectos mais característicos de nossa realidade. Outra manifestação desse desencontro está em não se observar que a função de vendas pode ser mais importante que a função comunicação.

O gerente de propaganda não conhece vendas, o que limita a eficiência de seus planos. Num país como o nosso, de dimensões continentais, a estratégia de logística (distribuição física) adquire importância crítica para o marketing. Do mesmo modo, o conhecimento detalhado do canal de distribuição e da técnica de venda é fundamental para qualquer plano de marketing. Sem esses elementos, nem a mais eficiente propaganda obterá sucesso.

Para adequar o marketing à realidade, o profissional desta área tem de ser melhor operador do que planejador e ter visões holística e estratégica do negócio que gerencia, o que pressupõe intensa atuação operacional. Além disso, a rapidez das mudanças no mercado e na economia exige conhecimento de todas as atividades que influenciam o composto do produto.

Normalmente, no caso de bens vendidos ao consumidor, as matérias-primas e materiais de embalagem representam 60% do custo total. Portanto, conhecer os principais fornecedores dos insumos críticos, as particularidades de seus negócios, sazonalidade, épocas de dissídios e aumentos de preços, tudo isso pode significar oportunidade para alcançar ganhos de participação no mercado.

A concorrência é outra área com a qual é preciso manter um envolvimento global. O homem de marketing deve ser o agente ativo das mudanças, e não o agente passivo do planejamento. É preciso estar atento para a propaganda, a fim de que não seja perdida. Afinal, dinheiro é muito difícil de ganhar.

Como Fechar uma Negociação

As negociações, geralmente, empacam exatamente quando você pensa que não está muito longe de fechar um acordo. Realmente, à medida que as partes caminham para uma posição final, cresce o grau de incerteza quanto ao fechamento da negociação. Um sentimento de insegurança se apossa dos negociadores, correndo-se um risco de estancamento. Muitos são os métodos, regras e princípios diferentes para se adotar, quando uma situação como esta se apresenta. E, basicamente, duas vertentes precisam ser desenvolvidas: Criatividade e Linha Dura.

É sempre bom quando as duas partes puderem trabalhar na busca de uma solução. Todavia, mesmo que o outro esteja relutante, vale a pena testar sua própria criatividade. As negociações podem realmente ser interrompidas quando se chegar a um impasse e terão que ser retomadas, se e quando você puder apresentar uma alternativa satisfatória.

Algumas vezes, a solução para o impasse pode envolver uma reestruturação substancial em termos do assunto da negociação. De fato, o que finalmente está acordado pode ter pouca ou nenhuma relação com o que foi originalmente negociado. Há ocasiões em que as negociações podem chegar a um ponto em que as posições estão relativamente próximas, porém um lado está apenas mostrando resistência, para ver que tipo de concessão final poderá ainda conseguir.

Você deve sempre manter uma concessão de reserva sem conhecimento da outra parte. Você quer que o outro lado pense que lhe tirou tudo e você nada mais tem a oferecer. Assim o fazendo, a concessão parecerá ser o último cartucho numa tentativa final para encerrar a negociação. Consequentemente, quando você oferecer algo mais, enfatize que não haverá nenhuma outra concessão. Combine-a com um apelo ao ego da sua contraparte.

Há uma série de fatores que podem arrefecer uma negociação. Às vezes, esta sucumbe quando as partes são incapazes de concordar sobre como resolver um determinado tópico. Quando isto acontecer, em vez de argumentar sem sentido sobre um assunto controvertido, é mais útil mudar completamente o tema e falar sobre algum outro aspecto do negócio.

Qualquer que seja a razão, sempre que as negociações começarem a dar sinal de parar, tente encontrar uma maneira de mudar o foco, buscando áreas mais produtivas que manterão a discussão em andamento rumo à conclusão. Um evento, não tão agradável, pode, algumas vezes, ocorrer quando você atinge o que imagina ser uma conclusão satisfatória em uma reunião de negociação. Quando isto acontecer, é fácil se irritar e responder com: É isto ou nada! O que pode ser uma posição muito arriscada.

Seja qual for o caso, não importa se você forçará o conflito ao extremo de ameaçar ir embora, ou simplesmente registrará uma leve reprovação. Insista que o outro negociador faça o próximo movimento. Geralmente, será alguma forma de contraoferta, e as negociações podem continuar a partir daí.

Entretanto, deixe claro que aquilo que for acordado será submetido à aprovação de uma autoridade mais elevada pelo seu lado, após e somente após, sua contraparte ter assegurado aprovação do lado dela. Isto lhe permite uma vantagem que logicamente não pode ser objetada, pois está apenas fazendo o que o outro lado também pode fazer.

Uma maneira óbvia de forçar as coisas é impor uma data limite para o negócio ser concluído. Naturalmente, se você estiver blefando e seu oponente detectar o blefe, você terá que interromper as negociações ou enviar sinais de que se trata de uma manobra e continuar negociando, após o prazo que você alegou. Por esta razão, há, geralmente, alguma relutância em usar isto como tática. Os cumprimentos, após uma negociação árdua, podem sinalizar que pelo menos uma tentativa de acordo foi alcançada, mas não é de modo algum o final de suas preocupações. Com mais frequência do que se pensa, quando as pessoas se descuidam, o acordo por escrito pode causar um conflito adicional e até resultar em uma outra rodada de negociação.

Não há, certamente, uma solução única que possa ser aplicável a cada negociação. O espectro que as negociações abrangem e a individualidade das pessoas torna muito difícil se chegar a um consenso. Além do mais, cada regra tem suas exceções.

O Bom Negociador

É verdade que o resultado da negociação é muito importante. Mas, se nós vamos voltar a negociar com a mesma pessoa, é crítico que passemos a considerar também o andamento do processo da negociação. Certamente, a próxima negociação poderá ser beneficiada ou prejudicada, em função de como foi conduzida a anterior.

Para melhor utilização de uma política de negociação, é importante que o leitor procure lembrar-se de fatos e situações que possam ajudar a diagnosticar a existência de algum problema. Busque quantificar os eventos problemas e qualificar seus causadores.

Um primeiro problema a ser considerado é a não observância de uma sequência adequada durante o processo de negociação, tal como: preparação (planejamento prévio); abertura (formalidades iniciais); exploração (identificação das necessidades e expectativas); apresentação (enunciação de sua proposta e dos respectivos benefícios para o outro); clarificação (esclarecimento de dúvidas); ação final (identificação de sinais favoráveis, propostas de prazo); controle (documentação onde são registrados os acordos firmados); avaliação (medir a relação previsto/realizado).

A identificação prévia dos objetivos máximos e mínimos dá ao negociador a famosa margem de concessão, que quanto menor for, maior a radicalização acontecerá. A falta de empatia de uma das partes e uma preocupação com seus próprios interesses são um meio favorável ao conflito. Um bom negociador começa a reunião quebrando a tensão, contando uma piada, fazendo um elogio ou comentário sobre determinado fato comum ao setor que atua.

No início da negociação, deve-se evitar perguntas descritivas e avaliatórias, pois tais atitudes inibem os negociadores que passam a tomar posições defensivas. Assim, faça perguntas amenas, voltadas a criar um clima inteligente de harmonia e de trabalho. Mostrar preocupação com as dúvidas levantadas aumenta a confiança mútua entre os negociadores.

Num processo de negociação é comum a não aceitação da lógica alheia, porque esquecemos que somos pessoas e, portanto, diferentes nas maneiras de pensar e agir. Ideias diferentes das suas não são necessariamente ruins. Lembre-se de que toda mudança pode ser vista como uma ameaça ou como uma oportunidade. A palavra de ordem é flexibilização.

A seguir, estão alguns conselhos úteis, para você se tornar o "craque" da negociação:

- Comporte-se com credibilidade, coerência, receptividade e clareza.
- Nunca encurrale o oponente, pois pode receber um "troco".
- Deixe sempre uma saída honrosa para a outra parte.
- Saber ouvir é a grande arte do negociador.
- Não faça interrupções a menos que sejam, extremamente, necessárias.
- Seja paciente como um chinês.
- Trabalhe de maneira lógica e racional.
- Use fatos comprovados, dados concretos, exemplos demonstráveis, relatórios conceituados e informações relevantes ao assunto.
- Não use, de forma demasiada, linguagem (terminologia) técnica para confundir a outra parte, porque as pessoas tendem a radicalizar e não cooperar, quando não compreendem algo ou se sentem inferiorizadas.

- Apresente uma proposta que seja vantajosa para ambas às partes.
- Lembre-se de que as vantagens não precisam ser necessariamente iguais na sua distribuição ou na mesma "moeda", uma parte pode querer dinheiro e a outra parte reconhecimento, status, prestígio, poder.
- Lembre que sem alternativas não há o que decidir, ou seja, não há o que negociar.
- Lembre que uma ideia mal comunicada tende ao fracasso, pois a arte de falar conta muito.
- Não se concentre nos pontos fracos do oponente, porque, com certeza, este desistirá do negócio.
- Use sempre um roteiro escrito para o que fazer e o que não fazer.

Qualidade Assegurada

Em qualidade, há evidências estatísticas, não palpites. Para deixar de lado a inspeção, será preciso confiar mais no Controle Estatístico do Processo. Isso esbarra em pelo menos dois obstáculos:

- Despreparo da mão de obra para utilizar métodos estatísticos
- Qualidade das peças, componentes, matérias-primas, insumos e produtos semiacabados de fornecedores e parceiros.

Os programas de qualidade assegurada visam abolir a inspeção no recebimento, pois quem garante que o produto está dentro das especificações é o produtor e não mais o comprador. Um programa de qualidade total é mais abrangente, envolvendo, na realidade, o conjunto das atividades da empresa e suas relações com o ambiente, em particular com os consumidores.

Por envolver um grande número das pessoas da empresa, nada mais natural que um programa desse tipo mobilize todos os escalões, a começar pelos mais elevados. Todos são responsáveis pela qualidade.

Produzir qualidade e controlá-la deixou de ser uma prerrogativa de especialistas dentro das fábricas, constituindo-se numa obrigação de todos. Os especialistas continuarão sendo necessários, mas a tendência é transformar a inspeção em auditoria de qualidade.

Se a direção da empresa não der apoio, o Programa de Qualidade Total será apenas mais um entre tantos. Além de ser implantado de cima para baixo, este programa, ao contrário dos Círculos de Controle de Qualidade que são organizados por voluntários, deve ser de certa forma, compulsório. Quem não adere, cedo ou tarde, acaba se afastando.

Satisfação do consumidor, eis o principal alvo do Programa de Qualidade Total. Mais do que atender as especificações técnicas, o atendimento aos desejos dos clientes, que os expertises definem como adequação ao uso, é a sua mola mestra.

O envolvimento de toda a empresa, a parceria dos fornecedores à plena satisfação dos consumidores e o cumprimento da atitude "zero defeito" são as metas a serem perseguidas por quem pretende atingir qualidade total. Por essa razão, empresas preferem adotar a concepção de processo em vez de programa, tornando implícita a ideia de que a qualidade vem da continuidade da ação.

Exatamente por ser trabalhosa e demorada, a conquista da qualidade tem de começar já, sob pena de que o atraso, hoje existente, se torne uma muralha intransponível para o desenvolvimento. Para que se possa recuperar o tempo perdido, é preciso, evidentemente, a atuação de todos os interessados:

- O governo, através de estímulos e ações contra abusos.
- Os consumidores, dispostos a defender os seus direitos.
- As empresas, a quem cabe, em última instância, explorar a mina de ouro da qualidade.

Um Programa de Qualidade

Um programa de qualidade, aplicado em todos os níveis organizacionais, estende-se desde a fase de geração e implementação do produto (sistema, projeto), até a sua completa aceitação pelos envolvidos. Esta aceitação manifesta-se pela motivação demonstrada e pelos resultados alcançados. Um clima propício, capaz de auxiliar a liberação do potencial criativo e cooperador, agirá como elemento facilitador.

Se pararmos para observar as tarefas desenvolvidas, sejam elas industriais ou comerciais, vamos nos surpreender ao encontrar diversas atividades de inspeção, conferência e retrabalho. Muitas delas já definitivamente embutidas como parte integrante do sistema e que nada mais são do que a consequência de um trabalho mal executado anteriormente.

Uma forma diferente, mais trabalhosa, de enfrentar o problema da qualidade se resume em implantar um programa voltado a obter qualidade por meio de quem faz o produto, modificando a máxima de que *a inspeção eficiente é que garante a qualidade*. Identificado o problema, é necessário estabelecer um plano de ação para resolvê-lo.

A participação eficaz das pessoas nos programas de melhoria da qualidade deve ser fruto de motivação.

O sucesso desses programas depende das pessoas serem criativas, tanto para identificar problemas como para sugerir alternativas de solução, o que por sua vez depende de um clima gerencial favorável. Analisando empresas, nas quais os esforços e iniciativas de implantação de programas de qualidade termina em frustração, fracasso e mesmo em um clima pessimista, descobriram-se algumas causas básicas, tais como:

Moral Baixo dos Empregados – Muitas vezes, os empregados não gostavam de seus gerentes e, por vezes, até mesmo os odiavam. O sentimento dos empregados era o de não serem tratados como pessoas que merecessem confiança. Irrelevante saber se os empregados tinham, ou não, razão. O fato a ser considerado é que o seu comportamento afetava seu desempenho.

Ineficácia na Venda da Ideia – Em muitas empresas os empregados foram pegos de surpresa através de cartas, memorandos, circulares, cartazes, folhetos, e-mails e reuniões, para lhes explicar a finalidade “financeira” das técnicas de: Análise de Valor, Círculo de Controle de Qualidade, Campanha do Zero Defeito, Combate ao Desperdício e Guerra à Burocracia, por exemplo. O fator humano foi tristemente esquecido, deixando os empregados com a dúvida: O que é que eu tenho com tudo isso? A venda da ideia das técnicas destinadas à melhoria da qualidade e produtividade deve levar em conta as motivações dos empregados e do comportamento decorrente. Deve ficar claro que a finalidade das novas técnicas não é a de reduzir custos, mas a de garantir a sobrevivência da empresa no seu mercado, e que isso é garantia de estabilidade para todos que colaborem com ela neste sentido.

Treinamento Inadequado das Coordenações – Embora aparentemente treinados para liderar equipes de trabalho, os coordenadores de grupo não são, em geral, preparados para ouvir. Ouvir é uma habilidade que exige não só treinamento formal, mas anos de experiência. Os coordenadores devem ser cuidadosamente treinados. Não basta proporcionar cursos de relações humanas no trabalho, eles precisam ter certeza de que as informações que recebem estão em consonância com o comportamento das gerências superiores.

Ausência de Clima Gerencial – O fracasso desses programas em várias empresas é, muitas vezes, mais um fracasso numa longa cadeia de outras iniciativas, como: reengenharia, benchmarking, downsizing, meritocracia e outras invencionices. Nas empresas em que as gerências veem somente técnicas de resolução de problemas de produção, o fator humano é novamente ignorado, os empregados são vistos apenas como instrumentos adicionais do processo e não como os principais responsáveis pela qualidade.

Os programas motivacionais têm grande probabilidade de êxito, se as pessoas forem adequadamente preparadas.

Atendimento x Satisfação Garantida

Vulnerável às relações interpessoais, o setor de serviços raramente escapa à memória quando o assunto é qualidade. Afinal, quem não tem uma boa história para contar, sobre uma desventura ocorrida nesse conjunto de empreendimentos, que permeia a rotina de consumidores de todos os níveis sociais? O cenário pode ser o de um restaurante, um banco, um supermercado, um balcão de uma empresa aérea.

Responsável por 60% do Produto Interno Bruto do país, esse vigoroso e variado segmento da economia acaba sintetizando seu ponto mais fraco, o da qualidade. Suscetíveis a fatores que envolvem desde a instabilidade socioeconômica até a adoção equivocada de novas tecnologias, o setor de serviços peca, principalmente, pela ausência de uma mentalidade voltada para o bem servir.

Este é um setor sem tradição na área da qualidade. É relegado dentro das empresas, sofre pela falta de treinamento dos atendentes, vendedores, supervisores, gerentes e executivos. Parece não haver a mínima preocupação com o desenvolvimento de uma metodologia de serviço, adaptada ao público-alvo. Para o consumidor, resta o consolo de que seu ziguezague, em busca do melhor serviço, tem funcionado como um alerta para as empresas que não querem perder terreno no mercado.

Assim, os prestadores de serviços começam a entender que a qualidade no atendimento é o maior fator competitivo em relação à concorrência. Privilegiar o consumidor é o conceito que ganha corpo em movimentos isolados dentro da iniciativa privada. Sua aplicação prática, contudo, tem demonstrado que a ideia não é tão simples como parece. Exige treinamento, dinheiro, esforço, tempo e recurso adequado. Além de muito suor e lágrimas.

Numa cadeia de lanchonetes famosa, a filosofia é treinar jovens para cuja lição básica é: O comprador de um lanche não pode demorar mais do que 60 s para ser atendido integralmente, isto é, com o produto na mão.

O que acontece no balcão, na verdade, é apenas a face visível de uma estrutura que procura cobrir todos os detalhes de um bom serviço. Até mesmo o troco é previsto nesse esquema, pois, diariamente, um carro forte passa duas vezes por todas as lojas para garantir a operação normal do caixa.

O conceito satisfação garantida ou seu dinheiro de volta, não raramente é levado a trocar mercadorias que sequer foram adquiridas na loja. A política de que o cliente tem sempre razão é a máxima da empresa atual. O nível de qualidade no setor de serviços ainda é muito pobre, pois há, ainda, um longo caminho a ser percorrido por empresas e consumidores.

Na verdade, é o próprio consumidor que dá a receita do que entende por qualidade. Resta o empreendedor aprender.

O Conceito de Serviço

A economia está aumentando em quantidade e diminuindo em qualidade? É o que muita gente diz. Os fornecedores de serviços, por seu turno, acreditam que eles e seus problemas sejam, fundamentalmente, diferentes de outros tipos de negócio. Para eles, o setor de serviço depende de muita mão de obra, enquanto o restante da economia, de muito capital. Mas essas diferenciações são, em grande parte, falsas.

Não há, propriamente, empresas de serviços. O que existe são empresas cujos componentes de serviços são maiores ou menores do que os de empresas de outros tipos. Todos, invariavelmente, prestam serviços, já que o conceito de produto embute bem, serviço e ideia.

Assim sendo, o setor de serviços não compreende apenas as chamadas empresas de serviços, tais como: bancos, transportadoras e seguradoras. Inclui, isto sim, toda a abundância de serviços ligados a produtos fornecidos pelas indústrias e os serviços ligados à venda fornecidos pelos varejistas. Noções contraditórias referentes a serviços podem ter consequências ruins para as empresas.

Os serviços, em geral, são executados por pessoas distantes da direção da empresa, que trabalham em condições altamente variáveis e incertas. Presume-se com razão que essas diferenças explicam, em grande parte, porque os bens produzidos na fábrica são, geralmente, mais uniformes, em suas especificações de qualidade do que os serviços executados no campo. Ademais, clientes diferentes têm necessidades diferentes.

O conceito de serviço, muitas vezes, traz conotações ruins, como: caridade, lentidão, doutrinação, adestramento e sujeição. Assim, em serviços de alto nível, tais como nas igrejas e nas forças armadas, as pessoas se comportam ritualisticamente e não racionalmente, isto é, seguem o protocolo. Nas ocupações de serviços de nível inferior, as pessoas simplesmente obedecem à rotina. Em nenhum dos dois casos, a autonomia de pensamento é relevante.

Consideramos o serviço invariável e inalteravelmente pessoal, como algo executado por pessoas diretamente para outras pessoas. Essa concepção humanista de serviços impede-nos de procurar alternativas para o uso das pessoas, especialmente para grandes grupos organizados de pessoas. Não nos permite buscar novas soluções e novas definições, impede-nos de reformular as próprias tarefas, de criar novos instrumentos, processos e formas, e, talvez, até mesmo de eliminar as condições que criaram os problemas.

Se persistirmos em encarar o serviço como algo executado por pessoas e não por máquinas ou sistemas, continuaremos a sofrer de deformações na maneira de pensar. No serviço mecanizado, o ser humano deve se comportar como extensão da máquina.

Enquanto, o serviço não for encarado com uma visão holística, os resultados obtidos deverão ser tão dispendiosos e imprevisíveis quanto os do artesão que trabalha sozinho em casa, a mercê do mercado.

É bom lembrar que, hoje, a venda de um produto é considera como a finalização de um processo de serviço, que começa com a persuasão do vendedor e termina na entrega do produto ao consumidor, que, em contrapartida, paga pelo mesmo.

Administração e Sistemas de Informação

Significativas mudanças ocorreram no meio empresarial nestas últimas décadas e cada uma delas levou as funções administrativas a ganharem um novo sentido nas organizações. Várias empresas procederam a estudos de sistemas de informação avançados e em grande escala. Com base nestes esforços, muitos dos conceitos fundamentais da abordagem dos sistemas de informação foram reexaminados, modificados e ampliados.

À medida que o comércio e a indústria mundiais foram se desenvolvendo, o volume de dados cresceu em função exponencial, atingindo, presentemente, uma situação que, a se manterem os métodos tradicionais, tornaria impossível ao gestor desempenhar satisfatoriamente suas tarefas.

As operações, no dia a dia, da maioria das grandes empresas, são cada vez mais dependentes de computadores, inclusive para a sua sobrevivência. Exemplo típico é o das companhias aéreas, totalmente dependentes dos sistemas de reservas de vôos, assim como as operações dos bancos comerciais e os processos industriais.

Até pouco tempo, escassas foram as autoridades inclinadas a encarar as redes de informação como sistemas. Com o aumento vertiginoso do custo da burocracia e devido à crescente oferta de computadores ao mercado, a preços cada vez mais baixos, mais e mais administradores começaram a dar valor aos sistemas de informação.

Sem informação nem um simples negócio pode sobreviver. A informação é a ferramenta de trabalho do administrador. É comum ouvirmos a seguinte expressão: Uma boa decisão depende de 90% de informação e 10% de inspiração. Pequena ou grande, uma empresa terá necessidade de um sistema de informação, que será tanto mais sofisticado quanto mais complexas forem as suas operações.

No passado, o objeto de estudo da Administração era a organização, hoje, é o sistema de gerenciamento.

Existe uma crescente compreensão do papel potencial dos sistemas de informação nas organizações. Podemos construir novos sistemas de informação para gerenciamento, análise e apoio à decisão.

Gerentes, sejam de onde forem, enfrentam problemas para os quais existe premente necessidade de informações, para poderem gerar caminhos alternativos, avaliar recursos e impactos, decorrentes das soluções propostas, isto é, gerar um plano realista e factível.

Todas as empresas utilizam sistemas de informação como vantagem competitiva. A própria reengenharia está sendo vista não como somente uma mudança na estrutura organizacional (descentralização e menores dimensões), mas como uma reengenharia de sistemas de informação.

As grandes razões que movimentam o mercado de sistemas de informação são:

- A conscientização de que informação é um patrimônio estratégico.
- A conscientização cada vez maior das vantagens do processamento de dados.
- A evolução do microprocessador, que tornou possível o desenvolvimento da tecnologia de rede.
- A crescente multiplicação de escolhas disponíveis para modelar soluções e componentes de sistemas.

Temos presenciado transformações econômicas, políticas e sociais decorrentes da utilização da tecnologia digital da informação, em nível mundial. A partir da década de 1970, o paradigma tecnológico propôs uma sociedade automatizada e informatizada. Cada vez mais as pessoas estão descobrindo ser necessário se familiarizar com computadores.

Se você é um homem de negócios, existe uma boa possibilidade de que se envolva em alguma atividade de análise de sistemas. Como administrador, terá de interagir com pessoas ligadas ao processamento de dados e à construção e desenvolvimento de sistemas.

Assim, quanto mais você souber sobre o que essas pessoas fazem e o que elas esperam de você, mais bem preparado você se encontra para gerir o seu negócio.

Sistemas de Suporte à Administração

O impacto da tecnologia dos computadores nas organizações e sociedades está aumentando muito. A interação e cooperação entre pessoas e máquinas estão se desenvolvendo rapidamente para cobrir muitas atividades organizacionais. Das tradicionais folhas de pagamento e funções contábeis até áreas complexas como fusões e aquisições.

A administração moderna realizada através de computadores não é, em absoluto, uma nova moda. Gerentes estão reconhecendo que computadores podem aumentar, em muito, a força de trabalho. As aplicações com computadores estão se movendo do nível operacional para o nível institucional, e vice-versa.

Há também uma tendência a criar pacotes que ajudem o administrador naquilo que lhe é mais importante: a tomada de decisão.

Administração é um processo pelo qual certo número de objetivos é alcançado através do emprego de recursos. Os recursos são entradas do sistema empresa e os relatórios, bens, serviços e ideias são vistos como saídas deste sistema.

O grau de sucesso do trabalho do gerente é obtido medindo-se a razão entre saídas e entradas. Esta razão é chamada eficiência empresarial. Nas organizações, a tomada de decisão ocorre em todos os níveis.

Por muitos anos, gerentes consideravam a tomada de decisão como uma arte ou um talento adquirido, em função de uma longa experiência (conhecimento do tipo ensaio e erro).

A administração foi considerada uma arte, porque uma variedade de estilos individuais podia ser usada para aproximações sucessivas, na solução de um mesmo tipo de problema gerencial. Estes estilos tinham como base a criatividade, o julgamento, a intuição e a experiência, bem como a utilização de métodos quantitativos de forma sistemática e científica. Entretanto, o ambiente em que opera o gerente está em constante mudança.

Hoje, estamos na Era da Informação, da microeletrônica e da nanotecnologia, onde os avanços da tecnologia determinam nosso estilo de vida. Cada avanço tecnológico terá de ter como suporte um avanço no sistema administrativo, e vice-versa.

Os negócios são mais complexos, porque temos que considerar vários fatores, tais como: tecnologia da informação, estrutura organizacional, estratégia competitiva, globalização, instabilidade, política governamental.

Os resultados da tomada de decisão, hoje, são mais complicados do que no passado, porque o número de alternativas é maior, as consequências das decisões são mais difíceis de prever em virtude do alto grau de incerteza, o custo para corrigir erros pode ser muito grande devido à complexidade e grandeza das operações.

Um sistema de informações gerenciais é um sistema baseado em computador que serve para buscar, inferir e integrar dados de várias fontes, de maneira a ordenar, no tempo certo, informações necessárias para a tomada de decisão.

Um Sistema como Modo de Pensar

O ser humano é cercado de problemas. Problemas que na sua maioria não são solucionados. Por quê? Por que não sabemos pensar a respeito do próprio problema? Por que não sabemos pensar numa solução? Ou será por que nossa dificuldade está na maneira de pensar na solução?

Os cientistas da Lógica dizem que não chegamos a uma solução ótima (a melhor possível), porque, muitas vezes, o processo de pensar é que está errado.

Este processo é tão importante, que mostrado quando enveredamos por caminhos errados e perdemos muito tempo, chegando, às vezes, à solução, muito tarde. Um ditado chinês nos diz: "A mais longa caminhada começa com um primeiro passo". Mas, em que direção? É preciso pensar a respeito. Quem sabe precisamos estabelecer um plano gerencial para pensar.

Podemos começar pelo objetivo central e em seguida nos objetivos secundários. Cada etapa do plano deve se ajustar ao objetivo central. Porém, este plano deve ter alternativas para atender o inesperado. O plano para se precaver de possíveis fracassos deve buscar todas as alternativas. Assim, só há um caminho: dar um enfoque sistêmico ao modo de pensar, na maneira de atingir os objetivos, e dar solução a um problema.

Mas, atenção! Quando descrevemos um automóvel, devemos ter em mira a sua função. Em que o automóvel serve para a sociedade e não descrevê-lo pelas peças de que é composto. Será que as pessoas têm o mesmo enfoque sistêmico de uma determinada coisa ou um determinado problema. É claro que não. C. West Churchuman ("*Introdução a Teoria de Sistemas*") classifica estas pessoas como:

Administradores – Debatem sobre medidas de desempenho e rendimento. Buscam processos para eliminar o que é indesejável ao sistema.

Analistas – Buscam uma maneira ótima de se construir um sistema. Utilizam, geralmente, modelos matemáticos.

Humanistas – Pretendem que todo e qualquer sistema encare primeiro os valores humanos.

Antiplanejadores – Aqueles que acreditam que a experiência e a esperteza são a marca da boa administração. Eles não fazem o menor esforço a fim de mudar o sistema. São os oportunistas.

Quando um gerente diz que está pensando num problema de forma sistêmica pode parecer a alguns um magnânimo e pode a outros um insensato. Os sistemas devem ser dirigidos eficientemente ou então não vale a pena que funcionem é um pensamento dominante entre administradores de sistemas gerenciais.

Toda vez que uma unidade monetária é gasta, ou um homem é usado para realizar uma tarefa, um recurso é consumido. Há nisso uma oportunidade de se obter resultados melhores, ou não.

Portanto, a minimização de custos é válida para qualquer que seja o sistema, pois à medida que avançamos no pensamento, reexaminamos os anteriores. Por isso, devemos ter sempre uma lógica de procedimento na maneira de pensar.

Reduza Gastos no Transporte Rodoviário

Os violentos aumentos dos custos dos transportes, nos últimos anos, tornaram a distribuição física de bens uma questão crucial que muitos gerentes não hesitam em afirmar que são os seus custos que determinam atualmente a rentabilidade das empresas. Por isso, a necessidade de cortar despesas na entrega de mercadorias está estimulando experiências inovadoras.

Nesse sentido tudo vale, até mesmo uma redução da competição. Duas grandes empresas de gás de botijão abriram mão de suas tradicionais áreas de atuação, trocando fatias de mercado entre si. Cada uma das empresas concentrou suas atividades em novas áreas e racionalizou, consideravelmente, seus roteiros de entrega.

Mas, as tentativas de ajustar as cargas e os roteiros das frotas à nova realidade nem sempre têm lances tão espetaculares. Na verdade, muitas empresas estão empenhadas, em suas rotinas diárias de trabalho, em procurar fórmulas para evitar desperdícios. E, de fato, não há como escapar da necessidade de empreender um esforço de racionalização quando se roda, por exemplo, 12 milhões de quilômetros anuais, o equivalente a quinze viagens à Lua, como é o caso de uma empresa distribuidora, por exemplo.

Hoje, as empresas aprofundam estudos de logística e estão sempre perguntando se o canal de distribuição é o mais adequado. Até pensam em parceria com outras empresas concorrentes. Apesar de todos esses esforços, a necessidade de reduzir custos de transporte é uma tarefa incompleta e receptiva a qualquer boa ideia.

O governo do Paraná foi pioneiro na instalação de centrais de informações de fretes como alternativa para redução dos custos de distribuição. As centrais cobrem os pontos de maior demanda de carga, fornecendo informações sobre o movimento de cargas num raio de até 100 Km.

Assim, se um motorista está indo de Curitiba para Cascavel sem carregamento de retorno, deve entrar em contato com a central da área, que se encarregará, se houver disponibilidade, de reservar carga para ele, permitindo o planejamento antecipado da viagem.

Enquanto algumas empresas procuram investir na busca de novos materiais, leves e econômicos, para suas carrocerias, outras estão abandonando certos pontos de venda, reduzindo sensivelmente sua presença em algumas áreas, entregando-as para atacadistas. Estas decisões são difíceis e arriscadas, podendo conduzir a conflitos e perda de mercado.

Como Vender à Grande Empresa

Bem administrado, o empurrão de um comprador pode facilitar o futuro dos pequenos fornecedores de bens e serviços. A ideia do empurrão não é ilusória, ainda que a presença de um grande cliente na carteira de compradores de uma pequena ou média empresa não seja, por si só, uma garantia de sobrevivência.

Persistência é uma regra valiosa, mas não a única capaz de abrir portas para um principiante, que, não raramente, tem em sua retaguarda uma garagem e algumas máquinas de segunda mão. Ele precisa ter um produto de qualidade e/ou diferenciado, de preferência, com as duas características ao mesmo tempo.

A pequena empresa precisa saber encontrar seu lugar na grande empresa e descobrir a brecha em que se encaixa e que se compatibiliza com sua capacidade de produção.

Entusiasmado com a possibilidade de ser parceiro de uma grande empresa, o empresário de pequeno porte pode correr o risco de aceitar desafios que vão além de sua capacidade, como se recebesse uma carteira de habilitação de motorista e com ela decidisse pilotar um avião. É queda certa.

Uma regra de ouro deve ser observada: O pequeno empresário, aquele que está começando, não pode se impressionar com o porte da grande empresa. Em vez de tremer diante de um grande, o pequeno pode beneficiar-se de algumas de suas vantagens. A principal delas é a flexibilidade. Os grandes costumam ser pesados na decisão.

Como, na pequena empresa, geralmente, é o dono que negocia o pedido, ele tem poder de definir na hora da negociação o que melhor lhe convém, sem ter de consultar grandes estruturas. A estrutura da empresa, afinal, é ele.

Quando entra dinheiro na venda, a situação fica delicada para os pequenos. Os grandes compradores têm prazos de pagamento definidos e o chamado poder de compra. Mas não são os únicos donos da palavra final. O pequeno empresário tem de se adequar aos prazos, mas não pode fechar preço na base da emoção, a menos que tenha condições de investir no prejuízo, o que é raro para quem está começando.

Como todos os pequenos fornecedores que começam com a intenção de se estabelecer no mundo dos negócios por conta própria, ele sabe que uma grande empresa na carteira de clientes tem múltiplas funções, quando sua presença é bem administrada. É uma alavanca para o crescimento, um passaporte para outras empresas e uma ponte para a profissionalização.

A grande empresa tem que dar assessoria aos fornecedores de pequeno porte, estabelecer padrões de qualidade e acompanhar a produção, porque isso é bom para os dois lados.

Uma parceria afinada com um grande comprador depende muito da forma pela qual o pequeno fornecedor se conduz antes, durante e depois das negociações. Alguns pontos importantes ajudarão nesta negociação:

- Conhecer as necessidades do comprador é um bom cartão de visitas, impressiona e poupa tempo.
- Manter a palavra, em relação a prazos de entrega e as condições do produto, é elementar.
- A amostra nunca pode ser melhor do que a encomenda.
- A pontualidade não deve ser um privilégio do primeiro pedido.
- Dar assistência constante ao comprador, através de visitas periódicas, é visto como um bom sinal.
- Investir na inclusão do nome de sua empresa no cadastro do comprador.
- Praticar uma política de concessão de descontos nos fornecimentos iniciais é o que se chama custo de introdução.
- Limitar a participação de grandes empresas a algo em torno de 10 a 25% do total do faturamento, porque acima disso, a autonomia pode ser ameaçada.
- Praticar encontros de demonstração (degustação, experimento) para novos produtos.

Marketing não é Propaganda

Marketing é o mesmo que propaganda? Digo isso porque a toda hora ouvimos: "É preciso colocar um pouco de marketing neste negócio". A resposta é não. Marketing é uma espécie de filosofia dirigida à empresa que se inspira na pesquisa de mercado. Portanto, uma visão consolidada do processo empresarial inteiro, com foco no mercado.

É a atividade humana dirigida para a satisfação das necessidades e desejos dos consumidores, através de processos de troca. Um conceito ampliado de marketing pode ser considerado como uma orientação da empresa, baseada no entendimento dos valores de um mercado alvo de forma efetiva.

Etimologicamente, marketing significa "com mercados". Quando se faz uma pesquisa bibliográfica, os conceitos de marketing se multiplicam. É comum conceituar marketing como sendo um conjunto de métodos para aumentar as vendas e gerar lucros para a empresa, através de uma ou mais estratégias.

O marketing é um "continuum". Não é algo que se faz num determinado ponto e depois se abandona e nem é uma arte maliciosa de enganar o consumidor incauto e não se destina unicamente a especialistas.

O conceito de marketing propõe equilibrar critérios, frequentemente conflitantes entre o lucro da empresa, a satisfação do consumidor e o interesse público. A função marketing, além de colocar bens, serviços e ideias junto ao público, deve criar e manter consumidores. Ela busca desenvolver ferramentas, cada vez melhores e mais rápidas, para a comunicação com consumidores, isto é, desenvolver cada vez mais o nível de interatividade da empresa com o consumidor.

Fato que obriga a empresa a formular uma definição clara do negócio em que está e que orientação deve seguir. Também deve estimular, em cada função dentro da organização, especialmente nos níveis mais elevados, a reflexão acerca do apropriado grau de mistura dos interesses (cliente e empresa).

É uma função que, através dos resultados com vendas (receitas), ajuda a empresa a avaliar: consumo, mercado, aceitação do produto, previsão, distribuição, tomada de decisão, política de venda, planejamento da divulgação do produto, comunicação com consumidores.

O marketing não só é muito mais amplo do que vendas, como também não é uma atividade especializada. Abrange a empresa inteira sob o ponto de vista do consumidor. O interesse pelo marketing deve ser de âmbito geral.

Qual Estrutura Adotar?

"A imagem de uma coisa não é a própria coisa", segundo René Magritte, pintor surrealista. Também um organograma não representa a empresa, assim como um novo plano estratégico não constitui uma resposta efetiva a uma turbulência do mercado.

Uma frase que todos já escutaram é: Nem tudo é o que parece ser. Mas, se todos nós sabemos disso, por que insistimos em resolver problemas, mudando a estrutura?

Tom Peters nos fala do caos produtivo, que a velha cultura organizacional solapa de imediato, voltando tudo a ser como antes no Quartel de Abrantes. Mesmo assim, queremos mudar, manipulando a estratégia e/ou a estrutura. Talvez, esteja na hora de mudar de atitude. No final da década de 1970, começou a se generalizar um movimento para com os problemas da eficiência e eficácia administrativas.

Todos tinham objeções às limitações das soluções estruturais habituais, especialmente da forma mais recente, a complexa forma matricial. Todos, além disso, também eram céticos quanto à utilidade dos instrumentos conhecidos, duvidando que pudessem estar à altura da tarefa de reorientação e revitalização de gigantescas empresas de bilhões de dólares.

Na realidade, em 1962, Alfred Chandler escrevera o livro *Estratégia e Estrutura,* no qual defendia a tese vigorosa de que a estrutura decorre da estratégia. Em 1977, já fazia parte do saber convencional que a afirmação deste autor tinha todas as características de uma autêntica "verdade universal". Basta pôr o plano estratégico no papel, para que a estrutura organizacional adequada surja instantaneamente. A ideia era certamente importante.

Quando ele a concebeu, entretanto, todas as empresas estavam diversificando suas atividades e o que ele conseguiu captar com maior clareza foi o fato de que uma estratégia de ampla diversificação impõe uma estrutura marcada pela descentralização. Afinal, a forma decorre da função.

Para o período que se seguiu à Segunda Guerra Mundial, até por volta de 1970, os conselhos de Chandler foram suficientes para provocar (ou manter) uma revolução nas práticas administrativas. Todavia, raramente a estratégia parece impor um único tipo de solução estrutural. As questões cruciais em estratégia eram, na maioria dos casos, problemas de execução e de contínua adaptação.

Isso significava, em grande medida, ir muito além do campo da estratégia e enfrentar questões de como organizar a estrutura e os recursos. Isso nunca ficou tão claro, quando, em 1980, empresários e administradores americanos, pressionados pela estagnação, precipitaram-se em copiar os japoneses, ignorando as vastas diferenças culturais entre os dois países.

Hoje, o pensamento organizacional contemporâneo complementou e ampliou para o seguinte: Dadas certas empresas, estratégias e recursos, são impensadas estruturas condicionadas à estratégia. Mais importante, talvez, hoje, em um número crescente de casos, é encarar que a estrutura é a própria estratégia, e vice-versa.

A Estrutura Ideal Existe?

Karl Weick afirma que as organizações aprendem e se adaptam com extrema lentidão. Elas manifestam um respeito obsessivo por seus próprios caminhos de rotina, mesmo tendo o seu valor prático perdido qualquer significação. Ele diz também que a inflexibilidade provém de certas imagens mecânicas herdadas das gerações que nos antecederam.

Assim, as pessoas não percebem uma organização que valoriza a improvisação em detrimento da previsão, que enaltece a oportunidade e não a coação, que valoriza o confronto, estimula dúvidas e contradições em lugar da certeza.

A instabilidade econômica, a rapidez das mudanças tecnológicas e a irresponsabilidade das elites governantes geraram um grau de incerteza muito grande, fazendo com que o administrador assumisse o desafio de gerenciar e inovar a organização para simplesmente sobreviver.

Cada estrutura de organização tem certas especificações que nada têm a ver com o seu propósito, mas são partes integrantes da mesma. Um corpo humano pode ser descrito como tendo características relacionadas entre si. O mesmo pode ser dito de uma organização. As organizações são estruturas para satisfazer o seguinte:

- Necessidade de clareza, simplicidade e economia de esforços e de manutenção.
- Direção de visão para o produto e não para o processo.
- Facilidade em administrar conflitos e atingir resultados positivos.
- Compreensão de cada indivíduo quanto a sua própria tarefa, bem como a da organização.
- Tomada de decisão que focalize as questões certas e que sejam orientadas para a ação e execução no mais baixo nível possível de administração.
- Estabilidade, em oposição à rigidez, para sobreviver à agitação.
- Flexibilidade para compensar a incerteza.
- Inovações (abertura para novas ideias) e atendimento do mercado.

Tais necessidades exigem que uma organização seja capaz de produzir, dentro de si, os líderes de amanhã, ajudando cada pessoa a desenvolver-se continuamente. Embora cada organização, especialmente um negócio, seja estruturada, nenhum princípio de estrutura é o ideal a todas as suas exigências e necessidades.

O princípio funcional, por exemplo, tem grande clareza e alta economia, torna fácil a cada um compreender sua própria tarefa, tem alta estabilidade, mas pouca adaptabilidade. Perpetua e desenvolve aptidões técnicas e funcionais, mas resiste a novas ideias e inibe o desenvolvimento e a visão estratégica.

Uma conclusão é que estruturas de organização podem ser: puras, eficientes ou eficazes, mas é improvável que sejam todas ao mesmo tempo. Isso não significa que uma estrutura de organização deve, necessariamente, ser desajeitada, ou seja, uma mistura confusa.

Uma implicação que se torna clara, porém, é a de que uma estrutura tem probabilidade de acabar sendo sempre provisória.

Cada organização tem uma estrutura adequada a sua missão, aos seus objetivos, tamanho, ambiente, recursos, operações, decisões, estratégias, políticas, relações com o mercado, região, público-alvo, linhas de autoridade, responsabilidade e poder.

O arquiteto da organização tem, atualmente, a sua disposição os seguintes tipos de estrutura organizacional: linear, funcional, mista, colegiada, para rotina, para inovação, para resultados, por produto, por território, por cliente, por carteira, por matrizes, por equipes, de rede, atomizada, holística e multiestrutura.

Em suma, o que conta é o ser humano. Porque as organizações precisam observar os limites, as capacidades, as oportunidades e as habilidades das pessoas que nela trabalham. Não há até agora organização sem gente. Não obstante a indubitável importância que têm as questões estruturais, facilmente se chega à conclusão de que elas ainda são insignificantes diante do mercado.

A própria palavra estrutura, por exemplo, leva à pergunta: Estruturar para quê?

Segmentar para Crescer

Se a organização pretende evoluir ou se ela não está sendo bem-sucedida na condução de suas transações, de forma a gerar um excedente de recursos para crescer, significa que ela deve mudar a sua estrutura, para um estágio mais adaptado ao mercado e público-alvo.

Após avaliar os aspectos que definem e caracterizam um dado mercado e as formas através das quais os responsáveis pelo marketing atuam em suas empresas, administrando compostos mercadológicos específicos para os seus produtos, voltados a diferentes segmentos, caberia a questão: Existem vantagens significativas no desenvolvimento de estratégias voltadas à segmentação do mercado? Sim, pois ela divide o mesmo em pequenos segmentos homogêneos.

Os elementos destes segmentos são mais parecidos, em termos de desejos, necessidades ou comportamentos do que o mercado total.

A estratégia de segmentação é aquela que dirige esforços a grupos de consumidores selecionados, para atendê-los melhor. Nesta estratégia devemos investir nos segmentos mais rentáveis e de baixo risco (ou relativamente baixos), porque ela proporciona algumas vantagens, tais como: detecta nichos de mercado, facilita o conhecimento do cliente consumidor, não depende do tamanho do mercado, pode ser implantada progressivamente, desenvolve produtos para um mercado alvo específico, simplifica e racionaliza a força de vendas, melhora o relacionamento com consumidores, usuários, pacientes e colaboradores, conquista parcelas crescentes de mercado, orienta processos para a minimização de custos de distribuição, ajuda a melhorar e fixar as marcas e a imagem da empresa na cabeça dos consumidores.

Qualquer atitude relacionada à segmentação de mercado precisa levar em consideração as premissas:

- A segmentação não depende do tamanho do mercado.
- A segmentação é uma decisão sistêmica e progressiva.
- A segmentação se fundamenta num planejamento.
- A segmentação é para mercados e não para produtos.

- A segmentação deve ser uma estratégia sem a pretensão de dominar o mercado.
- A segmentação decorre dos desejos dos consumidores e do atendimento de suas variadas necessidades.

Há, contudo, muitas confusões a serem desfeitas em torno da segmentação. Segmentar não é, por exemplo, uma forma que conduz, necessariamente, a atender menos clientes, nem atender como forma de diminuir custos. Pelo contrário, uma boa e correta política de segmentação deve conduzir a um melhor atendimento, para mais clientes e com maior rentabilidade para a empresa.

Ao querer adotar a estratégia de segmentação, a empresa deve, antes de tudo, procurar obter uma noção bem clara se o mercado a comporta. Por vezes, os segmentos do mercado não são suficientemente bem delineados, ou oferecem potenciais excessivamente restritos, para justificar uma concentração de esforços de adaptação do produto aos desejos de uma minoria de consumidores.

Principais fatores a serem considerados na segmentação são: custo, região e perfil do consumidor.

A grande dificuldade que se impõe a uma divisão e classificação por segmentos consiste na escassez de dados. Ademais, não devemos esquecer de que os concorrentes sofrem as mesmas limitações. O problema é que, apesar de se falar em segmentação, poucas companhias sabem como colocar em prática tal estratégia.

Vale Pensar Pequeno?

O problema da História é que ela é contada e escrita pelos vencedores. O êxito de novos produtos e os feitos dos empresários é que os repórteres obtêm informações das próprias pessoas sobre as quais escrevem. As distorções resultantes são ainda maiores do que se os próprios "vencedores" tivessem escrito sobre si mesmos.

Todo homem tem, dentro de frágil orgulho, certo traço de modéstia e comedimento. Ele não escreverá mentiras lisonjeiras a seu respeito, mas em conversa com outros não hesitará em contar suas façanhas.

Poucas organizações complexas, não importam quanto sejam autoritárias, podem dar até mesmo a seus dirigentes poder para que eles façam as coisas tão efetivamente quanto o desejariam. Quando forçado a depender dos outros, o homem é obrigado a tolerar a maioria das coisas que tornam os outros diferentes dele.

Quanto maior e mais complexa a organização, tanto mais pessoas há das quais o líder é forçado a depender. Por isso, é forçado a fazer compromissos e negociar o dia a dia com as pessoas. O processo de alcançar estes compromissos é o de buscar, descobrir, persuadir, empurrar, puxar, exacerbar, suavizar, ensinar, aclamar, tiranizar e demitir.

Talvez seja importante para a grande empresa aceitar logo de início que muitas de suas frustrações e reveses sofridos no passado são, de fato, peculiares ao negócio. Uma vez que reconheçam isso, é menos provável que alimentem expectativas improváveis. Assim, a primeira coisa que valha saber é que as outras empresas possivelmente não sejam tão dinâmicas, engenhosas e efetivas, como parecem. É que, apesar das aparências, provavelmente, não são muito diferentes da nossa organização.

Ademais, os esforços para fazer de maneira diferente as coisas já existentes serão tidos como ameaças potenciais pelas pessoas que já dominaram o modo de fazê-las. Fato já alertado por Sun Tzu (600 a.C.).

Por isso, quanto mais diferente for uma nova ideia, maiores serão as probabilidades de que encontre resistência. As pessoas resistirão não porque se oponham ao progresso, mas porque são seres humanos. A maioria das pessoas resiste ao desconhecido e fazem um esforço enorme para esconder a ignorância, quando deviam usá-lo para aprender.

Os executivos têm grande responsabilidade pela operação bem-sucedida de uma determinada organização, cujos segredos levaram anos para aprender e dominar. Por isso, dificilmente fomentarão coisas novas. O mais importante é que quanto maior uma empresa se torna, tanto mais eficientemente ela será organizada, operada e motivada para executar as rotinas, em vez de tarefas relativamente novas.

Em consequência, a grande empresa desenvolve um estilo gerencial, que não é particularmente acessível às atividades inovadoras, que colidam com seu propósito básico de permanecerem no mercado. Ela não sabe pensar pequeno.

No consumo de matérias-primas a grande empresa pensa em termos de toneladas por hora e a pequena em toneladas por ano. Um exemplo patente disso é que Bill Gates começou a sua Microsoft numa garagem da sua casa.

As Dimensões de um Cargo

Há várias dimensões a serem consideradas para se poder fazer uma descrição completa de cargo, mas nada é tão importante quanto às sentenças que contém a palavra decisão. Cargo é uma posição definida na hierarquia de uma organização, configurada por um conjunto de atribuições, tarefas, responsabilidades e direitos (autoridade, privilégio).

Cada cargo tem um ou mais ocupantes (pessoas) que executam determinados trabalhos específicos. A primeira tentativa de se definir e estabelecer racionalmente os cargos a serem desempenhados pelas pessoas numa organização aconteceu com a Administração Científica de Taylor. Para que exista um cargo deve, obrigatoriamente, existir uma função que o justifique.

A função é o conteúdo do cargo. É importante lembrar, todavia, que, na prática, muitas vezes, existe cargo sem função e, outras vezes, existe função sem cargo. Cada pessoa (cargo) é um centro de comunicação.

O cargo é um importante determinante do papel que seu ocupante representa no sistema empresa. Uma pessoa, cujo trabalho lhe permite sair de seu escritório pessoalmente ou via Internet e atravessar outras áreas departamentais, tem maiores oportunidades de comunicação do que alguém que passa a maior parte do dia em sua sala trabalhando.

Segundo Drucker, "a propriedade essencial de um cargo não é definida pelo fato de ser especializado ou não, de ser de linha ou de staff, mas sim pela natureza das decisões que ele exige". Um homem do campo pode trabalhar até a exaustão, mas ele não tem importantes decisões a tomar e seu emprego não pertence a uma categoria elevada.

Outro pode não fazer esforço físico algum, mas seu trabalho é tido em alto conceito, porque as decisões que toma forçam sua capacidade mental e podem provocar mudanças em sua vida ou na organização que trabalha.

Este precisa suportar o fardo de tomar decisões, comunicá-las e pô-las em prática, a despeito do longo período de dúvidas quanto ao seu acerto.

A criação de cargos deve ser guiada, em geral, pelos objetivos e estratégias da organização. A estrutura dos cargos, assim como a dos departamentos, deve adaptar-se do melhor modo possível. Colocar a pessoa certa no cargo certo dependerá das funções específicas que este exigirá. Assim, para o seu exercício serão exigidas características, tais como: habilidades, conhecimentos técnicos, autonomia de atuação, conhecimentos atualizados de tecnologia e de sistemas de informação e de comunicação.

A abordagem mais recente sobre cargos tenta descrevê-los de forma que os empregados sintam o trabalho como tendo um significado próprio, sintam responsabilidade pessoal pelos resultados do mesmo, gostem e se identifiquem com as tarefas a desempenhar e recebam um voto de confiança sobre os resultados de suas atividades.

As Doenças Fatais da Organização

Cerca de 90% dos problemas das empresas, ou seja, a maior parte, não é da responsabilidade dos seus empregados, mas resultado de estruturas deficientes de trabalho. Então, é necessário que se afaste o medo dentro das empresas, para que se dê liberdade à criatividade.

As pessoas receiam apontar problemas pelo medo de serem culpadas por eles. Deve-se cessar a ação de avaliar as transações, do dia a dia, apenas à base do custo em detrimento da qualidade e instituir o treinamento dentro do trabalho, ao invés da prática vigente, onde os novos empregados aprendem os serviços com os mais antigos, que por sua vez tiveram a mesma forma de ensinamento, quando entraram na companhia, acarretando com isso uma execução da tarefa que, cada vez mais, se afasta do determinado inicialmente.

Eliminar as barreiras entre as diversas áreas da empresa deve ser tomado como premissa. O que se observa nas companhias é que os seus diversos departamentos têm objetivos diferentes e não trabalham em equipe para resolver os problemas comuns.

Uma organização é como um corpo humano. Assim, como é preciso zelar pela saúde do corpo, é preciso, também, cuidar da saúde de sua estrutura. Esta pode sofrer de esclerose, infantilismo, senilidade, paralisia. Ela até pode ser desequilibrada. Algumas vezes, as empresas já nascem com doenças, outras vezes adquirem-nas através de constantes mudanças. Dentre estes males destacamos:

Falta de Comunicação – A falta de esclarecimento aos empregados sobre o papel que devem desempenhar na equipe empresarial, a falta de clareza na descrição das atribuições individuais e das delegações de autoridade, explica, provavelmente melhor do que qualquer outro defeito, o conflito, a politicagem e a ineficiência.

A falta de formalização das tarefas e linhas de autoridade, a falta de uma clara determinação da responsabilidade pela execução de um trabalho, pode fazer de uma equipe um grupo de indivíduos invejosos, inseguros e tendentes a passar adiante as responsabilidades.

Falta de Delegação – Um dos problemas mais comuns é a relutância por parte dos dirigentes em dar poder de decisão aos escalões inferiores da organização. Outrossim, o excesso também não é bom, porque pode virar uma casa sem dono.

Incongruência de Atividades – Há casos em que determinadas atividades não devem coexistir sob uma mesma chefia, por serem, por assim dizer, divergentes, opostas ou mesmo conflitantes.

Macrocefalia Administrativa – Tendência ao crescimento desordenado com o propósito de justificar posições de poder.

Microcefalia Administrativa – Tendência à centralização para controlar um número de subordinados muito grande, para a capacidade de rapidez e de resposta aos problemas.

Excesso de Filtragem – Criação de polos de decisão que podem filtrar em excesso ou distorcer as determinações da direção superior.

Excesso de Contatos Funcionais – Tendência nas estruturas em que a direção é muito preocupada em não aumentar os custos administrativos. É a existência de excessivo número de contatos funcionais. Assim, não existindo chefias intermediárias a direção superior não tem a quem delegar e acaba tendo que dar instruções diretamente ao pessoal do nível operacional.

Dupla Incidência de Autoridade – O problema da acomodação de pessoas aos cargos sem que haja uma perfeita delimitação de atribuições e de áreas de influência. Não raras vezes, resulta em subordinados com mais de um chefe.

Integração Ilógica – A dificuldade consiste em integrar racionalmente, considerando as similitudes e afinidades, pois é erro aproximar e colocar sob a mesma chefia partes heterogêneas, que não se ajustam bem.

Falta Flexibilidade – A necessidade de flexibilização é cada vez mais importante num mundo onde as turbulências se acentuarão em escopo, espaço, tempo, velocidade e complexidade. O executivo que não tiver uma flexibilidade operacional deixará de atender urgências e oportunidades.

Falta Documentação – A documentação é a ponte entre os especialistas e os generalistas, por isso uma empresa, que não tenha uma documentação acessível e logicamente organizada, não poderá diagnosticar problemas, baseada nas fontes de informações passadas (séries históricas) e projetar, com isso, o seu futuro.

Falta Visão Estratégica – A falta de uma visão de longo prazo agrava o resultado da empresa. O dirigente que não tem este tipo de visão se valerá da sorte.

Falta Assessoria – Embora organizações vivam a Era da Informação, onde a tecnologia da comunicação deu saltos espetaculares, proporcionando a dirigentes, canais de informação conectados a tudo e a todos (Economia de Rede), a figura do assessor aparece como aquele especialista a ser consultado para embasar a ação administrativa.

A natureza básica da assessoria, como uma relação de aconselhamento, caracteriza perfeitamente a ausência de autoridade da mesma. As atividades de assessoria incluem o provimento de: informações pertinentes e relevantes, relatórios, planos, pesquisas, análises, estudos de previsão, avaliações de desempenho.

O trabalho dos assessores, delegado por alguém superior, pode ser discutido com base nas funções administrativas a quem eles ajudam a desempenhar. A assessoria está fora da estrutura básica de linha, da qual é auxiliar, sendo empregada para ajudar executivos a tomar decisões, resolver problemas e atingir objetivos, em função da absoluta falta de tempo, para fazer e conhecer "tudo".

Estratégia e Incerteza

Nenhuma palavra, nos últimos anos, tem sido tão associada à administração quanto estratégia. Um rápido exame em obras administrativas importantes revela que a palavra ou conceito de estratégia serve hoje para qualificar não só a própria administração, como também todas as funções administrativas e organizacionais.

Ao contrário de outras perspectivas de desenvolvimento na teoria e na prática gerenciais, a administração foi ganhando novos adjetivos, à medida que se queria melhor qualificá-la. Assim, surgiram termos e conceitos como: mecanicista, sistêmico, contingencial, participativo. No entanto, quando se chegou à qualificação estratégica, a ideia permaneceu e seu uso foi ampliado.

Se estratégia serve para qualificar todas as funções e dimensões da administração, pode-se inferir que esse conceito é útil para definir toda a essência e relevância da administração, devido à generalização de seu uso. Então não há mais que se contrapor às outras qualificações não estratégicas, porque sequer existiriam, ou, no máximo, seriam desprezíveis por irrelevância.

A transposição do conceito de estratégia militar para a administração serviu para qualificar a amplitude da perspectiva, em escopo e tempo, que se fazia necessária a um mundo de mudanças crescentes. Mas, trouxe também uma potencialidade de equívocos e inadequações típicas de quando se transportam ideias e métodos, sem o sentido das diferenças fundamentais que existem.

Atualmente, executivos enfrentam um mundo mais complexo, ambíguo e de mudanças extremamente velozes, que desatualizam rapidamente conhecimentos, tecnologias, resultados de pesquisa, análises, avaliações e previsões. A convivência com incertezas, riscos e variações intensas não é fácil. Por isso é que, à medida que aumenta a percepção dos dirigentes, cresce também a procura de segurança e de regularidade na vida empresarial.

Surgem, então, os comportamentos de natureza defensiva contra a imprevisibilidade e as variações intensas. São comportamentos de repressão da incerteza, com vistas a procurar contornar a pressão psicológica, sentida por executivos, de ter de decidir com base em conjecturas e fatores não controláveis pela empresa. Esta repressão limita a visão de futuro e restringe o número de alternativas que podem ser identificadas e implementadas.

Reprimir a incerteza é limitar o futuro à capacidade de controle imediato do dirigente, pois prejudica a empresa, criando uma falsa sensação de segurança e estabilidade.

O Fator Poder

Métodos escusos e maquiavélicos, para manter o poder em uma empresa, chocam muita gente. Envolvem alianças calculadas, concessões e negócios. E, com frequência, violam as práticas preconizadas por especialistas em comportamento organizacional. Do ponto de vista do acossado e atormentado executivo, talvez não haja alternativa, se quiser sobreviver no topo.

Segundo Robert N. McMurry, "a necessidade mais importante e premente da vida empresarial não é de melhores comunicações, relações humanas ou participação dos empregados, mas de poder".

Define-se poder como a capacidade de modificar a conduta de outros da maneira desejada, juntamente com a condição de evitar que seu próprio comportamento seja modificado por outros de forma indesejável. Executivos precisam ter poder, porque, infelizmente, muitos subordinados carecem de disciplina. Para estes empregados, trabalho é algo a ser evitado.

Sem poder não há autoridade, sem autoridade não pode haver disciplina e sem esta pode haver dificuldade em manter ordem, funcionamento e produtividade. Um dirigente destituído de poder é, portanto, quase sempre uma cabeça sem proa, ou pior, uma proa sem cabeça. Quanto mais alto está o executivo na hierarquia da organização, maior é sua necessidade de poder. Isto porque o mesmo tende a enfraquecer-se quando é disseminado para baixo.

Se o dirigente é dono do negócio, é possível perder o manejo do grupo. Se não é, e, às vezes mesmo sendo, o poder precisa ser adquirido e mantido por meios políticos, negociáveis, cognitivos e coercitivos. De importância crítica, uma vez que a maior parte de seu poder é derivado ou delegado, o mesmo precisa merecer confiança.

Nada é mais desmerecedor para um executivo do que perder apoio e sustentáculo, em momentos de crise. É por essa razão que a demonstração de poder contínuo é a mais imediata e insistente preocupação de muitos administradores profissionais.

Como podem executivos, chefes e outros administradores, que possuem pouca ou nenhuma parte do capital de um negócio, consolidar poder suficiente para garantir seu emprego e impor suas ordens quando necessário?

O executivo deve adotar todas as medidas que possam assegurar sua compatibilidade pessoal com os superiores. No caso do executivo chefe, isso significa compatibilidade com os donos e/ou seus representantes, como banqueiros, advogados e membros da família.

O fato é que, embora o administrador possa ter todas as aptidões, experiências e atributos pessoais que sua posição exige, se seus valores e objetivos não forem razoavelmente congruentes com aqueles das pessoas que detêm o poder, seu mandato, provavelmente, será curto.

Ter poder até que não é muito difícil de adquirir, mas saber tratá-lo não é para qualquer um. O pior exemplo de utilização de poder está na ONU, onde apenas cinco países podem vetar qualquer proposição. Uma situação totalmente antidemocrática.

Qual Padrão de Estrutura Escolher?

O arquiteto da estrutura precisa mostrar que o desenho retrate eficiência, eficácia e efetividade, mas provavelmente não serão todas as coisas. O que se espera de uma estrutura organizacional é que seja uma rede facilitadora da tomada de decisão.

Segundo Fayol e Sloan, "a boa estrutura não evoluirá simplesmente sozinha, porque as únicas coisas que podem evoluir em uma organização são: desordem, atrito e mau desempenho". Estruturar uma empresa exige estudo, análise, pesquisa, abordagem sistêmica, monitoramento constante.

Aprendemos que esquematizar uma estrutura de organização não é o primeiro passo, mas o último. O primeiro é identificar e organizar os elementos fundamentais, os recursos. A montagem da organização não é uma espécie de quebra-cabeça, sua estrutura é única e orgânica para cada negócio. Esta é a visão mais avançada nos tempos de agora, pois não há "receita de bolo" para se estruturar um negócio.

A boa estrutura é aquela que atende a organização na sua missão, seus objetivos, suas estratégias e suas decisões, tendo canais de informação e comunicação livres e efetivos.

A Teoria Contingencial da Administração mostra e sustenta que forma e estrutura são o que queremos que sejam, porque comunicação, tamanho e tarefa derivam das relações entre pessoas. Por outro lado, a hierarquia não torna as pessoas do alto da pirâmide mais poderosas.

Segundo Chris Argyris, "a hierarquia protege o subordinado contra a autoridade arbitrária do chefe". O economista e guru americano John K. Gaibraith questiona: "Como alguém pode ser livre dentro de uma estrutura? Talvez seguro, mas livre?".

Hoje, é comum se ouvir sobre o direito que o indivíduo tem de fazer aquilo em que está mais bem preparado e que lhe dá maior prazer, atendendo suas habilidades. Entretanto, a única estrutura em que isso se torna remotamente possível é a hierárquica. É a que menos faz exigências para que o empregado se subordine ao trabalho organizacional.

Equipes, em contrapartida, exigem, acima de tudo, autodisciplina muito grande de cada um dos seus membros. Todos precisam representar os seus papéis e assumir responsabilidades. Uma pessoa que trabalha num time não tem liberdade total.

Uma boa estrutura dependerá de tempo, unidade de comando e uma imensa capacidade para organizar recursos, em que pese à crise mundial estar empurrando as organizações para padrões do chamado Primeiro Mundo. Administradores precisam aprender que a estrutura desenhada precisa ser congruente ao desempenho humano, porque este é o seu desafio e a sua prova.

Da Estratégia Militar à Concorrência

Desde a época dos gregos antigos até a Primeira Guerra Mundial, de trinta grandes conflitos e 280 campanhas, somente em seis, de acordo com o historiador militar B. H. Liddel Hart, houve resultados decisivos de assaltos frontais.

Um artigo no "Journal of Business Strategy", de autoria de Philip Kotler e Ravi Singh, discute a aplicação da estratégia militar à concorrência comercial, fazendo constantemente a analogia entre guerra e empreendimento. Com efeito, todas as estratégias ofensivas arroladas pelos autores foram usadas extensivamente e ainda estão sendo vigorosamente empregadas.

Um ataque de contorno significa dar ao inimigo um ponto errado e atacar alvos mais fáceis, pela diversificação de produtos, que não se relacionam ou descobrindo novas áreas geográficas, onde não esteja representado. Tal estratégia é utilizada, quando o concorrente da empresa é considerado inexpugnável. Mas contornar não pode ser chamado, apropriadamente, de estratégia ofensiva.

A guerra de guerrilha pode ser ofensiva, em ambos os sentidos da palavra, porque provoca o inimigo com cortes seletivos de preço, tenta interromper suas linhas de suprimento, rouba seus principais funcionários e cria surtos rápidos e fortes de promoção. Mas, conforme os autores previnem, a guerrilha tem de ser respaldada por um ataque mais forte, se o agressor espera vencer. Geralmente, não é, por si só, uma estratégia vencedora.

O cerco é exatamente o oposto. Lançar uma grande ofensiva contra o inimigo em diversas frentes, forçando-o a proteger a frente, os lados e a retaguarda ao mesmo tempo. Em termos comerciais, isto significa oferecer ao mercado tudo o que o oponente oferece e mais alguma coisa. Você tem de ser realmente melhor em todos os pontos. Portanto, pense antes de agir desta maneira.

As depressivas estatísticas de Liddel sobre ataques frontais são igualadas no comércio dos tempos de paz. Com certeza é possível vencer igualando produto por produto, propaganda por propaganda, preço por preço e assim por diante, sendo este o mais puro exemplo de ataque frontal.

A história diz que os ataques frontais só realmente tiveram sucesso quando a força era muito superior. Na realidade, em sua maioria, os ataques frontais são modificados pelo menos em um aspecto crucial – O preço.

A melhor estratégia, chame-a de ataque de flanco, é aquela que gasta o mínimo do poder de fogo de sua empresa, em confronto com o inimigo e concentra a maioria da despesa em avançar sobre os pontos fracos da concorrência.

Um exemplo muito comumente citado é o seguinte. Uma empresa sólida e competitivamente aguçada foi atacada nos flancos por um novo empreendimento lançado por um de seus ex-empregados. A empresa considerou a retaliação, lançando seu próprio projeto contra este novo inimigo. Por fim, a ideia foi rejeitada em favor de uma resposta menos cara, porém menos formidável, sob a alegação de que a concorrente não tinha a menor chance. Por não retaliar com plena força e imediatamente, ela tinha dado ao inimigo um bem inestimável que ele precisava, tempo para aprender.

Sempre trate uma ameaça com seriedade.

Estratégias de Marketing

A oportunidade, definida como a existência de desejos não satisfeitos, costuma ser bastante ampla para os bens que concorrem no mercado, mas sofre limitações de natureza econômica, cultural, social, legal, ética ou até política que a empresa deve levar em conta ao programar as suas atividades de marketing.

No sentido de política comercial, a principal função da programação e execução do planejamento de marketing consiste em superar as barreiras internas e externas que se impõem à satisfação dos desejos, a fim de liberar a oportunidade e fazer com que os compradores, em potencial, dirijam suas demandas aos bens produzidos ou distribuídos pela empresa. Para alcançar esse objetivo, a empresa dispõe de estratégias de marketing.

Porém, abordaremos, neste momento, apenas duas estratégias bastante usuais, embora existam muitas outras. Uma delas visa exercer influência direta sobre a demanda, para que esta se incline a favor dos bens oferecidos pela empresa em detrimento dos produtos concorrentes. A outra consiste em adaptar os esforços de marketing aos desejos ou necessidades dos consumidores.

A primeira é denominada estratégia diferenciada. A segunda, estratégia de segmentação. É da maior conveniência que o dirigente defina qual tipo de estratégia deva ser adotada ou como devem ser coordenados, antes que prossiga à seleção dos instrumentos a serem utilizados na sua execução.

A diferenciação resulta, basicamente, do desejo da empresa vendedora de estabelecer-se firmemente no mercado e/ou de isolar o seu negócio contra a concorrência. Se aceitarmos o conceito de que toda e qualquer diferenciação visa apontar vantagens e que determinada oferta é representativa para o mercado, em relação a outras ofertas de natureza ou tipo semelhante, a diferenciação não deve ser restrita apenas ao produto, mas também às características que o cercam.

A segmentação do mercado, por outro lado, consiste em encarar um mercado heterogêneo, como composto de diversos mercados menores. A segmentação decorre dos desejos dos consumidores em dar satisfação mais precisa às suas variadas necessidades.

A primeira tentativa de segmentação deve ser necessariamente provisória. Esta deve ser submetida a um exame minucioso, a fim de determinar:

- Quais são os segmentos menos adequadamente cobertos?
- Quais os segmentos que conseguiremos atrair mais facilmente?
- Quais os segmentos em que a direção da empresa deseja concentrar sua atenção, função de seu planejamento estratégico?

O importante é que a diferenciação procura assegurar uma fatia do mercado, enquanto que a segmentação visa conquistar uma ou várias fatias. A primeira tem uma penetração ampla, porém superficial, no mercado. A segunda tem uma penetração reduzida, mas de conhecimento detalhado do segmento atendido.

A Prática da Reengenharia

Existe uma condição básica para que a reengenharia logre algum êxito. É a educação básica dos seres humanos envolvidos. Treinamento é bom para os profissionais, mas a boa educação é fundamental para desenvolver a capacidade de absorção ou mesmo de criação de novos conhecimentos. Um ser humano treinado é capaz de assimilar rotinas e praticar as mesmas no seu dia a dia.

Uma pessoa educada é capaz de questionar ou criar conceitos, contribuindo de forma ativa para o desenvolvimento das organizações. Deve-se observar que, historicamente, toda atividade repetitiva tem sido automatizada e robotizada.

A prática da reengenharia exige organização de equipe e metodologia de trabalho. Em geral, os passos para aplicação dessa metodologia são os seguintes:

- Avaliar a posição da empresa em relação aos concorrentes, relacionando as vantagens competitivas de cada um.
- Definir objetivos próprios.
- Definir uma estratégia que possibilite a empresa superar seus concorrentes e aumentar a satisfação do consumidor.
- Relacionar todos os processos e atividades que viabilizam a nova estratégia da empresa.
- Organizar a equipe que vai realizar a reengenharia.
- Avaliar cada processo atual, principalmente para o que diz respeito a: problemas, índices de desempenho, revisões de atividades, reavaliações dos custos.
- Aplicar os princípios básicos para a prática da reengenharia, que são: Benchmarking (plataforma de qualidade), Terceirização, Parceria, Downsizing (enxugamento da estrutura) e Tecnologia Digital da Informação (Base de Dados).
- Construir um novo modelo, numa visão de solução ótima, buscando: simplificar, combinar, centralizar ou descentralizar funções.
- Criar múltiplas versões do processo e achar um adequado, eliminando controles e verificações.
- Realizar atividades em paralelo, estabelecer ligações eletrônicas, incorporar e melhorar interfaces.
- Formular alternativas para encontrar soluções mais econômicas e mais viáveis para implementação.
- Implantar, a partir de um plano que indique todas as atividades a realizar, recursos e responsabilidades.

Existe uma grande confusão entre qualidade total e reengenharia, não sendo poucos os casos de mistura de ambas. Ainda que elas tenham em comum o cliente consumidor, são, no entanto, programas de aumento de competitividade totalmente diferentes.

A reengenharia é abrangente, cria soluções que vêm de cima para baixo, usa intensamente a tecnologia da informação e provoca mudanças radicais.

A qualidade total é gradual, provoca mudanças funcionais, surge de baixo para cima e usa estatística. Os programas de reengenharia provocam mudanças de estrutura, incorporam novas tecnologias, criam um clima de inovação revolucionário e desenvolvem a qualidade, como consequência dessa transformação.

A qualidade total lida com operação, tendo como objetivo eliminar erros e falhas no processo. Ela caminha para produtos melhores e para ganhos de produtividade.

Cada empresa escolhe o programa que melhor reforça a competitividade. Recomenda-se, no entanto, pela sua abrangência, o início pela reengenharia, incorporando-se qualidade total à medida das necessidades. A reengenharia acontecerá quando o administrador questionar: Seus processos podem ser melhorados? São atuais? Resolvem os problemas? São simples? Envolvem muita gente? São constantes os "gargalos"? É necessário olhar a empresa pelo lado de fora?

As empresas precisam verificar se há realmente necessidade de entrar num processo de reengenharia. Muitas que fizeram reengenharia se arrependeram amargamente, porque seguiram a "moda", adotando um comportamento de manada. Hoje, a reengenharia foi revista pelo seu próprio criador, Michael Hammer.

Muito cuidado ao fazer uma coisa para a qual não está preparado.

Assessoria

Embora as organizações vivam a Era da Informação, onde a tecnologia deu saltos espetaculares, proporcionando a dirigentes canais de informação conectados a tudo e a todos (Economia de Rede), a figura do assessor aparece como aquele especialista a ser consultado para embasar a ação administrativa.

A assessoria pode vir de um funcionário da organização ou de um consultor externo ou, ainda, da Internet, com infinitas fontes de informações (dados) sobre quase tudo.

A assessoria significa uma pessoa ou um grupo que dá conselhos, recomendações, sobre um assunto especializado. Um órgão de linha é caracterizado por ser uma unidade que tem a responsabilidade direta sobre as atividades que levarão a organização a atingir seus objetivos, isto é, cumprir a sua missão.

Alguns autores falam que uma empresa tem dois departamentos de linha: Produção e Marketing e os demais são todos de assessoria (staff).

A natureza básica da assessoria, como uma relação de aconselhamento, caracteriza, perfeitamente, a ausência de autoridade pra decidir. A informação que fornece relatórios, políticas, procedimentos ou planos fluem para cima até seu superior, o qual decide se devem ser transformados em ação.

As atividades de assessoria incluem também o provimento de informações pertinentes e relevantes, pesquisa, análise, estudos de previsão e avaliação de desempenho.

O trabalho dos assessores pode ser discutido com base nas funções administrativas que eles ajudam a desempenhar. Algumas unidades de assessoria devotam a maioria de seu tempo em seus esforços para uma função administrativa, tal como planejamento, por exemplo. A grande variedade de tarefas desempenhadas por assessores origina uma pergunta importante: De que modo a assessoria obtém e exerce autoridade para o desempenho de suas obrigações?

Quaisquer que sejam os direitos dos assessores, estes são delegados por alguém superior.

A assessoria está fora da estrutura básica de linha, da qual é auxiliar. Assessores são empregados para ajudar executivos a tomar decisões, por absoluta falta de tempo para fazer "tudo".

A diferença entre as relações de linha executiva e de assessoria é que os executivos posicionados em linha têm prerrogativas de comando e o pessoal de assessoria não. A assessoria pode fazer qualquer coisa menos comandar, mas pode exercer uma grande influência. Ela torna possível a utilização de especialistas funcionais, sem violar a unidade de comando.

Pode-se afirmar que assessor é uma extensão do executivo, em termos de tempo e de aspectos técnicos. Numa estrutura organizacional que tenha atividades de linha e assessoria podem surgir determinados conflitos.

Os principais argumentos da linha contra a assessoria são: ameaça a autoridade, longe da realidade (da prática), não assume a responsabilidade pelo fracasso, leva tempo para a consulta.

Os principais argumentos da assessoria contra a linha são: não tem autoridade, seu trabalho não é utilizado como deveria ser, o pessoal de linha não sabe pensar, linha não tem visão holística, linha reage à mudança.

Reeengenharia: Como Surgiu?

A reengenharia, apontada, por aí, como o caminho mais curto e prático para o sucesso, é adotada por um número, cada vez maior, de empresas. Surgida nos EUA, em 1990, a reengenharia é um processo que determina mudanças e melhorias no funcionamento de qualquer negócio, garantindo maior competitividade, a partir da reformulação de todos os procedimentos administrativos.

O principal e pioneiro livro sobre reengenharia é de Michael Hammer e James Champy (*Reengenharia revolucionando a empresa em função dos clientes, da concorrência e das grandes mudanças da gerência*). Não deve ser confundida com o processo de melhoria contínua (Kaisen).

Ela é algo mais radical, que visa grandes mudanças nos processos, podendo até mesmo extinguir alguns deles. Analisa tudo em todas as suas dimensões, tem por objetivo maximizar os resultados de uma organização, eliminando processos que não agregam valor ao produto. Também não admite melhorias gradativas. Nesse novo conceito, o que existe precisa ser repensado. As soluções devem ser revolucionárias e inéditas.

Antes de tudo, reengenharia é uma forma de pensar, uma nova vertente da inteligência estratégica nos negócios, uma convicção que não dá mais para caminhar a passos curtos. É necessário dar saltos para novos paradigmas. Significa fazer uma nova engenharia da estrutura, buscar reduzir a organização ao essencial e não aproveitar nada do que existe em termos de processo, procedimento, política, método, técnica, estrutura e estratégia.

Assim, a reengenharia questiona os processos existentes à luz de novas tecnologias e metodologias. Acontece, geralmente, pelas mãos de pessoas de fora da organização, cujos paradigmas são diferentes dos encontrados na organização que se quer mudar. Não é uma condição determinante ser neutro ao processo, mas ajuda bastante, uma vez que o elemento de fora não sofre o condicionamento da rotina. Usa intensamente tecnologia da informação, como suporte da ação administrativa.

Embora muitos falem de reengenharias, todas são, eminentemente, voltadas para processos de estruturação e de negócios.

Quanto à estruturação, a reengenharia consiste em diminuir o tamanho da empresa, reduzindo produção, variedades de produtos e encolhimento da estrutura organizacional. Em todos os casos é possível aplicar a revolução da reengenharia, criando uma nova organização com poucos níveis verticais, com pequena extensão horizontal, na qual se tem, no topo da organização, executivos para a prática da inteligência estratégica e da execução (profissionais preparados, polivalentes, versáteis, multidisciplinares e autogeridos).

Quanto aos negócios, tem conotações estratégicas, porque a empresa terá de reinventar o seu objetivo básico. Para exemplificar, pode-se mencionar o caso de uma grande cadeia de restaurantes que substitui o negócio de venda de refeições por um negócio de distribuição de refeições. Ou o caso de uma indústria de máquinas de terraplanagem que redefiniu o seu negócio como uma empresa de movimentação de terra.

A reengenharia tem uma incidência predominante nas empresas que valorizam a participação das pessoas envolvidas na tomada de decisão. Não pode haver mais a figura do gerente como dono do processo, dos funcionários desprovidos de inteligência, dos fornecedores e consumidores como organismos externos alheios ao processo. Todos devem participar, sugerir, criticar, criar, testar, simular, questionar e exercitar, isto é, todos os verbos no infinitivo que contribuam para mudar os processos na busca da excelência.

Status x Cargo

O status deve estar relacionado de perto com as capacidades e aspirações das pessoas numa empresa. Quando os altos cargos são conferidos indiscriminadamente, o significado do cargo é reduzido para as pessoas que os ocupam e para aqueles que procuram status mais elevado.

Um exército que possui mais oficiais do que soldados não tem um sistema eficiente de cargos. Um número evidentemente grande de diretores tem efeito semelhante.

Outro problema aparece, quando se confere status igual a pessoas que não possuem capacidades iguais. Se duas pessoas, que não são contadoras igualmente qualificadas, recebem o título de contabilista, o resultado é frequentemente uma grande quantidade de atrito e insatisfação. Também se deve lembrar que a direção da empresa não é o único juiz das qualidades individuais.

Como o status é determinado por uma capacidade de se adaptar aos outros, a posição de duas pessoas igualmente qualificadas, sob o ponto de vista técnico, pode realmente ser desigual. Por esta razão, a sociabilidade merece ser considerada ao se formularem orientações para a promoção como forma de ajustamento funcional.

Idealmente, o sistema de cargos deveria refletir as diferentes aspirações do pessoal de uma empresa. Este equilíbrio maximizaria a satisfação a este respeito e facilitaria muito a cooperação.

Se as aspirações de muitas pessoas não podem ser satisfeitas pelo sistema de cargos, existe a possibilidade da subida de posição por meio de ajustamento na classificação hierárquica. Esta política, todavia, apresenta um perigo, porque o cargo é relativo. O resultado pode ser uma perda líquida das satisfações oferecidas pelo sistema.

Outra solução é lutar por aspirações mais realistas. Os jovens diplomados em faculdades, por exemplo, frequentemente, possuem esperanças irreais sobre o papel que desempenharão. Seu nível de expectativa está muito acima de suas reais possibilidades.

Os problemas surgem quando se reconhece ou promove um indivíduo sem lhe outorgar os símbolos e os instrumentos formais do status. Tornar um homem chefe de uma divisão sem lhe atribuir o título pode criar muitos problemas pessoais e organizacionais. Sua graduação escalar é igual a de outros chefes de divisão, mas seu status não é.

A colocação de alguém num cargo, sem lhe outorgar completas credenciais da posição, só deve ser feita temporariamente. A retenção do reconhecimento formal do status pode resultar em corrida para o cargo. O indivíduo se sente inseguro e tenta, por meios políticos e oportunistas, obter a concordância de todos que seu cargo é "justo".

Outro sério problema pode ser causado por uma longa demora em preencher uma vaga. Tal política pode causar o pedido de demissão de um executivo de valor, se ele não for promovido. A alta administração deve reconhecer esta possibilidade e envidar todos os esforços para cadastrar candidatos, assegurando-lhes que não serão esquecidos, em função de seu potencial.

As universidades, às vezes, têm problemas com professores que perdem o interesse de ensinar e pesquisar, depois que atingem certo status. Os executivos de grandes empresas, os funcionários do governo e os militares não diferem a este respeito. Quem vai almejar um cargo que qualquer idiota pode alcançá-lo? Por que se esforçar, se nenhum esforço é necessário?

Quando uma pessoa é removida de um cargo, a integridade dos funcionários que o designaram é posta em risco. Por esta razão, um executivo está frequentemente protegido, mesmo quando se torna evidente para os outros da empresa que um erro de julgamento foi cometido na designação. Outro fator importante é a reação normal a qualquer mudança que tenda a alterar o *status quo*.

A remoção de um cargo pode ser perigosa. A dificuldade em anular uma decisão pode ainda ser maior, em virtude das "alianças". Assim, às vezes, um executivo incompetente é mantido no cargo para evitar maiores confusões. Em geral, pede-se ao incompetente que peça demissão, caso não raro no serviço público.

O Que é Poder?

Poder é a capacidade de agir e de produzir efeitos sobre indivíduos ou grupos. Portanto, não é uma característica ou qualidade, mas uma relação que se estabelece pela comunicação. Quanto maior o poder (formal ou informal), maior a influência na comunicação. Mais ainda, é um conjunto de relações, por meio dos quais os indivíduos e os grupos interferem nas atividades de outros.

O poder pode ser definido como a capacidade de impor mudanças no comportamento de terceiros.

O poder que emana de um cargo administrativo é, geralmente, classificado como autoridade. Pessoas investidas de autoridade têm poder, mas nem sempre a recíproca é verdadeira. Um subordinado pode não ter autoridade, mas pode possuir uma grande parcela de poder.

Não é um executivo de verdade aquele que não tem sede de poder. David McClelland, professor de Harvard, chegou a essa conclusão ao final de um exaustivo estudo sobre os objetivos perseguidos pelas pessoas de sucesso.

O conceito de poder como a capacidade de fazer as pessoas agirem dessa ou daquela maneira, forçando ou cooptando sua vontade, jamais mudou na História. O que muda é apenas a forma com que esse poder é exercido.

Sabe-se que o modo de exercitá-lo nas empresas mudou bastante, a partir dos anos de 1960. É importante conhecer e avaliar com precisão a capacidade de gerir o próprio poder, pois este possui tantas faces quanto o número de pessoas que o detém. O poder de um dirigente se baseia em três pilares: Prepotência, Autoridade e Ascendência Pessoal.

Segundo Paulo R. Motta, "qualquer organização pode ser vista como estrutura de poder". Organizações manejam recursos e geram opções sociais e econômicas, e, portanto, possuem grande capacidade de influenciar o destino das pessoas. Quanto maior e mais complexa a organização, maior a quantidade de recursos sob seu controle e maior a necessidade de poder.

Poder organizacional significa, para um indivíduo, maior controle sobre seus ganhos e perdas, maior influência sobre comportamentos alheios e sobre o destino da própria empresa. E esse poder tende a concentrar-se nos níveis hierárquicos mais elevados, passando a ser cobiçado quase da mesma forma que o poder político. Nessa perspectiva, tal poder constitui um fim em si mesmo, como Maquiavel viu no Século XVI.

Antes que sejam apresentadas as recomendações para que o executivo adquira poder na organização, é importante conhecer algumas premissas básicas:

- Ter controle não significa necessariamente ter poder.
- Aumentar o desejo de prestígio é uma necessidade à medida que o poder diminui.
- Ter autoridade, influência, carisma ou persuasão (ferramentas de poder) não carrega junto o conceito de subordinação.
- As recomendações que se seguem são frutos de anos de observações, relativas à maneira de como se adquirir poder numa organização:
- Adotar as medidas que possam assegurar sua compatibilidade pessoal com os superiores.
- Ao assumir uma atribuição importante, obter de seus superiores uma clara, concisa e inequívoca declaração, por escrito, de seus deveres, responsabilidades, relações e âmbito de autoridade.
- Ter excepcional cuidado de encontrar subordinados, que combinem competência técnica com segurança, fidedignidade e lealdade.
- Em negócios como na diplomacia, além de ter estratégias de atuação, precisa estabelecer alianças.
- Reconhecer o poder do bolso.
- Compreender a importância crítica de se ter canais de comunicação claros e críveis, em todos os níveis da estrutura organizacional.

Para testar o seu poder, faça o seguinte questionamento: Quantos novos projetos você tentou realizar? Quantos deles foram efetivamente realizados? Numa reunião, quando você apresenta uma ideia ela é levada em consideração? Seus subordinados e colaboradores cumprem com prazer suas decisões? As intervenções numa reunião feitas por você têm receptividade? Você pode contar com colegas, superiores e subordinados? Quantos almoços de negócios você costuma patrocinar para conseguir viabilizar seus projetos? Seus subordinados o consultam com frequência sobre decisões a tomar? Quantas vezes você foi obrigado a enfraquecer o poder dos outros para fortalecer o seu?

Quantos Vendedores Contratar?

Para se propor um método que determine o número ótimo de vendedores, devemos, antes de qualquer coisa, saber: Ótimo em termos de quê? Na verdade não deve ser exclusivamente em termos de maiores volumes de vendas expressos em faturamento.

É preciso considerar a margem de lucro. Mas, qual indicador de gestão tomar? Receita com vendas ou retorno do investimento?

Convém fixar algumas questões: O esforço feito pelo vendedor perante o consumidor pode ser otimizado? Um aumento substancial no volume de vendas não criará dificuldades com a concorrência, que pode revidar? O número de vendedores é suficiente para atender os consumidores?

O volume de vendas que se espera de um vendedor não é fácil de determinar. Colocamos dois vendedores numa zona onde existia apenas um. Desta forma, aumentamos a força de vendas em 100%. Porém necessitamos saber também qual o volume de vendas adicionais que obteremos. Não há uma resposta universal a esta pergunta, já que as variáveis a considerar mudam de região, de mercado e de público.

É, então, preciso supor que cada vendedor em trabalho produza o mesmo em qualquer território. Naturalmente isto não corresponde à realidade, se considerar que a atuação de cada indivíduo em cada meio é diferente. Não obstante, a suposição é perfeitamente válida para o caso, desde que a força de vendas seja, suficientemente, grande para proporcionar uma amostra de base estatística razoável, já que o propósito é determinar o rendimento médio por território de diversos tamanhos.

Supõe-se, também, que cada novo vendedor será, em média, tão eficiente quanto o vendedor médio que já se tem. Isto resulta correto uma vez que o novo elemento foi treinado e ganhou certa experiência com base nos modelos de seleção e treinamento já utilizados há tempos. Como ocorre nos casos de previsão em que se estuda a conduta de uma variável isolada, convém considerar todos os demais elementos como se fossem fixos.

Neste caso, a variável que nos interessa é o número de vendedores, já que os elementos que consideramos fixos são os outros fatores da operação de vendas, desde que estes não variem em relação direta ao número de vendedores. Se qualquer uma das suposições for equivocada, será que se pode ajustá-la com base no ensaio e erro? Mesmo no Século XXI?

A espécie de força de vendas que mais convém a uma empresa depende da estratégia para vender. Esta estratégia depende, por seu turno, de fatores básicos como: a natureza da linha de produtos; o tipo de mercado a ser atacado; o grau de agressividade na conquista do mercado; os esforços de propaganda e promoção que serão empreendidos.

A esse respeito, assim se expressaram G. N. Kakn e A. Shuchman: "Quando um vendedor tem que escolher entre atividades rotineiras de conservação e de expansão em vendas (as quais exigem engenho e arte), tende a dar preferência às primeiras."

Por isso, se o desenvolvimento das vendas deve ocorrer através de um esforço global, é necessário determinar esta tarefa a vendedores que estejam impedidos de comprometerem-se na tarefa de manutenção de vendas e que sejam recompensados apenas pela abertura de novos clientes. Em outras palavras, trata-se de formar uma força de vendas especializada na função de aumentar a clientela.

A qualidade da força de vendas, embora imprescindível, não basta. É necessário um número de vendedores que corresponda ao número de consumidores que se deseja atingir. Os territórios demasiadamente grandes acabam abrindo flancos para a concorrência, enquanto os demasiadamente pequenos deixam o vendedor com muito tempo ocioso.

Todo vendedor representa uma unidade da mão de obra de vendas. Determinar o número ideal de vendedores significa determinar quantas unidades são necessárias para se atingir as metas de venda. Sempre que se incorpora um vendedor à equipe, espera-se um acréscimo no volume de vendas. Quando o volume de vendas é menor do que a capacidade de produção da empresa, é muito comum se aumentar o número de vendedores, sem uma análise prévia.

Quando o volume de vendas e a capacidade de produção se equivalem, é difícil formular uma política de expansão da equipe. Existe, entretanto, um ponto a partir do qual se torna antieconômica a expansão da equipe e o aumento de seus custos, no sentido de se obter um volume de vendas maior.

A Economia da Globalização

Ao contrário da economia regional, a economia da globalização pressupõe que os fatores de produção não têm necessariamente de estar próximos do usuário final. Ela floresce mediante a exploração das diferentes vantagens da comparação entre os países. Hoje em dia, as empresas menores também têm acesso aos enormes progressos da logística internacional.

A consolidação de certas atividades, incluindo funções administrativas, aumenta a pressão exercida sobre o desempenho em alguns pontos geográficos. O direcionamento à eficiência dos custos, a mobilidade e a presença global levantam questões fundamentais que se encontram no âmago do moderno pensamento econômico.

A primeira questão é: Qual é o real impacto econômico das empresas globais? Mobilidade na aquisição, produção ou distribuição, terceirização ou alianças e emprego indireto em vez de emprego direto tornam difícil de avaliar a amplitude do valor acrescentado das empresas globais.

A segunda questão é: Qual é sua contribuição para a economia nacional? Dominar empresas que lideram o mercado mundial prestigia a economia global, mas quais são as vantagens para a economia local?

As sedes de grandes conglomerados contam com um número cada vez mais reduzido de pessoal. Também outro fato, é que estas sedes não precisam estar nos países de origem.

Organismos como o Grupo dos Sete (G 7), o Grupo dos Vinte (G 20), a Organização para o Comércio e o Desenvolvimento Econômico (OCDE) e a Organização Mundial do Comércio (OMC) estão atualmente estudando normas básicas de ética empresarial.

O medo da competitividade surge em um país sempre que sua economia é ameaçada. De fato, esta economia é desestabilizada sempre que as regras da complexidade, aplicadas à economia global, começam a invadir o seu terreno.

Às vezes, porém, as duas economias (global e regional) cooperam uma com a outra. Muitas empresas realizam as suas transações em escala global. O aparecimento de redes internacionais, como a Internet, acelera esse processo. As compras e as vendas eletrônicas vão penetrar o mundo da produção como fizeram com o mundo financeiro.

É, então, correto admitir que a maior parte da criação de riqueza, em muitos países, se encontra na economia da região. Mas, por outro lado, não se pode, simplesmente, ignorar que a economia global está se tornando, com grande rapidez, quantitativamente e qualitativamente, parte fundamental da vida econômica de todos os países, mesmo dos maiores.

As economias dos países serão globalizadas? Esse é provavelmente o medo mais comum. É inquestionável que a economia globalizada alcançou um grande aumento no nível de produtividade e, também, de maior valor agregado, nos últimos anos, acontecendo uma revolução na competitividade. Isso não significa, porém, que a economia regional não tenha mais lugar numa nova sociedade.

Os cidadãos desejam manter o direito de escolha para assuntos de educação, saúde e preservação ambiental, por exemplo. Mas, também, querem subsidiar a cultura e a produção de alimentos. Mas, este movimento depende do redirecionamento dos recursos que o país pode dispor.

Infelizmente, em muitos países, em vez de aumentar a receita com exportações ou aumentar os impostos, os governos preferem incorrer em enormes níveis de dívida pública. Aí a dívida pública explode. O sistema de valores de um país é expresso pelo seu resultado econômico, ancorado nas pessoas. Ao contrário, a economia da globalização é entendida como algo remoto, impessoal, padronizado e alheio aos interesses nacionais, isto é, regida pelo mercado.

A Influência da Percepção

Dos estudos de Reich e Green surgiu o princípio psicofisiológico: "Cada modificação no estado fisiológico é acompanhado por uma mudança apropriada no estado mental-emocional, e vice-versa". Isto inclui todas as emoções humanas. Por exemplo: água na boca ao ver o anúncio de bebida na TV. A emoção já começa a ser medida com rigor científico e até manipulada por meio de estímulos elétricos à distância. Com isto, muita coisa nova está sendo percebida, mesmo a nível inconsciente.

Por isso que Tom Peters, em *Prosperando no Caos,* nos diz que, no longo prazo, os relacionamentos baseados em percepções formadas no decorrer do tempo, são mais importantes que os assim chamados naturais.

A percepção humana pode ser detectada pelos sentidos. Ela implica integração, organização, seleção e interpretação dos fenômenos puramente sensoriais. Um ambiente apresenta, geralmente, um grande número de elementos, cuja totalidade não pode ser percebida, a um só tempo. O processo de aprendizagem desempenha importante papel na percepção.

As pessoas trazem para a organização determinados padrões aprendidos e não outros possíveis. De fato, as expectativas oriundas de experiências passadas podem fazer com que as pessoas introduzam fenômenos que não estão presentes no objeto de estudo e, também, por influências individuais. Às vezes, as pessoas deixam de "ver" coisas que se opõem as suas ideias preconcebidas ou as que possam perturbá-las.

As diferenças de percepção podem afetar a comunicação. Duas pessoas sempre têm visões diferentes da mesma situação. A percepção também pode ser encarada como fenômeno de grupo. Pessoas da mesma família, religião, partido político, escola ou clube tendem a ter comportamentos semelhantes em muitos assuntos.

Há, frequentemente, grandes diferenças de percepção entre pessoas de grupos diferentes. Alguns destes fatores são: sensoriais, fisiológicos, físicos, etários, sexuais, educacionais, econômicos, financeiros, regionais, religiosos, psíquicos, organizacionais, de personalidade, de interesse.

O consumidor, percorrendo a loja, registra a atitude expressa pela linguagem do corpo de atendentes desmotivados no exercício da sua profissão. E, também, inconscientemente, assume atitude mental e física de reprovação e desinteresse. O que decerto não favorece as vendas. Mas esta tensão é inerente a todo encontro humano.

Para isso, seguimos a moda, trocamos um ótimo carro, que funciona muito bem, por um modelo mais recente e propagado na mídia.

Nossa percepção consciente é falha, porque olhamos e acreditamos nas emoções dos rostos (da televisão, no sorriso treinado da aeromoça, na expressão contrita da falsa mendiga). Mesmo esforçando-nos, conscientemente, a estudar os gestos só conseguimos entendê-los, por breves momentos.

A percepção só ocorre a nível consciente, embora alguns cientistas acreditem que há uma percepção inconsciente, transmitida pela linguagem corporal.

Nós estamos sempre nos referindo ao passado para montar nossos projetos futuros. A entrega do "Oscar", talvez a festa mais badalada do mundo ocidental, começou em 1929 e é um exemplo de que o julgamento só pode ser realizado em relação aos filmes passados em anos anteriores.

O famoso Peter F. Drucker disse: "Eu sou um simples escritor que não prevejo o futuro, porque, simplesmente, relato o passado, encontrando acontecimentos e fatos que a maioria das pessoas não percebeu. Se isso contribui para mudanças de comportamento para melhor, fica de bom tamanho".

A Percepção Humana

Os zen-budistas fazem a seguinte pergunta: "Há som numa floresta se uma árvore cai e não há ninguém nas imediações para ouvir?" A resposta é não. Não há som a não ser que alguém o perceba. Imaginemos duas pessoas, A e B, que não se conhecem e que se encontram num mesmo lugar. Ambas percebem os objetos da mesma maneira? Não, porque, na dinâmica mental de A e B, as informações são diferentes, isto é, A e B observam o ambiente, em função do seu nível de percepção (experiência acumulada).

A comunicação só é possível quando transmissor e receptor utilizam repertórios comuns.

A percepção pode ser definida, aproximadamente, como o conhecimento que um ser vivo possui sobre o ambiente em que vive e seu mútuo relacionamento. Ambiente é todo um contexto que envolve externamente uma pessoa, um grupo ou uma organização de forma direta e indireta. Assim, o ambiente é constituído de: objetos, pessoas, recursos e organizações.

Como a percepção de uma pessoa vem através dos sentidos, é possível que haja uma distorção da realidade comum aos demais, porque ela é intrínseca ao indivíduo. A percepção do ambiente estará em função dos dados coletados. Tais dados serão interpretados, em função do nível do indivíduo (observador, analista ou pesquisador). É difícil, assim, dizer se esta interpretação é a melhor possível.

Por outro lado, como humanos, podemos cometer enganos. Não fomos dotados de todas as capacidades físicas e mentais e em uma situação complexa de troca, muitas vezes, nossos sentidos podem nos trair. Não é de surpreender. Existem muitas complexidades associadas ao conceito de percepção.

Tudo o que até agora conhecemos, nos conduz inevitavelmente ao princípio geral de que a percepção é a base da Teoria da Comunicação. A concepção do nosso próprio universo, e de tudo que este contém, depende do conhecimento que temos dos processos de sua percepção.

Segundo Charles D. Schewe: "A percepção é o processo pelo qual atribuímos valor ao que nossos corpos sentem. Ela influencia e se acrescenta as nossas impressões sensoriais, por fazer com que nossas experiências passadas tenham um peso relevante. E já se constatou que, com muita frequência, percebemos somente o que queremos, isto é, interpretamos o que sentimos e algumas vezes o distorcemos. No perceber, interpretamos o que vemos, ouvimos, degustamos, cheiramos e tocamos, dando significado ao mundo que nos cerca".

É preciso entender que, por meio da percepção, uma pessoa seleciona, organiza, filtra e interpreta as informações, para criar um quadro significativo do mundo e dela mesma.

A Qualidade Está nas Pessoas

Como julgar a qualidade pessoal? É necessário entender que pode haver uma grande diferença entre aquilo que uma pessoa é capaz de fazer e aquilo que ela realmente faz. Seu desempenho pode oscilar muito em diferentes situações, mesmo pensando que está realizando o melhor possível.

Segundo a Revista Time Manager Internacional existem dois padrões para a qualidade pessoal: o nível atual de performance e o nível ideal de performance. O primeiro é a expressão daquilo que a pessoa está realizando na situação presente. O segundo, refere-se a um desempenho ideal relativo a: expectativas, desejos e exigências. Este ideal pode ser da pessoa, ou do grupo, em que ela está inserida.

Estes níveis mudam, porque cada um está, constantemente, sujeito a influência de variáveis, tais como: reconhecimento, recompensa, conhecimento, sucesso, fracasso, ambiente físico, ambiente psicológico, cultura organizacional, experiência, habilidade, desempenho, tempo disponível, expectativa, percepção e intuição, por exemplo.

O ideal de uma pessoa afeta o desempenho atual, levando-a a praticar tudo o que faz com qualidade. Mas, há um limite? O limite é próprio de cada um. Você terá atingido o seu nível ideal de performance quando não puder fazer melhor. Isto é, você pode não ter os recursos necessários, ou pode estar refém da ética, religião, formação intelectual, conhecimento.

Seu senso de certo e errado é formado durante as primeiras fases da sua vida, continuando a mudar, em função dos desafios e responsabilidades a enfrentar. Seu padrão de qualidade é um dos valores mais importantes que você tem. Ele determina como você avalia a qualidade do seu próprio desempenho e dos outros.

Como o ambiente que o cerca influencia seu nível ideal de performance, as pessoas que mais influenciam você são aquelas próximas, tais como: parentes, amigos, vizinhos, professores, colegas, subordinados e superiores. Também contam os meios de comunicação (televisão, rádio, internet, livro, jornal, revista).

A qualidade pessoal é a base de todas as outras qualidades. Você será um patrimônio para a sua organização, quando realizar produtos com qualidade, sendo eficiente, eficaz e efetivo. Aqueles que trabalham com você o respeitarão e é quase certo que será chamado a enfrentar novos desafios. Assim, é possível aumentar a sua autoestima, tornar-se um exemplo e sua vida terá mais significado e propósito.

A Sabedoria da Montanha

Conta-se que na antiga China, no alto de uma montanha, morava um mestre. De seus muitos discípulos, havia um que, por mais de vinte anos, estudou e meditou sob a orientação do grande mestre. Embora seja o mais inteligente e o mais determinado entre todos os discípulos, ele ainda tinha de alcançar a sabedoria, que ilumina a vida, e um grande nível de percepção.

Tal meta lhe tomou dias, noites, meses, mesmo anos, até que, numa manhã, observou uma flor de cerejeira. Não posso mais lutar contra o meu destino, ele pensou. Como a flor, devo resignar-me. Naquele momento decidiu descer a montanha.

Procurou o mestre para lhe comunicar a decisão. Este se sentou diante de uma parede branca, em profunda meditação. Depois falou: Amanhã estarei com você na descida da montanha. Nada mais foi dito.

Na manhã seguinte, antes de começar a descida, o mestre olhou em torno da paisagem que circundava a montanha e perguntou: Diga-me, meu amigo, o que você vê? O discípulo respondeu: Mestre, vejo o sol começando a levantar-se no horizonte, montanhas que se estendem por quilômetros a fio, o vale, o lago e uma velha vila. O mestre sorriu, e eles iniciaram a caminhada.

Hora após hora, enquanto o sol cruzava o céu, andaram. Só pararam no pé da montanha. De novo o mestre pediu que lhe dissesse o que via. Grande sábio, eu vejo, ao longo, galos correndo pelo quintal, vacas dormindo no prado, velhos tomando o sol da tarde e crianças brincando no riacho.

O mestre, em silêncio, continuou a caminhada até chegar ao portão da vila. Então, eles se sentaram sob uma velha árvore. O que você aprendeu hoje, perguntou o mestre. A resposta foi o silêncio.

Depois de muito tempo, o mestre continuou: A estrada para a iluminação é como a jornada montanha abaixo. A graça só ocorre àqueles que se dão conta de o que se vê lá em cima não é igual ao que se vê aqui embaixo. Sem esse conhecimento, fechamos nossas mentes a tudo aquilo que não podemos ver de onde estamos. Limitamos então nossa capacidade de crescer e aprimorar-nos.

Reconhecemos que sozinha uma pessoa vê muito, o que, na verdade, é bem pouco.

Essa é a sabedoria que abre nossas mentes para o aperfeiçoamento, que derruba preconceitos e nos ensina a respeitar o que, a princípio, não podemos ver. Nunca se esqueça dessa última lição. O que você não pode ver daqui, pode ser visto de outra parte da montanha e, também, por outra pessoa que pode ver as coisas de maneira diferente da nossa.

Quando o mestre parou de falar, o discípulo pôs-se a olhar o horizonte. Enquanto o sol se punha diante de seus olhos, uma luz nascia dentro de seu coração. Voltou-se para o mestre, mas ele já não estava mais ali. Assim, termina esta lenda.

Como Avaliar o Produto Universitário?

Durante o período imperial e na maior parte do período republicano, o ensino superior se desenvolveu por meio de faculdades profissionais isoladas, fora do padrão universitário e todas estatais. Em 07/09/1920, o presidente da república baixou um decreto criando a Universidade do Rio de Janeiro (reunião da Escola Politécnica, da Faculdade de Medicina e da Faculdade de Direito). Definia-se, assim, o padrão de formação universitária no Brasil, sendo o reitor escolhido pelo presidente da república.

A partir de 1945, foi declarado que a universidade deveria gozar de autonomia administrativa, financeira, didática e disciplinar. Em novembro de 1968, foi baixada a lei número 5.540 (Lei da Reforma Universitária), que além de reconhecer os aspectos aludidos anteriormente sobre a autonomia, estabeleceu que a lista de candidatos a reitor tivesse seis nomes e não três como anteriormente acontecia. A elaboração de tal lista seria atribuição dos conselhos universitários de ensino, pesquisa, extensão e curadores.

A reforma de 1968 determinava que a universidade fosse a forma de organização por excelência de ensino superior, restando à instituição isolada o "status" de forma excepcional e transitória. Tomava o modelo americano como cópia, criando a fragmentação do ano letivo em semestres, o regime de créditos, a divisão do currículo em parte geral (ciclo básico) e outra profissional (ciclo específico), a organização departamental, o campus segregado da cidade, entre outros aspectos.

Como avaliar o produto universitário? Não se trata de examinar estudantes, mas de submeter todas as atividades acadêmicas a uma análise (autoavaliação), antes de tudo. Precisamos medir o papel das diretorias e o das coordenações, os programas de pós-graduação, os conteúdos programáticos das disciplinas e as grades curriculares.

Até hoje, vemos professores das disciplinas complementares de um determinado curso ensinando estas matérias exatamente como nos próprios cursos de origem, sem nenhuma preocupação de adaptação e sem conhecimento integrado do curso objeto deste trabalho. Por outro lado, encontramos programas tão "moderninhos" que nada tem a ver com o título da disciplina, apresentando um conteúdo programático incongruente àquilo que deveria necessariamente abordar.

É preciso reconhecer que nem todo curso vale a pena ser ensinado numa universidade. Para muitas ocupações, a educação geral é mais importante do que a especialização. Também é preciso levar em conta que a multiplicação dos cursos de graduação tem dificultado a escolha e acarretado um grande índice de desistência.

Uma boa solução seria a criação de cursos gerais, sem visarem o exercício da profissão regulamentada em lei e seriam cursos de bacharelado (não licenciatura) em humanidades, de 3 a 4 anos. Após tais cursos, aqueles que quisessem se especializar em algum campo do conhecimento fariam cursos de duração mínima de 2 anos. O leitor não deve confundir com cursos de pós-graduação, mestrado e doutorado.

A divisão do currículo dos cursos em uma parte básica seguida de outra profissional teve efeitos danosos, por exemplo, as salas de aula dos ciclos básicos ficaram superpovoadas e de composição heterogênea, dificultando enormemente o processo de ensino-aprendizado, formando elementos subaproveitados pelo mercado de trabalho.

Educação: Um Comentário

As técnicas elaboradas por educadores para garantir que o aluno adquira uma parcela específica de informação chocam-se contra os "rochedos" da individualidade humana. Não existe maneira padrão de garantir a aprendizagem. Muito depende do aluno e daquilo que ele deseja aprender.

Ao lidar com uma situação de educação é necessário certificar-se não só de que o recurso instrucional é interessante, sendo apresentado de maneira atraente, mas também que contenha a informação necessária para o desenvolvimento do aluno. Não basta fazer um livro de receitas.

Seja qual for a sua forma, a educação tem que se tornar rotina. Todos precisam dispor de uma linguagem comum, talento para executar as tarefas e entendimento de sua função pessoal na manutenção das engrenagens da organização.

Fazer certo, logo da primeira vez, é o que se quer de fato. No entanto, na vida, talvez as coisas só se ajustem depois da terceira tentativa. Os princípios e as técnicas para eliminar conflitos devem ser distribuídos de maneira realista.

Um modelo educacional clássico é o da implantação de um sistema de melhoria contínua, onde é preciso haver o envolvimento de todos da sociedade, pois o papel de cada um na geração da qualidade deve ser compreendido por todas as pessoas que fazem parte da organização. Aqueles, por exemplo, que estão envolvidos em funções específicas, precisam ter uma educação especial.

Na empresa, a educação, geralmente, é voltada para o treinamento, a execução, a implementação e o acompanhamento dos processos. Onde aqueles que devem implementar o processo aprendem a fazê-lo, onde os empregados aprendem sobre as funções organizacionais, as funções administrativas e as técnicas de relacionamento, interação e integração.

É importante observar que o ensino de gestão, por exemplo, é mais bem compreendido através do estudo de caso. Contudo, em qualquer turma, poucas pessoas lerão o caso inteiro e estarão em condição de discuti-lo e comentá-lo. Assim, é preciso dramatizar. É necessário, pois, qualificar os gerentes como atores.

Um projeto educacional terá de passar por princípios, premissas, métodos, técnicas, políticas e estratégias que orientem a ação empreendedora. É fundamental discutir o conteúdo dos cursos, pois eles representam apenas uma parcela da experiência educacional.

O ambiente da classe, a credibilidade dos mestres, a aparência dos meios didáticos, tudo faz parte desse contexto. Então o aluno, em particular, deve ser colocado em condições de poder responder a questão: Por que os alunos tornam-se hipersensíveis a tudo que acontece, mostram-se cheios de elogios quando as coisas correm bem e bastante cáusticos ao observarem algum erro?

Quase todo ano surge na comunidade dos negócios um livro que "abala" os leitores. Embora muitos o leiam e sinceramente desejem realizar o que o livro observa, poucas são as mudanças concretizadas. Tal motivo talvez esteja no método de construção, pois não basta distribuir os livros e aguardar que os resultados aconteçam. É preciso mais.

É preciso estudar, analisar, discutir e ponderar o que é relevante para sua organização. Mais importante, ainda, é buscar a sua viabilidade e implementação.

Modificar a mentalidade não é questão de ensino, mas de substituir valores, padrões, funções e atitudes. Os comerciais de televisão, que mostram pessoas de diferentes etnias em tranquilo relacionamento, fazem mais do que todos os sermões já divulgados.

A cultura que temos, no momento, nos foi incutida. Inútil saber como isso aconteceu e é sem propósito condená-la. Basta descrever o futuro como gostaríamos que ele fosse e seguir nesta direção. Este é o caminho. Se estiver correto, o futuro dirá.

O Que é Estudar?

A produção intelectual em nossos dias é realmente impressionante. Em todas as áreas do conhecimento produzem-se centenas de milhares de livros, revistas, textos, tabloides, blogs, cartilhas, livretos e folhetins. Mas, o que estudar? Como estudar?

Ao analisar o material selecionado, sob um ponto de vista reflexivo ou crítico, o leitor está interessado em elaborar uma síntese, que integre, em torno de uma ou mais ideias, todos os dados e informações do autor e do texto em análise.

Estudar significa o ato pelo qual cada pessoa enfrenta a realidade para compreender e elucidar o que vê. O leitor poderá ser sujeito ou objeto da leitura, a depender de sua postura crítica. Será objeto à medida que se coloque frente ao texto ou ao cenário, como alguém que esteja magnetizado pelo que está vivenciando, seja pelo júbilo, ou pelo temor, que desperte.

Será sujeito da leitura o leitor que, ao invés de só reter a informação, fizer o esforço de compreensão da mensagem, verificando se a mesma expressa e elucida a realidade em suas características específicas. Na postura de sujeito ele passa a ser leitor e autor ao mesmo tempo. Não só recebe mensagens, como também as cria e as transmite com nova vida, com nova dimensão. Só o leitor-sujeito multiplica e aprofunda a cultura.

Estudar não é simplesmente ler ou ouvir algo sobre determinado assunto. É concentrar todos os recursos e habilidades pessoais na capacitação e assimilação dos dados, relações e técnicas conducentes ao domínio de um problema ou assunto.

Há muita coisa para se estudar e aprender, infinitamente mais do que um só indivíduo pode dominar. Isto implica, consequentemente, o exercício de um processo decisório sobre o que estudar.

A leitura estudo deve conduzir à obtenção de informações sem que se percam os seguintes aspectos: ler com objetivos predeterminados; preocupar-se com o vocabulário; descontinuar a leitura se as informações colhidas não forem pertinentes àquilo desejado; discutir com outras pessoas.

Qualquer que seja o assunto a estudar, não poderá o pesquisador prescindir de uma fundamentação teórica, adquirida anteriormente.

O estudo e a aprendizagem, em qualquer área do conhecimento, são plenamente eficazes somente quando criam condições para uma contínua e progressiva assimilação pessoal dos conteúdos estudados. A leitura, por sua vez, precisa ser qualitativa e, inteligentemente, seletiva, dada a complexidade e a enorme diversidade das várias áreas do saber atual.

Não traz resultados positivos para o estudo ouvir aulas, por mais brilhantes que sejam, nem adianta ler livros clássicos e célebres. Só tem algum valor a documentação que puder estar à disposição, a qualquer momento.

O registro de tudo o que for julgado importante e útil, em função dos estudos e do trabalho profissional, deve ser feito em arquivos (papel, computador, discos, fitas, livros, revistas, filmes), para que possam ser lidos e estudados, no futuro.

Qual a Chave de uma Educação de Qualidade?

Quando um país lança um programa "Universidade para Todos", faz pensar que o ensino básico é de qualidade, bem fundamentado e que tem recursos atualizados, isto é, professores com salários dignos para que possam comprar livros e revistas, salas de aula que sejam um primor de exemplo, que funcionem laboratórios, equipamentos e bibliotecas, que não sejam fruto de conchavos e maracutaias para aquisição sem concorrência (licitações).

Para um país como o Brasil que teve um presidente egresso do interior do Nordeste, que chegou à presidência, passando pelo setor de metalurgia e sem diploma universitário, cabe a pergunta: Por que este temor reverencial pelo diploma universitário?

As faculdades deste imenso país vomitam uma quantidade imensa de formandos no mercado de trabalho, sem trabalho. Mas quais as razões? São muitas, tais como:

- A maioria não sabe nada, não sabe ler e muito menos escrever.
- Muitos pensam em ter um diploma de curso superior, para fazer concurso público.
- Muitos, por razões sociais e psicológicas, precisam fazer parte dessa república de bacharéis.

Por que das trezentas melhores universidades do mundo somente uma é brasileira (USP)? Por que das quinhentas melhores universidades do mundo somente cinco são brasileiras (USP, UFRJ, UNICAMP, UFMG, UESP). A única conclusão prática a que se pode chegar é que o ensino acadêmico no Brasil é muito ruim. É ruim na qualidade, ou seja, no nível de conhecimentos que transmite, na divulgação do que há de mais avançado em termos de saber, na excelência das aulas e cursos, na tecnologia à disposição dos alunos e professores.

Nosso ensino básico não prepara as crianças para a vida e não profissionaliza seus alunos para que consigam trabalho (sem falar de emprego). O aluno termina o ensino básico, sendo considerado um analfabeto funcional, isto é, identifica palavras, mas não sabe interpretar aquilo que lê.

A criança e o jovem, na escola, devem aprender sobre: nutrição, limpeza, higiene, cidadania, saúde, prevenção de acidentes, comportamento no trânsito, ecologia, combate às doenças, história e geografia da sua cidade, município e estado, noções de ciências naturais, aritmética, álgebra, geometria, língua portuguesa e técnicas de: leitura, pesquisa, redação, estudo e computação.

Vamos parar de ensinar coisas irrelevantes que não preparam o individuo para a vida. Parar de considerar o computador como instrumento de lazer e incutir na cabeça de nossos jovens que é uma ferramenta de trabalho, para se construir uma sociedade mais informada, justa e limpa.

Como construir o edifício da educação sem uma fundação sólida? Este prédio precisa de no mínimo 20 anos para ser consolidado. As pessoas não conseguem trabalho, porque não têm estudo e não estudam, porque não têm trabalho. Uma verdadeira ratoeira.

É preciso que o leitor seja alertado para o fato de que uma educação de qualidade, de intensidade e de duração suficiente, para equipar as pessoas a uma vida e a um trabalho, é uma medida urgente. A escola básica é para ensinar as competências essenciais para sobreviver na sociedade de hoje. O que interessa é a educação e não a escola. Dentre as diferentes maneiras de se oferecer educação, a escola continua sendo a mais prática e conveniente. Mas não é a única.

Devemos valorizar a educação onde quer que se encontre. Em cursos profissionais, em programas na televisão, no rádio, na internet ou por correspondência. Não podemos nos dar ao luxo de deixar de lado formas e instrumentos que nos permitam transmitir estas competências básicas, sobretudo quando a escola é deficiente.

Qual a chave de uma boa educação? É só dedicação, desvelo e compromisso com os resultados. Em um país como o Brasil, o resto vem a reboque, vai acontecendo naturalmente. A fórmula é simples. É preciso que todos os níveis da sociedade queiram intensamente ter um bom plano educacional. Os sistemas educacionais, no Brasil, como em todas as partes do mundo, refletem as prioridades da sociedade.

Se a sociedade é indiferente, o sistema será medíocre, na melhor das hipóteses. As forças vivas da comunidade têm que se convencer da impossibilidade de ir muito longe sem uma boa educação e da necessidade imperiosa de vigiar de perto o que acontece.

Lamentavelmente, falta este compromisso com o fazer e o insistir. Na conversa e no discurso, somos imbatíveis. Ao invés de discutir, vamos trabalhar! Ação minha gente! Um basta aos falastrões, aos falsos competentes e aos inovadores de meia tigela. Os grandes mestres do passado educavam seus discípulos ao pé de uma árvore, numa praça pública ou em qualquer lugar.

O Conflito é Ruim?

Victor Thompson é considerado um marco importante para a revisão da Teoria Clássica da Administração, pois ele critica seus princípios, mostrando a dificuldade de sua operacionalização e sua ambiguidade. As proposições deste professor se referem ao papel do conhecimento e da inovação dentro do processo burocrático, tendo em vista a evolução da especialização que trouxe conflitos para modificar as funções hierárquicas, pois, se elas eram estritamente disciplinadas, nem sempre detinham a competência de conhecimentos novos para tomar boas decisões.

A aceitação do conflito, entre a autoridade hierárquica e a autoridade do conhecimento especialista, daria à organização um caráter pluralista, permitiria reconhecimento da interdependência das funções, protegeria cada função sem o artifício carismático e construiria a verdadeira cooperação.

Thompson sugere que a organização, para ser inovadora, deve manter um clima permissivo e indulgente, onde a liberdade possibilite explorar a incerteza.

Desde *Organizações Complexas* (1961), Amitai Etzioni orientou o interesse de seus estudos para três objetivos:

o estudo da interação entre a organização e a sociedade; o estudo comparativo intercultural das organizações e a análise das mudanças organizacionais. Ele percorre o longo caminho de Taylor a Simon para observar que o centro de estudos continua a ser, fundamentalmente, a organização formal, o comportamento racional e a procura de um instrumento para facilitar o cumprimento dos objetivos da organização por parte dos seus membros.

A própria Teoria da Decisão, entre os autores clássicos, não especifica condições, tanto que supõe serem os conflitos indesejáveis. Para Etzioni o dilema estrutural mais importante é a tensão imposta à organização pela utilização do conhecimento, porque há qualquer coisa errada na noção de que a burocracia é uma hierarquia na qual os mais racionais governam os menos racionais.

Em primeiro lugar, porque a maioria de pessoal preparado não se encontra nas altas posições, mas nas médias. Em segundo lugar, porque são incompatíveis a autoridade hierárquica e a competência técnica.

O Desafio da Complexidade

A afirmativa de que a empresa atual é complexa e mutante não traz novidade alguma. Mas, como agir nesta complexidade? À medida que os ambientes forem se tornando cada vez mais complexos e imprevisíveis as empresas mais progressistas terão de desenvolver sistemas mais sutis, complexos e rápidos.

Está se tornando consenso entre os cientistas que, hoje em dia, há muita evidência de que a complexidade da sociedade já é superior à compreensão dos que são responsáveis por sua direção, e de que o tamanho e a complexidade de algumas organizações estão acima da capacidade de seus diretores.

A complexidade, referência à diferenciação e integração ambiental, exige uma percepção que ultrapassa os limites das associações simplistas, típicas do senso comum. Portanto, é preciso usar muitos enfoques para examinar um mesmo problema, levando em consideração diversos pontos de vista, perspectivas diversas, múltiplos processos e modelos.

Terão poucas chances de desenvolvimento, as empresas que tiverem dificuldades de lidar com a complexidade, tendo em vista a produtividade e a construção de novos métodos de trabalho.

Perguntarão os leitores: Aonde quero chegar? Desde Adam Smith que se tenta explicar o progresso ou a sua ausência. Por que determinados povos se distanciaram tanto de outros no bem-estar, na qualidade de vida e na riqueza? A resposta está no método? Na visão holística? Na disciplina? No conhecimento? Ou em tudo isso?

Os últimos colonos europeus, quando vieram para o Brasil, tinham uma variedade de ferramentas incrivelmente maior que os habitantes locais. Parece complicado lidar com muitas ferramentas ao mesmo tempo na construção de um projeto. Mas não é essa habilidade de lidar com a complexidade que trouxe a criatividade ao processo e a inovação no produto?

Para garantir seu suprimento de vitamina C, os colonos americanos cultivavam acima de 1.000 variedades de maçãs que amadureciam em momentos diferentes. Algumas se conservavam no inverno. Outras eram melhores para doce ou sidra.

Um carpinteiro alemão, por exemplo, preparava e marcava todas as peças e seus encaixes. Ao estarem todas as peças prontas, a casa era erguida. Na tradição portuguesa, as peças iam sendo lavradas e ajustadas uma a uma, no lugar em que entravam. O método alemão é mais eficiente, pois todo o trabalho é feito no papel. Contudo, requer uma concepção prévia de toda a casa, ou seja, ela está pronta na ideia antes de se iniciar a obra. A isto chamamos visão holística.

Nas sociedades desenvolvidas, o tempo é organizado de forma mais complexa. Mais ainda, tais sociedades estão sempre preocupadas com problemas e obstáculos que estão mais à frente no tempo. Em vez de resolver as crises do presente, resolvem-se as do futuro, para que não cheguem a ocorrer. Igualmente, nos países avançados, as relações humanas se pautam por regras complexas, impessoais e estruturadas. Além disso, elas são diferentes para regular momentos e funções da vida, com claras distinções entre família, organização e estado.

No fundo, a mensagem é a seguinte: O grande diferencial do desenvolvimento virá com mais espontaneidade para aqueles que melhor lidarem com a complexidade. Mas como conseguir? O ponto de partida é uma educação de qualidade.

O Desenvolvimento Organizacional

Quando a Teoria das Organizações atingiu um nível muito alto de formalidade, na década de 1960, apareceram cientistas preocupados em como planejar o desenvolvimento organizacional. Sua origem deve-se a diversos fatores, tais como:

- A enorme influência dos trabalhos de Warren Bennis e Robert Blake.
- A contribuição da dinâmica de grupo de Kurt Lewin.
- Os conceitos conflitantes das diversas Teorias da Administração.
- As primeiras pesquisas de laboratório sobre o comportamento de grupo (Leland Bradford, 1964).
- O recrudescimento das mudanças como coisas inevitáveis.

Nos anos de 1960, os cientistas do comportamento chegaram às "brilhantes" conclusões, hoje, de conhecimento geral daqueles que realmente conhecem administração, e que são:

- O homem não reage em função do dinheiro.
- O homem tem uma série de necessidades que com o correr do tempo se modificam.
- O homem diante da mesma situação não tem a mesma reação.
- As relações interpessoais são muito complexas para serem resolvidas por teorias comportamentais.
- O grupo informal, geralmente, é mais forte do que o formal.
- A comunicação organizacional sofre distorções à medida que atravessa os níveis hierárquicos.
- A burocracia não dá conta de mudanças não programadas.

Para Bennis, o desenvolvimento organizacional é uma estratégia educacional adotada para trazer à tona uma mudança planejada, exigida pelas demandas às quais a organização tenta responder, e que enfatiza o comportamento baseado na experiência.

Ainda, segundo Bennis, "o desenvolvimento organizacional é um processo planejado de modificações culturais e estruturais, permanentemente aplicado a uma organização, visando a institucionalizar uma série de tecnologias sociais, de tal forma que a mesma fique habilitada a diagnosticar, planejar e implementar essas modificações, com ou sem assistência externa".

Hoje, o objetivo do desenvolvimento organizacional é utilizar todos os meios de relação intergrupal para provocar uma adaptação da organização ao novo cenário mundial. Onde aplicar programas de desenvolvimento organizacional, se sempre é necessário uma mudança? É difícil dizer. Este desenvolvimento não se faz apenas com máquinas, porque as pessoas são as que mais contam.

Embora, muito se tenha escrito sobre desenvolvimento organizacional, não há concordância absoluta quanto ao seu significado. Sabe-se que, para o desenvolvimento de um novo produto, é necessário que haja mudança, disciplina, técnica, método e sistematização que ajudem a criar algo que valha a pena ser chamado de produto. Nesta teoria, o desenvolvimento é entendido como o de uma nova ideia.

Raízes da Linguagem

Linguísticos de diversas universidades estão conseguindo reconstruir o primeiro idioma falado pelo homem, há 100 mil anos. A mãe de todas as línguas, hoje, faladas na Terra está sendo chamada de *Proto-Mundo* e já tem 200 palavras reconstituídas. Era um dialeto simples, que não tinha palavras para expressar as emoções.

Aparentemente, os homens de 100 mil anos atrás eram caçadores, com uma visão muito simples do seu ambiente e de si mesmos. Tinham nomes para partes do corpo, como olhos, dedos e ouvidos e até para designar o sangue, mas não tinham nomes para o amor ou a tristeza.

Um exemplo de palavras do *Proto-Mundo* já reconstruídas é "changa" que significa ao mesmo tempo nariz, cheiro e ato de cheirar. "Ngai" significa dois ou par.

A reconstrução de idiomas, há muito desaparecidos, é um trabalho complicado, que exige paciência e um conhecimento extenso dos idiomas, hoje, falados no mundo e envolve o uso de computadores para reconstruir antigas palavras a partir de seus derivados, no idioma atual.

Segundo a Revista The Sciences, da Academia de Ciência de New York, o estudo das línguas perdidas começa com o exame de palavras semelhantes em idiomas derivados de um ancestral comum. É o caso das línguas neolatinas, como o português, o espanhol, o francês e o italiano, que derivam todas do Latim, falado pelos antigos romanos.

A prova do relacionamento entre essas linguagens é a semelhança entre os termos para designar uma mesma coisa como as palavras *leite, lait, latte e leche* que derivam do Latim *lacte* e querem dizer a mesma coisa.

Comparando palavras e textos, os linguistas conseguem não apenas reconstruir a árvore genealógica dos idiomas existentes, mas também reconstruir idiomas para os quais não há nenhum registro escrito. É o caso do Teutônico, o idioma que deu origem ao inglês, alemão, holandês, islandês, sueco e norueguês.

Esse estudo comparativo dos idiomas atuais permitiu que os linguistas reconstruíssem vários idiomas do período anterior aos romanos e desse modo estudassem a pré-história da linguagem, idiomas que foram usados antes da popularização da escrita. Eles ajudam e são ajudados pelos arqueólogos e antropólogos que desenterrando velhas ruínas e esqueletos humanos, conseguem confirmar ou desmentir teorias elaboradas pelos linguistas. É o caso do Nostrático, um idioma falado há, aproximadamente, 15 mil anos por povos que habitavam a Ásia e a Europa.

A ideia do Nostrático foi proposta, em 1903, pelo holandês Holger Perdersen. Ele descobriu que as línguas Indo-Europeias tinham elementos em comum com o idioma Semítico-Aramaico, falado pelos ancestrais dos árabes e judeus, e com o Urálico, que deu origem aos idiomas falados em várias das atuais repúblicas da antiga União Soviética.

Com base nessas reconstruções, chegou-se à conclusão que os povos que usavam esse idioma deviam ter sido caçadores que se estabeleceram em vilarejos temporários nas épocas de abundância de caça. Achados arqueológicos confirmam essas deduções e revelaram que os povos daquela época construíram cercas e paredes feitas de ramos cobertas de barro, material usado, mais tarde, para tablitas, onde eram desenhados símbolos que tinham sentido de linguagem escrita.

As centenas de termos reconstruídos do Nostrático mostram que esses povos estavam começando a domesticar o cão, mas não tinham nenhum nome para plantas cultivadas, o que significa que eles ainda não tinham agricultura.

Comparando palavras semelhantes e examinando estruturas fonéticas, os linguistas descobriram outras linguagens primitivas, como o Ameríndio, que deu origem a todos os idiomas falados pelos índios da América. Esta língua, por sua vez, deriva de idiomas Sino-Caucasianos, falados pelos ancestrais dos habitantes que viveram na Ásia e chegaram à América através do Estreito de Bhering, numa época em que o nível do mar era mais baixo.

Avançando ainda mais nessa árvore genealógica, os linguistas descobriram termos semelhantes no Nostrático, no Ameríndio e no Caucasiano que apontam para um único idioma primitivo, que deve ter sido falado pelos primeiros *homo-sapiens* que habitaram a África, há 100 mil anos. Este estudo confere com os estudos feitos em material genético, que apontam um ancestral comum para a humanidade em torno de 300 mil anos.

Cientistas recentemente encontraram, em Israel, na década de 1990, dentes de *homo-sapiens* com cerca de 90 mil anos de idade, o que confere com a idade calculada para o *Proto-Mundo.* Era um idioma simples, com poucas vogais, que foi evoluindo à medida que nossos ancestrais desenvolveram ossos e cordas vocais, conseguindo emitir sons mais complexos. Ele se ramificou em dialetos que viraram idiomas.

Antropólogos e arqueólogos acreditam que o *homo-ergastes* já possuía uma comunicação oral associada a gestos, a cerca de um milhão de anos. Tal comunicação era feita através de sons muito parecidos com o que hoje classificamos como sons onomatopaicos. Sons, sinais e símbolos sempre estiveram presentes na evolução humana.

Sociedade da Educação Morta

A propósito do filme "Sociedade dos Poetas Mortos", de Peter Weir, resolvi intitular este texto de *Sociedade da Educação Morta.* No filme em questão, os alunos são marcados pelos conceitos: tradição, honra, disciplina e excelência, quando deveriam incluir, também, confiança, companheirismo, compreensão, conhecimento, justiça e amor pelo próximo.

O professor do filme é contra o sistema retrógrado de ensino, critica a moral e os costumes plantados na instituição. Em consequência de suas ideias, consideradas extravagantes, acaba sendo punido pela direção do Colégio. Mas, antes que seja afastado da disciplina, consegue mostrar, pelo menos, o seguinte:

- As pessoas devem viver da melhor forma possível o seu dia.
- É necessário que os moços se sustentem nas próprias pernas e, assim, possam ver o mundo sempre de maneira nova e interessante.
- É preciso que os professores tenham conhecimento suficiente para orientar os jovens no caminho da busca da verdade.

Para conseguir essa visão do mundo, o mestre sobe na mesa e faz com que os alunos o acompanhem, subindo nas suas próprias carteiras. A metáfora de Weir é oportuna, neste momento em que estamos tão pobres de educação e, pior ainda, de cultura. Exatamente por isso, a sociedade começa a sentir na carne os graves prejuízos que essa limitação acarreta. Acabou-se o tempo em que o pai escolhia a profissão dos filhos e, por extensão, decidia-lhes o futuro. Acabou-se o tempo em que a escolha da profissão significava garantia de vida.

Hoje, de forma saudosista, pais e professores agem de modo a resgatar o que não existe mais, julgando proteger e consolar filhos e alunos. Quando o que desejam, muitas vezes, é apagar sentimentos de fracasso com a utopia de uma geração de "jovens infalíveis". As crianças se tornam nossa vingança. Em estabelecimentos onde se pretende modelar o caráter da juventude, a tirania ganha terreno, porque, na concepção de seus dirigentes, o sistema precisa sobreviver, em função do medo da implantação do império do caos ou talvez por acharem que tenham a responsabilidade de prepararem uma elite governante.

Por isso, não podemos deixar de lembrar a sábia lição de Piaget: "As crianças têm estruturas mentais diferentes dos adultos, não são suas miniaturas. Elas têm seus próprios caminhos para determinar a realidade e ver o mundo com seus próprios olhos".

Vocabulário de Padrões

Uma das características mais importantes das empresas de alto nível de qualidade é a percepção da importância de que as coisas se mantenham simples, a despeito da existência real de pressões esmagadoras para que elas se compliquem.

O que fazem os empreendedores quando começam a receber milhares de informações? Será que são capazes de processá-las? O que fazer quando esses milhares de dados são puro lixo? Em geral, eles costumam montar equipes para filtrar tudo isso.

Essas equipes simplificam, realmente, as coisas, mas apenas para elas. Para o resto do pessoal, tornam a vida um tormento. A partir do momento em que elas começam a funcionar, passam a produzir uma enxurrada de regras, instruções, regulamentos, políticas, questionários e, finalmente, relatórios a respeito de como as coisas funcionam. Em algum ponto desse caminho acontece uma sobrecarga de dados.

A memória de curto prazo torna-se incapaz de processar tudo, ou mesmo uma pequena fração dos dados acumulados, e nasce a confusão. No entanto, como nos demais casos, as empresas parecem ter encontrado meios para resolver esse problema. Antes de mais nada, suas equipes conservam-se pequenas. Além disso, também sua quantidade deve ser pequena para não causar conflitos que não possam ser administrados.

Na investigação da memória de longo prazo, Simon e seus colaboradores estudaram o problema da programação de computadores. Essa pesquisa envolveu uma ideia importante, capaz de atar o papel dos traços racionais e intuitivos. O ponto de partida foi a suposição de que se poderia jogar xadrez de maneira estritamente racional, ou seja, que se poderia programar o computador na base da árvore de decisão. Teoricamente, isso tudo pode ser feito, mas não é factível, no momento, já que a possibilidade de jogadas é da ordem de 10^{120}. Apenas para esclarecer o leitor, um trilhão é igual a 10^{12}.

Impressionado por esse fato, Simon passou a pesquisar o modo como os enxadristas realmente agem. Revelou-se que os grandes mestres eram capazes de recordar, mais tarde, a localização de praticamente todas as peças. Isso não se conciliava com a Teoria da Memória.

É possível que os enxadristas disponham de melhor memória de curto prazo. No entanto, essa hipótese apresenta um problema: nem os grandes mestres e nem os melhores enxadristas foram capazes de recordar a localização de peças aleatoriamente distribuídas sobre o tabuleiro. Assim, parece que sua memória caminha para a outra hipótese.

Essa hipótese deve ser a de que os grandes mestres possuem memória de longo prazo muito mais desenvolvida para o xadrez, constituindo-se essa memória na capacidade de reter subconscientemente padrões que compõem o que Simon chama de *vocabulário de padrões para o xadrez*. Ao que parece, estes jogadores pensam com base numa árvore de decisão simplista do tipo: Já vi isso antes? Em que situação? O que deu certo?

Assim, acredita-se que a marca do verdadeiro profissional é, em qualquer campo, a riqueza de seu vocabulário de padrões, desenvolvido, em função, principalmente, de suas experiências anteriores e de uma memória fantástica.

O médico, o artista, o marceneiro, o mecânico, o administrador, o analista de sistema e tantos outros dispõem de ricos vocabulários compostos de padrões.

Capital Intelectual

O conhecimento não é impessoal, como o dinheiro. Não reside em um livro, um banco de dados, um programa de software. Estes contêm apenas informações. O conhecimento está sempre incorporado em uma pessoa, é levado com ela, criado, aumentado e aprimorado. É aplicado, ensinado, transmitido, usado, empregado, mudado. Ao se fazer isso, novos desafios, questões e precedentes surgem à pessoa instruída.

Em todas as sociedades anteriores, a pessoa de grande conhecimento era um ornamento. Hoje, a instrução é um emblema, um símbolo, um arquétipo social.

A pessoa instruída precisa ser capaz de usar seu conhecimento como suporte do presente para decidir o futuro. Ela precisará desenvolver plenamente sua percepção, tanto quanto sua capacidade de análise. A sociedade pós-capitalista baseia-se no conhecimento, também aplicado às organizações, que, embora interdependentes, têm conceitos, visões e valores diferentes. Assim, a maioria das pessoas viverá e trabalhará nestas duas culturas ao mesmo tempo.

Conhecimento é ato, processo ou prática em que o sujeito se relaciona com o mundo em que está inserido, estabelecendo relações. Como entendimento do mundo, o conhecimento não é um enfeite ou uma ilustração da mente e da memória, mas, sim, um mecanismo fundamental para tornar a vida mais desejável e mais plenamente realizada. Só tem seu sentido pleno na sua relação com a realidade. Entender e fazer são duas faces do mesmo ato de conhecer.

Teoria e prática, ação e reflexão são elementos indissociáveis de um todo, que só podem ser distinguidos didaticamente. O desconhecimento magnetiza o medo. Sair da ignorância é um dos modos de libertar-se desta submissão. Já o conhecimento, tem o poder que permite ao homem agir com certeza, segurança e previsão razoável. Seus objetivos são a descoberta e o domínio da realidade.

Embora possa parecer, o conhecimento não se processa tão individualmente. Ele se dá no social e no histórico. A compreensão do mundo que se tem hoje, seja nos seus aspectos científico e filosófico, é produto de uma prática do conhecimento historicamente situada. Produzir conhecimento é uma capacidade e uma necessidade humanas. Certos princípios devem orientar aqueles que se dedicam a descobrir, discutir e divulgar o conhecimento.

Charles Darwin disse "feliz é o homem que encontra a sabedoria e a concede". Assim, as pessoas devem orientar-se pelo espírito crítico, pelo senso de realidade, pela humildade, pela moralidade, pela participação e cooperação, pelo questionamento criativo e pela perseverança e tenacidade.

Na Era da Informação, o recurso mais importante deixou de ser o capital financeiro para ser o capital intelectual, baseado no conhecimento. Este ficou na dianteira de todos os demais recursos organizacionais, pois todos passaram a depender dele. As organizações de sucesso motivam as pessoas a conquistar e aplicar conhecimentos. Como o conhecimento não ocupa espaço físico ele é considerado um ativo intangível.

A função do conhecimento é o crescimento intelectual, moral e espiritual da pessoa, além de capacitá-la para inúmeras habilidades. A aplicação do conhecimento se faz necessária para mais bem atingirmos resultados positivos, porque cada vez mais é aplicado na tomada de decisão, havendo uma linha tênue entre conhecimento específico e informação técnica.

O fato de o conhecimento se tornar "o" recurso, e não "um" recurso é de vital importância para entendermos o progresso das organizações. Os fatores econômicos terra, trabalho e capital tiveram de admitir o conhecimento como outro fator, devido ao aprimoramento da gestão corporativa.

A administração do conhecimento parte do princípio que objetivos, processos e informações precisam ser compartilhados. É o gerenciamento do fluxo de informações, a obtenção da informação certa para as pessoas que precisam dela, a fim de que possam agir com rapidez.

Apesar de se esforçarem ao máximo, muitas empresas continuam a desperdiçar o que talvez seja seu ativo mais precioso no atual contexto: conceitos, ideias, inovações, mudanças, soluções.

A gerência do conhecimento agrega valor em todos os níveis da organização. Mas precisa tomar cuidado para não criar conflitos que não possam ser administrados.

A Dinâmica do Conhecimento

Agimos entendendo e entendemos agindo! Na medida em que agimos, buscamos compreender o mundo no qual e com o qual agimos e, na medida em que o compreendemos, cuidamos de reordenar e orientar nossas ações. Ao mesmo tempo em que pensamos nelas, no seu modo de ser e no seu modo de reagir.

A ação de pensar as coisas com as quais vivemos, dá uma dimensão nova a tudo. A dimensão significativa da compreensão. O mundo, ao menos o mundo perceptível por cada um, deve ser entendido, globalmente, para que se possa desenvolver um ambiente de trabalho coerente e adequado.

A realidade que nos circunda mediatiza as nossas consciências. Serve de núcleo, objeto de pensamento e reflexão de diversos indivíduos, ao mesmo tempo. Aqui e agora, existem pessoas pensando sobre a mesma realidade, comunicando seus pensamentos, seja de modo oral, seja escrito ou gestual.

Nada se apresenta como definitivamente pronto, sem que antes tenha sido germinado no tempo. Para produzirmos a compreensão, utilizamos múltiplas contribuições do passado. A compreensão do mundo que se tem, hoje, seja nos seus aspectos científicos e filosóficos, é produto de uma prática do conhecimento, historicamente situado.

Todos os dias, nós defrontamos resultados que nos chegam como produtos acabados. Como a tecnologia pode ser considerada como um subproduto da ciência e ao evidenciarmos nossa dependência de máquinas e equipamentos, estamos tornando evidente a nossa dependência do conhecimento científico.

O conhecimento resultante da pesquisa é dinâmico e encontra-se em fase de exposição constante. É a partir da capacidade de reflexão crítica, a respeito dos fenômenos, que o ser humano procura interpretar e descobrir as suas causas e efeitos. De que modo se desenvolve e estabelece o chamado conhecimento do mundo? Como é muito difícil responder, tomemos em consideração as seguintes premissas:

- A reflexão começa a partir da ocorrência e percepção de um problema.
- Ao ter consciência da existência de um problema, o homem procede ao que se chama de hipótese de solução.
- As conjecturas e hipóteses devem ser comprovadas. Isto é feito por processo de eliminação de erro.
- Através da coleta de dados, é possível verificar se a solução é, ou não, válida. A situação resultante, por sua vez, vai admitir novos problemas.
- O fracasso na resolução de um problema vai revelar em que ponto estão as dificuldades e as condições mínimas de uma solução satisfatória.
- As pesquisas podem levar à formulação de um novo modelo de solução.
- O modelo serve como estrutura para se interpretar os fenômenos, bem como guia para a reflexão e início para a aquisição de conhecimento.
- Ninguém pode, verdadeiramente, garantir que os atuais paradigmas da ciência venham a ser substituídos no futuro. Só sabemos que não são eternos e muito menos únicos.

Em nenhum momento há condições para demonstrarmos se aquilo que sabemos é verdadeiro em termos absolutos e é sempre possível que o sabido se revele falso. Não se pode, a rigor, demonstrar a verdade de uma teoria. O que se pode fazer é justificar a nossa preferência. Nada em ciência pode ser dito como estando completamente estabelecido e definitivo.

O espírito crítico a que nos referimos, embora peculiar ao indivíduo, não nasce com ele. É fruto de uma conquista ao mesmo tempo pessoal e histórica. É resultante de um longo processo, para cujo crescimento é fundamental atitudes, tais como:

- Interesse profundo por um problema.
- Busca do sentido da prova.
- Oposição ao dogmatismo.
- Aptidão para considerar alternativas.
- Liberdade de imaginação.
- Firmeza nas conclusões.

Uma pessoa, qualquer que seja, pode prestar-nos um grande serviço quando nos mostra o que é errôneo em nossa forma de pensar ou de agir. O indivíduo que acolhe a crítica e age em função dela a prezará a ponto de colocá-la acima da amizade.

Aquele que repele a crítica, preocupado em manter a própria posição, condena-se à estagnação. Impossível seria ao homem exercer a sua atividade, sem um vínculo com alguma área do conhecimento humano.

Ao se falar em conhecimento científico, o primeiro passo consiste em diferenciá-lo de outros tipos de conhecimento existentes.

O Desenvolvimento Humano

O desenvolvimento humano é uma área que está adquirindo grande significado, num cenário de rápidas transformações. A empresa não pode se dar ao luxo de deixar que seus empregados fiquem em posição inferior à dos empregados de firmas concorrentes. Tampouco, pode o empregado ser complacente, repousando sobre o conforto de um contrato de trabalho ou no colo de uma gerência afável, abrindo espaço para vir a ser tragado pelo futuro.

A natureza do desenvolvimento humano tem sido obscurecida, porque a confundem com treinamento.

Uma pessoa, que se desenvolveu, é alguém mais maduro e mais sábio. Este desenvolvimento requer tempo, porque um homem pode ser ensinado, dependendo do estímulo, isto é, a empresa não pode desenvolver um executivo, mas sim, proporcionar a oportunidade para que o mesmo se desenvolva. É como se diz, vulgarmente, não adianta dar a vara de pescar, sem dizer: que, quando, quanto, como e porque pescar.

Os recursos humanos apresentam uma incrível aptidão para o desenvolvimento, que é a capacidade de aprender novas habilidades, obter novos conhecimentos e modificar atitudes e comportamentos. Existe uma ampla variedade de meios disponíveis de que as organizações podem lançar mão no sentido de desenvolver seu pessoal.

Mas, a questão é: Como aprimorar, capacitar e utilizar meios, recursos e processos para que a pessoa tenha mais qualidade e consiga se desenvolver, tornando-se melhor diante do grupo de trabalho, do grupo social, do grupo primário (família), da organização e da sociedade?

O índice de desenvolvimento humano está ancorado nas seguintes variáveis: educação social, educação profissional, treinamento, reciclagem, aperfeiçoamento, criatividade, nível cultural, profissionalismo, satisfação, conscientização da qualidade, autodesenvolvimento, escolaridade, autoestima, melhoria salarial, melhor infraestrutura de serviço público, sistema de saúde eficiente, esgotamento sanitário, preservação ambiental, água potável encanada, acessibilidade aos recursos, renda para consumo, melhores condições de trabalho, atendimento das necessidades básicas, ampliação da inteligência, mecanismos de leitura, aumento do grau de observação, mudança comportamental, inovação, instrução, complexidade, disciplina, flexibilidade, ambiente, estímulo, interação, integração, atividade, sentimento, interdependência, cooperação, participação, adaptação, relacionamento, expectativa, motivação, conflito, mudança, garra, fadiga, competição, hipomania, ambição, clima organizacional, influência, manipulação, envolvimento, persuasão, coação, incentivo, recompensa.

Os MBA's da Vida

A ideia, às vezes, generalizada que temos é a de que os presidentes de grandes empresas, grupo seletíssimo, têm respostas para todas as perguntas e problemas do mundo corporativo. Como não é bem assim, se faz necessário que estes dirigentes reciclem os seus conhecimentos, ou ainda, que avancem para novos cursos de pós-graduação. Mas um dos problemas apontados por escolas e profissionais de recursos humanos é a proliferação destes cursos.

Umas poucas letras (MBA, MSc, MA, PhD) antes ou depois do nome são encaradas como uma razoável comprovação de que sabem o que fazem e o que dizem. Isto é verdade? Infelizmente, não. Muita gente acha que um MBA (Master of Business Administration) é seguramente um especialista do campo da Administração. No entanto, até as palavras por trás dessas letras mágicas não têm essa implicação. A administração de empresas soa um tanto vulgar e seu conceito é meio estático.

O curso de MBA é considerado *latu senso*, como os demais cursos de pós-graduação, excetuando-se o mestrado e doutorado (*stricto senso*). O modelo brasileiro de MBA é uma adaptação do americano, no qual o curso é considerado um mestrado não voltado para a pesquisa, com características diferentes dos *Master of Science* (MSc) e *Master of Arts* (MA), equivalentes aos mestrados acadêmicos brasileiros, regulados pela Capes.

Acontece que os MBAs brasileiros não oferecem formação ampla e o MBA executivo é um curso de gestão com ênfase em Administração de Empresas. Infelizmente já passam de centenas os cursos de MBA fabricados no Brasil. A enxurrada de nomes e tipos de programas oferecidos pode causar dúvidas na hora de escolher aquele que seja adequado às necessidades de um candidato.

A busca pelo curso ideal é uma tarefa árdua que deve ser feita com paciência, análise de valor e pesquisa de preço. Saber o momento certo para fazer tal tipo de curso precisa de aconselhamento honesto de um doutor no assunto e que seja totalmente desvinculado da instituição que propõe o curso. Conversar com ex-alunos é uma pesquisa fácil e barata.

O curso de MBA ideal é aquele que tenha uma carga generalista, multidisciplinar e integrativa de todas as áreas de conhecimento da gestão corporativa. Com isso os alunos aprendem a: trabalhar em grupo; selecionar dados e informações; identificar e definir problemas; adquirir técnicas, métodos e metodologias de novos tipos de gestão; atualizar conceitos; estudar em grupo para análise e solução de casos; trocar experiências e adquirir habilidades.

Isto não quer dizer, é claro, que o detentor de um diploma de MBA não possa ser um administrador-líder. Teoricamente, a percentagem de administradores-líderes em potencial entre os MBAs deveria ser similar à de líderes entre homens de negócios com o mesmo tempo de experiência empresarial. Na realidade, os MBAs, tomados como grupo, produzem menos administradores empreendedores, porque têm de superar sua concepção inicial de que as empresas se fazem com números e não com pessoas.

Mas, esse aspecto é apenas o começo, porque tanto os números quanto as regras estão sujeitos a mudanças, quando precisamos enfrentar a grande variável, chamada recursos humanos. Por quê? Porque a qualidade está nas pessoas, assim como o conhecimento para resolver problemas. A qualidade de um produto (bem, serviço ou ideia) está em quem consome e não em quem faz, inspeciona ou controla.

Atrelada à crescente dependência de planejadores que de executores, vem a enorme mudança resultante do avanço rápido da Informática. Neste campo, a ênfase tem ficado com as quantidades, que aparentemente representam uma verdade superior, por saírem de uma máquina maravilhosa, chamada computador. E logo nos esquecemos da primeira lei da computação: Entra lixo sai lixo.

Quando as vendas despencam, os lucros cessam, os preços variam, os custos sobem, as empresas recorrem aos dirigentes pragmáticos e experientes para resolver os problemas. A chave da solução não está em bem produzir, vender e distribuir, mas na arte de descobrir, definir, diagnosticar e resolver problemas.

Saber ler o cenário, antecipar as possíveis situações futuras e estar adiante do seu tempo são o que caracteriza o executivo que tem visão estratégica.

Não adianta uma montanha de títulos para aqueles que não possuem habilidades gerenciais, exatamente aquelas que dizem respeito como lidar e otimizar os recursos da organização. Ação, cada vez mais importante, quando estamos na direção de uma organização.

Quando os Empregados não são Treinados

Quando o empregado não possui os conhecimentos e as habilidades necessárias ao bom desempenho das funções, há uma porção de consequências indesejáveis, por exemplo: baixa produtividade; gastos excessivos de: material, tempo e energia; acidentes.

Quando os empregados não produzem satisfatoriamente, apesar de serem boas as instalações, máquinas, equipamentos, recursos, sistemas e ferramentas, possivelmente, a causa seja a falta de habilidade e conhecimento. A solução é o treinamento.

Há empresas que preferem que os empregados novos venham a aprender dentro delas, porque, assim, trabalharão do modo por elas desejado.

Treinamento é um processo educacional, aplicado de maneira sistemática e organizado, por meio do qual as pessoas adquirem conhecimentos, atitudes, deveres, responsabilidades, altos padrões de desempenho e habilidades, em função de objetivos definidos.

Tem por finalidade ajudar os empregados a alcançar os objetivos da empresa, proporcionando oportunidades para que todos, em todos os níveis, obtenham conhecimentos, práticas e condutas requeridos em suas atividades.

Os principais objetivos de uma política de treinamento são:

- Preparar o pessoal para execução imediata das diversas tarefas peculiares à organização.
- Proporcionar oportunidades para o contínuo desenvolvimento pessoal, não apenas em seus cargos atuais, mas também para outras funções em que uma pessoa possa estar capacitada.

Mudar a atitude das pessoas possui várias finalidades, entre as quais: criar um clima mais satisfatório entre empregados, aumentar a motivação e tornar os funcionários mais receptivos à supervisão e gerência, e, porque não dizer, mais felizes.

Tudo o que se gastar em treinamento, desde que este seja bem feito, redundará em benefícios altamente compensadores para a organização. Inversamente, tudo o que se deixar de gastar, quando há necessidade de treinamento, transformar-se-á em prejuízos para a empresa, pois ninguém nasce sabendo e nem pode tudo saber, a menos que alguém lhe ensine.

Sozinho também se aprende, mas custa muito mais. Por isso, toda administração inteligente procura treinar bem seu pessoal para evitar problemas futuros.

Como nos disse Pitágoras: "Eduque os jovens para não ter problemas, quando estes se tornarem adultos".

Treinamento é bom para os profissionais, mas a boa educação é fundamental para desenvolver a capacidade de absorção ou mesmo de criação de novos conhecimentos. Um ser humano treinado é capaz de assimilar rotinas e praticar as mesmas no seu dia a dia.

Uma pessoa educada é capaz de questionar e/ou criar conceitos, contribuindo de forma ativa para o desenvolvimento das organizações.

Treinar um indivíduo na habilidade para usar conhecimento técnico produzirá um especialista funcional, mas isto pouco contribui para desenvolver um homem com conhecimento das funções administrativas e organizacionais, suporte de uma gestão corporativa de excelência.

Seminário: Para que Serve?

O trabalho em grupo é uma forma rica de aquisição de conhecimentos e, consequentemente, uma conquista do ser humano, que reconhece no seu semelhante uma fonte de relação, de liberdade, de diálogo, de questionamento e de possibilidade de crescimento mútuo.

Uma vez no grupo, cada componente é um sujeito, com capacidades singulares e específicas, disposto a colocá-las, em função do grupo, para que o estudo e a reflexão sejam mais aprofundados.

Dentre os trabalhos de grupo, o seminário, tendo em vista que é uma espécie de convenção onde há restrições, serve para treinar, aperfeiçoar, diagnosticar, reciclar e promover reflexão. Seminário é uma técnica de estudo que inclui pesquisa, discussão, debate, ensino e solução.

A técnica de seminário desenvolve não só a capacidade de pesquisa e de análise sistemática dos fatos, mas também hábitos de raciocínio e de reflexão, possibilitando a elaboração clara e objetiva de trabalhos em grupo.

As fontes que originam um assunto para seminário são as mais variadas: temas constantes de um programa disciplinar; temas complementares a um programa de ensino; temas divulgados em periódicos especializados; temas atuais, de interesse geral, com ideias renovadoras; temas específicos, atualizados e adequados a um seminário.

Os dirigentes de um seminário são:

- Coordenador – Pode, eventualmente, orientar as pesquisas, mas, geralmente, apresenta, preside e consolida o resultado.
- Organizador – Figura que surge apenas quando as tarefas são divididas entre seus integrantes.
- Relator – É aquele que redige e expõe os resultados dos estudos.
- Secretário – É aquele que anota as conclusões parciais e finais do seminário, após os debates.
- Comentador – Só aparece quando se deseja um aprofundamento crítico dos trabalhos.

O seminário se apresenta em duas modalidades: um grupo fará a exposição e outro fará o papel de questionador e crítico. O tema geral será subdividido em subtítulos e formar-se-ão na classe tantos grupos quantos forem os subtítulos.

Os requisitos para um bom seminário são: participação, criatividade, inovação, contribuição, concisão, qualidade, conteúdo, pontualidade, produtividade, planejamento, diagnose, análise, avaliação, organização, comunicação, decisão, diagnóstico, informação, eficiência, eficácia, efetividade, experiência, exposição, demonstração, solução, relatório.

As fases metodológicas do planejamento de um seminário são:

- Preparar um roteiro com palavras, adequadamente, escolhidas.
- Ler o roteiro com espírito crítico, estabelecendo correlações.
- Desenvolver uma linguagem pessoal, objetiva e concisa, na apresentação do seminário.
- Dividir o seminário em blocos de tempo e de abordagem, quando necessário.
- Usar uma interpretação impessoal, na conclusão.
- Montar um relatório, se possível.

As premissas básicas de um seminário são:

- Cada seção do seminário não deve ultrapassar três horas, para um melhor aproveitamento, podendo durar vários dias.
- Todo seminário deve estabelecer, com clareza, a posição sobre a área que irá ser abordada.
- A ideia-chave é orientar e transformar cada participante do seminário no centro das atenções.
- As etapas do seminário devem ser divididas em reuniões (encontros) de grupos e reuniões plenárias.

A Arte da Leitura

Aprendemos o mundo e o compreendemos pela leitura, quaisquer que sejam suas manifestações. Todo este cabedal de conhecimento é produto da raça humana a qual pertencemos e foi produzido em um longo processo de história. Para que possamos tomar conhecimento e usufruir de uma riqueza historicamente construída e transmitida pelos homens, é fundamental a prática da leitura. O que se entende por leitura?

Leitura é um ato simples, inteligente e reflexivo, é um feito de compreensão do mundo e do ambiente que nos cerca.

Ao nos referirmos à leitura, estamos sempre fazendo referência a um processo realizável em uma dupla dimensão. A primeira é a de ler a própria realidade, as circunstâncias do mundo em que vivemos, as suas solicitações, provocações e valores, numa linha de reflexão e crítica.

A segunda é a de decodificação da palavra escrita, que nada mais é do que a comunicação e transmissão dessa primeira leitura. Sem leitura, qualquer que seja a sua forma, não haverá progresso, acumulação de conhecimento, transmissão e evolução do saber.

A leitura de textos dará a pessoa, além de grande conhecimento, um bom vocabulário, o poder de organizar as ideias, a velocidade de entendimento e a capacidade de reproduzir as informações apreendidas. É um processo que compreende as seguintes fases: o reconhecimento dos vocábulos e dos fatos; a interpretação do pensamento do autor e dos fenômenos; a associação de ideias e sua retenção; a capacidade de reprodução.

Não é a falta de leitura que tem prejudicado tanto os desejosos de expandir o horizonte dos seus conhecimentos, mas, antes, o "modo" pelo qual essa leitura é processada. A leitura constitui-se em fator decisivo de estudo, pois propicia a ampliação de conhecimentos, a obtenção de informações básicas ou específicas.

Uma biblioteca é como um manancial de sabedoria. Nela encontramos todos os tesouros culturais do passado, os progressos científicos e tecnológicos do presente e as previsões do futuro. Na busca do material adequado para a leitura, há que se identificar o texto e o contexto.

A leitura pode ser classificada quanto à finalidade e quanto ao processo. Quanto à finalidade a leitura pode ser: Formativa, Informativa e Recreativa. Quanto ao processo a leitura pode ser de: Varredura (Quais as palavras-chaves?); Tendência (Qual o objetivo do autor?); Significância (O que é relevante marcar?); Estudo (Qual o significado da obra? Para que serve?); Análise (Como comparar declarações do autor com pontos de vista do leitor?).

Analisar um texto significa estudar, decompor, dissecar, interpretar as partes e elementos-chaves. Esta análise tem como objetivo levar o leitor a aprender a:

- Ver o mais importante.
- Reconhecer a organização e estrutura da obra.
- Interpretar ideias, estilos e palavras.
- Separar o relevante do secundário.
- Distinguir fatos, hipóteses, variáveis e problemas.
- Perceber a relação entre ideias.

- Identificar as bases que sustentam a obra.

A validade do que lemos (conteúdo, forma), o seu valor (significado social), os limites e amplitudes da mensagem como instrumentos de compreensão da realidade são aspectos fundamentais a serem levados em conta.

A arte da leitura conduz à arte da escrita, isto é, aquele que quer escrever bem precisa ler cada vez mais, e vice-versa. Hoje, infelizmente, a grande imprensa acredita na quantidade de informação em detrimento do espaço dedicado à reflexão. Com sorte, em meio a anúncios, é possível encontrar cadernos especializados que fazem verdadeiros malabarismos em suas linhas.

Contudo, cabe ressaltar que, depois do "boom" da Internet, a mídia impressa tem feito certo esforço para retomar o debate, a reflexão e o pensamento. O espaço para resenhas de livros e ensaios de peso diminuiu consideravelmente. Parece que uma anomia tomou conta da imprensa.

A cultura e a literatura em particular deixaram de ter qualquer ambição de intervir na realidade. Triunfou o pragmatismo da Era da Informação. Mas, atenção leitor, o que importa não é a leitura em si, mas sim o mecanismo reflexivo de entendimento dos ambientes, das organizações, dos cenários e das pessoas. Senão, qual a graça?!

Curriculum-Vitae

O executivo que tenha dificuldades em estruturar e redigir um currículo de sua vida acadêmica e profissional, que seja bem organizado e construído de forma concisa, objetivando um cargo numa determinada empresa, terá dificuldades no mercado de trabalho. Infelizmente, a maioria das pessoas não sabe apresentar tal documento, obedecendo às normas da boa linguagem e da normalização textual, de maneira eficiente, eficaz e efetiva.

É comum vermos currículos com dados irrelevantes e não apropriados à empresa destinatária.
O curriculum-vitae é o retrato escrito da vida de uma pessoa e que, portanto, precisa ser muito bem trabalhado, pois é um documento importantíssimo na sua vida. Afinal, além de parecer, é necessário aparecer. Qualidade essencial para o pretendente a uma vaga de um cargo há muito tempo sonhado.

A seguir, algumas considerações sobre como deve ser a estrutura básica de um currículo:

- Nome do Candidato
- Dados Pessoais: Listar: Data de Nascimento; Registro de Identidade; CPF.
- Formação Escolar: Relacionar os principais cursos, justapondo o período em que foram realizados.
- Formação Paralela: Selecionar cursos de menor importância que tenha feito e que ajudarão o analista/entrevistador no recrutamento e seleção. Somente relacionar os cursos que sejam congruentes com o cargo pretendido.
- Vida Profissional: Relacionar as empresas (organizações) em que trabalhou, em ordem cronológica decrescente, observando as funções principais que desempenhou.
- Línguas Estrangeiras: Citar as línguas que pode se comunicar.
- Atividades Paralelas: Selecionar as atividades complementares, que desenvolveu durante a vida, a fim de consubstanciar o cargo pretendido.
- Atividades Atuais: Colocar as principais atividades que realiza na atualidade.

- Experiência Profissional: Listar aquelas de interesse do destinatário (empresa pretendida), observando o ano e período de tempo.
- Produção Acadêmica: Listar, se tiver, as três últimas produções acadêmicas, tais como relatórios de pesquisa, análises de viabilidade de projetos, apostilas, livros.
- Projetos Implementados: Listar os dois últimos projetos em que teve participação e seus objetos de estudo.
- Referências Pessoais: Listar três pessoas que possam atestar como verdadeiras as informações prestadas, não esquecendo de colocar seus endereços reais e virtuais. Não deixe de dizer seus cargos e empresas em que trabalham ou trabalharam, quando conheceram o candidato:
- Referências Bancárias: Listar os nomes dos bancos onde é cliente e respectivas agências e contas.
- Canal de Comunicação: Listar na seguinte ordem:
  Nome da Rua em que o candidato é domiciliado
  CEP Município Sigla do Estado
  Telefones:
  E-mail:
- Data e Assinatura

A seguir, algumas premissas do bom currículo:

- É comum a utilização de uma folha de rosto para identificar de quem é o currículo e o mesmo ser enviado como anexo de uma carta, devidamente assinada.
- Se o envio do currículo for por e-mail, este deve ir como arquivo anexo.
- Na carta de acompanhamento, ou e-mail, o candidato deve dizer o motivo básico de tal ato (3 - 5 linhas). Não precisa ser lacônico e muito menos prolixo.
- A concisão (objetividade e precisão) é característica de quem sabe escrever.
- O candidato deve entender que o currículo é o retrato das vidas acadêmica e profissional de uma pessoa. Portanto, deve ser muito bem trabalhado.
- É importante que o candidato se informe sobre a empresa pretendida e seu setor de atuação na economia do país, para uma futura entrevista.
- A redação de um currículo é feita na terceira pessoa do singular, seguindo uma normalização textual própria.
- O conteúdo do currículo deve ser muito bem desenvolvido, pois mostra o nível de conhecimento do candidato, como também sua objetividade, estruturação, disciplina, organização e percepção.
- Não faça um currículo para impressionar o recrutador. Muito menos, pense que este é um tolo, podendo enganá-lo.
- As pessoas, indicadas como referências, devem estar, de preferência, relacionadas às empresas em que o candidato trabalhou.
- Não esquecer de que as pessoas, que trabalham no setor de Recrutamento e Seleção de uma organização, estão habituadas a lidar com todo tipo de gente e que você não é nenhum "gênio da lâmpada".
- O currículo deve ser muito bem diagramado, sem excesso de cosmetização.

O Valor para Adam Smith

Segundo Galbraith: "A Revolução Industrial, que chegou à Inglaterra nos últimos trinta anos do Século XVIII, atraiu para as fábricas e para as cidades os trabalhadores que, anteriormente, produziam bens em suas próprias casas, ou alimentos em suas fazendas. E trouxe outros que, praticamente, não produziam nada".

O capital que os mercadores antes investiam nas matérias-primas, que eram enviadas aos vilarejos para serem transformadas em produtos, ou que servira para comprar a mão de obra de artesãos independentes, estava agora para ser investido em fábricas e máquinas, ou nos salários miseráveis que mantinham os empregados vivos. A figura dominante passou a ser o industrial.

Os historiadores têm debatido o que causou estes acontecimentos. Teria sido a invenção da máquina a vapor, que ajudou a propulsionar outras máquinas? A roupa, a comida e a habitação determinavam o padrão de vida da população. Teria sido a Primeira Revolução Industrial fruto de empreendedores inovadores? Quaisquer que tenham sido as causas desta revolução, ela moldou a economia da época. E foi neste contexto que surgiram Adam Smith e Karl Marx.

Contudo, pouco do que veio a ser chamado de Revolução Industrial chegou a ser visto por Smith. O que atraiu sua atenção não foram as máquinas, mas a maneira como as tarefas estavam sendo conduzidas. Smith começou a escrever *A Riqueza das Nações*, na França, e continuou trabalhando na obra por dez anos, após retorno à Inglaterra, em 1766. O sucesso deste livro foi instantâneo.

Mas, é muito comum encontrar nos questionamentos eruditos a citação da obra de Karl Marx, *O Capital*, assim como trechos da Bíblia. De Adam Smith pouco se fala, a não ser para os interessados em economia e administração.

Para Adam Smith, a motivação econômica está centrada no interesse próprio de cada um. A busca individual e competitiva deste interesse é a origem de todo bem público. Tanto que afirma: "Não é da benevolência do açougueiro, do cervejeiro ou do padeiro que nós esperamos obter o nosso jantar, mais sim do fato deles cuidarem dos seus próprios interesses. Nós nos consignamos não ao seu humanismo, mas ao seu amor próprio".

Na sua obra, Smith nos diz: "Jamais soube de grandes benefícios prestados por aqueles que pretendiam comercializar em prol do bem público".

À medida que os trabalhadores se congregavam nas fábricas, os fatores que determinavam a sua remuneração iam se tornando altamente relevantes. À medida que o capitalismo assumia o controle da produção, ia surgindo a questão da recompensa e de como ela seria determinada e justificada.

Quando o arrendatário substituiu o meeiro, ou o servo, a renda da terra tornou-se uma questão de grande importância, percebendo-se com isso que os preços tinham tudo a ver com a nova situação.

A água, ainda que de baixa qualidade, na época de Smith, era muito barata ou grátis. Já os diamantes sempre foram excepcionalmente caros. Disso provinha a perturbadora diferença entre o valor de uso e o valor de troca. Como ocorria com a água, o valor de uso podia ser altíssimo, e o valor de troca muito baixo.

Hoje, as pedras preciosas têm comportamento contrário ao da água, que, no futuro, pode vir a ter um valor até maior do que o dos diamantes.

O enigma dos valores de uso e de troca permaneceria sem solução até que, num dos triunfos da história, o conceito de utilidade marginal foi acrescentado ao conhecimento humano. De acordo com este conceito, o fator determinante seria a necessidade ou uso menos urgente, ou marginal.

Portanto, a utilidade da água é diminuída pela sua abundância; a do diamante é mantida elevada pela sua escassez e, também, pelo imenso trabalho que dá para sua extração. Num deserto, por exemplo, a água tem valor estratégico.

O valor de qualquer coisa que se possui é medido pela quantidade de trabalho pelo qual ela pode ser trocada. O valor de qualquer produto é igual à quantidade de esforço, tempo e dinheiro necessários para sua obtenção, isto é, o trabalho é a verdadeira medida do valor de troca de todas as coisas. O tempo e o dinheiro vêm depois.

O Bom Relatório

Relatório é uma apresentação escrita, ou oral, para transmitir informações a um leitor determinado, numa forma completamente imparcial e sob o aspecto mais útil ao leitor, com o propósito de resolver um problema específico.

Em essência, um relatório é uma narração descritiva qualitativa e/ou quantitativa de uma determinada situação. Mas, em geral, é uma exposição escrita de fatos verificados ou um relato das atividades desenvolvidas, ou ainda, uma súmula de um programa com referência a serviços prestados.

Alguns autores consideram que um relatório é um conjunto de informações organizadas para descrever um problema, podendo ou não apontar, na conclusão, uma hipótese de solução. O passo final no processo de pesquisa, por exemplo, é redigir o relatório. Devido às especificações do relatório, este vem a ser uma das melhores fontes de avaliação do clima, da cultura e do comportamento organizacional.

Um bom relatório precisa ser atual, mostrar desvios relevantes, ser integrado ao sistema de informações, ser facilmente interpretado, estimular soluções e decisões, ser de fácil confecção e distribuição.

Embora os relatórios, para alguns, seja perda de tempo, eles são importantes como balizadores das novas mudanças a serem desenvolvidas. As mudanças de rumo, de política, de estratégia, de plano, de programa, de decisão, de tática, muitas vezes, têm como fato gerador um relatório.

Os objetivos indicam a missão do relatório, isto é, aquilo para o qual foi criado, e constituem uma fonte de legitimidade, que justifica o próprio relatório e, até sua existência. Mas, se estes são vagos e indefinidos, como relatar?

Ao elaborar um relatório você deve, primeiramente, fazer um rascunho (texto provisório), com o devido cuidado quanto à argumentação e a documentação. O ideal é, terminado o rascunho, deixar o trabalho de lado por um determinado período, quando, então, o relator estará em condições de uma leitura mais perceptiva e crítica do que produziu.

Caso não lhe seja possível dar um intervalo de uma semana entre a preparação do rascunho e sua leitura para fins de revisão, pelo menos um ou dois dias de intervalo farão melhorar o texto, visando a sua editoração final.

Feita a leitura e corrigidas as deficiências, quanto à colocação de frases, estruturação de parágrafos, eliminação de expressões redundantes, inserção de novos elementos na argumentação, clareza no raciocínio e regras de normalização textual, o relatório estará pronto para ser entregue a quem de direito. Se o caro leitor pretende se tornar um relator de qualidade deve observar alguns princípios de construção, por exemplo:

- Usar orações curtas e simples, eliminando toda palavra supérflua.
- Caminhar do simples para o complexo.
- Utilizar os verbos na voz ativa.
- Não abusar de gírias na argumentação.
- Fugir da subjetividade, da adjetivação e da monotonia.
- Escrever para expressar ideias, soluções, mudanças, não para impressionar.
- Evitar generalizações, vícios de linguagem e artigos no início de frase.
- Apresentar as características dos principais problemas que estão sendo examinados.
- Fornecer condições para avaliar o desempenho.
- Fornecer informações e dados para planejamento futuro.
- Criar mecanismos que facilitem a tomada de decisão e a correção de distorções.

O autor do relatório deverá sempre lembrar que este está sendo escrito para o leitor e não para si mesmo ou para especialistas. Ele deverá ter em mente que um relatório é escrito para comunicar e não para impressionar com palavras difíceis ou detalhes técnicos. Um bom relator deve:

- Possuir a atitude cética da dúvida.
- Ter imaginação criadora baseada na experiência.
- Conhecer a língua.
- Compreender a natureza e a função de um relatório.
- Possuir habilidade desenvolvida para a análise, classificação e conceituação.
- Empregar o método mais adequado ao ambiente e ao público-alvo.
- Compreender o seu leitor e colocá-lo em posição de destaque.
- Levar em consideração a audiência.
- Examinar e expor dados, depois de uma análise adequada.

Alguns requisitos são básicos para aquele que quer se tornar um exímio relator. Os mais importantes são: clareza, exatidão, simplicidade, objetividade, unidade, estrutura, cronologia, ênfase, equilíbrio, organização, planejamento, impessoalidade, neutralidade, inovação, singularidade, redação apropriada, normalização textual, obediência às normas gramaticais, utilidade, senso crítico, apresentação, previsão, transparência, ética, linguagem adequada, passível de verificação, direção, sentido, congruência.

A estrutura de um relatório está em função do assunto, da exigência e da necessidade. O relator precisa de uma estrutura preliminar para dar andamento ao seu trabalho. Sem tal desenho ficará perdido. Uma boa estrutura precisará de muito estudo, pesquisa, análise e sistematização. Alguns princípios e normas são de real valor na construção de um relatório, pois se trata de um "cartão de visita".

Um relatório que se preze deve ter a seguinte estrutura organizacional: Capa; Folha de Rosto; Reserva de Direito; Encaminhamento; Agradecimento; Resumo; Prefácio; Sumário; Índice das Ilustrações; Introdução; Desenvolvimento; Conclusão; Apêndices; Anexos; Referências Bibliográficas.

Uma Notável Característica

Nenhuma qualidade é tão necessária para se entrar em um negócio do que a perseverança, característica daqueles que realizam grandes obras. Quem a possui tem o caminho aberto para o sucesso. Todos se inclinam perante o homem empreendedor, que sabe conciliar a energia com a prudência, que nunca confunde ousadia temerária com risco calculado.

Segundo Becker, o ser humano é movido por um dualismo essencial: ele precisa, ao mesmo tempo, ser parte de alguma coisa mais ampla e destacar-se isoladamente. Ele necessita simultaneamente ser um membro ajustado de um grupo vitorioso e uma estrela isolada.

A estes pensamentos, Becker acrescentou: a sociedade é um instrumento para o heroísmo mundano; o homem transcende a morte ao descobrir um sentido para a sua vida; o desejo de qualquer ser humano é fazer parte da história; o medo de ser insignificante traz uma configuração de fracasso; o ritual é a ferramenta que dá sentido a vida medíocre; o senso de autoestima ajuda a alimentar a ideia de seu próprio valor.

Assim, o homem inventa a não liberdade, aprisionando-se voluntariamente numa rotina estafante, mas vista com grande orgulho, para justificar a própria existência. Para tal, nada melhor do que uma organização, com regras e políticas de comportamento. Como cada um de nós tem necessidade de destacar-se dos demais, é fácil constatar uma energia positiva que vai além da real necessidade de sua aplicação.

Quando alguém recebe uma parcela de controle sobre suas próprias ações, isso lhe dá grande orgulho e um sentimento de realização.

Alguns anos atrás, foi realizada a seguinte experiência: Um determinado número de pessoas adultas deveria resolver alguns quebra-cabeças de certa complexidade e, ao mesmo tempo, efetuar a revisão de um texto. No fundo da sala, onde se realizava o experimento, havia um som bem alto e aleatório. Na realidade este som era uma mistura de ruídos sem sentido algum.

Os indivíduos foram divididos em dois grupos. Aos do primeiro grupo se dizia apenas que trabalhassem na tarefa proposta. Os do segundo, porém, receberam um botão que, quando comprimido, permitia desligar o barulho.

O resultado do experimento foi: o grupo com o interruptor conseguiu resolver cinco vezes mais quebra-cabeças do que o outro grupo, além de cometer pequenos erros na revisão do tal texto. Também nenhum dos membros do grupo com o interruptor jamais utilizou o botão. A diferença só podia estar no fato de que havia o poder de exercer o controle.

Se existe uma notável característica nas empresas é justamente na capacidade de manejar ambiguidades e paradoxos. Por essa razão, temos algumas reservas, relativas às teorias tradicionais sobre comportamentos, principalmente, porque nossos dados e evidências sobre como os seres humanos trabalham, individualmente ou em grupo, nos obrigam a revisar tais teorias, para alcançar resultados extraordinários.

O mais importante é tratar as pessoas com simplicidade e decência. Pedir a elas que brilhem e, acima de tudo, produzam coisas que funcionem. A eficiência, em grande escala, passa a ser substituída por pequenas unidades que operam com pessoas realmente "ligadas" para atingir a eficácia.

A Capacidade Tecnológica

Um processo de desenvolvimento industrial terá de passar pela capacitação tecnológica, isto é, do aluguel para o domínio. As próprias lacunas que existem nos complexos industriais se localizam nas empresas de tecnologia de ponta. Estes "claros" terão de ter apoio governamental, porque são muito caros e de investimento incerto. Então, política industrial é o mesmo que política tecnológica? A questão não é nova.

É preciso que universidades, institutos de pesquisa e empresas se integrem na busca de conhecimento, em todos os campos, e não só em biotecnologia. A universidade é um polo gerador de movimentos que questionam o comportamento empresarial, criticando, por exemplo, o baixo investimento em centros de pesquisa pura e a compra de pacotes tecnológicos do exterior. Tais movimentos, ao lado da falta de tradição de pesquisa em institutos que não dispõem de recursos, representam exemplos típicos de pontos capazes de gerar a desconfiança da empresa.

Homens como Marco Polo, Vasco da Gama, Colombo e Magalhães destruíram esse mundo de fantasias com suas viagens e descobertas. Na época das caravelas, uma viagem às fronteiras do mundo era empreendimento tão arriscado quanto às explorações espaciais de nossa época. Seguindo a rota da seda, Marco Polo foi um astronauta, explorando uma galáxia desconhecida.

Nem todos os descobridores saíram pelo mundo em expedições temerárias.

Eratóstenes (300 anos a.C.) mediu a circunferência do planeta sem sair de casa, na cidade de Alexandria. Ele ouvira de um viajante que, ao meio dia de 21 de junho, o Sol não projetava nenhuma sombra no fundo de um poço, em Siene, no interior do Egito. Isso não acontecia em Alexandria, onde em qualquer época do ano, o Sol sempre projetava sombras.

Os gregos já suspeitavam que a Terra fosse redonda, devido à sombra que a mesma projetava sobre a Lua durante os eclipses.

Este grego famoso pagou um homem para medir a distância entre Alexandria e Siene. Depois mediu a sombra que uma vara projetava, no dia 21 de junho, e usando trigonometria calculou a circunferência que o planeta Terra deveria ter, para o Sol projetar uma sombra em Alexandria, enquanto não havia sombra em Siene, mais próxima do equador.

No Século XIX, havia cientistas que preferiam aventuras mais românticas, em terras distantes, como Charles Darwin, que, em 1831, embarcou no navio Beagle, enviado pelo almirantado inglês para mapear as costas da Patagônia, Terra do Fogo, Chile e Peru.

Das suas observações nas Ilhas Galápagos, Darwin desenvolveu sua Teoria da Origem das Espécies como produto da evolução. Cientistas aventureiros foram os naturalistas Alfred Russel Wallace, Alexander Von Humbolt, cujas viagens em busca de espécimes, pelo México e Amazônia, lembram às aventuras cinematográficas de Indiana Jones.

A História do Século XX é cheia de aventuras dos pioneiros que desceram ao fundo do mar ou subiram ao espaço, aos cientistas que mapearam o mundo microscópico e o genoma humano.

Só as empresas competitivas, no mercado global, têm condições de sustentar taxas de crescimento, se estiverem atreladas a um programa de capacitação tecnológica. A experiência da Embraer que compete com eficiência no mercado internacional, numa demonstração de que o desenvolvimento de uma base tecnológica num setor específico é imprescindível para a conquista do mercado externo.

A questão do treinamento é tratada como decisiva para a competitividade. E, aqui, surpreendem-se os técnicos, mesmos em indústrias montadas com máquinas de última geração.

Tecnologia não é assunto para ser tratado apenas quando se tem sobra de caixa. Item decisivo na competição, sua atualização será cada vez mais uma condição de sobrevivência, com ou sem crise.

A Influência da Tecnologia

A influência da tecnologia sobre a organização e seus participantes é muito grande, haja vista que a tecnologia determina a estrutura organizacional. O uso racional da tecnologia passou a ser sinônimo de produzir com eficiência para atingir a eficácia mais rapidamente. A tecnologia dita os requisitos para a maioria da interação humana nas organizações.

A montagem de um desenho (arranjo físico) de produção determina quem irá trabalhar perto de quem. O fluxo de trabalho determina quem necessita falar com quem. Uma vez que a interação e a atividade afetam os sentimentos, a tecnologia, indiretamente, determina quais conjuntos de indivíduos e de grupos estarão aptos para uma nova situação de trabalho.

Todas as organizações utilizam alguma forma de tecnologia para executar suas operações e tarefas. A tecnologia adotada poderá ser tanto tosca e rudimentar quanto sofisticada. Todas as organizações dependem de um tipo de uma matriz tecnológica para alcançar seus objetivos. Ela não somente permeia toda atividade empresarial, como participa das atividades humanas, qualquer que seja o setor de atuação.

O processador de texto destronou a máquina de escrever. O CD fez do disco de vinil uma relíquia. O DVD já tornou o videocassete uma peça do passado. A história está repleta de exemplos de como uma nova tecnologia ou um novo modelo de negócio são capazes de, num curtíssimo espaço de tempo, pôr em xeque reputações, destronar empresas estabelecidas e impor um novo paradigma ao mercado.

É preciso ressaltar que a cultura samurai, do Japão, foi subjugada pelo uso de armas muito avançadas em relação a: arco, flecha, espada e lança.

Assim, é senso comum de que a empresa para ter sucesso precisa se ajustar a mais recente inovação tecnológica, pois esta molda os tipos de emprego que estão disponíveis e as consequentes oportunidades de satisfação no trabalho para os funcionários. Influi nos padrões de comportamento de grupo que se desenvolvem e influi nos tipos de prática administrativa, que mais bem se aplicam a cada situação particular.

O entendimento dos efeitos e implicações da tecnologia é tão crítico para a competência da gerência, como é a compreensão da motivação e da dinâmica de grupo.

O Caminho do Progresso

O sucesso material aliado à estabilidade política e social dos países industrializados transformou em mito a ideia de que o caminho do progresso estava em seguir os passos daqueles países, que queimaram etapas no processo de industrialização, até atingirem um nível de desenvolvimento econômico compatível ao primeiro mundo.

Por outro lado, pensa-se a sociedade pós-industrial, como decorrência natural do processo evolutivo do capitalismo, na qual a atividade dominante será o setor de serviços.

Tudo isso parece razoável, considerando que passamos de uma sociedade agrária para uma industrial e que, ao lado do crescimento do setor de serviços, ocorre um declínio do setor industrial em todo o mundo. No entanto, a história não acontece de forma linear, como a maioria pode pensar. Esta mudança não foi apenas no plano econômico, mas, também, nos planos sociais e políticos, não nos parecendo, aqui, o argumento do determinismo econômico.

A percepção de que estaremos experimentando mudanças profundas e rápidas é, hoje, senso comum. Os prognósticos pessimistas e otimistas são inúmeros, muitos deles fundamentados em estudos matemáticos e análises estatísticas. Embora imprecisos, tais cenários são importantes na medida em que sinalizam o esgotamento dos modelos presentes de gestão das organizações.

Assim, o domínio do conhecimento, quer científico e tecnológico, se apresenta como crítico. Se não o buscarmos, rapidamente, a janela de oportunidade pode fechar antes que a percebamos. Tal processo encontra-se em curso, e para os que almejam decidir seu próprio destino, não há tempo a perder.

À medida que cresce a competição no mercado global, observa-se a tendência de formação de blocos de nações, que podem somar vantagens comparativas, assegurando competitividade e produtividade. Mas, não são poucos os que têm alertado para as consequências de tal ordenamento. Contudo, é preciso ir mais adiante, para que se tenham soluções que respondam aos desafios da humanidade.

As soluções exigem a reconstrução das organizações, nos aspectos institucional e estrutural, bem como um melhor aproveitamento dos recursos disponíveis, de forma a incluir, quantitativamente e qualitativamente, mais consumidores no mercado. É preciso também melhorar a qualidade de vida das pessoas. Essa reconstrução requer uma definição política das nações e uma avaliação do potencial da nova geração de executivos.

Uma característica que parece comum aos empresários empreendedores é o interesse agudo pelos avanços da ciência e da tecnologia de produtos que eles veem como recurso estratégico no seu ramo de negócio. Embora não tenham muita clareza em seus planos estratégicos, eles sabem que precisam atender as exigências cada vez mais sofisticadas da clientela.

O ideal de uma empresa independente e competitiva aparece, então, como um traço bem marcante, e, na medida em que as empresas crescem, surge também a preocupação com métodos, técnicas, estratégias e táticas de gestão corporativa, cujo resultado está no equilíbrio entre eficiência, eficácia e efetividade.

A Formação do Executivo

A preocupação em formar executivos capazes de superar obstáculos e crises tem permeado o planejamento das organizações, principalmente, daquelas que já se deram conta das carências profissionais de boa parte dos executivos que chegam ao topo. Geralmente, essas pessoas iniciam sua carreira em funções técnicas, numa atividade subordinada. Para dar conta de suas tarefas, basta-lhes que sejam eficientes individualmente.

Mas, à medida que sobem na hierarquia da empresa, assumindo um simples cargo de supervisor, por exemplo, a habilidade pessoal já não é suficiente, porque os resultados dependem de uma equipe a ele subordinada. É preciso não só ter habilidades técnicas como também habilidades motivacionais e políticas, que crescem na direção do topo da pirâmide organizacional.

O Japão fez uma opção criativa, pois não se limitou a reproduzir os esquemas já existentes. Promoveu uma adaptação dos modelos americanos existentes, para as suas conveniências e necessidades sociais e culturais. Foi isso que possibilitou uma aceleração em seu desenvolvimento. Já, na Europa, o principal impulso foi de natureza acadêmica.

Os europeus perceberam a necessidade de unir a escola com a empresa, cujo objetivo era desenvolver executivos regionais em cada país. Tal processo culminou com a criação do European Foundation for Management Development.

No Brasil, são poucos os esforços efetivos no sentido de se vencer o atraso na formação de executivos capazes de entender nossas necessidades. Algumas empresas têm programas e políticas de formação de executivos. Outras enviam seu pessoal para o exterior, correndo os riscos da implantação de modelos que não são congruentes com nossas realidades.

Mas, a pergunta importante é: Por que e quais as causas que geram este comportamento? Muitos defendem a necessidade de profissionalizar a administração das empresas, em contraste com o sucesso de empresas familiares. Parece que a resposta está na análise das origens do nosso empresariado.

Capacidade de administrar é o que distingue o dirigente de sucesso, pois desafia sua competência no tempo e no espaço, exigindo resultados positivos, que se estendam a todos os lugares, onde opera a empresa.

O domínio dos fatores técnicos, que prevaleceu por décadas, cedeu espaço às habilidades financeiras e mercadológicas. Com isso, as empresas começaram a ter uma interação mais ativa com o ambiente. Mas, essa abertura mostrou sinais de ineficiência, quando esbarrou na falta de integração interna, limitando a capacidade da organização para atuar de forma competitiva e global.

Assim, devido a competitividade, a formação acadêmica de qualidade passou a ter uma importância muito grande para o mundo corporativo. Além da preocupação didática em termos de conteúdos de qualidade acadêmica assegurada, há um esforço em todas as áreas de conhecimento, para que os alunos extrapolem a vivência em sala de aula e ganhe conhecimento prático em suas áreas de atuação. Nesse contexto, emerge outra questão premente de atualidade, que é a educação continuada.

Um Plano de Negócio

Onde encontrar dinheiro? A pergunta costuma aparecer quando o projeto de um novo negócio está pronto e a soma dos recursos próprios de seu autor já esgotou todas as possibilidades do fundo de garantia ao terreno esquecido em um litoral. Deixar o projeto no papel mais um tempo pode parecer a única solução, mas não é.

Dinheiro existe. Encontrá-lo e colocá-lo no bolso é uma tarefa que exige, primeiro, o respaldo de uma grande ideia, esmiuçada, passo a passo, no que os donos do dinheiro chamam de plano de negócio. Segundo, é necessário ter uma disposição atlética para bater de porta em porta, com o projeto debaixo do braço.

Sempre há créditos para empreendedores, assegura o Serviço Brasileiro de Apoio à Pequena Empresa (Sebrae), uma instituição vinculada ao Ministério da Indústria e do Comércio. Ocorre que, muitas vezes, as linhas são temporariamente fechadas por estarem esgotadas, só reabrindo quando os agentes financeiros remanejam os recursos de modo a igualar oferta à procura.

Para quem tem um bom projeto, porém, o obstáculo maior foi superado muito antes do momento em que se ensaia um pedido do financiamento, isto é, quando a ideia, posta no papel e avaliada sob todos os ângulos (viabilidade, mercado, risco, potencial do produto), mostrou ser capaz de se transformar num bom negócio.

Pedir dinheiro emprestado não é pecado. Ao contrário, costuma fazer parte de toda atividade empreendedora. É preciso, no entanto, saber a quem pedir, como pedir, com que finalidade e a partir de quais expectativas de pagamento. O pequeno empresário costuma chegar ao banco completamente desfalcado de informações, não só sobre o tipo de financiamento mais adequado a seu propósito, mas, principalmente, sobre seu próprio negócio.

Chama-se Plano de Negócio o ponto de partida do empreendedor que busca financiamento. Não se trata de um trabalho escolar e poético sobre o projeto. É uma apresentação do empreendimento. Na elaboração desse plano há detalhes fundamentais, como lembra o professor Ronald Degen, da Fundação Getúlio Vargas, autor do livro *O Empreendedor: Fundamentos da Iniciativa Empresarial*, uma espécie de manual para a implantação de novos negócios. A seguir, algumas observações do referido autor:

- Informações ambíguas são dispensáveis.
- Não basta afirmar que o mercado absorve o projeto, é preciso fundamentar com dados.
- Chutar aspectos técnicos é desaconselhável.
- A expectativa de vendas não se apresenta em função da capacidade de produção.
- A revisão de vendas está baseada na avaliação do potencial de mercado.
- A capacidade de produção é dimensionada em função do mercado, não é um palpite.

O plano de negócio é como um cartão de visitas do próprio empreendedor. É com ele que o candidato a um financiamento deve chegar à mesa do credor do seu negócio. Pois, o mercado oferece um cardápio razoável de alternativas, mas nem sempre são adequadas ao que se procura.

Os cenários, em geral, não são favoráveis. Isso na prática quer dizer que o empreendedor mal informado corre o risco de tomar dinheiro emprestado muito além de suas possibilidades e pagar caro por isso.

O Consumo de Energia Elétrica

Como sempre ocorre em períodos de crise, as empresas travam uma verdadeira batalha para reduzir custos e, assim, aumentar as margens de lucro. Diminuir gastos financeiros e enxugar a folha de pagamento não são fáceis de se fazer e esbarram em limites bem precisos colocados pelo mercado. Restam outras saídas, uma delas tem merecido crescente atenção de algumas empresas, como: reduzir despesas com energia elétrica, algo que tem pesado, cada vez mais, sobre os custos.

Durante algum tempo, muitas empresas comportaram-se em relação ao uso da energia elétrica como o tipo que bebe demais e, na hora de pagar, nem se preocupa em conferir a conta. Porém, à medida que a energia foi se tornando escassa e o governo resolveu praticar uma política mais realista de tarifas, essa postura de indiferença começou a modificar-se. O fantasma do racionamento e contas mais salgadas impuseram uma revisão de hábitos.

Embora ainda sejam poucos os exemplos de empresas que dispensem a otimização e a racionalização do consumo energético, um cuidado especial deve ser tomado, desde a elaboração do projeto de suas instalações. Assim, um sem-número delas dedica-se a adotar políticas corretivas.

Precedidos pela indústria, também o setor de serviços desperta para o problema. Cada vez mais a utilização dos recursos energéticos são otimizados e a preocupação com a sua minimização de custos é aumentada, pela simples troca de máquinas e equipamentos de custo energético menor. Em geral, um programa de performance energética propicia uma redução de até 20% nas contas.

Um plano de racionalização de energia envolve, desde o controle sobre o funcionamento dos sistemas de climatização até a mudança de rotinas do pessoal da limpeza, como também a utilização de máquinas e equipamentos.

É importante não confundir racionalização com racionamento. Um plano, ou programa, de racionalização visa reduzir o consumo de energia, sem por em risco o nível de qualidade. Grande parte do desperdício de energia é resultado do prevalecimento dos critérios estéticos sobre os funcionais, infelizmente.

Se os primeiros passos dos programas de racionalização trazem resultados palpáveis em curto prazo, sem exigir praticamente qualquer investimento, manter e melhorar o desempenho é mais complicado. Isso porque a partir de um determinado ponto, a possibilidade de novos ganhos, além de exigir alguma inversão de recursos, esbarra em problemas como a melhoria da tecnologia dos equipamentos elétricos.

Eis alguns ingredientes que um empreendimento deve ter, relativos à racionalização de energia: Construção em um único pavimento; Fachada ventilada para tirar o máximo da renovação do ar natural; Arruamentos internos largos; Pé direito de 7,5 m, para dispensar o uso de ventiladores.

Os capacitores de potência destinados a eliminar desperdícios de eletricidade, automaticamente, diminuem as contas das empresas e as multas que as concessionárias costumam cobrar pelo que os técnicos chamam de baixo fator de potência, uma espécie de vazamento ou fuga de corrente elétrica. Como essas multas são elevadas, a economia gerada pelos aparelhos também varia de caso a caso. Outra vantagem é liberar carga para a instalação de novas máquinas e equipamentos, sem que precise fazer novos investimentos.

O ganho de capacidade de carga, nesses casos pode chegar a 30% do custo total.

Enxugar os gastos com energia sempre foi uma meta da empresa, por menor que sejam as economias obtidas. O motivo é evidente, não podemos nos dar ao luxo do desperdício. Vamos, portanto, implantar uma mentalidade de uso racional, não só da energia elétrica, como de todos os demais recursos.

Como economizar energia? A seguir, algumas sugestões:

- Trocar as lâmpadas atuais por outras de maior rendimento.
- Aproveitar o calor gerado em fornos para aquecer água.
- Redistribuir os horários de funcionamento de máquinas e equipamentos para fora dos horários de pico.
- Utilizar energia solar para aquecer água e produzir vapor.
- Ampliar o uso de motores de velocidade variável para evitar as interrupções.
- Evitar constantes religamentos que consomem energia excessivamente.
- Implantar sistemas de controle para evitar sobreposições de atividades.
- Pintar o interior da fábrica com cores claras.
- Promover campanhas internas para conscientizar os funcionários sobre os males do desperdício.

As Fontes Alternativas de Energia

A maioria das indústrias do país depende exclusivamente do fornecimento de energia hidroelétrica, uma vez que a geração por fontes alternativas ainda é pouco expressiva no país. Ocorre que os investimentos em geração alternativa de eletricidade não estão acompanhando as necessidades de consumo.

Muitas empresas estão trabalhando projetos para economizar energia, sob diversas formas.

Para que o fornecimento acompanhe o crescimento da demanda é preciso o investimento de bilhões de dólares em pesquisa e desenvolvimento de novas tecnologias.

Para tentar capturar recursos financeiros, o governo optou em praticar uma política tarifária que mantêm os preços da energia elétrica sempre acima da inflação. Tudo isso em detrimento dos custos industriais que sobem a cada mês. A energia elétrica tornou-se um insumo muito caro.

Então, se faz necessário um programa permanente de racionalização de energia, para banir para sempre o fantasma do desperdício. A primeira medida foi trocar as telhas para material transparente. Também as lâmpadas foram trocadas por outras de maior rendimento e menor custo. A informática também ajudou nos sistemas de controle, que evitam, por exemplo, o acarretamento de picos de consumo em sistemas que trabalham em paralelo, com a mesma finalidade.

Os processos de produção também foram aperfeiçoados e algumas máquinas passaram a executar múltiplas funções. Outra direção está acontecendo em relação à utilização da energia solar e eólica. O gás também começou a ser usado. As empresas terão, ao alcance das mãos, um novo sistema para substituir a energia hidroelétrica. Trata-se do aproveitamento do vapor das caldeiras para mover turbinas geradoras de eletricidade.

Caso o número de quilowatts produzido seja superior ao consumo da fábrica, o excedente poderá voltar à rede de distribuição e ser vendido para a concessionária local.

Cresce entre as empresas o interesse pela exploração de formas alternativas de energia. A energia solar é uma delas. Inesgotável, barata e limpa, essa fonte de energia, que apesar de sua enorme potencialidade manteve-se, praticamente, esquecida nos últimos tempos, começa a ser encarada com o devido respeito. Como recurso complementar, no entanto, ela pode reduzir a dependência em relação às fontes convencionais e, o que não é menos importante, diminuir a fatura da energia elétrica.

Os fabricantes de equipamentos solares surgiram a partir da segunda crise do petróleo, no final da década de 1970. Mas, a evolução foi lenta e não ofereceu às empresas o campo de que precisavam para decolar. O equipamento se resume às placas coletoras e ao reservatório de água. Aquecida pelos raios solares a água pode ser utilizada das mais variadas formas.

Um exemplo comum é o abastecimento de água quente numa cozinha industrial. Mas, muita gente, ainda, pensa que em dias nublados o equipamento não funciona o que não é verdade. Tudo que puder aliviar o custo é lucro. Incentivar o uso da energia solar é uma forma inteligente de repassar os custos de investimentos para os próprios consumidores.

Os aquecedores solares oferecem:

- Custo operacional zero.
- Na manutenção, requer apenas a limpeza periódica das placas coletoras.
- A vida útil dos equipamentos é de vinte a trinta anos.
- A instalação é relativamente barata, tendo em vista a relação custo/benefício.

Quem Foi Peter Drucker

Peter Drucker foi escritor de numerosas obras, consultor e professor de Administração de Empresas na Universidade de Nova York. Escreveu para as melhores revistas de negócios do mundo. Foi membro da Associação Americana para o Progresso da Ciência, da Academia Internacional de Administração, da Academia Americana de Administração.

Nasceu em Viena, em 1909, formou-se em Direito na Áustria, doutorou-se em Frankfurt (Alemanha) em Direito Público e Internacional, onde também foi jornalista econômico. Em 1933, passou a exercer essa profissão na Inglaterra, deixando a Europa com a ascenção do nazismo.

No final da década de 1930 mudou-se definitivamente para os Estados Unidos, onde foi inicialmente jornalista e economista de um grupo de bancos e financeiras. Durante a Segunda Guerra Mundial, realizou um estudo na General Motors, onde aparecem os primeiros traços da Administração por Objetivos.

Em 1954, surge um dos livros mais importantes de Drucker, *Prática da Administração de Empresas,* cuja principal contribuição foi a de dar senso de finalidade prática aos negócios. Assim, ele diz: O desempenho esperado de um gerente deve ser o reflexo do que se espera dele, quanto à realização dos objetivos da organização e, principalmente, pelos resultados positivos que dele se esperam.

Por tal, a empresa deve estabelecer um conjunto de objetivos e propósitos, claramente definidos, concretos e mensuráveis, originados da missão do negócio. Drucker considera que nenhum negócio vive de um único objetivo, o lucro, mas, sim, de um conjunto hierarquizado e equilibrado de objetivos, tais como: posição no mercado, inovação, produtividade, otimização dos recursos, rentabilidade, desenvolvimento e responsabilidade pública.

Todo este movimento de Drucker levou ao surgimento da Escola Neoclássica da Administração, como se fosse uma volta às origens, pois restabelece a necessidade de se racionalizar processos e dar ênfase aos resultados econômicos e financeiros. Em 1964 surge o livro chamado *Administração Lucrativa*, tendo como temas principais a eficiência e a eficácia.

Drucker, neste livro, faz algumas observações, como:

- Dentro do negócio não há resultados nem recursos, apenas centros de custo.
- Os resultados são obtidos pela exploração das oportunidades, mais do que pela solução de velhos problemas.
- Os recursos devem ser concentrados nas oportunidades e não nas soluções de problemas.
- Os resultados são obtidos por meio da liderança e não, somente, pela competência.
- Toda liderança é transitória e perecível.
- Todo e qualquer processo é provisório e não permanente.
- A concentração é a chave dos resultados econômicos.
- O abandono de atividades e produtos não lucrativos é a chave do sucesso empresarial.

No livro *O Gerente Eficaz* (1967), Drucker recomenda cinco pontos: Saber onde gastar o próprio tempo; Concentrar esforços em resultados mais do que em atividades; Utilizar as qualidades pessoais mais fortes; Gastar seu tempo nas tarefas importantes; Tomar decisões bem fundamentadas.

Em 1969, Drucker lança o livro *Uma Era de Descontinuidade*. Nesta obra ele tenta interpretar como as mudanças sociais e tecnológicas podem abalar o futuro das organizações. Dá ênfase às novas tecnologias, a uma sociedade pluralista, a instabilidade dos governos mundiais, a importância do capital intelectual, cada vez mais crescente. Peter Drucker foi a maior influência na formação de uma mentalidade administrativa dos últimos anos.

Peter Drucker foi o homem a quem se atribuiu a reinvenção da disciplina Administração. Escreveu 39 livros, traduzidos para diversos idiomas. Aconselhou diversos presidentes de grandes conglomerados. Orientou Margareth Thatcher a privatizar todo o setor de mineração da Inglaterra. Exerceu influência na formação de executivos de empresa, como: Hewlett Packard, Johnson & Johnson, Merck e Motorola.

Ninguém, como Drucker, tinha compreendido as implicações das tendências sociais e convertido-as em oportunidades. Não obstante a enorme quantidade de livros de negócios, nenhum deles explica de maneira clara e convincente as consequências das transições em andamento no mundo e muito menos como gerenciá-las.

Drucker dizia que ele explorou o passado para entender as possibilidades futuras. Ele, mais que qualquer outra pessoa, ofereceu conselhos sensatos e práticos àqueles que estavam dispostos a empreender. Sempre questionou se, em determinado negócio, devemos insistir, porque se conhece bem o assunto, ou assumir riscos em áreas completamente novas, mas promissoras.

Mais de 70 anos deram a Drucker a quase certeza de que equilíbrio entre a preservação da empresa e a mudança é de extrema importância.

As ideias de Drucker foram o catalizador que impulsionou as pessoas a buscar oportunidades em meio as dificuldades e incertezas de um mundo cada vez mais propenso a fortes mudanças. Ele libertava as pessoas a se autoquestionarem sobre suas estratégias e valores. Sempre pediu mais racionalidade do que intuição. Uma questão que ele sempre fazia às pessoas era: Qual é a verdadeira missão do seu negócio?

Drucker trabalhou com grandes líderes, durante mais de 75 anos e também os aconselhou. Churchill chegou a relatar que Peter Drucker era muito bom em fazer as pessoas refletirem no que estavam fazendo. O presidente mexicano Vicente Fox comentou que as ideias de Drucker sobre gestão empresarial revolucionaram o mundo corporativo.

Em 1970 o Escritório de Orçamento dos Estados Unidos foi renomeado para Escritório de Gestão e Orçamento. Ele estava convencido de que a falta de gestão dos negócios e dos governos, na década de 1930, levou Hitler ao poder.

Sem oportunidades econômicas, escreveu Drucker, em 1933, as massas europeias perceberam, pela primeira vez, que a vida social era regida não pelo razoável e pelo sensato, mas por forças cegas, irracionais e demoníacas. Afirmou que a falta de sentido econômico na vida isola as pessoas e as torna destrutivas. Aliás, uma visão preconcebida por Adam Smith, há cerca de 200 anos atrás.

Com a globalização, segundo Drucker, a interdependência dos sistemas econômicos fragilizou o ser humano mais ainda. Conforme salientou, todos nós devemos assumir a responsabilidade por gerenciar nossa trajetória de vida. Os valores humanos, nossa capacidade e nossa tenacidade compõem o motor que mantém o mundo em evolução.

As ideias de Peter Drucker, incisivas como sempre, têm muito a oferecer às organizações do Século XXI.

Uma Empresa Chamada IBM

Poucas empresas ilustram tão bem a história do trabalho como a veterana Internacional Business Machines, a IBM. Fundada em 1888 e com ações negociadas na bolsa de Nova York, desde 1916, a IBM tem inúmeros atributos que a tornam uma empresa admirada e estudada há décadas nas Escolas de Administração. Talvez o mais intrigante deles seja a longevidade.

Como uma empresa, que atua num setor tão dinâmico, o da tecnologia da informação, consegue se manter relevante durante 130 anos? Como um gigante que fatura milhões de dólares e atua em mais de 170 países, empregando milhares de pessoas, consegue acompanhar as mudanças cada vez mais rápidas do ambiente mundial de negócios? Não existe uma única resposta, mas ela certamente passa pelo ambiente de trabalho.

A IBM que se notabilizou pela formalidade como as pessoas se vestiam, hoje atua de maneira bastante informal nos escritórios, que, muitas vezes, nem existem mais.

Não foi por coincidência que Thomas Watson, o fundador da IBM, incutiu nos empregados a palavra "pense". Os objetivos que ele tinha dessa palavra costumava estar em todos os lugares da empresa. Mas os sinais externos da cultura comum impostos por Watson se tornaram menos notáveis com a nova geração de executivos.

Nenhuma empresa jamais dominou tão vital e rentável segmento por muito tempo. A concorrência não quebrou a IBM, assim como as pessoas que dela saíram não abalaram seu espírito de corpo. Esta empresa não pode, em uma cultura ocidental individualista e operando num mercado tão competitivo, confiar em que seus funcionários vistam sua camisa eternamente.

Watson estabeleceu regras para que os seus empregados somassem esforços a toda uma moralidade corporativa que ainda permanece. Mas, a ética empresarial em um código de trinta e duas páginas é apenas uma parte do monumental sistema de valores que é a verdadeira fonte da maciça resistência da IBM em permanecer no mercado de informática.

As políticas de pessoal, de marketing e de tecnologia formaram o tripé em que a empresa sempre se apoiou. Muitas vezes, a empresa, apesar de toda a sua riqueza em recursos financeiros e tecnológicos, não tem sido a primeira nas mais novas tecnologias ou, ainda, em sua última aplicação. Mas, sempre que localiza uma ameaça ou uma oportunidade, reage com minúcia e poder de fogo que poucos são capazes.

No passado, os seus funcionários eram tratados como vitalícios e seus benefícios eram os maiores e melhores do mercado. Hoje, metade dos funcionários da IBM está na companhia a menos de cinco anos, algo inimaginável na época dos ternos azuis. Mais de 40% dos seus funcionários não mais trabalham em seus escritórios, atuam pela internet com um smartphone.

Os funcionários da IBM fazem parte de uma enorme rede social, chamada Blue Pages. Cada funcionário tem uma página própria, que lista os projetos de que participa e suas especialidades.

Era esse mundo de trabalho que o pai das modernas Teorias da Administração, Peter Drucker, vaticinou, quando cunhou a expressão "trabalhadores do conhecimento". Para Drucker, todo funcionário de uma empresa seria responsável pelas decisões tomadas, mesmo com impacto no resultado do negócio. Uma visão holística de cada membro da organização parece ser uma visão utópica e de difícil compreensão geral, mesmo nos dias de hoje.

Apesar de todo avanço da tecnologia ainda é preciso responder: Como medir os resultados no Balanço Patrimonial da empresa? Ter acesso à rede interna da empresa 24 horas por dia, sete dias por semana, traz resultados mais efetivos ou é apenas mais horas trabalhadas, causando um estresse gigantesco? São perguntas que não têm respostas por enquanto.

Mas há uma variável que não sabemos medir em cada ser humano: A satisfação de estar no lugar certo e na hora certa.

As Novas Tecnologias

No final do Século XX e início do Século XXI, novas tecnologias se destacaram: microeletrônica, computadores, telecomunicações, telemática, materiais artificiais, robótica e biotecnologia, criando um mundo econômico muito diferente. Avanços nas ciências subjacentes a estas áreas têm criado novos métodos de comercialização.

Assim, o varejo eletrônico supera o varejo de loja; os telefones celulares estão por toda a parte, superando os telefones fixos; novas plantas e animais são produzidos pela engenharia genética; a economia global se impõe, cada vez mais, fazendo com que os países tenham de se adaptar a nova onda, para continuar participando do mercado.

Durante toda a história da humanidade, os recursos naturais é que fizeram as grandes fortunas. Então por que os homens mais ricos do mundo não possuem nada tangível como terra, ouro, petróleo, fábricas, exércitos? Pela primeira vez na história, a pessoa mais rica do mundo possui apenas conhecimento.

O conhecimento é a nova base da riqueza. Isto jamais aconteceu antes. No passado, quando os capitalistas falavam de suas riquezas, eles estavam falando de ativos sólidos. Mas, no futuro, será a posse do capital intelectual que dará status e posição no meio da sociedade.

Possuir conhecimento é um conceito enganoso. Os seres humanos que possuem conhecimento não podem se transformar em escravos da automação.

Como as sociedades precisam ser reorganizadas para gerar um ambiente de conhecimento que amplie a riqueza? O que faz surgir empreendedores necessários para efetuar mudanças e gerar riqueza? Como surge a riqueza baseada no conhecimento? Que qualificações são necessárias? Onde os recursos naturais e ambientais se encaixam nesta nova economia baseada no conhecimento? Qual é o papel da elaboração de ferramentas numa economia capitalista, onde o capital não é mais o coração do sistema? Qual é o processo pelo qual surge a riqueza na livre iniciativa? Como tirar proveito de novas tecnologias para revolucionar a produção de bens e criar novos serviços?

Estas são as perguntas a serem respondidas a fim de obter sucesso numa economia baseada no conhecimento.

Depois de serem exploradores, pesquisadores e caçadores de tesouros é que os homens poderão se voltar para a verdadeira tarefa em construir empresas, empreendimentos, organizações, sociedades e riquezas individuais.

Quanto Basta para os Ricos

Todos gostariam de ser ricos. Aqueles que são, não importa o quanto, sem exceção, quer ser mais rico. Para se consolarem, os destituídos de riqueza produzem mitos a respeito da infelicidade que a riqueza traz. Midas transformou sua amada filha em ouro e não podia comer, porque tudo que tocava virava ouro. Mas, o que todos sabem é que os ricos têm uma vida menos infeliz do que os pobres. Segundo os cientistas do comportamento, a riqueza torna a pessoa mais feliz.

A riqueza traz consigo a capacidade de comprar mais bens de consumo e, mais importante, o poder para fazer o que quiser. Uma grande riqueza permite que se contrate, demita, promova e rebaixe outros seres humanos e que se abra, feche e mude uma empresa de um lugar para outro.

Uma grande fortuna permite que pessoas deixem sua marca na calçada da fama. Quase todas as pessoas instruídas, dos Estados Unidos, conhecem quem foram Rockefeller, Morgan, Carnegie, Ford, Vanderbilt e Mellon, por exemplo. Mas, quem se lembra de todos os presidentes da república.

Influência política pode ser comprada discretamente. Contribuições para partidos políticos dão efetivamente mais de um voto aos ricos. A riqueza é, no fim das contas, a maneira pela qual se marcam pontos no capitalismo.

O grande campeão, Bill Gates, está sempre na mídia. Seus pensamentos e movimentos são registrados e acompanhados como se ele fosse o presidente dos Estados Unidos. Os muitos ricos são pessoas importantes, a serem cortejadas. Eles merecem respeito e exigem deferência. São os vencedores.

A riqueza sempre foi importante na ordem de prioridade das pessoas, mas está se tornando a única dimensão pela qual é medido o valor pessoal. Caso você queira mostrar seu valor, precisa jogar no primeiro time e não na segunda divisão. À medida que as fontes de fama, prestígio e poder acontecem, o dinheiro cresce de importância.

Sem grandes guerras, os generais não podem ser heróis. Com a globalização, os governos perdem poder para controlar a economia e os políticos passam a ser menos valorizados. Com os novos meios eletrônicos sondando implacavelmente nossas vidas, nenhum de nós consegue manter sua dignidade e a aura de um alto cargo desaparece.

Como a aquisição de riqueza suplantou completamente outras formas de realização humanas, os jovens ambiciosos e dotados de talento focalizam, cada vez mais, sua energia pessoal nessa meta. Medidos por qualquer um dos critérios: capacidade intelectual, energia, criatividade, disposição para assumir riscos, os alunos de administração de hoje não querem pertencer a organizações, como no passado. As mentiras bem contadas, veiculadas na mídia, dizem que o empreendedor pode ser rico e famoso em pouco tempo de atividade.

Ser muito rico é ter tudo. Tanto que os bancos fazem propaganda disso, quando dizem que é melhor ter do que ser. Não é surpreendente que livros que ensinam como enriquecer são os que mais vendem, embora os compradores de tais livros achem que aquilo é puro engodo. Porém, muitos acreditam nessa falácia.

Os livros de contos de fadas vedem horrores e dão conforto aos seus leitores, que, mesmo adultos, ainda vivem na idade lúdica ou precisam dela para amenizar as dificuldades do dia a dia.

Os Empreendedores das Novas Tecnologias

Empreendedores e organizações sociais, aparentemente opostos, se juntam para formar a base da sociedade. Mudanças exigem pessoas que possam reconhecer que coisas novas podem ser feitas e tomem a iniciativa para que o sejam. Os empreendedores são necessários para aproveitar as possibilidades das novas tecnologias.

As sociedades dominadas pelos temerosos nunca são sociedades ricas. As sociedades ricas permitem que indivíduos com mentalidade exploradora floresçam. Embora os céticos, pessimistas, prudentes, temerosos e conservadores tenham razão. As estatísticas indicam fracasso em 90% dos novos projetos.

O empreendimento individual não ocorre uniformemente ao longo do tempo e do espaço. Em algumas épocas isso é possível, em outras não. Mas também é verdade que é preciso que haja reestruturação das sociedades e organizações para que o espírito inventivo floresça.

O capitalismo é um processo de destruição criativa, pois o novo se superpõe ao velho. A televisão atirou a indústria do cinema para um grande declínio até que foi revivida pelo videocassete. Hoje, o DVD é tão barato que ameaça as salas de cinema.

Os empreendedores são usinas de ideias e de destruições, eles são os agentes de mudança no mundo dos negócios.

Ocasionalmente os empreendedores também são os inventores, mas isso é raro. Bill Gates não inventou nenhuma nova tecnologia, nem nunca foi um engenheiro de software. Mas, foi um dos empreendedores mais inteligentes do Século XX.

A história nos ensina que é muito fácil aniquilar o espírito empreendedor. Na maior parte da história da civilização não existem tantos empreendedores quanto se pensa.

Muitas inovações são vinho velho em garrafas novas. As verdadeiras inovações e descobertas precisam, para chegar ao mercado, muita coragem de investidores e muita pesquisa de mercado.

Quando as sociedades não estão politicamente organizadas e os interesses particulares são colocados de lado, os empreendedores não podem surgir. É preciso construir políticas públicas que proporcionem campo para que os empreendedores tenham o espaço devido, para adaptar ou destruir o velho. Contudo, a destruição do que é velho e duradouro pode ser vista como o caminho do caos.

Não é fácil romper com o passado e as sociedades não terão novos empreendedores, se não estiverem dispostas a romper com estas amarras. É comum achar que a internet irá mudar as culturas locais e os padrões de comportamento. Mas, até o momento, não encontramos meio mais rápido de pesquisa e de comunicação, a um custo muito baixo.

Com frequência, as novas ideias são rejeitadas. A arqueologia tem descoberto o uso do vapor em várias civilizações do passado. Contudo, o motor a vapor só surgiu, de forma generalizada, como fonte de energia na produção, somente no Século XVIII.

Nem sempre novas tecnologias, inovações, descobertas e ideias criativas andam de mãos dadas com os investidores e empreendedores. Tudo isso nos leva a pensar que há um determinismo histórico.

A IBM e os Sistemas Abertos

A IBM não se deu conta do advento do computador de menor porte. Era uma grande oportunidade, mas ela não soube aproveitar. Seu apego à ideia de que os "mainframes" ainda eram o centro do universo da Informática durou tanto tempo que, por volta dos anos 1980, as pessoas se perguntavam seriamente se a IBM seria capaz de sair ilesa.

A IBM deixou que os novos empreendedores invadissem seu espaço, como Bill Gates, da Microsoft, e Scott McNealy, da Sun Microsystems, que juntamente com a Digital Equipment Corporation conseguiram furar o bloqueio da IBM e prenderam o consumidor a um novo conjunto de tecnologias da informação.

Em 2001, a IBM volta à luta para uma mudança que poderia ser a mais radical de todas em 77 anos de sua história, isto é, houve uma acolhida para a computação aberta. O plano consistia em produzir plataformas comuns, abertas, para as quais a IBM venderia seu hardware mais sofisticado e programas de serviços especializados.

A IBM continua a desenvolver seus próprios sistemas, integrando-os a programas como o Linux ou Java, por exemplo. Ela espera usar a computação aberta com o intuito de proporcionar o mesmo tipo de comunicação fluida da Internet. Não há dúvidas de que outras empresas seguirão o mesmo caminho.

O sucesso ou o fracasso da computação aberta ainda é uma incógnita. Sabemos que este movimento determinará o futuro de todas as indústrias de computação.
O Linux começou a ser desenvolvido em 1993, por um estudante universitário finlandês chamado Linux Torvalds, que criou uma versão compacta que rodava em computadores mais baratos. Os laboratórios de pesquisa da IBM começaram a estudar o Linux em 1998.

Em meados de 1999, a IBM solicitou ao seu pessoal para observar o papel do Linux na supercomputação, área importante para a empresa. Mas, a IBM não esperou que o Linux conquistasse o mercado, desafiando o domínio da Microsoft, em relação aos microcomputadores.

Leis Físicas ou Econômicas?

Desacreditadas, com as formulações ingênuas do positivismo e do materialismo dialético, as tentativas de extrair leis do comportamento social das multidões voltou à moda. Mas, agora com a física estatística e a possibilidade de criar modelos probabilísticos e simulações por meio de computadores.

Essas simulações ajudam os governos e as corporações da livre iniciativa a implementarem políticas, programas e planos, sem os custos do velho método da tentativa e erro. A possibilidade de tratar os fatos e fenômenos por meios estatísticos, abstraindo a individualidade, demorou a ser aceito.

Hoje, ninguém se espanta com previsões eleitorais com margens de erro cada vez menores. São bruxarias as previsões sobre mortalidade, função de alguma doença? Mas, nem sempre tem utilidade amontoar dados, especialmente em se tratando de economia e finanças.

É preciso equacionar ofertas, demandas, preços, custos e outras variáveis que podem ser postas à prova em simulações computadorizadas, com modelos extraídos da física estatística. Indo mais longe, se questiona se tal ciência se aplica, por exemplo, a medir o tamanho do Estado. Até que ponto um mercado pode ser promissor?

Com o refinamento desses modelos, os físicos começaram a descobrir comportamentos de agentes interativos quase impossíveis de ser percebidos na vida real. A grande ambição desses pesquisadores é poder vislumbrar, na volatilidade dos ambientes políticos, a famosa mão oculta do mercado. Porque a economia parece ir muito bem e de repente entra em colapso, sem aviso prévio.

Para os físicos, a resposta é semelhante a uma avenida, cujo trânsito é ótimo num dia e em outro há um engarrafamento colossal. Descobrir os pontos críticos (inflexões) é a chave para a solução desse problema. Grandes quebras da economia, como a recessão de 1929 e a crise de 2008 são pontos críticos, como a água que aos 100ºC muda de líquido para vapor.

Mas, na verdade, fenômenos radicais são raros de acontecer. Até mesmo na economia clássica os pesquisadores pensam em termos de um grande número de agentes que contribuem para a situação. Embora, a física, a estatística, a probabilidade e a teoria matemática não sejam, em geral, do conhecimento de todas as pessoas, elas estão cada vez mais presentes em nossas vidas.

O Aperfeiçoamento Individual

Muito se tem discutido sobre o valor do aperfeiçoamento individual, para despertar no homem o desejo de progredir, de fortificar o caráter, de aumentar a sua eficiência em todos os campos da atividade humana.

Se observarmos os países que souberam impor uma disciplina ao caráter e à sua vontade, que tiveram por norma o otimismo, por guia o espírito de empresa, que uniram a sagacidade de observação à rapidez da ação, veremos que tais países marcharam sempre na vanguarda da civilização, impondo não só a sua cultura, seu idioma, como, também, seus projetos, produtos, plantas industriais, processos e métodos.

Nas sociedades que se caracterizam pela capacidade de seus homens proeminentes, os fracos são anulados e absorvidos. É inútil pretender lutar se não se possui qualidades para tal.

Uma pessoa sem um preparo profissional adequado nunca conseguirá conquistar uma posição de relevo na sociedade. Só conseguem êxito os indivíduos de vontade forte, os tenazes, os que têm confiança em si.

Não basta termos descoberto a existência de uma verdade ou constatado a beleza de um ensinamento, para nos julgarmos aptos a tirar proveito dos mesmos. Todo ensinamento, que não tiver sido aprofundado, não poderá impor-se de maneira definitiva.

Todos os que triunfaram no mundo dos negócios foram obrigados a sobrepujar dificuldades, resolver problemas que exigiram muita inteligência, muito espírito de sacrifício, muita coragem, muito estudo, muita persistência e muita fé.

Tudo em torno do homem o incita à luta. É necessário, pois, aceitar tal desafio e transformar as condições negativas em elementos positivos. O que importa é o indivíduo não se deixar dominar pelo medo. Todos os que conseguiram triunfar utilizaram o máximo de energia, não somente física, mas também moral e espiritual.

Quase todos os vencedores consideram seus empreendimentos acima das suas forças e muitas vezes se sentem vencidos.

O triunfo só aparece quando o indivíduo esquece as palavras e expressões: impossível, não posso, não vai dar, já não há recursos, a sorte não me ajuda, não tenho mais idade para isso. As pessoas que tiveram mais sucesso foram aquelas que mais tiveram dificuldades. Elas adquiriram ensinamentos que, em geral, não se encontram em livros, em escolas, em doutrinas e em sites.

Todo triunfo nasce da luta.

O homem de vontade forte domina os demais, tem caráter firme, é tenaz, capaz de dominar sempre as situações adversas. O fraco de vontade nunca consegue vencer nos negócios. Mas, a vontade pode ser educada. Na vida sempre encontramos momentos de desalento. A grande questão é: Como saber vencer tais momentos?

A vontade é produto de uma boa educação. Como o atleta que educa seus músculos e faz exercícios até ficar em forma, da mesma maneira, o homem deve se educar até adquirir o vigor suficiente para se impor aos demais. Como todos somos escravos dos hábitos, é preciso mudar os procedimentos para se renovar.

O esforço da vontade deve ser sempre repetido em todas as oportunidades e tantas vezes quanto for possível. Sempre que tiver que tomar uma decisão, procure dominar as emoções e paixões, sendo o mais racional possível. O que nem sempre se consegue.

Todos os grandes líderes foram homens que tiveram a vontade educada no mais alto grau. Aprenderam a dizer sim ou não a si mesmo e aos outros. A vontade educada proporciona a pessoa maior poder de concentração, confiança, autodomínio, reflexão, percepção, atenção e racionalidade.

Uma pessoa capaz de dominar-se, capaz de conservar uma perfeita tranquilidade em presença de quem quer que seja, influi, graças a essa estabilidade, nas pessoas com quem trata. Nos negócios e nas negociações esse poder é da mais absoluta importância.

O líder olha o mundo de frente, sem receio. Deixa de lado a modéstia e afirma a sua individualidade.

Os Obstáculos ao Sucesso

Todo ser humano possui as possibilidades necessárias à realização de grandes empreendimentos. O que falta a muitos é a coragem de adotar métodos e modos de pensar e agir de conformidade com o objetivo almejado. Milhares de pessoas, que poderiam já estar vitoriosas na vida, não conseguiram pela incapacidade de impor-se uma linha de conduta de progresso.

Dois obstáculos dissuadem, frequentemente, muitos indivíduos dotados de grandes qualidades para o triunfo. O primeiro é o fato de temerem o esforço contínuo por lhes parecer desagradável. O segundo consiste numa espécie de temor de não alcançar os resultados, por não haver absoluta certeza de vitória.

Porém, é preciso esclarecer que os hábitos da luta e da ação se transformam em prazer depois de certo tempo. Por muito fraca que seja a capacidade de ação de uma pessoa, a experiência tem demonstrado que existem possibilidades imensas para ela, desde que eduque a sua vontade, o que só poderá ser feito em função de uma mudança de hábitos.

O homem de negócios que fica indeciso se recebe alguém que o procura ou um executivo que interrompe o seu serviço para atender um vendedor são exemplos de perturbações que fogem à regulamentação.

À medida que aprendemos a fazer qualquer coisa, os nossos movimentos inúteis desaparecem. As energias sofrem uma notável modificação, ficando submetidas a um controle.

Um hábito é como um caminho conhecido, portanto, mais cômodo. No entanto, estudiosos do assunto sustentam que a velhice é uma questão de hábitos arraigados e não de anos de vida. É comum se ouvir que cachorro velho não aprende novos truques.

Conforme o homem envelhece, as novidades lhe parecem mais fora do lugar, o contraste se acentua e cada dia ele passa a fazer maiores críticas a tudo que é novo. Um hábito permanece quanto mais velho se faz.

A seguir, uma cronologia para superar os obstáculos ao sucesso:

a. Depois dos quarenta anos, o homem deve dar um balanço em seus velhos hábitos e tomar certas medidas para impedir a falta de flexibilidade, que poderá tornar difícil a sua readaptação às novas tecnologias.
b. Depois dos cinquenta anos, o homem inicia o período perigoso da incorporação dos hábitos, tendo muita dificuldade de flexibilização. Começa a resistir ao novo e a mudança.
c. Depois dos sessenta anos, para a maioria das pessoas, a vida consiste apenas numa espécie de refundição dos anos anteriores, marcados por hábitos arraigados. É quase impossível mudar o comportamento.

Sucessão Empresarial

Tradicionalmente no mês de julho, a Microsoft reúne centenas de analistas financeiros para uma grande conferência em sua sede, em Seattle. É uma reunião onde se discutem os planos da empresa. Numa dessas reuniões, em 2008, William Gates III, anunciou que se afastaria do comando dos negócios. Tal decisão pegou o mundo de surpresa.

Por que um empresário jovem e cheio de vida, dono de uma enorme capacidade de ganhar dinheiro, deixaria nas mãos de outros o negócio que ajudou a criar? Oficialmente, a explicação é a vontade de Gates se dedicar a filantropia.

O verdadeiro motivo, porém, está diretamente ligado ao destino da Microsoft como líder de seu mercado. Ao deixar a direção total de sua empresa, Gates quer evitar uma das ameaças mais letais ao sucesso de um negócio, a estagnação.

É fato de que é muito difícil acompanhar os avanços da tecnologia e as mudanças no mercado. No fundo, Gates sabe que a Microsoft pode sobreviver sem ele, como a IBM sobreviveu sem Watson e a Ford continuou sem Henry Ford. O mundo dos negócios não perdoa empresários que não sabem ler o cenário, mesmo que tenham tido, no passado, um brilhante desempenho.

Gates decidiu sair de cena no auge, antes que os resultados fossem corroídos pela concorrência. Por mais de três décadas, ele foi o grande responsável pelo nascimento, crescimento e sucesso da Microsoft. De sua cabeça, saíram projetos como o sistema operacional Windows, que transformou para sempre a indústria de software.

Sua genialidade, capaz de deixar gigantes como a IBM comendo poeira, foi celebrado no mundo inteiro. A Microsoft passou a ser vista como referência de empresa próspera, inovadora e revolucionária. Mas, também perdeu terreno em setores estratégicos, como internet e tecnologia digital. Deixou que a Google tomasse a dianteira nesse setor e passou a crescer mais lentamente.

O futuro pode até mostrar que a escolha não foi a mais acertada, mas sua intenção foi a de garantir a continuidade da sua organização. Foi tudo planejado nos mínimos detalhes. Foi uma atitude considerada uma exceção, como a do papa Bento XVI.

Em qualquer atividade de comando de uma empresa a escolha do momento exato de parar é uma decisão dolorosa, porque envolve o reconhecimento das próprias limitações, fato que vai de encontro à maioria dos fundadores de grandes sucessos em negócios.

A máxima, que apoiou a decisão de Gates, é: O que foi bom no passado pode não ser bom no futuro. Também vai de encontro à expressão: Time que está ganhando não se mexe. Para muita gente, ir ao escritório todos os dias, dar ordens, despachar, manipular pessoas é prova de vida e de vitalidade.

Não há regra geral que diga que o líder de um negócio deve se afastar em uma determinada idade. A idade cronológica é muito menos importante do que a capacidade de aprender e de se adaptar instantaneamente às mudanças abruptas e constantes dos ambientes de negócios. Tampouco, há números que sejam por si só uma prova de que a permanência indefinida do fundador, do dono ou do presidente de uma empresa leve necessariamente ao caos.

Mas, convenhamos, não se pode ignorar quando um gênio dos negócios de 50 anos assume que já não consegue acompanhar o ritmo frenético das mudanças. O empresário precisa perceber que o jogo agora é outro e que talvez seja mais adequado colocar à frente dos negócios uma cabeça mais bem oxigenada, conselho dado por um professor da Universidade de Harvard, como um dos maiores especialistas do mundo em sucessão empresarial.

A Caixa-Preta das Ongs

Diferentemente do que é cobrado das empresas, a maioria das entidades não governamentais não presta contas aos doadores, nem à parcela da sociedade que diz representar.

Lamentavelmente, só algumas poucas Ongs contam de onde vem o dinheiro para se manterem. Essa prática perpetua a impressão de que a independência de algumas organizações é inversamente proporcional aos recursos que recebem de empresas e governos.

Estudo realizado pela universidade americana Johns Hopkins, em 22 países, mostra que 40% do orçamento dessas entidades vêm dos cofres públicos. No Brasil, essa proporção chega a 50%, de acordo com a Associação Brasileira de Organizações Não Governamentais. Ou seja, são tudo, menos organizações não governamentais. A política que envolve os doadores de dinheiro e as implicações éticas dessa relação são temas que provocam muitas discussões entre as entidades.

A origem do dinheiro é fator determinante na hora de entender porque um ativista escala um navio petroleiro ou se omite diante de um crime ambiental. Em 2005, a ambientalista WWW, uma das gigantes do Terceiro Setor, foi acusada de fazer cara de paisagem na discussão sobre a decisão da filial da Disney, em Hong Kong, de servir sopa de barbatana de tubarão nos casamentos realizados no parque. A explicação foi a de que a WWW estava na folha de pagamento da Disney.

Outros escândalos são atribuídos a esta Ong e outras mais, sempre pelos mesmos motivos: recebimentos de recursos ilícitos em sua conta bancária. Não há nada de ilegal receber doações. O problema é que, na maioria dos casos, os repasses não são divulgados à sociedade.

Em vez de publicar balanços e divulgar informações, muitas empresas não governamentais, além de escamotear dados, se escondem por trás da aura de bom-mocismo. Embora já esteja havendo uma maior conscientização da população acerca do papel dessas organizações, é importante que se diga que, praticamente, todas são instrumentos de poder econômico e corrupção.

Por parte das empresas, a lógica que as leva a colocar dinheiro nas Ongs tidas como independentes é simples. Ao investir em causas politicamente corretas, a empresa passa a ser vista com outros olhos pela opinião pública. Porém, na maioria das vezes, nasce uma relação cínica, isto é, elas fingem estar preocupadas com a preservação ambiental e se calam diante de eventuais abusos de seus patrocinadores. A causa é nobre, mas o ser humano é corrupto, na sua essência.

O tempo todo, essas organizações são como grandes e burocráticas empresas. O negócio delas não é proteger coisa alguma e sim manter-se na ativa. Por isso, gastam a maior parte do tempo levantando recursos financeiros, por todos os meios. Greenpeace gasta 50 milhões de dólares por ano, mandando cartas que pedem dinheiro para as pessoas. Talvez fosse mais ético e adequado que aplicasse tal soma na saúde e educação dos mais carentes.

Ensino Superior Brasileiro

Hoje, há poucos estudiosos empenhados em produzir pesquisa de bom nível sobre a universidade brasileira. As faculdades, em geral, formam professores incapazes de fazer o básico, como entrar na sala de aula e ensinar a matéria. Mais grave ainda, muitos desses profissionais revelam limitações elementares: não conseguem escrever sem cometer erros de ortografia e nem conseguem explicar conceitos de baixa complexidade.

Confundem pensamento crítico com falar mal do governo. Falam de materialismo dialético, sem saber do que se trata. Falam por ouvir dizer. Os novos professores são os papagaios do que ouviram, quando alunos. A situação se agrava com o fato de que os professores não reconhecem que o ensino é ruim por culpa deles próprios. Costumam atribuir a desmotivação em ensinar aos baixos salários.

O que se percebe, na realidade, é a garantia de direitos corporativos, da manutenção dos empregos, mesmo mal pagos. Garantir o direito de greve, sem nenhuma punição e sem compromisso de responsabilidade para com aquilo que é seu objeto de ação e de estudo.

O absenteismo dos professores é uma praga nas escolas públicas do país. As estatísticas apontam para um índice alarmante de ausência. Um professor falta um mês no ano e não acontece nada com o seu salário. Assim, combater o corporativismo dos professores e aprimorar a excelência de sua performance são duas medidas fundamentais à melhora dos indicadores de gestão do ensino brasileiro.

Um estudo da OCDE (Organização dos Países mais Industrializados) mostra que o custo de um universitário no Brasil está entre os mais altos do mundo. Embora, tenha apenas 2% das citações nas melhores revistas científicas.

As universidades são mal geridas, principalmente, porque seus dirigentes confundem governança com assembleias, que só agravam os custos públicos. E isso não tem nada a ver com o governo atual, pois perdura desde 1980. Democracia se tornou sinônimo de conselhos deliberativos?

Os cursos técnicos de ensino superior formam mão de obra especializada, para atender o mercado de trabalho. Esses cursos são mais curtos e menos pretensiosos. Pior é manter faculdades dissociadas da realidade do mercado de trabalho.

Nos Estados Unidos, cerca de 60% dos alunos frequentam escolas técnicas. No Brasil, são apenas 15%. Por quê? Ainda há o preconceito ligado a trabalhos manuais. Precisamos entender que faculdade de baixa qualidade e sem propósito em educar pessoas, isto é, prepará-las para a vida, é pura perda de tempo.

A experiência tem mostrado que, conforme a população se torna mais instruída, com um mercado de trabalho mais exigente em especialistas, as escolas ruins passam a ser menos procuradas e desaparecem na poeira do lucro a qualquer custo.

Referências Bibliográficas

ABREU, Romeu C. Lopes. *Análise de valor*. Rio de Janeiro: Qualitymark, 1996.
ACKOFF, Russel L. *Planejamento empresarial*. Rio de Janeiro: LTC, 1979.
ALBERS, Henry H. *Princípios de administração*. Rio de Janeiro: LTC, 1971.
ALBRECHT, Karl. *Revolução nos serviços*. São Paulo: Pioneira, 1992.
ALMEIDA JUNIOR, Sebastião. *Profissional de vendas*. Rio de Janeiro: Qualitymark, 1998.
ALVES, Nelson Aparecido. *Guia de resolução de problemas*. Rio de Janeiro: Qualitymark, 1995.
ANSOFF, H. Igor. *Administração estratégica*. São Paulo: Atlas, 1983.
ANSOFF, H. Igor. *Estratégia empresarial*. São Paulo: McGraw-Hill, 1977.
ANTUNES, Maria Thereza Pompa. *Capital intelectual*. São Paulo: Atlas, 2000.
BACKER, Morton. *Contabilidade de custos*. São Paulo: McGraw-Hill, 1974.
BALLOU, Ronald H. *Logística empresarial*. São Paulo: Atlas, 1993.
BARBARÁ, Hani R. E R. Simões. *Administração de vendas*. São Paulo: Atlas, 1975.
BARROS, Benedito Ferri. *Mercado de capitais e investimentos*. São Paulo: Atlas, 1970.
BERA, J. *Administração da qualidade total*. São Paulo: Ibrasa, 1997.
BERLO, David K. *O processo de comunicação*. São Paulo: Martins Fontes, 1991.
BERNARDINI, Luiz Antonio. *Política e formação de preços*. São Paulo: Atlas, 1998.
BLATT, Adriano. *Análise de balanços*. Rio de Janeiro; Makron Books, 2001.
BRASIL, Haroldo Guimarães. *Avaliação moderna de investimento*. Rio de Janeiro: Qualitymark, 1997.
BRASIL, Haroldo Vinagre e Haroldo Guimarães Brasil. *Gestão financeira das empresas: um modelo dinâmico*. Rio de Janeiro: Qualitymark, 1999.
BRUNI, Adriano L. e Famá, Rubens. *Gestão de custos e formação de preços*. São Paulo: Atlas, 2002.
BURBIDGE, John L. *Planejamento e controle da produção*. São Paulo: Atlas, 1991.
CAHEN, Roger. *Comunicação empresarial*. São Paulo: Best Seller, 1990.
CAMP, Robert. *Benchmarking: o caminho da qualidade total*. São Paulo: Pioneira, 1993.
CASAS, Alexabdre L. Las. *Novos rumos do marketing*. São Paulo: Atlas, 2001.
CASAS, Alexandre L. Las. *Administração de vendas*. São Paulo: Atlas, 1999.
CASAS, Alexandre L. Las. *Marketing de serviços*. São Paulo: Atlas, 2000.
CASAS, Alexandre L. Las. *Marketing de varejo*. São Paulo: Atlas, 2000.
CASH, Rick. *A nova ordem do mercado*. Rio de Janeiro: Campus, 2002.
CASTRO, Cláudio de Moura. *A prática da pesquisa*. São Paulo: McGraw Hill, 1978.
CAVANHA FILHO, Armando Oscar. *Logística: novos modelos*. Rio de Janeiro: Qualitymark, 2001.
CHAPMAN, Elwood N. *Relações humanas na pequena empresa*. Rio de Janeiro: Qualitymark, 1996.
CHEHEBE, Jose Ribamar B. *Análise do ciclo de vida de produtos*. Rio de Janeiro: Qualitymark, 1997.
CHERTO, Marcelo. *Franchising: revolução no marketing*. São Paulo: McGraw Hill, 1988.
CHIAVENATO, Idalberto. *Administração: teoria, processo e prática*. São Paulo: Makron Books, 1987.
CHIAVENATO, Idalberto. *Iniciação à organização e técnica comercial*. São Paulo: McGraw Hill, 1989.
CHIAVENATO, Idalberto. *Introdução à teoria geral da administração*. Rio de Janeiro: Campus, 2000.
CLEARY, Thomas. *Estratégia e liderança*. São Paulo: Saraiva, 1994.
COGAN, Samuel. *Custos e preços*. São Paulo: Pioneira, 1999.
CONWAY, William E. *Caçadores de desperdícios*. Rio de Janeiro: Qualitymark, 1996.
CORRÊA, H. C. *Just in time, MRPII e OPT*. São Paulo: Atlas, 1993.

COSTA, Nelson P. *Comunicação empresarial.* Rio de Janeiro: Ciência Moderna, 2008.
COSTA, Nelson P. *Básico de administração.* Rio de Janeiro: Pecos, 2005.
COSTA, Nelson P. *Marketing para empreendedores.* Rio de Janeiro: Qualitymark, 2003.
COSTA, Nelson P. *Tempo: aprenda a administrar.* Rio de Janeiro: Ciência Moderna, 2008.
COSTA, Nelson P. *Documentos empresariais.* Rio de Janeiro: Ciência Moderna, 2012.
COSTA, Nelson P. *Análise do resultado empresarial.* Rio de Janeiro: Ciência Moderna, 2010.
COSTA, Nelson P. Gestão de restaurante. Rio de Janeiro: Ciência Moderna, 2016
CROSBY, Philip B. *Qualidade – falando sério.* São Paulo: McGraw Hill, 1990.
CROSBY, Philip B. *Qualidade sem lágrimas.* São Paulo: Jose Olympio, 1992.
CULLIGAN, Matthew J. *Administração de volta às origens.* São Paulo: Abril, 1987.
CURY, Antonio. *Organização e métodos: uma visão holística.* São Paulo: Atlas, 2000.
DEMING, C. *O caminho Deming para qualidade e produtividade.* Rio de Janeiro: Qualitymark, 1991.
DEMING, W. Edwards. *Qualidade: a revolução da administração.* Rio de Janeiro: Saraiva, 1989.
DENTON, D. Keith. *Qualidade em serviço.* São Paulo: McGraw Hill, 1991.
DRUCKER, Peter F. *Administração: tarefas, responsabilidades e práticas.* São Paulo: Pioneira, 1975.
DRUCKER, Peter F. *Inovação e espírito empreendedor.* São Paulo: Pioneira, 1990.
DRUCKER, Peter F. *Introdução à administração.* São Paulo: Pioneira, 1991.
DRUCKER, Peter F. *O gerente eficaz.* Rio de Janeiro: Zahar, 1981.
DRUCKER, Peter F. *Prática de administração de empresas.* São Paulo: Pioneira, 1981.
DRUCKER, Peter F. *O melhor de Peter Drucker.* São Paulo: Abril, 2001.
EDERSHEIM, Elizabeth H. *A essência de Peter Drucker. Rio de Janeiro: Campus, 2007.*
ENGLAND: Wilbur B. *O método de compras.* São Paulo: Brasiliense, 1989.
FARBER, Barry J. *Supersegredos de vendas para gerentes.* Rio de Janeiro: Qualitymark, 2001.
FARIA, A. Nogueira. *A comunicação na administração.* Rio de Janeiro: LTC, 1982.
FARIA, A. Nogueira. *Chefia e liderança.* Rio de Janeiro: LTC, 1982.
FERREIRA, Álvaro Tavares. *Vender é agradável.* Rio de Janeiro: Sindilojas, 1984.
FERREIRA, Ernande Monteiro. *Diagnóstico organizacional para qualidade e produtividade.* Rio de Janeiro: Qualitymark, 1998.
FISHER, Roger e William Ury. *Como chegar ao sim.* Rio de Janeiro: Imago, 1985.
FLINK, S. e D. Grunewal. *Administração financeira.* Rio de Janeiro: Livros Técnicos e Científicos, 1970.
FORTUNA, Eduardo. *Mercado financeiro.* Rio de Janeiro: Qualitymark, 2003.
FREEMANTLE, David. *Incrível atendimento ao cliente.* São Paulo: McGraw Hill, 1993.
FREUND, J. E. e G. A. Simon. *Estatística aplicada.* Porto Alegre: Bookman, 2000.
FULLER, George. *Estratégias do negociador.* Rio de Janeiro: LTC, 1993.
GAJ, Luis. *Administração estratégica.* São Paulo: Ática, 1987.
GALBRAITH, John Kenneth. *A era da incerteza.* São Paulo: Pioneira, 1987.
GARTNER, Pedro. *Pesquisa mercadológica.* Rio de Janeiro: FGV, 1984.
GARVIN, David A. *Gerenciando a qualidade: a visão estratégica e competitiva.* Rio de Janeiro: Qualitymark, 1998.
GATES, Bill. *A empresa na velocidade do pensamento.* São Paulo: Companhia das Letras, 2000.
GAZZANEO, G. e Donald S. Dias. *Projeto de sistemas se processamento de dados.* Rio de Janeiro: LTC, 1977.
GELLAT, H. B. *Tomando decisões de maneira criativa.* Rio de Janeiro: Qualitymark, 1998.
GERSON, Richard F. *A excelência no atendimento a clientes.* Rio de Janeiro: Qualitymark, 1998.
GHEMAWAT, Pankart. *A estratégia e o cenário de negócios.* Porto Alegra: Bookman, 2000.
GITMAN, Lawrence J. *Princípios de administração financeira.* São Paulo: Harbra, 1997.
GITMAN, Lawrence J. e Madura, Jeff. *Administração financeira.* São Paulo: Pearson, 2003.
GOBÉ, Marc. *A emoção das marcas.* Rio de Janeiro: Campus, 2002.

GOLDMANN, H. M. *A arte de vender*. Rio de Janeiro: Expressão e Cultura, 1981.
GOUVEIA, Nelson. *Contabilidade*. São Paulo: McGraw Hill, 1984.
GROPPELLI, A. A. e Ehsan Nikbakht. *Administração financeira*. São Paulo: Saraiva, 2002.
GUERREIRO, Bruno. *Administração mercadológica*. Rio de Janeiro: FGV, 1993.
HAMPTON, David R. *Administração contemporânea*. São Paulo: McGraw Hill, 1983.
HANSEN, Don R. *Gestão de custos*. São Paulo: Pioneira, 2001.
HARDING, H. A. *Administração da produção*. São Paulo: Atlas, 1989.
HELLER, Robert. *O supermaneger*. São Paulo: Abril, 1988.
HELLER, Robert. *Os tomadores de decisão*. São Paulo: McGraw Hill, 1991.
HOEL, Paul G. *Estatística elementar*. São Paulo: Atlas, 1981.
HORNGREN, Charles T. *Contabilidade gerencial*. São Paulo: Pearson, 2004.
HORNGREN, Charles T. *Introdução à contabilidade gerencial*. Rio de Janeiro: PHB, 1985
HORGREN, Charles et alli. *Contabilidade de custos*. Rio de Janeiro: LTC, 1997.
HRADESKY, John L. *Aperfeiçoamento da qualidade e da produtividade*. São Paulo: McGraw Hill, 1991.
IMAI, Masaaki. *Kaizen*. São Paulo: IMAM, 1992.
ISHIKAWA, K. *Controle de qualidade total*. Rio de Janeiro: Campus, 1999.
IUDICIBUS, Sergio. *Contabilidade gerencial*. São Paulo: Atlas, 1987.
IUDICIBUS, Sergio. *Contabilidade introdutória*. São Paulo: Atlas, 1970.
JOÃO, Belmiro N. *Metodologia de desenvolvimento de sistemas*. São Paulo: Érica, 1993.
JOHNSON, Robert W. *Administração financeira*. São Paulo: Pioneira, 1972.
JOSIAS, Allen. *Previsão de vendas*. Rio de Janeiro: FGV, 1984.
JUCIUS, Michael J. e Willian E. Schlender. *Introdução à administração*. São Paulo: Atlas, 1988.
JURAN, J. M. *Juran planejando para a qualidade*. São Paulo: Pioneira, 1992.
JURAN, J. *Qualidade de projetos*. Rio de Janeiro: Brasport: 2003.
JURAN, Joseph M. *Controle da qualidade*. São Paulo: Makron Books, 1991.
JUTKINS, R. R. *O poder do marketing direto*. São Paulo: McGraw Hill, 1994.
KANAANE, Roberto. *Comportamento humano nas organizações*. São Paulo: Atlas, 1999.
KAPLAN, Robert S. *Custo e desempenho*. São Paulo: Futura, 1998.
KATZ, Daniel e Robert Kanh. *Psicologia social das organizações*. São Paulo: Atlas, 1976.
KELLEY, Eugene J. *Mercadologia: estratégia e funções*. São Paulo: McGraw Hill, 1980.
KING, Bob e H. Schlicksupp. *Criatividade: uma vantagem competitiva*. Rio de Janeiro: Qualitymark, 1999.
KOTLER, Philip. *Administração de marketing*. São Paulo: Atlas, 1998.
KOTLER, Philip. *Administração de marketing*. São Paulo: Prentice Hall, 2000.
KOTLER, Philip. *Marketing*. São Paulo: Atlas, 1992.
LEITE, Helio de Paula. *Contabilidade para administradores*. São Paulo: Atlas, 1997.
LEONE, George S. Guerra. *Custos – um enfoque administrativo*. São Paulo: Atlas, 1983.
LEVIT, Theodore. *Marketing para desenvolvimento dos negócios*. São Paulo: Abril, 1974.
LEVIT, Theodore. *Miopia em marketing*. São Paulo: Atlas, 1991.
LEVY, Michel e Barton A. Weitz. *Administração de varejo*. São Paulo: Atlas, 2000.
LIKERT, Rensis. *Novos padrões de administração*. São Paulo: Pioneira. 1971.
LIMA, Frederico O. *A sociedade digital*. Rio de Janeiro: Qualitymark, 2000.
LIVELY, Lynn. *Como gerenciar informações*. Rio de Janeiro: Campus, 2002.
LOBOS, Julio. *Comportamento organizacional*. São Paulo: Atlas, 1986.
LODI, João Bosco. *A presidência da empresa*. São Paulo: Pioneira, 1985.
LODI, João Bosco. *Administração por objetivos*. São Paulo: Pioneira, 1974.
LODI, João Bosco. *História da administração*. São Paulo: Pioneira, 1980.

LOEN Raymundo O. *Administração eficaz*. Rio de Janeiro: FGV, 1985.
MCCORMACK, Mark H. *A arte de vender*. São Paulo: Best Seller, 1995.
MACHADO, José Roberto. *A arte de administrar pequenos negócios*. Rio de Janeiro: Qualitymark, 2002.
MACHADO, Jose Roberto. *Administração de finanças empresariais*. Rio de Janeiro: Qualitymark, 2002.
MACHIAVELLI, Nicolo Di B. Del. *O príncipe*. Rio de Janeiro: Civilização, 1976.
MACHLINE, Claude et alli. *Gestão de marketing*. São Paulo: Saraiva, 2008.
MANDARINO, Domenico. *Noções básicas de estatística*. São Paulo: Atlas, 1968.
MANDARINO, Umberto. *Custo*. São Paulo: Atlas, 1971.
MANZO, Jose M. Campos. *Marketing uma ferramenta para o desenvolvimento*. São Paulo: Atlas, 1989.
MARCONDES, Odino. *Como chegar a excelência em negociação*. Rio de Janeiro: Qualitymark, 1997.
MARINHO, Pedro. *A pesquisa em ciências humanas*. Petrópolis: Vozes, 1980.
MARION, José Carlos. *Contabilidade empresarial*. São Paulo: Atlas, 2003.
MARTINS, Elizeu. *Avaliação de empresas: Da Mensuração Contábil à Econômica*. São Paulo: Atlas, 2001.
MARTINS, Elizeu. *Contabilidade de custos*. São Paulo: Atlas, 2003.
MARTINS, P. G. *Administração da produção*. São Paulo: Saraiva, 1999.
MATARAZZO, Dante C. *Análise financeira de balanços*. São Paulo: Atlas, 1995.
MATOS, Francisco Gomes. *Estratégia de empresa*. São Paulo: Makron Books, 1993.
MATTAR, Fauze Najib e Dílson Gabriel dos Santos. *Gerência de produtos*. São Paulo: Atlas, 1999.
MATTAR, Fauze najib. *Pesquisa de marketing*. São Paulo: Atlas, 2000.
MAXIMIANO, Antonio C. Amaru. *Administração de projetos*. São Paulo: Atlas, 1997.
MAXIMIANO, Antonio C. Amaru. *Teoria geral da administração*. São Paulo: Atlas, 2002.
MAYER, Raymond R. *Administração da produção*. São Paulo: Atlas, 1992.
MCKENNA, Regis. *Marketing de relacionamento*. Rio de Janeiro: Campus, 1997.
MEGLIORINI, Evandir. *Custos*. São Paulo: Makron Books, 2001.
MILITÃO, Albigenor. *S.O.S. Dinâmica de grupo*. Rio de Janeiro: Qualitymark, 1999.
MINADEO, Roberto. *Gestão de marketing*. São Paulo: Atlas, 2008.
MINICUCCI, Agostinho. *Dinâmica de grupo: manual de técnicas*. São Paulo: Atlas. 1977.
MINTZBERG, Henry e James B. Quinn. *O processo da estratégia*. Porto Alegre: Bookman, 2001.
MINTZBERG, Henry. *Criando organizações eficazes*. São Paulo: Atlas, 1995.
MIRANDA, Roberto Lira. *Marketing do varejo*. Rio de Janeiro: Qualitymark, 1997.
MIRANDA, Sérgio. *A eficácia da comunicação*. Rio de Janeiro: Qualitymark, 2002.
MIRANDA, Sergio. *A eficiência da comunicação*. Rio de Janeiro: Qualitymark, 1999.
MOLLER, Claus. *O lado humano da qualidade*. São Paulo: Pioneira, 1992.
MONKS, Joseph G. *Administração da produção*. São Paulo: McGraw Hill, 1987.
MORAIS, Carmem. *Atitudes de empreendedores*. Rio de Janeiro: Qualitymark, 2000.
MOTTA, Paulo Roberto. *Gestão contemporânea: a ciência e a arte de ser dirigente*. Rio de Janeiro: Record, 1991.
MOTTA, Paulo Roberto. *Planejamento organizacional*. Rio de Janeiro: FGV, 1988.
MOTTA, Paulo Roberto. *Transformação organizacional: a teoria e a prática de inovar*. Rio de Janeiro: Qualitymark, 1997.
MOURA, Luciano Raizer. *Qualidade simplesmente total*. Rio de Janeiro: Qualitymark, 1997.
NAISBITT, John e P. Adurdene. *Megatrends*. São Paulo: Amana-Key, 1990.
NETO, Alexandre Assaf. *Administração financeira*. São Paulo: Atlas, 1991.
NEWMAN, Willian H. *Ação administrativa*. São Paulo: Atlas, 1975.
OHMAE, Kenichi. *O estrategista em ação: a arte japonesa de negócios*. São Paulo: Pioneira, 1982.
OHMAE, Kenichi. *Poder da tríade*. São Paulo: Pioneira, 1989.
PATTERSON, James G. *Como se tornar um excelente negociador*. Rio de Janeiro: Campus, 2002.

PENTEADO, Jose R. K. *Previsão de vendas*. Rio de Janeiro: Brasiliense, 1988.
PETERS, Thomas e Robert Watermann Jr. *Vencendo a crise*. São Paulo: Harbra, 1991.
PETERS, Tom. *Prosperando no caos*. São Paulo: Harbra, 1989.
PINTO, Eder Paschoal. *Negociação orientada para resultados*. São Paulo: Atlas, 1994.
PIZZOLATO, Nélio Domingues. *Introdução à contabilidade gerencial*. São Paulo: Makron Books, 1998.
PORTER, Michael. *Competição – estratégias competitivas essenciais*. Rio de Janeiro: Campus, 1999.
PORTER, Michael. *Estratégia competitiva e vantagem competitiva*. São Paulo: Campus, 1990.
PORTER, Michael. *Estratégia competitiva*. São Paulo. Campus, 1986.
REDFIELD, Charles E. *Comunicações administrativas*. Rio de Janeiro: FGV, 1966.
RESNIK, Paul. *A bíblia da pequena empresa*. São Paulo: McGraw Hill, 1991.
RIES, Al e Jack Trout. *As 22 consagradas leis do marketing*. São Paulo: McGraw Hill, 1993.
RIES, Al e Jack Trout. *Marketing de guerra*. São Paulo: McGraw Hill, 1991.
SÁ, Carlos Alexandre. *O Orçamento estratégico*. Rio de Janeiro: Qualitymark, 2005.
SÁ CARVALHO, Luiz C. *Análise de sistemas: o outro lado da informática*. Rio de Janeiro: LTC, 1988.
SÁ REGO, Kleber N. de Araújo. *Administração de marketing*. Rio de Janeiro: FGV, 1982.
SÁ REGO, Kleber N. de Araújo. *Desenvolvimento de novos produtos*. Rio de Janeiro: FGV, 1986.
SAMPAIO, Dalton. *Pesquisa de mercado*. Rio de Janeiro: FGV, 1984.
SCHETH, Jagdishv N. *Marketing na internet*. São Paulo: Bookman, 2001.
SCHEWE, Charles D. e Reuben Smith. *Marketing: conceitos, casos e aplicações*. São Paulo: McGraw Hill, 1982.
SCHLESINGER, Higo. *Preparação profissional do vendedor*. São Paulo: Atlas, 1986.
SCHULTZ, Don E. e Beth E. Barnes. *Campanhas estratégicas de comunicação de marca*. Rio de Janeiro: Qualitymark, 2001.
SCHULTZ, Don. *O novo paradigma do marketing*. São Paulo: McGraw Hill, 1994.
SCRIBELK, Edem. *Ferramentas do marketing*. Rio de Janeiro: FGV, 1986.
SERRA, Fernando. *Administração estratégica*. Rio de Janeiro: Reichmann e Affonso Editores, 2003.
SETZER, Valdemar W. *Banco de dados*. Rio de Janeiro: Edgar Blucher, 1988.
SIMON, Herbert A. e James G. March. *Teoria das organizações*. Rio de Janeiro: FGV, 1970.
SIMON, Herbert. *Comportamento administrativo*. Rio de Janeiro: FGV, 1964.
SLOAN, Alfred. *Minha vida na General Motors*. Rio de Janeiro: Record, 1965.
SMITH, Adam. *A riqueza das nações: investigação sobre sua natureza e suas causas*. São Paulo: Nova Cultura, 1985.
SOROS, George. *Globalização*. Rio de Janeiro: Campus, 2002.
SOUTO, A. C. Orofino e Roberto de Souza Serapião. *Gestão orientada à excelência*. Rio de Janeiro: Qualitymark, 1997,
SPENDOLINI, M. J. *Benchmarking*. São Paulo: Makron Books, 1993.
STARR, Martin K. *Administração da produção*. Rio de Janeiro: Edgar Blucher, 1990.
STEELE, Paul. *Negócio fechado*. São Paulo: Makron Books, 1991.
STEVENSON, William J. *Estatística aplicada à administração*. São Paulo: Harbra, 1981.
STOFFEL, Inácio. *Administração do desempenho*. Rio de Janeiro: Qualitymark, 2000.
STONIER, A. W. e D. C. Hague. *Teoria econômica*. Rio de Janeiro: Zahar, 1970.
TEBOUL, James. *A era dos serviços: uma nova abordagem do gerenciamento*. Rio de Janeiro: Qualitymark, 1999.
TOFFLER, Alvin. *O choque do futuro*. Rio de Janeiro: Artenova, 1972.
TOMASKO, Robert M. *Downsizing: reformulando e redimensionando sua empresa para o futuro*. São Paulo: Markron Books, 1992.
TOMASKO, Robert. *Rethinking – repensando as corporações (reengenharia)*. São Paulo: McGraw Hill, 1993.
TORANZOS, Fausto. *Estatística*. São Paulo: Atlas, 1981.

TORNAGHI, Newton. *Contabilidade para não contadores*. Rio de Janeiro: FGV, 1973.
TREGOE, Zimmerman. *A estratégia da alta gerência*. Rio de Janeiro: Zahar, 1982.
TREUHERZ, Rolf M. *Análise financeira*. São Paulo: Pioneira, 1975.
TZU, Sun. *A arte da guerra*. São Paulo: Record, 1990.
VANDERBECK, Edward J e Nancy, Charles F.. *Contabilidade de custos*. São Paulo: Pioneira, 2001.
VASCONCELLOS & Goulart. *Empresas, sistemas e analistas*. Rio de Janeiro: LTC, 1975.
VASCONCELLOS, Marco Antonio S. *Fundamentos de economia*. São Paulo: Saraiva, 2001.
WANDERLEY, José Augusto. *Negociação total*. São Paulo: Gente, 1998.
WARLICH, Beatriz M. S. *Uma análise das teorias de organização*. Rio de Janeiro: FGV, 1974.
WEITZEN, H. Skip. *O poder da informação*. São Paulo: Makron Books, 1991.
WELSH, G. *Orçamento empresarial: planejamento, controle e lucro*. São Paulo: Atlas, 1977.
WESTWOOD, John. *O plano de marketing*. São Paulo: McGraw Hill, 1992.
WHITAKER PENTEADO, J. R. *Comunicação humana*. São Paulo: Pioneira, 1987.
WOODWARD, Joan. *Organização industrial: teoria e prática*. São Paulo: Atlas, 1977.
ZACARELI, Sergio B. *Programação e controle da produção*. São Paulo: McGraw Hill, 1988.
ZAJDSZNAJDER, Luciano. *Teoria e prática da negociação*. Rio de Janeiro: José Olympio, 1988.

Impressão e acabamento
Gráfica da Editora Ciência Moderna Ltda.
Tel: (21) 2201-6662